제주사회의 변동과 공동자원

최현 · 김자경 · 윤여일 편저

진인진

_편자

최 현	제주대학교 사회학과 교수
	제주대학교 공동자원과 지속가능사회 연구센터장
김자경	제주대학교 공동자원과 지속가능사회 연구센터 학술연구교수
윤여일	제주대학교 공동자원과 지속가능사회 연구센터 학술연구교수

_필자

송정희	제주학연구소 회원
명지용	서울대학교 환경대학원 석사과정 졸업
강만익	제주대학교 탐라문화연구원 특별연구원
박지혜	녹색법률센터 상근변호사
장훈교	제주대학교 공동자원과 지속가능사회 연구센터 학술연구교수
이재섭	제주대학교 공동자원과 지속가능사회 연구센터 연구원
서영표	제주대학교 사회학과 교수

제주사회의 변동과 공동자원

초판 1쇄 발행 | 2019년 6월 26일
2판 1쇄 발행 | 2021년 7월 31일
엮 은 이 | 최현·김자경·윤여일
발 행 인 | 김태진
발 행 처 | 진인진
편   집 | 김민경
등   록 | 제25100-2005-000003호
주   소 | 경기도 과천시 별양상가 1로 18 614호(별양동 과천오피스텔)
전   화 | 02-507-3077~8
팩   스 | 02-507-3079
홈페이지 | http://www.zininzin.co.kr
이 메 일 | pub@zininzin.co.kr

ⓒ 진인진 2021
ISBN 978-89-6347-472-4 93300

*책값은 표지 뒤에 있습니다.
*이 책은 2017년 대한민국 교육부와 한국연구재단의 지원을 받아 수행된
 연구임(NRF-2017S1A3A2067220).

_목차

2판을 발간하며 _5

Ⅰ. 전통문화

01 제주시 공동자원 신당의 소유 유형에 따른 관리 상태
　　　　　　　　　　　　　　　　　　　송정희·최현 _9

02 제주의 전통적 커머닝 수눌음: 제주 목축문화의 재해석
　　　　　　　　　　　　　　　　　　　　　김자경 _37

Ⅱ. 마을만들기

03 선흘1리 마을만들기와 공동자원의 지속가능성
　　　　　　　　　　　　　　　　　　　　　최현 _59

04 공동자원화의 과정과 사회생태체계 그리고 생태계 서비스
　: 신흥2리 동백마을 사례　　　　　　　　　명지용 _91

Ⅲ. 공동목장

05 근현대 제주도 마을공동목장조합의 변화양상
　　　　　　　　　　　　　　　　　　　　　강만익 _127

06 제주 마을공동목장의 조합원 규정 변화
　: 서광서리 마을공동목장조합 사례를 중심으로 박지혜 _167

Ⅳ. 탑동매립

07 제주 탑동 공유수면 매립 반대 운동
　: 유산의 재구성과 또 다른 상속의 방법　　장훈교 _199

08 병문천 복개 과정을 통해 본 탑동 매립 반대 운동 이후 30년
　　　　　　　　　　　　　　　　　　　　　이재섭 _257

Ⅴ. 국책사업

09 제주 제2공항과 민주주의 그리고 '다른' 제주
: 공동자원의 시각   장훈교·서영표   _297

10 커머너로서의 강정 지킴이   윤여일   _373

_2판을 발간하며

　우리 제주대학교 공동자원과 지속가능 연구센터는 현대사회가 지속가능한 사회로 나아가기 위해서는 인간이 자연을 이용하는 방식, 자연의 혜택을 분배하는 방식, 부를 생산·소비하고 폐기물을 처리하는 생활방식, 인간과 자연의 관계에 관한 사고방식 등이 근본적으로 전환되어야 한다는 문제의식에서 출발했다. 이러한 전환은 특히 자연을 시민들이 함께 민주적으로 관리하고 그 혜택을 나누는 데서 시작되어야 한다. 사람들이 자연을 함께 향유한다면 자연의 중요성을 몸으로 느끼고 자연을 지속가능하게 이용해야 한다는 것을 깨닫게 될 것이다. 또한 이로써 빈곤을 퇴치하고 불평등을 완화한다면 시민들은 자연을 지속가능하게 이용하기 위해 장기적 안목에서 생활방식을 바꾸려고 노력할 것이다.
　우리는 이러한 맥락에서 자연자원을 공공적으로 이용·관리하기 위한 이론적 자원을 검토하고 사례를 연구해왔다. 그 과정에서 특히 공동자원(commons)과 공동관리자원(common pool resources)에 주목하게 되었다. 공동자원은 동서고금의 여러 나라에서 사람들이 함께 이용해온 자연자원이나 인공시설을 일컫는 말이다. 공동관리자원은 공동자원을 연구하는 과정에서 출현한 개념으로 공동자원 가운데 경합성을 지니기에 지속가능한 이용을 위해서는 체계적 관리가 필요한 자원을 가리킨다. 함께 이용하는 자원이더라도 일기예보나 등대, 치안, 안보, 지식, 정보, 인터넷, 소프트웨어처럼 경합성을 띠지 않는 자원은 보호하고 관리하지 않아도 과잉이용의 문제가 발생하지 않는다. 따라서 이러한 것들은 따로 공중재(public goods: 공공재 또는 공개재라고도 함)로 구분되며 공동관리자원과 달리 관리(이용과 보호)하는 주체의 경계가 명확하지 않은 경우가 상당히 많다.

우리나라에서는 자본주의의 발달과 함께 공동자원이나 공동관리 자원이 거의 사라졌다. 하지만 제주도에는 용천수, 공동목장, 마을어장, 바다밭, 곶자왈 등 상당히 다채로운 공동자원이 남아있다. 이렇듯 여전히 살아있는 공동자원은 '오래된 미래'로서 자본주의의 대안을 꿈꾸는 데 많은 시사점을 준다. 그리하여 우리 연구단은 제주의 공동자원을 연구하고 이를 바탕으로 서구에서 제시된 공동자원론을 수정하고 발전시키기 위해 노력해왔다. 나아가 우리나라 다른 지역의 공동자원뿐만 아니라 대만과 일본, 중국 등 동아시아의 공동자원에 관심을 기울여 연구를 진행했다. 그 과정에서 때로는 동아시아의 다른 사회에서 축적된 성과로부터 자극을 받았고 때로는 이웃나라 연구자들이 공동지원 연구를 시작하도록 자극을 제공할 수 있었다.

우리 연구단은 2016년부터 이론적·경험적 연구성과를 체계적으로 알리고 우리나라에서 공동자원에 관한 활발한 연구를 이끌어내고자 총서로 발간하고 있다. 이번 총서에서는 지금까지의 연구성과를 바탕으로 제주의 사회변동 과정에서 위기에 처한 다양한 공동자원과 그것을 보호하려는 노력을 포괄적으로 다루는 총서를 출판하게 되었다. 제주도민과 연구자들이 공동자원의 지속가능한 관리에 더 많이 관심을 갖기 바란다.

2021년 6월
제주대학교 공동자원과 지속가능사회 연구센터장 최현

제/주/사/회/의/변/동/과/공/동/자/원

I

전통문화

01

제주시 공동자원 신당의 소유 유형에 따른 관리 상태

송정희 · 최현

1. 머리말

　공동자원은 국토의 균형발전과 지방자치, 지속가능한 발전 등에 있어 핵심적인 요소로 꼽힌다. 최현·김선필[1]과 최현[2]은 공동자원을 활용한 마을만들기를 통해 마을의 자치와 지속가능한 발전에 성공한 사례들을 제시했다. 이를 통해 공동자원을 활용한 마을만들기가 주민들의 참여를 확대하고 자연과 마을이 함께 발전할 수 있는 가능성을 제시했다는 점을 밝혔다. 이 글은 이러한 연구들을 기반으로 공동자원을 지속가능하게 관리하기 위한 정책을 마련하는 데에 기여하고자 하는 시도이

1 　최현·김선필, 「공동자원의 지속가능성과 마을만들기 전략」, 『공간과사회』 26(4), 2016.
2 　최현, 「선흘1리 마을만들기와 공동자원의 지속가능성」, 『ECO』 제19권 2호, 2017.

다. 공동자원의 관리를 둘러싼 중요한 쟁점들 중의 하나는 공동자원의 소유 방식이 공동자원의 지속가능성에 어떤 영향을 미치는가하는 것이다.[3] 이 논쟁에 답하기 위해 이 글은 제주시를 중심으로 마을의 공동자원인 신당의 관리 상태를 소유 방식에 따라 조사했다.

이노우에는 소유권보다 공동자원의 관리 주체와 실태가 중요하다는 지적을 했다.[4] 하지만 야마시타,[5] 윤순진·차준희,[6] 최현[7] 외 등 다양한 사례에서 알 수 있듯이 소유권이 관리 주체나 실태보다 결정적인 영향력을 행사하는 사례가 많다. 곧 관리주체가 공동자원을 매우 안정적으로 관리하고 있는 경우에도 그 주체가 공동자원을 소유하고 있지 않는 경우, 공동자원이 팔려나가고 파괴되는 많은 사례를 확인할 수 있다. 그리고 공동자원이 사라지는 경우 그것이 마을만들기의 중요한 자원이었다면, 마을 공동체의 정체성이나 연대를 크게 약화시키기도 한다. 따라서 공동자원의 지속가능한 관리를 위해 관리주체를 유지하는 것이 중요하지만, 마을이 공동자원에 대한 소유권을 확보하는 것은 공동자원의 지속가능한 관리에 결정적인 의미를 갖는다는 주장이 대체로 우세했다. 하지만 이 글은 신당을 통해 이러한 논의를 뒷받침하는 사례를 제공하

---

3 이노우에 마코토 편저, 『공동자원론의 도전』, 최현·정영신·김자경 옮김, 경인문화사, 2014.
4 이노우에 마코토, 「공동자원론의 유산과 전개」, 『공동자원론의 도전』, 최현·정영신·김자경 옮김, 경인문화사, 2014.
5 야마시타 우타코, 「소유형태로부터 본 입회임야의 현상」, 『공동자원론의 도전』, 최현·정영신·김자경 옮김, 경인문화사, 2014.
6 윤순진·차준희, 「공유지 비극론의 재이해를 토대로 한 마을숲의 지속가능한 관리」, 『농촌사회』 19(2), 2009.
7 최현 외, 『공동자원의 섬 제주1: 땅, 물, 바람』, 진인진, 2016; 최현 외, 『공동자원의 섬 제주2: 지역 공공성의 새로운 지평』, 진인진, 2016.

고 신당의 지속적 관리를 위해 마을 총유를 제안하고자 한다.

신당 조사와 더불어 가시리와 선흘1리의 사례를 분석하기 위해 공동자원 및 제주 지역 마을만들기와 관련된 선행 연구를 살펴보았으며, 마을만들기 사례집, 마을지, 마을 홈페이지 등 여러 문헌을 검토하였다. 또한 토지대장과 부동산등기부등본을 통해 정확한 소유관계 및 변경 사항을 확인하였다. 그 밖에도 가시리와 선흘1리를 방문하여 현장조사와 관련자 인터뷰를 수행했다.

2. 선행연구

공동자원(commons)에 대한 학술적·이론적 연구는 오스트롬으로부터 시작됐다고 할 수 있는데, 그녀는 처음부터 소유 방식을 중요하게 다뤘다.[8] 왜냐하면 공동자원을 효율적으로 관리하기 위해서는 사유화나 국유화가 필요하다고 하는 하딘의 주장을 반박하는 것이 오스트롬 연구의 중요한 동기 가운데 하나였기 때문이다. 오스트롬과 동료들 역시 중앙정부소유, 지방정부소유, 개인소유, 공동소유의 다양한 공동자원이 있다는 점을 지적하면서 이러한 다양한 소유 방식이 공동자원의 관리에 어떤 영향을 미치는지 분석할 필요성이 있다는 점을 지적하고 있다.[9]

이노우에는 일본의 공동자원을 둘러싼 소유 관계에 대한 사례조사를

---

8 오스트롬·엘리너, 『공유의 비극을 넘어』, 윤홍근·안도경 옮김, ㈜알에이치코리아, 2010.
9 Ostrom, Dietz, Dolsak, Stern, Stonich and Weber, *The Drama of the Commons*(Washington, DC: National Academy Press, 2002).

통해 소유보다도 이용과 관리의 실태를 살펴보는 것이 중요하다고 지적하고 있으며,[10] 야마시타는 관리 실태의 중요성에 동의하면서도 일본에서 소유 방식이 관리·이용의 실태에 결정적인 영향력을 가진다는 점을 지적하고 있다.[11] 예를 들어 임야의 소유권을 가진 입회집단(공동자원 관리·이용자)과 소유권을 가지지 못한 입회집단 사이에는 공동자원의 안정적인 관리의 측면에서 큰 차이가 있다는 것이다. 소유권을 가지지 않은 입회집단과 임야소유권자(개인, 기업 또는 정부) 사이에는 권리관계를 둘러싼 끊임없는 갈등이 발생한다는 것이다.

최현·김선필은 가시리가 마을만들기에 성공할 수 있었던 것은 가시리가 소유권을 가지고 있었던 마을공동목장이라는 공동자원을 매각하지 않고 그것을 적극적으로 활용하는 마을만들기 전략을 수립했기 때문이었다고 지적한다.[12] 반면에 최현은 선흘1리가 공동자원에 대한 소유권을 가지지 못하고 있지만 지방 및 중앙정부와 적절한 협치체계를 수립해서 국공유지인 동백동산을 마을주민들이 함께 공동자원으로 활용해 마을만들기에 성공한 사례를 제시하고 있다.[13] 선흘1리는 람사르 습지로 지정되었고 도가 소유하고 있는 "동백동산"에 대한 관리권을 협치를 통해 확보했다. 선흘1리는 마을주민들의 합의 속에 동백동산을 생태

---

10 이노우에 마코토, 앞의 책; 井上真, 『コモンズの思想を求めて-カリマンタンの森で考える』, 岩波書店, 2004.
11 야마시타 우타코, 「소유형태로부터 본 입회임야의 현상」, 『공동자원론의 도전』, 최현·정영신·김자경 옮김, 경인문화사, 2014.
12 최현·김선필, 「공동자원의 지속가능성과 마을만들기 전략」, 『공간과사회』 26(4), 2016, 267-295쪽.
13 최현, 「선흘1리 마을만들기와 공동자원의 지속가능성」, 『ECO』 제19권 2호, 2017.

관광을 위한 마을의 공동자원으로 관리함으로써 마을의 민주적 발전과 생태적 지속성을 확보하고 있다. 이는 기본적으로 중앙정부와 지방정부가 람사르 습지로 보호해야 할 "동백동산"을 마을주민들이 안정적으로 관리할 수 있도록 했기 때문에 가능했다는 것이다.

윤순진은 "소유권의 배분을 통해 공동자원을 효율적으로 관리할 수 있다"는 주장이나 "국가의 강제적 규제를 통해 공동자원을 잘 관리할 수 있다"는 주장은 보다 신중하게 검토될 필요가 있다고 지적한다.[14] 오히려 사유화되어 상품이 된 공동자원이나 국유화되어 지역주민의 자치적 관리에서 벗어나 주민으로부터 유리된 공동자원은 지속가능성을 잃고 파괴되는 경우가 많다. 공동자원에 의지해 살아가면서 공동자원에 대해 해박한 지식을 가지고 있는 지역주민들이 협력을 통해 공동자원을 관리할 때 공동자원의 지속가능성이 가장 잘 유지되었다. 공동자원에 대한 사유화나 국유화 등 소유 방식의 변경만으로 공동자원의 지속가능성이 보장되지 않기 때문에 소유 방식과 관리 방식(주체)을 동시에 주목할 필요가 있다는 점을 지적하고 있다.[15]

윤순진·차준희에 따르면 외지인에 의한 사유화된 공동자원은 지역공동체가 공동자원을 유지하기 위해 만든 상호 합의된 상호 강제의 망에서 벗어나게 된다. 따라서 공동자원의 상품화는 공동자원을 훼손시킬 개연성을 높인다. 공동체의 약화와 붕괴를 가져오는 그 밖의 다양한 요인들 역시 공동자원을 존속시킨 "상호 합의된 상호 강제"를 약화 내지 해체시켜 공동자원의 존속을 어렵게 한다. 어떤 형태로든 이용자-관리

---

14 윤순진, 「전통적인 공유지 이용관행의 탐색을 통한 지속가능한 발전의 모색-송계의 경험을 중심으로」, 『환경정책』 10(4), 2002.
15 앞의 책, 49쪽.

자 공동체가 공동자원에 대한 통제력을 잃게 되었을 때 공동자원 유지가 어려움을 보여준다.[16]

김석윤·송정희·이재섭은 2008년 발행된 『제주신당조사 2008-제주시권』[17]을 기본 자료로 선택하여 제주시 지역 신당의 위치 정보를 활용하여 다음지도에서 주소 추산 후 현장 조사 등의 방법으로 위치를 확인하고 2008년 당시의 소유관계를 파악했으며, 대표적인 마을에 대한 현장 조사를 실시하였다. 현장의 마을 관계자 면접 조사를 통해 마을의 신당이라는 공간이 지닌 의미 도출하였다. 제주의 마을은 오랜 세월동안 신당을 소유하고 관리했으나, 근대화 이후 급속도로 그 공동체적 의미를 상실하면서 사라진 경우가 많았다는 것을 보여준다.[18]

최현과 이재섭은 공동자원을 기반으로 마을만들기를 진행했지만 공동자원에 대한 소유 방식에는 차이가 있었던 선흘1리와 가시리 사례를 비교한다. 선흘1리는 제주도와 중앙 정부가 소유한 동백동산을 기반으로 마을만들기를 했으며, 가시리는 목장조합이 소유하고 있는 공동목장을 기반으로 마을만들기를 했다. 이 두 사례를 비교함으로써 소유방식의 차이가 마을만들기와 공동자원의 관리방식에 어떠한 영향을 미쳤는가에 대해 논의한다. 최현과 이재섭은 일반적으로 공동자원에 대한 마을의 안정적 소유가 공동자원의 지속가능한 관리에 도움이 된다고 간주되지만, 공동자원에 대한 마을의 소유권이 역설적으로 안정적인 공동자

16 　윤순진·차준희, 「공유지 비극론의 재이해를 토대로 한 마을숲의 지속가능한 관리」, 『농촌사회』 19(2), 2009, 144쪽.
17 　제주특별자치도·(사)제주전통문화연구소, 『제주신당조사 2008-제주시권』, 도서출판 각, 2008.
18 　김석윤·송정희·이재섭, 『제주연구원 45: 제주 신당의 공공자원화를 위한 기초 조사』, 제주연구원, 2017.

원 관리주체의 형성을 방해할 수도 있다는 점을 가시리와 선흘1리의 비교를 통해 보여주고 있다. 공동자원의 소유권을 마을이 가지고 있더라도 새로 이주해 오는 주민들이 이 소유권에서 배제되는 가시리의 경우 지속적으로 마을 주민이 충원될 수 없어 공동자원과 마을만들기의 지속성이 보장되기 힘들다는 것이다. 선흘1리는 마을이 공동자원에 대한 소유권을 가지고 있지 못하지만 오히려 그 때문에 새로 이주한 주민과 오래 거주한 주민들 사이에 평등한 관계가 유지되고 있어 이주민이 늘고 있다.[19]

선행연구를 통해 알 수 있듯이 공동자원의 소유 방식이 공동자원의 관리와 지속가능성에 어떤 영향을 미치는지, 지속가능성을 확보하기 위해 어떤 정책이 필요한지가 관심사다. 여기서는 공동자원의 하나인 제주의 신당을 통해 공동자원의 지속가능한 관리와 소유권의 관계를 살펴보고자 한다.

3. 제주시 신당의 소유 유형과 관리 상태

공동자원은 다수가 함께 이용하는 자원으로 국제적으로 커먼즈(commons)로 불린다. 근대 이전부터 제주를 비롯한 한국 전역에 공동자원이 산재해 있었고 근대화 이후 많은 공동자원이 사유화되었지만 현재도 다양한 형태로 존재한다. 최현은 공동자원을 어떤 개인이나 집단이

---

[19] Choe, Hyun, and Jaesub Lee, "A Comparative Study on Two Ways of Community Building with Different Commons Ownership Modes.", 『Development and Society』 47-2 June 2018, pp. 211-236.

생산한 것이 아니기 때문에 타인을 배제하고 독점적으로 이용하는 것이 부당한 자원으로 정의한다. 다수의 사람들이 함께 이용했던 자연적 또는 인공적 자원인 공동자원은 세계 도처에 인류역사와 함께 존재했다. 여기에는 토지처럼 경합성이 있는 공동관리자원(common pool resources)과 지식처럼 경합성이 없는 공공자원(public goods)이 포함된다. 이 두 개념은 공동자원을 학술적으로 정의하는 과정에서 생겨났고 현재 국제적으로 학계에서 사용되고 있다. 특히 경합성이 있어 관리를 하지 않으면 지속적으로 유지할 수 없는 공동관리자원은 체계적 관리가 필요하다. 신당은 공간을 의미하기 때문에 경합성을 가지는 공동자원으로 체계적 관리 없이는 사라질 수밖에 없다.[20]

 2008년 제주시 신당의 실태를 모두 조사해 작성한 『제주신당조사 2008-제주시권』에 수록된 제주시 192개소의 신당의 위치를 확인해서 하나하나 등기부등본으로 1998년부터 2008년 사이의 소유 관계를 확인했다.[21] 조사에 따르면 192개소 중 개인 소유의 신당이 95개소, 국가 소유의 신당이 28개소, 지방자치단체(제주특별자치도, 제주시, 제주 교육청) 소유의 신당이 20개소, 마을(새마을회) 소유의 신당이 20개소, 기업 소유의 신당이 3개소, 주소를 확인할 수 없거나 등기할 수 없는 신당이 26개소(위치 확인 불가 10, 해변 10, 기타 6)로 나타났다. 주소나 등기가 없는 유형은 2008년 조사 때 잘못된 위치 정보를 입력해 위치를 확인할 수 없는 사례, 해변에 위치하거나 기타 사유로 등기를 할 수 없는 곳에 위

---

20 최현, 「한국 공동자원 연구의 현황과 과제」, 『공동자원론, 오늘의 한국사회를 묻다』, 진인진, 2017, 45-46쪽.
21 제주특별자치도·(사)제주전통문화연구소, 『제주신당조사 2008-제주시권』, 도서출판 각, 2008.

치한 경우가 포함되었다. 위치 정보가 잘못됐으나 현장조사를 통해 주소를 확인하여 조사한 곳도 있었는데, 이 경우에는 소유 관계를 파악해 기타 항목에서 제외할 수 있었다. 등기부등본 상 1998년부터 2008년까지 소유

[표 1] 제주시 신당 소유 현황(2008년 기준)

소유 유형	개소
국가	28
지방자치단체	20
마을	20
기업	3
개인	95
기타 (소유할 수 없거나 소유 관계 불명)	26
총계	192

자의 변동이 있는 경우는 있었으나, 소유 유형(국가 소유, 지자체 소유, 기업 소유, 개인 소유, 기타)은 변동이 거의 없었다.[22] 따라서 소유 유형에 따라 관리의 차이를 분석하는 것은 의미가 있다고 할 수 있다. 소유 유형에 따라 신당을 분류해 보면 [표 1]과 같다.[23]

---

22 1998년부터 2008년 사이에 10년 간 소유 유형이 변동된 경우는 개인 소유에서 마을 소유로 바뀐 경우가 2건, 개인 소유에서 지자체 소유로 바뀐 경우가 1건, 국가 소유가 지자체 소유로 바뀐 경우가 2건이 있었다. 2018년대 현재까지 소유 유형의 변화는 아래에서 구체적으로 다루겠다.

23 김석윤·송정희·이재섭, 『제주연구원 45: 제주 신당의 공공자원화를 위한 기초 조사』, 제주연구원, 2017, 14-27쪽은 2008년을 기준으로 국가 27개, 지방 21개, 마을 21개, 기업 5개, 개인 92개로 나와 있으나 우리는 1998년부터 2008년 사이 10년 간의 소유 관계를 검토해서 [표 1]의 결과를 제시했다.

1) 국가 소유

제주시 신당 전체 192개소 중 국가 소유로 나타난 신당은 28개소이다. 제주시 전체 지역에 고르게 분포되어 있다. 관리기관은 건설교통부 17개소와 기획재정부 9개소 그리고 납읍리 홍골당인 경우 산림청, 용담3동 다끄내 본향 궁당인 경우 교육부에서 관리하고 있는 것으로 나타난다. 상당 부분 건설교통부에서 관리를 하게 되는 이유는 지목이 도로와 하천인 경우가 많아서이다. 1998년부터 2008년까지 10년 간 폐당된 국가 소유의 신당은 총 4개소로 전체의 14.2%다.[24] 이 중에 지목이 도로로 설정되어 있는 동김녕 궤네깃당은 도로 확장으로 멸실(滅失)될 위기에서 현재 유적지로 임시 지정이 되어 도로 확장 공사가 중지된 상태다.[25]

그 외에 동복리 본향 굴묵밧할망당의 경우도 당과 접하여 있는 도로가 편도 1차이고 현재 지목이 도로 지정되어 있어 향후 도로 확장 등의 개발로 인해 사라질 위기에 처해 있다고 볼 수 있다. 그 밖에도 11개소의 지목이 도로로 설정되어 있고 그 외에 하천, 잡종지, 임야, 학교 등이다.[26]

[표 2] 28번 한림읍 한수리 대섬밧 하르방당인 경우는 2001년 등기 접수 당시 국가 소유로 잡종지였던 부동산이 2012년 한수리어촌계에서

---

[24] 등기 연도가 2008년 이후인 경우가 6개소로 나타나지만 등기목적이 모두 보존인 것을 보면 소유자가 변동된 것은 아닌 것으로 보인다.

[25] 신당이 더 이상 관리도 되지 않고, 주민도 찾지 않으면 폐당(閉堂)되었다고 하며, 완전히 사라지면 소실(消失)되었다고 한다.

[26] 김석윤·송정희·이재섭, 『제주연구원 45: 제주 신당의 공공자원화를 위한 기초 조사』, 제주연구원, 2017, 30쪽.

매매하여 소유권이 이전되었고 그 이후 2014년에 지목이 대지로 변경되었다.[27]

〔표 2〕 제주시 신당의 부동산 국가 소유 목록

No.	지역	신당명	주소	최초등기연도	등기목적	소유자 (1998~2008)	관리	상태 (2008 기준)	지목	비고
1	구좌읍	동김녕 궤뉇깃당	김녕리 2121	1975	보존	국가	건설부	폐당	도로	대위자-제주도 (2009)
2	구좌읍	한동 망애물 해신당	한동리 1387-2	2017	보존	국가	국토교통부		도로	
3	구좌읍	동복리 본향 굴묵밧 할망당	동복리 1759	1990	보존	국가	건설부		도로	
4	구좌읍	하도리 각시당	하도리 450-3	2013	보존	국가	기재부		임야	
5	구좌읍	월정리 베롱개 해신당	월정리 774-4	2013	보존	국가	기재부		잡종지	
6	구좌읍	김녕 본향 사장빌레 큰당	김녕리 2121	1975	보존	국가	건설부		도로	대위자-제주도 (2009)
7	애월읍	중엄리 본향송씨 일뤠당	신엄리 3208	1975	보존	국가	건설부		도로	
8	애월읍	애월리 해신당	애월리 1819-44	2017	보존	국가	기재부		도로	
9	애월읍	납읍리 홍골당	어름리 산 20	1969	보존	국가	산림청		임야	

---

27 2008년 이후 국가 소유에서 마을 소유로 바뀐 신당이 1개소이고, 현재는 국가 소유가 27개소이다.

No.	지역	신당명	주소	최초등기연도	등기목적	소유자(1998~2008)	관리	상태(2008기준)	지목	비고
10	제주시	오등동 본향 오드싱당	오등동 1895	1974	보존	국가	건설부		하천	
11	제주시	내도동 본향 웃당	내도동 456-13	1989	보존	국가	기재부		잡종지	
12	제주시	이호2동 본향 남당	내도동 895	1994	보존	국가	건설부		하천	
13	제주시	내도동 알당	내도동 465-2	1989	보존	국가	건설부		도로	
14	제주시	용담3동 다끄내 해신당	용담3동 1064-7	1990	보존	국가	기재부		잡종지	
15	제주시	신사수동 본향 고랭이물당	도두2동 2610	1974	보존	국가	건설부		하천	
16	제주시	용강 본향 궤당	용강동 1768	1974	보존	국가	건설부		하천	
17	제주시	용담2동 한두기 본향 고시락당	용담1동 2581-4	1998	보존	국가	건설교통부		하천	
18	제주시	용담3동 다끄내 본향 궁당	용담3동 581	1968	보존	국가	교육부		학교	
19	조천읍	신흥리 볼래낭 할망당	신흥리 545-1	2017	보존	국가	기재부		도로	
20	조천읍	조천리 새콧할망당 (고망할망당)	조천리 2730-2	2008	보존	국가	건설부		도로	
21	조천읍	북촌리 동카름 칠머리당	북촌리 2688	1975	보존	국가	건설부	폐당	도로	
22	한경면	금등리 본향 손드물 축일할망당	금등리 1008	1975	보존	국가	건설부		도로	

No.	지역	신당명	주소	최초등기연도	등기목적	소유자(1998~2008)	관리	상태(2008기준)	지목	비고
23	한경면	저지리 용선도리 일뤠 하르방당	조수리 4146	1975	보존	국가	건설부	폐당	도로	
24	한경면	용수리 펄낭 해신당	용수리 4136-3	2012	보존	국가	기재부	폐당	잡종지	
25	한림읍	귀덕 본향 축일 할망당	귀덕리 1031-3	1988	보존	국가	건설부		잡종지	
26	한림읍	비양리 본향 술일당	협재리 산 116-5	1988	보존	국가	기재부		유지	
27	한림읍	명월 박닛물 축일당	명월리 2223	1975	보존	국가	건설부		구거	
28	한림읍	한수리 대섬밧 하르방당	한수리 914-13	2001	보존	국가	재정경제부(기재부)		잡종지	국가→마을(2012), 한수어촌계

2) 지방자치단체 소유

　제주시 신당 전체 192개소 중 지방자치단체 소유로 나타난 신당은 20개소이다.[28] 지방자치단체인 제주특별자치도 13개소, 제주시 4개소, (구)북제주군 2개소, 제주도 교육감 1개소로 나타나고 있다. 1998년부터 2008년 사이에 폐당된 지자체 소유 신당은 20개소 중 4개소로

28　2008년 이후 개인 소유에서 제주도 소유로 바뀐 신당이 2개소 있어 현재는 지방자치단체 소유가 22개소다.

20.0%다. 지목이 임야로 되어 있는 경우는 전체 임야 주소에 신당이 포함된 경우가 많다. 즉 신당만 개별 주소를 가지고 있는 것이 아니다. 그러다 보니 신당을 포함한 토지가 어떠한 이유로 소유권이 변경되면 신당도 같이 소유권이 변경되게 된다. 상도리 본향 막음질 일뤠할망당인 경우만 봐도 '국세청-재무부-경찰청-북제주군-제주도' 순서로 소유권이 복잡하게 이전된 사실을 볼 수 있다. 이는 신당의 소유가 변경되는 것이 아니라 임야 전체의 소유권이 변경되면서 신당의 소유권도 같이 변경되는 상황임을 알 수 있다.

  (구)북제주군 소유로 되어있던 신당들이 대부분 제주도 혹은 제주시로 소유권이 이전 되었으나 3개소만 북제주군 소유로 남아있다. 아직 등기부등본이 정리가 안 된 것이다.[29] 등기연도가 2008년 이후로는 나타나지 않으며 2008년 이후 행원리 본향 큰당과 하귀리 본향 돌크릿당이 개인 소유에서 제주도 소유로 변경되었다. 행원리는 교환으로 이전되었고 하귀리는 협의 취득하여 소유권이 이전되었다. 2008년 기준으로 보면 개인소유였던 셈이다.[30] 그 외에 국가 소유에서 지방자치단체 소유로 넘어온 것이 2개소가 있다.

---

29 2006년 제주도 행정구역 개편으로 제주시와 북제주군은 제주시로 통합하고 서귀포시와 남제주군은 서귀포시로 통합하였다.
30 이 때문에 이 두 곳을 [표 3]에 넣지 않았다.

〔표 3〕 제주시 신당의 부동산 지방자치단체 소유 목록

No.	지역	신당명	주소	최초 등기 연도	등기 목적	소유자 (1998~2008)	상태 (2008 기준)	지목	비고
1	구좌읍	하도리 남당	하도리 1778	1965	이전	개인(공동)+제주도	폐당	전	하도리 거주(과거), 공유자(지분일부) - 제주도(2008)공공용지의 협의 취득
2	구좌읍	상도리 본향 막음질 일뤠 할망당	상도리 202	1969		제주도		임야	국가(1969)→경찰청(2001)→북제주군(2006)→제주도(2011)
3	구좌읍	종달 본향 오막개당	종달리 70	1963	보존	제주도		임야	북제주군→제주도(2006)
4	구좌읍	동김녕리 성세깃당	김녕리 571-2	2000	보존	제주도		임야	
5	구좌읍	월정 본향 서당머체 큰당	월정리 179-8	2007	이전	제주도		임야	
6	애월읍	고성리 동구시물 마께왓당	광령리 3808-2	1983	이전	북제주군		도로	
7	애월읍	고내리 본향 큰당	고내리 1114	1969	보존	제주도		전	북제주군 →제주도(2006)
8	제주시	연동 본향 다랑굿 막개낭당	연동 1955-5	1997	보존	제주시		대지	
9	제주시	삼양2동 본향 당팟 할망당	삼양2동 2104-4	2002	보존	제주시		공원	
10	제주시	건입동 본향 산지 칠머리당	건입동 387-12	2000	이전	제주도	문화재	도로	제주시→제주도(2008)
11	제주시	외도1동 본향 우렝이 돗당	외도1동 492-11	2002	보존	제주시		공원	
12	제주시	용담3동 어영연딧당	용담3동 2292-29	1990	보존	제주시		잡종지	국가(건설부-재무부)→경찰청→제주시(2003)
13	제주시	이호1동 본향 붉은 왕돌 할망당	이호1동 331	1987	이전	제주도		수도용지	제주시→제주도(2008)

No.	지역	신당명	주소	최초등기연도	등기목적	소유자 (1998~2008)	상태 (2008 기준)	지목	비고
14	조천읍	함덕리 본향 알카름 서물당	함덕리 3155-2	1979	이전	북제주군		도로	
15	조천읍	와산리 하르방당 베락당	와산리 694-1	1969	보전	제주도	폐당	잡종지	북제주군→제주도
16	조천읍	함덕리 좃나니모루 일뤠당	함덕리 1698	1963	보존	제주도		임야	북제주군→제주도 (2007)
17	조천읍	신흥리 본향 대방 황수당	신흥리 511-1	1969	보존	제주도	폐당	종교용지	북제주군→제주도 (2008)
18	조천읍	신촌리 본향	신촌리 2257	2008	보존	제주도		대지	
19	한림읍	상명리 본향 느지리 케인틈 축일할망당	상명리 898	1996	보존	제주도		임야	북제주군→제주도 (2006)
20	한림읍	명월 본향 여드레 할망당	옹포리 777	1983	보존	제주도 교육감	폐당	학교용지	학교 내 신당 위치

3) 마을 소유

제주시 신당 전체 192개소 중 마을 소유로 나타난 신당은 20개소이다. 이중 소유자가 새마을회인 것이 9개소, 마을회인 것이 5개소, 어촌계인 것이 2개소, 공동목장조합인 것이 2개소다. 애월읍 금성리 축일할망당인 경우는 곽지리새마을영농조합법인이 소유로 되어있고 제주시 화북동 본향 가릿당의 경우에는 화북1동 마을복지회가 소유자로 되어

있다.[31]

  소유자가 새마을회로 되어 있는 것은 1970년대 마을 단위 조직에 새마을회가 붙은 명칭이 현재까지 유지하고 있기 때문이다.[32] 새마을회와 마을회는 같은 성격의 마을조직이다. 리 단위 마을 조직에서 신당을 소유하고 있는 경우가 많지만 하도리 면수동 같은 경우는 마을의 행정동 단위로 신당이 존재하여 행정동 단위의 마을 조직이 소유하는 경우도 있다. 부동산 지목은 대부분 임야로 나타난다. 마을 소유인 경우는 등기 이후 매매, 증여 등 소유권이 이전되는 사례를 찾기 힘들다. 마을과 개인이 같이 소유하고 있는 신당은 3개소로 나타나고 부동산의 일부 지분을 마을회에서 매매한 것이다.

  마을 소유의 신당 중 3개소가 제주도 민속문화재로 지정이 되어있다. 구좌읍 송당리 본향 웃손당 당오름 백주할망당(제9-1호), 제주시 봉개동 동회천 본향 새미하로산당(제9-2호), 조천읍 와흘리 본향 한거리 하로산당(제9-3호)이다. 3곳 모두 당굿이 이루어지고 있고 관리·보존 상태도 매우 좋다. 신당에 매인 심방이 있고 마을에서 자발적으로 당굿을 진행하며 마을에서 소통의 장소, 축제의 장소로 인식하고 있다.[33]

  매우 드문 일이기는 하지만 송당리 본향 알손당 고부니무루 소천국 하르방당은 폐당이 되었다가 2017년에 다시 복원이 되었다. 신당 장소가 하천과 가까이 있고 정비가 되지 않아 찾아갈 수조차 없는 곳이었으

---

31 2008년 이후 국가 소유에서 마을 소유로 바뀐 신당이 1개소 있어 현재는 마을 소유는 21개소다.

32 김석윤·송정희·이재섭, 『제주연구원 45: 제주 신당의 공공자원화를 위한 기초 조사』, 제주연구원, 2017, 33쪽.

33 매인 심방은 제주도에서 신당에 매여 있는 무당을 말한다.

나 하천 재정비 공사를 하면서 당을 복원하게 되었다고 한다. 길에서 신당까지 진입로가 없어 마을 신앙민이 자신의 땅을 진입로로 사용할 수 있게 하여 신당까지 길을 정비할 수 있게 되어 신당을 복원하였다. 이는 신당의 소유권이 마을에 있기에 가능했던 것으로 보인다.

〔표 4〕 제주시 신당의 부동산 마을 소유 목록

No.	지역	신당명	주소	최초등기연도	등기목적	소유자(1998~2008)	상태(2008기준)	지목	비고
1	구좌읍	하도리 면수동 본향 여씨불도 할망당	하도리 3359-19	1984	이전	마을		건물/임야	하도리면수도새 마을회 소유
2	구좌읍	송당리 본향 알손당 고부니모루 소천국 하르방당	송당리 산 8-1	1996	이전	마을	폐당→복원	임야	송당리새마을회
3	구좌읍	송당리 본향 웃손당 당오름 백주 할망당	송당리 산199-1	1996	이전	마을	문화재	임야	송당리새마을회, 대위자-제주특별 자치도/소유권이전 등기청구권
4	애월읍	어음1리 본향 개나무들 비 메넛당	어음리 3708-2	1998	이전	마을		건물/창고용지	개인(1998)→마을 (2001년 매매)건물- 어음1리새마을회
5	애월읍	금성리 축일할망당	곽지리 1565	1985	이전	마을		임야	•토지 : 곽지리마을 회소유(대위-제주도) •건물 : 근린공원(소 유-제주도)
6	애월읍	구엄리 본향 모감빌레 송씨할망당	구엄리 833-1	1995	이전	마을		잡종지	구엄리새마을회 (2001년 매매)
7	애월읍	광령1리 본향 자운당	광령리 36-6	2000	이전	마을		잡종지	개인→마을(2001) 광령1리새마을회
8	애월읍	하귀리 해신당	하귀2리 2729	1992	이전	마을		대지	귀일어촌계 (애월읍 하귀리)

No.	지역	신당명	주소	최초 등기 연도	등기 목적	소유자 (1998 ~2008)	상태 (2008 기준)	지목	비고
9	애월읍	상·하가리 본향 오당빌레 할망당	하가리 846-1	1994	이전	마을		임야	하가리새마을회
10	애월읍	곽지리 송씨 일뤠할망	곽지리 1026	1995	이전	개인+ 마을		전	곽지리새마을영농 조합법인(2004)
11	애월읍	상귀리 본향 황다리 궤당	유수암리 1913	1971	이전	마을		체육 용리	유수암리공동목장 조합
12	애월읍	광령리 마씨 미륵당	광령리 596	1971	보존	개인 (공동)+ 마을		목장 용지	1/2지분 광령공동 목장조합(1996)
13	제주시	봉개동 동회천 본향 새미하 로산당	회천동 1058	2007	보존	마을	문화재	임야	동회천마을회
14	제주시	화북동 본향 가릿당	화북동 1888	1995	이전	마을		잡종지	제주시화북1동 동마을복지회
15	조천읍	와흘리 본향 한거리 하로 산당	와흘리 1274-1	1990	이전	마을	문화재	임야	와흘리새마을회
16	추자면	예초리 당목쟁이 물생이끝당	예초리 산7	1996	이전	마을		임야	추자면예초리 마을회
17	추자면	묵리 당목치 동산 처녀당	묵리 731-5	1989	보존	마을		임야	국가(건설부→재무부) →북제주군→묵리 새마을회(1992)
18	한림읍	금능 본향 소왕물 술일할망당	금능리 1631	1981	보존	마을		임야	금능리마을회, 대위 자-제주도(공공용지 협의취득을 위한)
19	한림읍	금릉 본향 연딧가름 영감당	금능리 1631	1981	보존	마을		임야	금능리마을회, 대위 자-제주도(공공용지 협의취득을 위한)
20	한림읍	협재리 뒷당	협재리 1458	1989	보존	개인+ 마을		전	•건물: 협재어촌계 (잠수탈의장) •토지: 개인 소유

4) 기업 소유

2008년 제주시 신당 전체 192개소 중 기업 소유로 나타난 신당은 3개소다([표 5] 참조). 기업 소재지가 제주가 아닌 경우도 있고 근저당이 설정되어 언제 어떻게 소유권이 이전될지 모르는 경우가 대부분이다. 이 중 교래리 누룩남도 일뤠당은 유원지 내에 신당이 있어 그 모습은 유지하고 있지만 신앙민이 쉽게 접근할 수 없어 폐당된 것으로 보인다. 따라서 1998년부터 2008년 사이에 기업 소유 신당의 33.3%가 폐당됐다.

2008년 기준으로는 3개소가 기업 소유였지만 현재 기준으로 보면 5개 신당이 기업 소유다. 한경면 낙천리 본향 소록낭모들 오일하르방당과 조천읍 함덕리 수지므르 일뤠당이 2008년 이후 기업 소유가 됐다.[34] 한경면 낙천리 본향 소록낭모들 오일하르방당은 개인 공동 소유였고 소유자가 제주시 거주자였다. 지목은 잡종지였다. 2012년 매매로 기업(에이치○○주식회사)에게 팔렸다. 기업 소재지는 충청북도였다. 조천읍 함덕리 수지므르 일뤠당의 경우는 개인 소유였고 소유자가 제주시 거주자였다. 지목은 '전'이었다. 반복적인 매매가 이루어지다가 2014년 기업(퍼스트○○주식회사)에게 매매되어 소유권이 바뀌게 되었고 2016년 지목이 대지로 변경되면서 호텔건축으로 2017년 신당이 멸실되었다.

---

34 2008년 이후 개인 소유에서 기업 소유로 바뀐 신당이 2개소 있고 그 중 1개가 멸실되어 현재는 기업 소유는 4개소다.

〔표 5〕 제주시 신당의 부동산 기업 소유 목록

No.	지역	신당명	주소	최초 등기 연도	등기 목적	소유자 (1998 ~2008)	상태 (2008 기준)	지목	비고
1	조천읍	교래리 누룩남도 일뤠당	교래리 산 56-4	1997	이전	기업	폐당	유원지	제주미니미니랜드, 근저당설정
2	제주시	오등동 죽성 본향 설새밋당	오등동 305-18	2015	이전	기업		임야	농업회사법인 주식회사 이제이제이
3	구좌읍	하덕천리 웃산전 사라홀당	덕천리 산 49-3	2005	이전	기업		임야	주식회사 나이콤 (경기도 소재) / 지상권설정

5) 개인 소유

제주시 신당 전체 192개소 중 개인 소유로 나타난 신당은 95개소로 전체 약 50% 비율을 차지하고 있다. 개인이 소유권을 가진 경우도 여러 가지로 분류할 수 있다. 등기부등본 기록을 보면 등기 시작부터 소유자가 변동이 없는 경우는 거의 찾아 볼 수 없고 대부분 상속과 증여, 매매로 되어있다. 매매가 되고 상속되는 경우도 있고 상속 후 매매, 증여가 이루어지는 경우도 있다. 매우 복잡한 양상이 보인다. 매매는 2000년 이후 매우 활발히 나타난다. 매매가 예약된 경우도 있다. 개인 소유 중에 매매, 상속, 증여 등으로 인해 소유권이 이전되지 않는 경우는 19개소이다. 하지만 근저당 설정, 소유자 거주지가 신당이 속한 마을이 아닌 경우 등이 대부분이다.

우선 개인 소유인 경우와 공동 소유인 경우로 나눌 수 있다. 개인소유는 79개소이고, 공동 소유는 16개소로 나타나는데 공동 소유인 경우 대부분 상속되는 과정에서 상속자들이 공동으로 소유하는 경우다. 이

[표 6] 제주시 신당의 부동산 개인 소유 유형

개인 소유 유형	개소
마을 거주	54(3개 폐당)
제주도 거주	23(8개 폐당)
제주도 이외 지역 거주	18(2개 폐당)
총계	95

런 경우에 공동 소유 일원 중 한명이라도 소유지분을 팔게 되면 공동 소유관계가 복잡해진다. 상속자들 간의 거래도 많이 보인다. 또한 은행이나 금융기관에 근저당이 잡혀있는 경우도 많다. 금융기관에 의해 강제매각이 이루어지는 경우도 있다.

소유자 거주지로 유형을 분석해 보면 ① 소유자가 신당이 속한 마을에 거주하는 경우 51개소, ② 소유자가 제주도에 거주하는 경우 25개소, ③ 소유자가 제주도 이외의 지역에 거주하는 경우 19개소다. ①의 경우는 대부분 상속이나 증여인 경우가 많지만 공동 소유인 경우는 8개소이며, 나머지는 상속자가 1인인 경우이다. 그런데 소유자가 마을 주민인가 마을 주민이 아닌가에 따라 신당의 관리에 큰 차이가 있었다. 개인 소유인 경우 폐당된 신당은 전체 95개소 중 12개소로 약 12% 정도였지만, 이 중에 마을 주민이 소유한 ①의 경우 약 5.5%만이 폐당됐다. 하지만 외부인이 소유한 41개 중에 10개소, 약 25%가 폐당됐다. 특이한 것은 ② 소유자가 제주도에 거주하는 경우 34.8%로 ③ 제주도 이외의 지역에 사는 사람이 소유한 경우 11.1%보다도 높았다는 것이다.

6) 기타

『제주신당조사 2008-제주시권』의 위치 자료를 토대로 다음 지도에서 주소지를 추출[35]하는 과정에

[표 7] 기타 유형 분석

기타 유형	개소
GPS오류	10
해변	10
기타(등기없음 외)	6
총계	26

서 오류가 발생하는 경우가 있었는데 이런 경우는 바다 한 복판을 가리키거나 전혀 엉뚱한 곳을 가리키는 경우이다. 예를 들면 제주시에 소재지가 있어야 하는데 서귀포시를 가리키는 경우이거나 해외를 가리키는 경우도 있었다. 이러한 경우 어떠한 방법이든 최대한 동원하여 장소를 확인하여 주소를 찾은 경우는 모두 조사하여 소유권을 분류하였으나 조천읍 신촌리 일뤠당, 조천읍 신촌리 동동네, 한림읍 금악리 아미당, 한경면 신창리 돈짓당, 우도면 상하고수동 성창봉오지 돈짓당, 추자면 대서리 장군당, 추자면 대서리 당너머 고샅바위, 추자면 영흥리 뒷산 절기미 산신당, 추자면 횡간도 마을 성황당 이렇게 10개소는 도저히 찾을 수 없었다. 두 번째로는 해변인 경우이다. 해변에 있는 신당의 경우 다음 지도로도 쉽게 신당의 모습을 찾을 수 있었다. 신당은 모두 존재하는 것을 확인하였다. 해변에 간척지도 포함된다. 이런 경우는 주소가 존재하지 않아 소유권을 확인할 수가 없었다. 그러나 해변인 경우는 국가 소유인 경우가 많다고 한다. 간척지는 경우에 따라 소유권이 달라질 수 있다. 세 번째로는 보존녹지인도 등기부등본은 존재하지 않고 토지대장만 존재하는 경우에는 소유권을 알 수가 없었다. 혹은 폐쇄등기인 경우도

---

35 다음지도 http://map.daum.net/

있었다. 이런 경우 모두 등기부등본이 존재하지 않아 소유권을 알 수 없었다.

[표 8]은 지금까지의 조사 결과를 정리한 것이다. 마을이나 마을 주민이 신당 부지를 소유한 경우는 신당의 지속가능성이 크다. 반면에 국가, 지방자치단체, 기업, 마을 외부인이 소유한 경우에는 지속가능성이 매우 작다는 것을 보여준다. 기업 소유 신당은 33%가 폐당이 되었고, 더욱 놀라운 것은 국가, 지방자치단체가 소유한 신당들도 개인이 소유한 신당과 마찬가지로 15~20% 가량 문을 닫거나 멸실됐다는 것이다.

[표 8] 제주시 신당 소유 현황

소유 유형	개소		폐당율(%)
국가	28		14.2
지방자치단체	20		20.0
마을	20		0.0
기업	3		33.3
개인[36]	전체 (외부인 소유)	95 (41)	13.7 (24.3)
기타(해변, 오류)	26		
총계	192		

---

36 2008년 기준 개인 소유인 경우 95개소 중 13개소 폐당이었다. 현재 폐당된 신당 중 1개소가 멸실되었다. 멸실된 신당은 2014년 기업으로 소유권이 변경되어 호텔 건축으로 멸실된 것이다.

4. 맺음말

　제주에는 다양한 신당들이 존재한다. 신당들은 주민들이 함께 하는 의례의 장소로서 주민들이 공동체성을 확인하는 공동자원으로 활용되어 왔고 앞으로도 활용될 수 있다. 그런데 이러한 공동자원이 사유화되면서 택지와 리조트 부지 등으로 팔려나가고 결국 파괴됐다. 이에 따라 주민들이 공동체성을 확인하고 공동체적 결속을 다질 수 있는 기반인 신당이 점차 사라지고 있다. 신당이라는 공동자원을 체계적으로 관리·보존하기 위해서는 먼저 누가 소유권을 가지고 있으며 어떻게 관리되고 있는가를 파악해야만 한다. 이 때문에 신당의 소유권에 대한 조사는 체계적 관리·보존의 전제 조건이다. 우리는 우선 1998년부터 2008년 사이에 제주시에 소재한 신당의 소유 관계를 전수 조사했다. 그 결과 개인 소유 95개소, 국가 소유 28개소, 지방자치단체 소유의 20개소, 마을 소유의 20개소, 기업 소유의 3개소, 주소가 없거나 등기가 없는 신당이 26개소를 확인했다. 국가 소유는 28개소로 동지역과 읍면지역을 걸쳐 고르게 분포, 지목은 도로가 다수이고, 그 밖에 하천, 임야, 학교 등이다. 지방자치단체 소유는 20개소로 동지역과 읍면지역을 걸쳐 고르게 분포하며, 지목은 도로, 임야, 잡종지, 종교용지, 공원, 전, 수도용지 등이다. 기업 소유의 신당은 3개소로 유원지 조성으로 폐당을 넘어 멸실된 경우도 있었다. 기업 소유의 경우 마을에서 신당을 관리하는 일이 쉽지 않기 때문이다. 개인 소유의 신당은 95개소로 소유자가 마을에 거주하는 경우와 소유자가 마을 밖에 거주하는 경우가 있다. 마을이 소유권을 가진 신당은 동지역보다는 읍·면지역에 집중적으로 분포하며, 지목은 임야가 많았다. 주소나 등기가 없는 신당은 해변, 천변에 위치해 주소가 없거나 등기를 하지 않은 경우, 위치정보 오류로 주소를 확인할 수 없는 경우다.

　현장조사를 통해 살펴본 바 신당 보존 및 관리 주체는 크게 마을, 어촌계, 심방 등으로 볼 수 있었다. 국가에서 관리하는 프로그램은 문화재돌봄사업단(제주문화예술재단)으로 문화재로 지정된 경우만 관리를 하고 있는 실정이다. 실질적인 관리의 주체는 마을이라고 봐야 할 것이다. 신당은 마을 공동자원으로 자연스럽게 관리되어 왔다. 따라서 마을이 신당 부지의 소유권을 가지고 있을 때 가장 안정적으로 관리되고 지속가능성을 갖는다는 것이 너무도 당연하다. 실제로 마을 소유 신당은 현장조사를 통해 확인한 결과 현재 100% 살아남았다. 하지만 1998년 이후 불과 10년 만에 국가소유, 지방자치단체소유 신당은 약 15-20%, 기업소유 신당은 33.3%, 개인소유 신당은 13.7%(특히 마을 주민이 아닌 외부인 소유 신당은 약 25%)가 폐당됐다. 하딘은 "공동자원의 비극"에서 정부 또는 개인이 공동자원을 관리하는 것이 공동자원의 지속가능성을 높인다고 주장했고 50년이 지난 지금까지도 하나의 공리로 받아들여진다.[37] 하지만 제주시 신당의 사례는 이를 정면에서 반박하고 있다. 곧 주민들의 공동관리가 신당이라는 공동자원을 가장 효과적이고 지속가능하게 관리하는 방안이라는 것을 보여주고 있다.

　신당의 관리를 마을이 담당하고 그 소유 주체 역시 마을인 경우가 신당 관리(운영 및 보전)의 측면에서 가장 안정적인 형태를 보인다. 제주 신당이 가진 가치를 보존하기 위해서는 국가 혹은 지방자치단체가 소유한 신당의 토지 중에서 마을에서의 보존 가치가 높은 신당들을 마을의 소

37　Hardin, G., "The tragedy of the commons.", Science 162(1968), pp.1243-1248.

유로 만들어 소유와 관리의 주체를 일치시키는 정책을 추진할 필요가 있다.

02

제주의 전통적 커머닝 수눌음: 제주 목축문화의 재해석

김자경

1. 서론

공동자원(commons)을 활용하는 지혜는 세계 곳곳에서 드러난다.

제주의 역사를 간단하게 살펴보자. 제주는 탐라(耽羅)라고 불리던 시대만 하더라도 해상무역을 통해서 자연조건의 어려움을 극복하였다. 즉 농업의 조건이 불리한 섬지역에서 무역을 통해 생활세계의 공간을 넓혀 나가면서 생존해 왔다. 그러나 탐라(과거 제주의 이름)는 고려왕조에 복속되어 제주라고 이름이 바뀌었다. 이후 조선왕조까지 200여 년동안 고립된 섬 생활로 인하여 섬이라고 하는 닫힌 공간 속에서 살아나갈 수밖에 없었다. 제주사람들은 섬이라는 지리적, 자연적 조건 속에서의 생존문제를 극복해 나갔다. 특히 17~18세기에 극심한 가뭄의 빈발, 잦은 태풍 등 제한된 공간에서 농업을 제대로 영위할 수 없는 삶의 조건은 공동자원을 활용하는 지혜가 발현될 수밖에 없었다. 이것은 폴라니의 설명대로, '인간은 생존 수단을 얻기 위해 자연과 동료들에게 궁극적으로 의존'했던 것이다.[38]

오스트롬은 공동자원을 성공적으로 운영하는 사례분석을 통하여 시장과 국가가 아닌 공동체의 자치를 통한 지역의 지속가능성을 증명하였다.[39] 이 연구도 오스트롬 연구의 연속선상에서 제주사람들이 자연을 공동으로 이용하고 관리해왔던 제주인의 생활세계를 살펴보고자 한다. 그리고 제주사람들이 공동자원을 공동으로 이용하는 과정 속에서 드러나는 특징들, 즉 마을사람들이 자연을 이용하고 관리하는 시스템과 그 시스템을 운영하는 과정에서 드러나는 관습이나 제도, 그리고 이것이 어떻게 문화로 정착되고 있는가에 대한 것들을 살펴보고자 한다. 이는 공동자원을 이용하는 생활세계 경제학의 실증적 근거가 될 것이다.

과거 공동자원은 '우리 일상의 일부'였지만,[40] 공동자원이 해체되거나 아예 소멸된 현실에서, 다시 고립된 개인으로서, 파괴된 자연 조건 속에서 어떻게 생존해 나갈 것인가에 대한 과제가 대두되고 있다. 물론 전적으로 자연을 이용해야만 하는 과거의 생존과 달리 오늘날의 생존은 고용되어야 하는 일자리의 부족이라는 측면이 있지만, 생존의 문제에 직면해 있다는 점은 같다. 특히 제주는 여전히 지역산업 중 농업의 비중이 높고, 수려한 자연경관을 이용한 관광산업의 비중이 높은 지역으로 과거 자연에 의존하여 살아가야만 했던 생존의 방식과 별반 다

---

38 칼 폴라니, 『인간의 살림살이』, 이병천·나익주 옮김, 후마니타스, 2017, 94쪽.
39 엘리너 오스트롬, 『공유의 비극을 넘어』, 윤홍근 옮김, 랜덤하우스코리아, 2010.
40 데이비드 볼리어, 『공유인으로 사고하라』, 배수현 옮김, 갈무리, 2015, 34쪽.

를 바 없는 조건이다. 이러한 상황 속에서 그러면 현재의 제주는 커머닝(commoning)을 할 것인가, 아니면 리커머닝(recommoning)을 할 것인가에 대한 입장에 놓여있게 된다. 따라서 과거 시대의 공동자원을 활용했던 생활세계는 현재를 살아가고 있는 우리에게 유효한 시사점을 줄 것으로 기대한다.

본 글은 제주사람들의 살림살이, 특히 농업을 중심으로 한 목축문화를 통해서 제주사람들의 생활세계를 구체적으로 살펴보고자 한다. 이를 바탕으로 제주 공동자원의 특징과 시사점을 모색하고자 한다.

2. 인간의 살림살이를 구성하는 공동자원

폴라니는 경제학에서 희소성을 중시하는 형식적 의미의 경제학이 아니라 생존을 유지하기 위한 물적 토대인 환경(자원)을 통칭하는 실체적 의미의 경제를 중요시 하였다.[41] 필자는 이 실체적 의미의 경제가 바로 공동자원이라고 생각한다. 폴라니는 공동자원이라는 개념을 직접적으로 사용하지 않았지만, 폴라니의 연구를 계승한 일리치는 생존하기 위해 필요한 물질적 수단으로 구성된 실체적 경제가 공동자원임을 이해하였다. 일리치는 공동자원을 다음과 같이 설명하였다.

공동자원은 "환경 중 제한이 설정된 부분, 공동체가 생존하기 위해 필요한 부분, 여러 집단이 다양한 방식으로 살아가는데 필요한 부분, 그러

---

41 칼 폴라니, 『인간의 살림살이』, 이병천·나익주 옮김, 후마니타스, 2017, 110쪽.

나 엄밀히 경제적 의미로 볼 때 희소하다고 인식되지 않은 부분"이다. 그리고 공동자원을 "공동체에서 희소성 인식이 확대되지 않도록 막아주는 일련의 규칙"이라고 보았다.[42] 그렇기 때문에 공동자원에는 자연자원과 그 사용을 관리하는 뚜렷한 공동체가 존재한다. 그리고 공동자원을 이용하는 사람들은 나름의 접근 및 사용규칙들을 서로 정하고 이를 유지시켜 왔다. 따라서 공동자원은 자원으로만 구성되지 않고 자신의 고유한 규칙들, 전통들, 가치들을 고안함으로써 자원을 관리하는 공동체로 구성된다.[43] 이와 같이 공동자원은 인간의 살림살이를 구성하고 있는 것이다.

일리치는 1982년 일본에서 열린 학술토론회에서 공동자원에 대한 개념을 설명하였다.[44] 일리치는 일본 엔트로피 경제학파의 타마노이(玉野井芳郎)와 연구교류를 하였고, 타마노이는 일본에서 처음으로 공동자원에 주목한 연구자로 인정받고 있다. 또한 일본에서 칼 폴라니의 저서를 번역하면서 엔트로피 이론과 폴라니의 형식적 경제와 실체적 경제를 구별하는 논의를 재정립하여 독자적인 지역주의를 주장한 공동자원론의 선구자였다. 타마노이는 1970년대 후반에 탈성장 패러다임에 근거한 새로운 형태의 커뮤니티를 "지역주의"라는 이름으로 주창하였다. 타마노이는 일본의 고도성장기에 발생한 4대 공해사건에 대해 반성하면서, 중앙집권적인 지역개발과 시장의 논리와는 다른 인간의 생활공간의 논리로서 대안경제체제를 모색하였다. 지역주의의 공(共, 함께)의 개념은

---

42 이반 일리치, 『과거의 거울에 비추어』, 권루시안 옮김, 느린걸음, 2013, 66쪽.
43 데이비드 볼리어 지음, 『공유인으로 사고하라』, 배수현 옮김, 갈무리, 2015, 40쪽.
44 이반 일리치, 『과거의 거울에 비추어』, 권루시안 옮김, 느린걸음, 2013, 89쪽.

공동자원 경제학의 키워드이다.[45] 한편 동아시아에서 공동자원에 대한 연구가 앞서 있는 곳은 일본이다. 일본의 공동자원은 '사토야마(里山)'라고 불리는 마을 산(임야)을 중심으로 '입회(入会)'라는 제도, 그리고 그에 따른 소유권 분쟁을 중심으로 연구가 집중되는 경향이 강하다. '입회권'이 공동자원이라고 볼 수 있는가에 대한 논의도 진행되고 있다. 사토야마의 소유권에 관한 권리관계의 연구가 집중되어 있지만, 실제로 임야와 연결된 생활세계가 어떠한지, 자연과 인간관계의 공동자원론에서 이야기하고 있는 부분들이 명확하게 밝혀지지는 않았다.

한편 퍼트남은 장기간에 걸친 이탈리아의 지자체 간 비교 연구를 통해 실체적 경제에 접근하였고, 실체적 경제가 좋은 성과를 내는 지역에는 사회적 자본이 형성되고 있다는 점을 지적하였다. 그리고 '계(rotating credit association)'라는 조직은 사회적 자본을 형성함에 있어 중요한 역할을 하고 있다는 점에 주목하였다.[46]

인간의 살림살이를 고려하면 한국에서 계는 실체적 경제를 구성하는 하나의 전통이자 문화였다. 계는 오랜 역사를 통해 그 기능과 역할이 시대에 맞게 적용되며 변화했다. 이것이 조선시대에 이르러 인간의 살림살이를 운영하는 마을 내 시스템으로 작용하기에 이르렀다. 제주도 뿐

45　中野佳裕, ジャン=ルイ・ラヴィル, ホセ・ルイス・コラッジオ,『21世紀の豊かさ』, コモンズ, 2016, 383쪽.
46　로버트 D.퍼트남,『사회적 자본과 민주주의』, 안청시 옮김, 박영사, 2006, 281-287쪽. 다만 퍼트남의 경우 계(rotating credit association)를 비공식적 저축기구로 보고 있다. 그러나 한국의 계는 다양한 목적을 위한 계가 수없이 많으며, 비공식적 저축의 기능을 하는 계도 존재한다. 한국에서는 전근대사회에 생겨나서 오늘날까지도 사라지지 않고 계속 유지되고 있는 결사체이며, 오랜 역사를 거쳐서 이어져 온 만큼 계의 운영 목적이 매우 다양하였다. 비공식 저축기구 보다 광범위한 의미를 표현하기 위해 계(契)라고 표기하고자 한다.

만 아니라 한국 대부분의 지역에서 마을마다 여러 개의 계가 존재했으며, 개인이 감당하기 어려운 일 또는 개인의 필요를 공동체가 모여 해결하는 방식의 전통을 만들었다. 특히 '계는 마을을 호혜적으로 상부상조하는 협동의 공동체로 만드는 사회적·정신적·물질적 기반이 되었다'.[47]

본 연구는 실체적 경제와 계를 키워드로 인클로저 이전 오랜 역사동안 이어온 생계 경제의 모습은 어떠했는가를 살펴보고자 한다. 이를 통하여 공동체가 만들어 낸 공동자원과 그 공동자원을 만들어내는 과정(commonig) 그리고 이 커머닝을 통해 무엇이 만들어졌는가를 유추해 볼 수 있을 것이다.

3. 제주 목축문화와 수눌음

제주의 흙은 화산활동으로 만들어진 화산회토이다. 영양분이 모자라고 푸석푸석하여 바람에 쉽게 날리는 성질을 가지고 있다. 제주의 기후는 해양성 기후이어서 고온다습하여 풀들이 빨리 자라는 편이다. 제주에서 농사를 지으면서 살아가기 위해서 좋은 토지를 확보하기는 어려웠다. 따라서 농업자산으로서 토지확보 또는 토지확대의 중요성 보다는 농사절기와 기후에 맞춰 노동력을 확보하는 것이 중요했다.[48] 1960년대

---

47 이윤갑, 「일제의 식민지 지배와 마을문화의 해체」, 『한국학논집』 제32집, 2005, 241쪽.
48 김창민, 『환금작물과 제주농민문화』, 집문당, 1995, 83쪽.

중앙정부에 의한 국가개발정책으로 인하여 환금작물(감귤)이 도입된 이후 제주의 농업생산구조는 감귤과 월동채소(무, 감자, 당근 등) 중심으로 바뀌었다. 환금작물로 농업구조가 바뀌기 이전은 보리, 콩, 조, 수수 등의 밭작물이 생계 경제의 중심이었다. 제주에서 공동자원은 어떻게 이용되어 왔는지, 즉 공동자원의 생활양식을 살펴보기 위해 생계경제 하에서의 농업과 목축문화를 살펴보고자 한다.

1) 제주의 농업

제주에서 중요한 곡물 중의 하나는 보리이다. 제주의 흙은 회산회토의 성질로 인하여 빗물이 모두 땅 속으로 흘러들어가기 때문에 하천이 없다. 대부분 해안가 지역에서 다시 지상으로 나오기 때문에 마을은 해안가에 집중되어 있다. 제주의 물은 전부 지하수이며 상수도가 보급되기 전까지 물이 매우 귀한 지역이었다. 때문에 아시아 지역의 주식으로 논에 재배되는 쌀은 거의 생산되지 않았다. 따라서 보리의 농사과정을 통하여 제주의 생계경제의 생활을 엿볼 수 있다. 보리의 파종에서 수확에 이르는 과정을 살펴보면 다음과 같다.

음력으로 겨울이 시작되면(입동, 11월 7일경) 집집마다 한 두 마리씩 키우던 돼지우리에서 퇴비를 모으거나, 집에서 한 두 마리씩 키우던 소의 똥을 모아 퇴비를 만들고, 이 퇴비에 보리씨앗을 섞어서 밭에 뿌린다. 이 작업을 파종이라 한다. 파종을 한 후에는 뿌리가 흙에 잘 내리기 위해서 밭을 밟아준다. 수분증발 차단의 효과도 있다. 한 농가가 혼자 밭을 밟기에는 효율이 나지 않아 동네의 소를 모아 밭을 밟는 공동작업을 한다.

김매기는 정월하순에 시작하고, 봄이 되면(청명, 4월 5일경) 본격적인 제초작업을 한다. 작업의 효율성을 위해 여러 사람이 모여서 한다.

수확은 여름(망종, 6월 6일경)이면 시작한다. 탈곡은 손으로 이용하는 맷돌 보다는 말이나 소의 힘을 이용하여 거대한 맷돌을 돌리는 연자방아를 이용한다. 연자방아는 마을 사람들이 공동으로 출자하여 설치하였다. 수확 이후에는 다른 여름 농작물을 심는다.[49]

2) 공동자원으로서의 마을공동목장 성립 과정

소는 농사에 필수적이다. 파종 전에 밭을 갈거나, 흙의 보수력을 높이기 위해서 밭을 밟아야 하고, 수확 시 연자방아를 이용할 때 주로 소를 이용한다. 이 소들은 여름 작물 파종을 끝내고는 가을(추분, 9월 23일경)까지 공동으로 방목한다. 개개의 농가가 매일 소들을 먹이기 위해 산에서 풀을 베어 사료를 구해오기에는 많은 시간과 노동력이 소모되므로, 마을사람들의 소를 함께 모아 방목을 한다. 방목을 할 때는 방목을 지키는 사람을 고용하기도 하고, 마을사람들이 돌아가면서 지키기도 한다. 어떤 지역은 아침에 마을사람들이 돌아가면서 소들을 방목지에 데려갔다가 저녁이 되면 다시 데려오기도 한다. 이렇게 소를 돌보기 위해 마을마다 조금씩 차이는 있지만, 사람들은 목축계를 조직해서 운영해나갔다.

소의 방목장은 마을사람들의 공동자원이었다. 방목장의 일부는 사료를 채취하는 곳이었다. 겨울철에는 추위 때문에 소들을 방목할 수 없다. 그래서 겨울을 나기 위해서 소들은 각자의 우사에서 지내기 때문에 사

---

[49] 고광민, 『제주 생활사』 한그루, 2016, 60-64쪽.

료가 필요했다. 마을 사람들은 사료용 밭(목초지)도 공동소유하였다. 개인의 밭이 없어 사료를 쉽게 구할 수 없는 마을 사람들에게 사료용 밭의 채취권을 입찰하였다. 그 수익금은 마을 살림에 보탰다. 그리고 방목장 일부는 숲이기도 했다. 마을 사람들은 땔나무를 여기에서 구했다. 삭정이는 누구나 자유롭게 잘라서 이용할 수 있으나, 생나무는 함부로 잘라내지 못했다. 마을은 늦가을의 일정한 날을 정하여 생나무를 베어낼 수 있는 허가기간을 정했다. 이 기간에는 마을 사람 모두가 나와 집집마다 벌채 후 나눠가졌으며, 노부모를 모시고 있는 가구는 더 많이 배급받았다. 이와 같이 소의 방목장은 사료를 얻고, 연료를 얻었던 마을 사람들의 삶의 터전이었다.[50]

이러한 소의 방목장은 현재 마을공동목장이라는 이름으로 불리고 있으며, 1934년 116개소에서 2017년 56개소가 남아있다. 이러한 제주의 마을공동목장이 정착되기까지 고려시대 · 조선시대 · 대한제국시대 · 일제강점기 · 해방 후 대한민국이라는 시대를 관통하는 하나의 흐름으로 보아야 한다.

고려시대(918~1392년)의 마을공동목장 지대는 중국 원(몽골)의 지배로 인해 1276~1374년까지 국마장으로 운영되었으며, 주로 군사용 말을 생산하여 원으로 보냈다.

조선시대(1392~1896년)는 한라산을 중심으로 원형으로 둘러 앉은 중산간 지대를 10개의 구역을 나눠 십소장이라 부르는 국영목장을 설치하였다. 주로 군사용 말을 사육했기 때문에 중앙정부에 의해 철저하게 관리되었다. 1894년 공마제도가 폐지되고, 1895년 국영목장이 폐지되

---

50 앞의 책, 140-170쪽.

면서 사람들은 화전식 경작을 하게 되었다.[51]

대한제국시대(1897~1910년)에 이 일대는 무주공산이었다. 그러나 1860년 목축계(성산읍 오조리)가 존재했다는 기록이 있다.[52] 목축계는 자생적인 목축조직들이며, 소를 돌아가면서 방목하고 공동으로 관리하기 위한 결사체이다.

조선시대 십소장이 있었던 지역은 마을 사람들이 자유롭게 개간해 토지를 사유화해 나갔다.[53] 하지만 모든 토지를 사유화하면서 공유지의 비극이 일어나지는 않았던 것으로 추측된다. 앞에서 살펴보았던 소 먹이기, 밭밟기, 제초, 연자방아 이용에는 모두 계라고 하는 조직이 구성되어 운영되고 있는 특징이 있다. 계라고 하는 한국 특유의 조직을 구성하여 농사를 위한 소나 말의 사육을 위한 목초지 이용에 관한 관습을 만든 것이다. 이와 같이 소의 방목지는 계라는 자율적인 조직을 통해 운영되었으며 삶의 터전으로서의 공동자원이 형성되었다.

일제강점기(1910~1945년)였던 1933년 일제 당국이 각 마을 사람들에게 목장계를 해산시키고 목장조합을 조직하여 목축을 하라는 명령을 내린다. 서귀포시 상효동의 마을지에 따르면 일제에 의해 1935년에 목장계를 해산할 수 밖에 없었다는 기록이 존재한다.[54] 그리고 1945년 해방 후 일제의 목장조합은 오늘날 통칭 '마을공동목장'이라는 이름으로 존재하고 있다. 현재 비육우를 생산하는 목축업은 상당히 쇠퇴하였다.

---

51   이지치 노리코,『일본인학자가 본 제주인의 삶』, 안행순 옮김, 경인문화사, 2013, 110쪽.
52   한국문화원연합회제주특별자치도지회(KCCF),『제주도 접촉 계契 문화 조사보고서』, 한국문화원연합회제주특별자치도지회, 2010.
53   강만익,『일제시기 목장조합연구』, 경인문화사, 2013, 33쪽.
54   앞의 책, 91쪽.

1960년 대한민국 중앙정부의 "중산간지역개발정책"에 의해 마을공동목장은 골프장, 관광리조트 등으로 개발되고 있으며, 매년 마을총회에서는 공동목장을 매각하고자 하는 안건이 올라오는 실정이다.

한편 마을공동목장은 현재 목장조합의 형태를 띠고 있다. 마을공동체 전원이 목장조합의 조합원인 경우도 있고, 그렇지 않은 경우도 존재한다. 마을공동목장의 소유권 역시 마을소유도 있지만, 국유, 지자체 소유, 사유의 부분도 존재한다. 이와 같이 마을사람들은 자신이 개척한 일부의 땅을 기부할 수도 있고, 땅이 없으면 노동력을 제공하여 목장조성에 기여를 한 사람도 있다. 소가 없는 사람들도 마을공동목장을 이용할 수 있었다. 따라서 소유관계에 상관없이 새로운 소유 형태 즉 우리 모두의 것이라는 인식하에 마을사람들이 마을공동목장을 현재까지 관리해 왔다는 점에서, 마을공동목장은 여전히 공동자원이라 판단할 수 있다.

이와 같이 제주의 목축문화를 통해 오늘날 제주에서 마을공동목장이라고 불리는 공동자원이 어떠한 경위를 거쳐 만들어졌는가를 거칠게나마 유추해 볼 수 있었다.

3) 목축계와 수눌음 네트워크의 형성

지금부터는 폴라니가 말했던 제주 마을 사람들의 실체적 경제에 대해서 살펴보고자 한다. 생계경제에서는 농업이 중요했다. 따라서 화산회토나 해양성기후, 잦은 기후변화와 같은 환경조건을 극복하기 위해 제주사람들은 농업과 관련된 계를 조직하여 서로 도우면서 살아나갔다.

우선 소를 가진 사람들은 목축계를 구성하여 농사일을 도모했다. 목축계의 운영 구성은 마을마다 조직체마다 다르지만 대체적으로 공통적인 운영내용을 살펴보면 다음과 같다. 서로 비슷한 수량의 소를 가진 구성원이 결정되면 그 가운데서 장을 선출하고, 구성원 중 돈 관리에 청렴한 사람을 뽑아 재무를 맡긴다. 소는 구성원들이 돌아가면서 돌본다. 백중(음력 7월 15일)이 되면 소의 번성을 위한 제사를 함께 지낸다. 소의 진드기 구제는 구성원들이 함께 모여서 한다. 소를 방목하기 전에는 구성원들이 모여 회의를 거쳐 울타리를 정비한다.[55]

이와 같이 목축계는 방목이 필요한 개인이 자발적으로 모여서 방목하는 규칙을 정하여 서로 순번을 정해가면서 소를 돌보는 조직이다. 자율적인 개인들이 모여 자치의 규정을 지키는 그 근간에는 서로의 신뢰가 바탕이 된다. 그 속에서는 무임승차자가 존재할 수 없다. 이러한 결과, 개인이 소의 먹이를 매일 구하러 나가야 하는 시간을 다른 작업으로 대체할 수 있는 것이다. 뿐만 아니라 목장의 이용과 관리에 관한 규칙을 정했으며, 방목지를 통해 얻어지는 수익(사료용 풀, 연료용 땔감 등)은 호혜적으로 분배하는 규약도 만들었다. 이러한 시스템은 자율, 자치, 호혜성이 효율성의 성과를 나타낸 중요한 사례이다. 요약하면 마을 사람들이 자율적으로 운영하던 계 혹은 유사조직들이 관리한 방목지는 마을을 중심으로 한 공동자원이었던 것이다.[56]

한편 농사에 꼭 필요한 소가 없는 가족도 충분히 생계경제를 꾸려 나갈 수 있었다. [그림 1]의 A가족은 소가 없어서 목축계에 가입할 수 없는 가족이다. 그렇다고 해서 마을공동목장을 이용하지 못하거나, 마을공동목장을 관리하는 의무가 없는 것도 아니다.

---

55 한국문화원연합회제주특별자치도지회(KCCF), 『제주도 접接 계契 문화 조사보고서』, 한국문화원연합회제주특별자치도지회, 2010.
56 최병택, 『일제하 조선임야조사사업과 산림 정책』, 푸른역사, 2010, 13쪽.

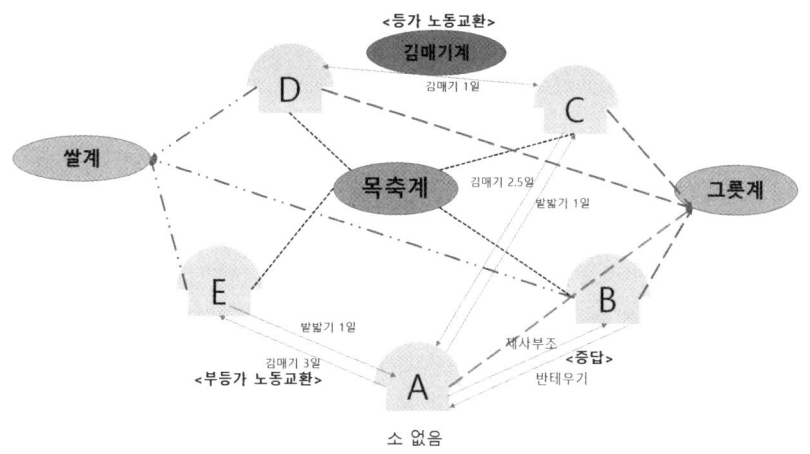

〔그림 1〕 계를 중심으로 한 수눌음 네트워크
출처: 제주 수눌음의 연결망 재구성[57]

〔그림 1〕 설명

농가	A, B, C, D, E
목축계	B, C, D, E 순번제로 돌아가면서 소를 돌봄.
김매기계	C, D 등가 노동의 교환.
그릇계	A, B, C, D 현금을 소액 출자하여 행사 때 사용할 많은 그릇을 사서 마을회관에 놓아둠. 구성원은 잔치가 있을 때 공짜로 그릇을 사용하지만, 다른 마을사람들은 일정한 금액을 내고 그릇을 빌려 사용하게 됨.
쌀계	B, D, E 구성원이 이번 달에 B가 필요한 쌀을 모아 받으면, 다음 번에는 D와 E가 순서대로 쌀을 받음.
A와 C A와 E	부등가 노동의 교환. 밭을 밟기 위해 1일 소를 빌리면, 2~3일 김매기 노동으로 돌려줌.
A와 B	물물교환이 아니라 필요한 물건을 부조하면 다음에 다른 물건으로 돌려받음. 증답.

"A가족의 경우 조나 보리의 파종기가 되면 C가족과 E가족에게 소를 빌려 파종 후 밭밟기를 하루 한다. 그 대신 A가족은 C와 E가족의 잡초제거가 필요한 날에 김매기를 각각 2~3일 정도 일을 해주면서 갚는다. A가족은 B가족의 집에 제사가 있으면 제사에 필요한 물이나 물자(곡

---

57 김자경, 「제주 커먼즈의 경험: 수눌음의 역사와 사회적경제」, 『동아시아의 공동자원 가능성에서 현실로』, 진인진, 2017, 95쪽.

식)을 부조하면 B가족은 제사 음식을 나눠주는 반테우기를 한다. A가족은 관혼상제와 같은 큰 일을 대비하여 B, C, D가족과 그릇계를 구성하였다. 미리 돈을 내어 큰 일에 사용할 대량의 그릇을 사두는 것이다. 이 그릇은 B, C, D가족은 큰 일이 있을 때 공짜로 사용할 수 있다. A가족은 쌀이 매우 부족한 제주에서 큰 일을 대비하여 그릇계와 같이 쌀을 미리 모아두고 싶었다. 하지만 이는 경제적 부담이 되어 쌀계에 가입하는 것을 주저했다. 이 마을에서 쌀계는 B, D, E가족이 구성하였다. 목축계에서 마을공동목장의 경계를 정비하거나 진드기 구제, 초지 정비를 위해 목초지에 불 놓을 때는 당연히 A가족도 나가서 함께한다. 목축계의 구성원이 아니어서 의무는 아니지만 한 번 빠지면 다음에 소를 빌릴 수가 없기 때문이다. 한편 C가족과 D가족은 목축계에 서로 가입되어 있지만 김매기계도 함께 구성하고 있다. 한 집씩 돌아가면서 잡초제거를 서로 해주는 동일한 노동을 교환하는 것이다."[58]

제주에서는 〔그림 1〕과 같이 서로 도와주는 관습을 '수눌음'이라고 한다. 제주어의 어원 그대로 손(수)을 쌓아(눌음) 서로 협동하고 도와주는 수눌음이 된 것이다. 이와 같은 방식의 수눌음은 나이가 많은 사람이라도 소작을 주지 않고 자기 힘만으로 농사를 지을 수 있는, 소농이지만 독립적 자영농으로 살아갈 수 있는 상호부조의 관습적 장치가 되었다. 또한 마을사람들은 공동체의 경계를 규정할 때, 마을에 어떤 사람이 이사를 왔다하여 바로 공동체의 일원으로 인정되는 것은 아니다. 상호부조의 주고받음이라는 상호작용이 거듭되는 경험을 공유했을 때 공동체의 일원으로 인정된다고 해석할 수 있다.

---

58 김자경, 「제주 커먼즈의 경험: 수눌음의 역사와 사회적경제」, 『동아시아의 공동자원 가능성에서 현실로』, 진인진, 2017, 94-95쪽.

한편 한국의 다른 지역에서는 수눌음을 일시적인 동일 노동의 교환(품앗이)이라 보는 시각이 있다. 그러나 품앗이는 계와 같이 조직적 체계를 갖춘 시스템으로 운영되지 않는다. 이와 같은 시각으로 수눌음을 바라보면 제주의 생활세계를 제대로 파악할 수 없다. 사람들이 서로 도와주는 것은 농사작업과 같은 노동의 교환 뿐만이 아니라 훨씬 다양한 생계 시스템이기 때문이다.[59] 그림에서 알 수 있듯이, 목축계·김매기계·그릇계·쌀계 등 생활세계에서 보이는 계만 하더라도 여러 개가 중층적으로 존재하고 있음을 알 수 있다. 따라서 제주의 수눌음의 특징은 계라는 조직을 통해 촘촘한 네트워크가 형성되는 것이라 할 수 있다. 그리고 호혜의 방식은 등가의 노동교환, 비등가의 노동교환, 증답 등의 다양한 행동이 관찰되고 있다. '마을공동목장을 둘러싼 마을사람들의 상호부조, 호혜성, 연대와 협동, 돌봄과 배려, 그리고 사회적 관계망을 통하여 수눌음이라는 관습과 문화가 만들어진 것이다'.[60] 수눌음 문화 내지는 수눌음 네트워크는 제주의 고유성을 드러내는 공동자원적 삶의 문화라 할 수 있다.

---

[59] 이지치 노리코, 『일본인학자가 본 제주인의 삶』, 안행순 옮김, 경인문화사, 2013, 189쪽. 한국의 다른 지역에서는 노동의 교환을 위해 마을 전체가 조직되는 사례도 있다. 논농사 지역에서는 마을 내 성인남자가 모내기를 위해 구성원으로 조직되는 형태를 두레라고 한다. 제주는 밭작물 중심의 농사지역이라 이러한 두레와 같은 조직은 구성할 수 없다. 그러나 관혼상제와 같이 개인이 감당할 수 없는 큰 행사의 경우에는 마을구성원 전체를 대상으로 하는 계도 존재한다. 특히 장례식을 위해 준비하는 계의 경우는 오늘날에도 계조직이 남아있는 경우도 있다. 또한 제주는 남성의 계(목축계), 여성의 계(그릇계, 쌀계 등)도 존재하며, 농업관련 이외의 다양한 계도 존재한다. 퍼트남이 주목하는 식리계, 마을 내 동갑내기가 모이는 친목계 등 다양한 형태가 존재하는 것도 제주도 수눌음 문화의 특징이라 할 수 있다(한국문화원연합회제주특별자치도지회(KCCF), 『제주도 접接 계契 문화 조사보고서』, 한국문화원연합회제주특별자치도지회, 2010.).

[60] 김자경, 「제주 커먼즈의 경험: 수눌음의 역사와 사회적경제」, 『동아시아의 공동자원 가능성에서 현실로』, 진인진, 2017, 97쪽.

4. 수눌음 문화를 기반으로 한 제주 공동자원의 특징과 시사점

'인간은 생존 수단을 얻기 위해 자연과 동료들에게 궁극적으로 의존했다. 이런 의존이 이제 시장의 통제 아래 놓이게 되었다.'[61] 제주의 공동자원도 마찬가지 경로를 지나고 있다. 마을공동목장을 둘러싼 공동자원은 해체되고, 소멸되고 있다. 1968년 9월 21일 제주에서 처음으로 경운기 기술교육 수료식이 열렸다.[62] 트랙터가 등장하면서 밭밟기계의 필요가 사라진 것이다. 마찬가지로 제초제가 판매되기 시작하면서 김매기계가 사라졌다. 농업을 영위하기 위한 축력의 수요가 사라지고, 당연히 소를 먹이기 위한 목축계도 사라지고, 마을공동목장의 필요성도 사라지게 되었다. 즉 마을공동목장과 마을사람들의 관계는 소멸될 위기에 놓여있다. 여전히 목축업을 하는 지역에서는 다른 사정으로 인해 마을공동목장이 매각되고 있다. 즉 소를 여전히 기르고 있지만(비육용), 마을사람들의 채무가 증가하기 시작하자 마을공동목장의 지분권을 가지고 있는 사람들은 채무를 갚기 위해 매각을 해 버린 것이다. 이와 더불어 한 덩이의 광활한 초지는 골프장 업자에게는 매우 매력적이다. 중앙정부에 의한 관광개발 정책으로 인해 관광객의 수요가 증가하자 골프장과 같은 토지개발 수요가 증가하기 시작하였다. 마을공동목장은 개발자본에 의해 해체될 위기에 놓여 있다.

대도시의 소비자들에게 판매하기 위해 감귤과 월동채소를 중심으로 대규모 단작화 농업체계를 갖추게 되었다. 대부분 비슷한 농작물을 대

---

61 칼 폴라니, 『인간의 살림살이』, 이병천 · 나익주 옮김, 후마니타스, 2017, 94쪽.
62 고광민, 『제주 생활사』 한그루, 2016, 19쪽.

규모로 짓기 때문에 같은 시기에 대량의 농업노동력을 투입해야 했다. 같은 마을 안에서 서로의 농사일을 수눌음 하면서 도울 수 있는 구조도 사라졌다. 생계경제에서 시장에 의존하는 환금작물로 농업구조가 바뀌면서 자연과 인간, 인간과 인간의 관계가 단절되고 있는 것이다. 단절되고 원자화 된 인간은 그 생존의 불안감을 해소하기 위해 시장과 국가에 더욱 의존하게 된다. 인간의 살림살이를 구성해 온 공동자원의 해체와 소멸은 지구촌 어디에서나 목격되고 있다. 오늘날, 노동시장에 자신의 노동력을 판매하며 살아가는 사람들, 복지제도의 사각지대에 놓이면서 다시 생존을 걱정하고 있는 사회적 약자에게 단순한 개인의 집합이 되어버린 마을은 사람들과 어떠한 관계도 맺지 못하고 어떠한 도움도 주지 못하고 있다.

복합적인 위험이 곳곳에 도사리면서 다시 생존을 걱정하는 이 시대에 공동자원에 대한 제주 사례는 많은 통찰력을 제공한다. 첫째, 사람들과 사람들과의 관계, 사람과 자연의 관계를 회복하기 위하여 다양한 계를 조직했다는 점에 주목하고자 한다. '계는 소유를 부정하지 않으면서도 각자의 삶을 엮어 공유하는 생활의 전통'[63] 즉 제주의 표현으로 수눌음 문화를 만들어 냈다. 사람과 사람, 사람과 자연 모두가 계를 통하여 서로 사회적 관계를 맺게 되었고, 호혜적인 네트워크가 형성되었다. 다시 말하면 계를 운영하는 것이 곧 커머닝의 과정이고, 커머닝을 통해 연대와 협동의 네트워크라는 사회적 자본이 만들어진 것이다. 이 네트워크는 촘촘하여 어느 한 곳이 강제적으로 단절된다 하여도 다른 부분들이 연결되어 있어 쉽게 떨어져 나가지 않는다. 소를 가지지 않은 사람도

---

[63] 하승우, 『풀뿌리 민주주의와 아나키즘』, 이매진, 2014, 80쪽.

힘이 없는 노인도 자립적인 생활을 할 수 있는 사회안전망의 네트워크였다.

 이와 같이 '마을공동체는 나름의 공동체적 질서를 유지했고, 그런 질서는 인위적인 것이 아니라 생활의 자연스런 조건으로 만들어진 것이다. 마을사람들의 삶은 자치와 자급, 공동자원을 통한 공생을 바탕으로 자율적인 삶을 가능하게 하는 조건인 것이다'.[64] 다시 말하면 공동자원의 이용과 관리라는 살림살이 운영을 통해 수눌음이라고 하는 제주마을공동체 특유의 사회적 자본이 만들어졌고, 이것은 우리 모두가 나눠야 할 공유가치이다. 이 공유가치가 사유화되지 않도록 노력해야 하는 과정이 커머닝인 것이다.

 둘째, 수눌음 문화를 통한 공동자원의 이해는 공동자원을 물적 토대를 대상으로 설명하는 오스트롬 이론을 확장할 수 있는 견해를 제공한다. 제주의 사례를 통해 공동자원은 삶의 터전인 것을 확인했다. 이 삶의 터전을 지속가능하게 하기 위해 자연자원과 마을 사람들과의 관계, 관계를 유지하는 관습과 문화 등이 함께 어우러져 있는 것이 실체적 경제이자 공동자원의 핵심이기 때문이다. 특히 제주의 사례는 호혜적 관계가 등가의 노동교환으로만 나타나는 것이 아니라 부등가의 노동교환, 증답 등 다양한 형태로 발현되고 있다. 공동자원의 물적 토대인 마을공동목장만을 가지고 서는 이러한 이해가 불가능하다. 오스트롬이 말하는 **CPRs**(common pool resources, 공동관리자원)는 사회적자본의 축적 과정을 통하여 삶의 자율성을 보장하고 지속가능한 사회를 목적으로 투입되는 물질적 수단인 것이다. 따라서 공동자원은 마을의 삶의 터전을 지켜나

---

64 앞의 책, 81쪽.

가기 위한 자율, 자치, 호혜 시스템이다.

5. 결론

이 연구의 중요한 과제는 인간의 살림살이를 바탕으로 한 제주 공동자원의 원형을 살펴보는 것이었다. 제주 공동자원의 운영체계에서 나타나는 고유의 운영 시스템 방식(계)을 수눌음으로 보고, 수눌어 가는 과정(커머닝)을 통해 연대와 협동의 네트워크(사회적자본)가 만들어지는 과정을 살펴보았다. 그 결과 다음의 성찰을 얻을 수 있었다.

공동자원이 해체 내지는 소멸되면서 동시에 자연과 마을공동체, 그리고 사람과 사람들 사이의 관계가 단절되고 있다. 이러한 현실에서 다시 고립된 개인으로서, 파괴된 자연 조건 속에서 어떻게 생존해 나갈 것인가에 대한 과제가 대두되고 있다. 물론 전적으로 자연을 이용해야만 하는 과거의 생존과 달리 오늘날의 생존은 고용되어야 하는 일자리의 부족이라는 측면에서 생존의 양상은 다르나, 생존의 문제에 직면해 있다는 점은 같다. 특히 제주는 여전히 지역산업 중 농업의 비중이 높고, 수려한 자연경관을 이용한 관광산업의 비중이 높은 지역으로서 과거의 생존의 양상과 별반 다를 바 없는 조건이다.

시장에서 모든 것을 얻어야만 하는 이 시대에, 공동자원적 삶의 원형을 살펴보면서, 다시 사람들과 사람들과의 관계, 사람과 자연의 관계를 회복하기 위한 노력이 필요하다는 것을 알게 되었다. 대안으로 많은 사람들이 공동체의 복원을 이야기한다. 제주의 사례는 상상의 공동체가 아닌 현실의 대안으로 사회적 자본을 만들어내는 생활세계를 보여주고 있다. '오래된 미래'라는 말처럼 공동체의 복원을 위한 생활세계의 전환을 기획할 때 제주의 사례는 유효하다고 판단된다. 특히 계를 중심으로 한 관계의 형성은 오늘날 '사회적 경제'의 생태계와 그 모습이 닮아 있다. 계를 통해 수눌어가는 것이 커머닝이라면, 기존의 공동자원을 재구성하거나 다시 공동자원을 만들어나가는 운동이 필요하다. 호혜와 연대, 그리고 협동의 네트워크로 삶의 불안요소를 함께 줄여나가는 공동자원적 삶의 조건을 만들어나가는 것이다.

또한 수눌음 문화를 통한 공동자원의 이해는 공동자원 이론의 지평을 확장할 수 있는 견해를 제공했다. 지속가능한 삶의 터전을 위해 자연과 사람, 사람과 사람이 맺는 다양한 층위의 네트워크 전체를 바라봐야 공동자원에 대한 이해가 깊어지기 때문이다. 마을공동체의 공동자원에 대한 권리가 강해질수록 자치권은 강해진다. 공동자원은 삶의 수단이다. 우리가 함께 살아나가기 위해서는 삶의 터전인 이 공동자원을 시장이나 국가에 맡겨서는 안된다. '삶의 제도적 틀을 다시 조정'[65]하는 입장에서 공동자원 연구는 경제학의 시각에서 민주주의 분야로 확장이 가능하다.

---

[65] 칼 폴라니, 『인간의 살림살이』, 이병천·나익주 옮김, 후마니타스, 2017, 64쪽.

제/주/사/회/의/변/동/과/공/동/자/원

II

마을만들기

03

선흘1리 마을만들기와 공동자원의 지속가능성

최현

1. 머리말

　자본주의가 발전하기 전까지 모두가 함께 이용했던 땅과 물, 공기와 바람 등이 자본주의 체제 속에서 하나둘씩 사유화되고 있다. 사람들은 자연을 수탈하고 인간을 새로운 위험에 노출시키는 방법을 통해 부를 축적하고 있고, 그것은 생태를 훼손하고 지속가능한 삶의 방식을 파괴하는 결과를 초래하고 있다. 자연을 독점해서 부를 쌓는 이들과 자연으로부터 배제된 채 생존을 위협당하는 이들 사이의 빈부 격차와 불평등은 더욱 커져가고 있다. 자연과의 유대가 끊어진 빈곤층은 생존을 위해 자연을 파괴하는 부유층의 기획을 지지하고 자연의 파괴에 동참하고 있다. 따라서 자연의 혜택을 인류가 함께 나누고 자연에 대한 인류의 유대감을 회복하는 것은 인류가 지속가능한 삶의 방식으로 돌아가도록 하고

동시에 부익부 빈익빈의 악순환 고리를 끊어내는 방법이다.[66]

자본주의가 확립되기 이전까지 전 세계 모든 지역에는 주민들이 필요에 따라 공동으로 이용했던 공동자원(또는 공동이용자원: commons)이 존재했다. 그러나 그것은 인클로저와 자본주의의 발전으로 인해 지속적으로 파괴되어 왔다. 하지만 아직까지도 다양한 지역에서 다양한 방식으로 공동자원이 유지되고 있다.[67] 그런데 화석연료, 화학비료, 농기계가 보급되면서, 공동자원에 대한 인간의 직접적 의존과 관리의 필요성이 사라지게 되었다. 이에 따라 공동자원은 시장에 매물로 나와 거대 자본의 손쉬운 먹잇감이 되었고 자연의 혜택은 대자본이 점점 더 독점하게 됐다. 자연에 대한 모든 권리를 잃어버리고 노동력 이외에 어떤 자원도 갖지 못한 대다수의 사람들은 자본에 더욱 깊이 예속될 수밖에 없었다.[68]

그런데 제주도 선흘1리는 근대화 과정에서 끊어졌던 공동자원과 주민들 사이의 유대 관계를 생태관광을 통해 현대적 방식으로 복원함으로

---

66 라인보우(Peter Linebaugh), 『마그나카르타 선언』, 정남영 옮김, 갈무리, 2012; 최현·김선필, 「공동자원의 지속가능성과 마을만들기 전략」, 『공간과사회』26(4), 2016, 267-295쪽; 페데리치(Silvia Federici), 『혁명의 영점』, 황성원 옮김, 갈무리, 2013.

67 소유권이 분명하지 않은 전근대의 commons를 우리나라에서는 많은 사람들이 공유지나 공유재로 옮겼으나 이는 시대착오적이며, common property resources와 구분하기 위해 여기서는 '공동이용자원' 또는 '공동자원'이라 옮겼다. 선흘1리의 경우에도 선흘곶은 국유지로 마을이 소유권을 가지고 있지 않지만 마을 주민들이 공동으로 이용·보전하는 공동자원이다. 공동자원 가운데 그 사회적 속성 상 경합성이 없는 것은 현재 공개재(또는 공공재: public goods)로, 경합성이 있는 것은 공동관리자원(common pool resources)으로 분류된다. 이에 대한 좀 더 상세한 논의는 최현(2016)을, 공동자원의 실천적·학술적 가능성은 볼리어(2015)를, 한국에서 공동자원론을 생태적 공공성과 지속가능성을 중심으로 발전시킨 연구 성과는 최현 외(『공동자원의 섬 제주1: 땅, 물, 바람』, 진인진, 2016a; 『공동자원의 섬 제주2: 지역 공공성의 새로운 지평』, 진인진, 2016b)를 참조하시오.

68 볼리어(David Bollier), 『공유인으로 사고하라』, 배수현 옮김, 갈무리, 2015; 최현, 「공동자원 개념과 제주의 공동목장」, 『경제와 사회』98, 2013, 12-39쪽.

써, 마을의 공동자원을 지속가능하게 관리(이용과 보전)하는 마을 공동체의 발전의 길을 개척하고 있다. 선흘1리는 마을의 곶자왈을 현대적으로 활용하고(생태관광 등), 이를 바탕으로 새로운 공동자원을 창출해냄으로써 공동자원의 효과적 이용과 지속가능성이라는 두 마리 토끼를 잡는 성과를 가져왔던 것이다. 이것은 엘리너 오스트롬[69]이 제시한 제3의 관리방식 즉, 공동체적 관리방식이 국가나 개인보다 공동자원을 지속가능하게 관리하는 데 더욱 효과적이라는 사실을 잘 보여주는 또 하나의 사례라고 할 수 있다. 이러한 맥락에서 필자는 선흘1리의 마을만들기 사례에 주목했다. 선흘1리 사례 분석을 위해 선흘1리를 다룬 여러 문헌들(논문, 잡지, 언론기사 등)을 검토하였으며, 선흘1리 마을만들기 사업을 주도적으로 추진했던 당사자와 인터뷰를 실시하였다. 이를 통해 공동자원을 지속가능하게 관리하는 데 반드시 필요한 것들을 파악하고자 하였다.

2. 공동자원과 마을만들기

한국에서 공동자원 연구가 본격적으로 시작된 것은 2010년 이후로 처음에는 개념과 이론에 대한 소개 및 논의가 있었다.[70] 이와 함께 공

---

69 오스트롬(Elinor Ostrom), 『공유의 비극을 넘어』, 윤홍근 · 온도경 옮김, 랜덤하우스, 2010.

70 강은숙 · 김종석, 「공유재의 딜레마상황을 극복하기 위한 또 하나의 길」, 『한국행정논집』 25, 2013, 531-555쪽; 오스트롬(Elinor Ostrom), 『공유의 비극을 넘어』, 윤홍근 · 온도경 옮김, 랜덤하우스, 2010; 헤스 · 오스트롬(Hess, C. & Ostrom, E.), 「1장. 공유자원으로서의 지식」, 『지식의 공유』, 김민주 · 송희령 옮김, 타임북스, 2010, 23-62쪽.

동자원의 위기 및 보존 사례에 관한 연구[71]와 국공유지의 효율적 관리에 대한 연구[72]가 지금까지 수행되었다.[73] 하지만 공동자원의 지속가능한 관리에 관한 국내외의 많은 연구들을 통해 확인할 수 있듯이 특정 공동자원을 관리하는 마을이 쇠퇴할 경우 대개 그 공동자원은 지속가능하지 않다.[74] 이 때문에 공동자원의 지속가능성은 관리를 담당하고 있는 마을이 공동자원과의 관계를 현대적으로 복원하는 마을만들기를 성

---

[71] 강학모, 『全北地域 優秀山林契의 現況과 契員의 意識動向』, 전북대학교 임학과 석사학위논문, 1989; 김동주, 「제주도 바람의 사회적 변형과 그 함의」, 『환경사회학연구: ECO』16(1), 2012, 163-204쪽; 김선필, 「제주 지하수의 공공적 관리와 공동자원 개념의 도입-먹는 샘물용 지하수 증산 논란을 중심으로」, 『환경사회학연구: ECO』17(2), 2013, 41-78쪽; 오호성, 「어업공동체의 공유자원 관리에 대한 경제적 연구」, 『농촌경제』9(2), 1986; 윤순진, 「전통적인 공유지이용관행의 탐색을 통한 지속가능한 발전의 모색」, 『환경정책』10(4), 2002, 27-54쪽; 「옛날에 공유지를 어떻게 이용했을까?」, 『한국의 전통생태학』, 이도원 엮음, ㈜사이언스북스, 2004, 136-169쪽; 「제주도 마을 공동목장의 해체과정과 사회생태적 함의」, 『농촌사회』16, 2006, 45-88쪽; 윤순진 · 차준희, 「공유지 비극론의 재이해를 토대로 한 마을숲의 지속가능한 관리」, 『농촌사회』19(2), 2009, 125-166쪽; 이만우, 「山林契의 運營實態分析」, 『충북대학교 논문집』7, 1973, 19-34쪽; 최현, 「공동자원 개념과 제주의 공동목장」, 『경제와 사회』98, 2013, 12-39쪽; 「제주의 토지와 지하수-공동자원으로서의 공통점과 차이점」, 『ECO』17(2), 2013b, 79-106쪽; 최현 · 김선필, 「제주의 바람: 공동자원론적 관리 방식」, 『탐라문화』46, 2014, 96-127쪽; 최현 외, 『공동자원의 섬 제주1: 땅, 물, 바람』, 진인진, 2016; 『공동자원의 섬 제주2: 지역 공공성의 새로운 지평』, 진인진, 2016.

[72] 강은숙 · 김종석, 「공유재의 딜레마상황을 극복하기 위한 또 하나의 길」, 『한국행정논집』25, 2013, 531-555쪽; 김경덕 · 오내원 · 김창호, 『농촌지역 공유자원의 운영실태와 개선방안』, 한국농촌경제연구원, 2013; 김성배 · 이윤미, 「공유재 관리의 정부실패: 곽전의 경우를 중심으로」, 『사회과학논총』13, 2010, 41-78쪽; 김홍상 · 김윤형 · 김정승, 『농업수리시설 관리의 효율화 방안 연구』, 한국농촌경제연구원, 2013; 김홍상 · 신은정, 『농업용수 관리체계 개편의 방향과 정책과제』, 한국농촌경제연구원, 2004.

[73] 한국의 공동자원연구 현황에 대해서는 최현 · 따이싱성(「공동자원론과 한국 공동자원 연구의 현황과 과제」, 『경제와사회』108, 2015, 166-198쪽)을 참고하시오.

[74] 이노우에 마코토 외, 『공동자원론의 도전』, 최현 · 정영신 · 김자경 옮김, 경인문화사, 2014; 최현, 「공동자원이란 무엇인가?」, 『공동자원의 섬 제주1: 땅, 물, 바람』, 진인진, 2016, 23-40쪽; 최현 외, 『공동자원의 섬 제주1: 땅, 물, 바람』, 진인진, 2016.

공적으로 추진함으로써 얻어질 수 있다는 것이 여러 사례를 통해 확인된다. 예를 들어 최근 행정학분야에서 이전까지는 중요한 지역자원이라고 생각할 수 없었던 것의 가치를 발견하고, 그것을 활용하여 새로운 재화나 서비스를 창출하는 "자산 기반 공동체 발전전략(ABCD : Asset-Based Community Development)"이 공동체의 지속가능한 발전의 핵심적 요소라는 인식이 확산되고 있는 것[75]도 이러한 사례다. 또 최현·김선필이 마을 공동목장을 현대적으로 활용해 마을만들기에 성공한 제주특별자치도 서귀포시 표선면의 가시리 사례를 분석한 것도 공동자원과 마을의 관계가 소원해지면서 공동자원이 사라진 경우가 너무나도 많기 때문이다.[76]

가시리 마을만들기 사례는 매우 성공적인 것으로 이미 행정당국과 학계의 주목을 받고 있었다.[77] 특히 최현·김선필은 가시리가 마을 공동목장이라는 지역의 공동자원을 재발견하고 그것을 활용해서 새로운 공

---

75 전대욱·최인수·김건위, 「지역공동체 소유권과 자산화 전략」, 『한국행정학회 60주년 기념 하계공동학술대회 및 국제학술대회 자료』, 2016; McKnight, John and John Kretzmann. 1996. Mapping Community Capacity. Evanston, IL: Northwestern University Institute for Policy Research.; http://www.abcdinstitute.org/docs/MappingCapacity.pdf; Rowland, Stan. 2008. "What is Asset Based Community Development (ABCD)". Collaborative of Neighborhood Transformation. Retrieved 22 February 2015: http://www.neighborhoodtransformation.net/pdfs/What_%20is_Asset_Based_Community_Development.pdf

76 최현·김선필, 「공동자원의 지속가능성과 마을만들기 전략」, 『공간과사회』26(4), 2016, 267-295쪽.

77 이자원, 「제주 가시리 마을만들기 사례를 통한 한국형 마을만들기 연구」, 『탐라문화』46, 2015, 96-127쪽; 좌동철, "가시리, 행복마을만들기 콘테스트 대통령상", 『제주신보』2014.11.10.; 최현·김선필, 「공동자원의 지속가능성과 마을만들기 전략」, 『공간과사회』26(4), 2016, 267-295쪽; 한국농촌경제연구원, 「'가시리의 마을만들기 이야기' 현장토론회 개최」, 『농경나눔터』제403호, 2013, 19쪽.

동자원을 형성하는 마을만들기 전략을 통해 마을과 주변 환경의 지속가능성을 확보하는 데 중요하다는 사실을 잘 보여주고 있다. 대개의 제주도 마을들이 마을 공동목장의 가치를 모른 채 대규모 리조트와 골프장 용지로 팔았지만, 가시리는 그것을 마을의 공동자원으로 재인식하고 마을주민의 공동번영(commonwealth)을 위해 활용하고 마을과 마을주변 자연환경의 지속가능성을 확보할 수 있었다. 이종수가 지적하고 있듯이 마을만들기의 전략이나 지향성은 마을만들기에 결정적인 의미를 가진다.[78] 하지만 마을주민들이 공동으로 소유하고 있던 대규모 토지를 활용한 가시리의 마을만들기 전략은 다른 마을들이 따라 하기 어려운 전략이라는 지적이 있다.

이 때문에 가시리 사례를 참고하면서, 비록 마을이 소유권은 가지고 있지 못하지만 오랫동안 마을주민들에게 중요한 공동자원이었던 '동백동산'을 지방정부와 협치를 통해 마을만들기의 자원으로 활용하는 전략을 세우고 마을만들기에 성공한 선흘1리의 사례를 연구했다. 선흘1리 주민들은 지방정부 소유로 관리되지 않고 버려졌던 동백동산을 협치를 통해 생태관광의 자원으로 활용하고, 함께 관리·보존함으로써 지속가능한 공동자원으로 새롭게 변화시키고 있다. 이러한 선흘1리의 사례는 가시리의 사례보다 훨씬 적용 범위가 넓다고 할 수 있다.

---

78 이종수, 「1장. 공동체와 마을만들기」, 『한국사회와 공동체』, 이종수 엮음, 다산출판사, 2008, 1-35쪽.

3. 선흘1리 동백동산(선흘곶)과 생태관광을 통한 마을만들기

1) 선흘1리 마을의 위치와 마을만들기 이전의 상황

선흘1리는 제주 동부지역 중산간 마을로 행정구역상 제주특별자치도 제주시 조천읍에 속하며 총면적은 19.69㎢다.[79] 동쪽은 구좌읍 동복리, 서쪽은 대흘리, 남쪽은 교래리, 북쪽은 북촌리와 각각 접하고 있다([그림 1] 참조). 선흘리는 남북 방향으로 뻗어 있는데 지도상 북쪽이 선흘1리이고, 남쪽이 선흘2리다. 4·3사건으로 인해 마을이 거의 초토화됐지만, 토지가 비옥해서 1985년경에는 가구가 400호를 넘고, 인구가 1,000여 명으로 늘어 중학교 유치를 시도하기도 했다. 그런데 1980년대 말부터 급속도로 마을을 떠나면서 1994년에는 190가구에 813명(남 386명, 여 427명), 2012년에는 302가구에 660명(남 345명, 여 315명)이 살고 있었다. 특히 어린이와 젊은이가 줄어들어 1995년에 선흘초등학교가 함덕초등학교 분교로 개편되었고, 선흘 분교의 학생 수는 2010년 22명(남 15명, 여 7명) 정도로 줄어 존폐 위기에 내몰렸다.[80] 20대가 거의 없고, 장년층은 경제활동을 주로 마을 밖에서 하고 있다.[81] 여느 농촌마을과 마찬가지로 젊은이들이 빠져나가고 대다수가 50대 이상 인구로 구성되어

---

[79] 한국학중앙연구원, 『한국향토문화전자대전』, 2017. http://terms.naver.com/entry.nhn?docId=2627047&cid=51955&categoryId=55549

[80] 김순자, 「제주인의 삶과 문화/마을기행(2)-선흘1리: 자연과 역사와 문화가 살아있는 '람사르 마을'」, 『교육제주』158호, 2013, 161쪽; 황석규, 「어려울 때마다 한마음으로 위기 극복」, 『유네스코 제주 세계자연유산마을: 선흘1리』, 제주특별자치도 세계자연유산관리 본부 엮음, 도서출판 각, 2010, 196-205쪽.

[81] 고제량, "인터뷰 자료." (1차-2017. 1. 12./ 2차-2017. 2. 17.), 2017.

있었다.[82] 선흘리 공동목장은 선흘리민의 공동소유였으나 몇 차례 소 값 파동을 겪으면서 목축농가의 축소와 비례하여 목장이 축소되었다. 현재 주민들은 주로 감귤을 재배하며, 여름철에는 수박과 무, 배추를 재배하여 수입을 올리기도 했다. 일부 농가에서는 가축을 사육하기도 하나 규모가 영세했고, 목장과 '동백동산'에서 사냥을 하기도 했으며, 양봉업에 종사하는 사람도 있었다.[83]

2) 선흘1리 동백동산 이용의 변화

(1) 선흘곶

'선흘'이라는 지명은 곧 '잡풀이 많이 우거진 넓은 돌밭,' 곧 '곶자왈'에서 유래한 것으로 추정된다.[84] 곶자왈은 제주에 있는 독특한 지형을 일컫는 제주어로, 제주어 사전에 따르면 '나무와 덩굴 따위가 마구 엉클어져 수풀과 같이 어수선하게 된 곳'으로 정의되어 있다. 제주어로 '곶'은 숲을 뜻하고, '자왈'은 자갈이나 바위 같은 암석 덩어리를 뜻한다. 즉, '곶자왈'이란 '암괴들이 불규칙하게 널려있는 지대에 형성된 숲으로, 다양한 동·식물이 공존하며, 독특한 생태계가 유지되고 있는 지역'을 말한다. 곶자왈에는 난대림과 온대림을 중심으로 광범위하게 숲

---

82 고제량 외, 『마을에서 시작하는 생태관광: 생태관광 주민참여 성공사례집; 제주 동백동산 선흘 1리 마을』, (사)생태관광협의체, 2016, 13쪽.
83 김순자, 「제주인의 삶과 문화/마을기행(2)-선흘1리: 자연과 역사와 문화가 살아 있는 '람사르 마을'」, 『교육제주』158호, 2013.
84 동백동산습지센터, "'선흘곶: 람사르마을-선흘1리' 홈페이지", 동백동산습지센터, http://www.ramsar.co.kr/index.php?mid=KR0102

을 형성하고 있으며, 식물 종 다양성도 비교적 높은 곳이다. 곶자왈지대는 대부분 해발고도 200~400m 내외의 중산간 지역에 분포하며, 사람이 주로 살던 해안 지역과 목축 등으로 사용되던 산간지역을 자연스럽게 완충하는 역할을 했다. 곶자왈이 제주에서 중요한 의미를 가지는 이유는 과거 경작이 불가능하여 개발로부터 격리되어 버려진 땅으로 존재하였지만, 환경의 가치가 중요하게 인식되는 현재에 와서는 오히려 자연생태계가 잘 보존되어 있어 자연자원과 생태계의 보전가치가 높은 지역이 되었다.[85] 또한 곶자왈은 제주의 모든 생명체에 중요한 지하수를 함양하고 지하수의 수질을 유지하는데 있어 결정적인 역할을 하기 때문에 "제주의 콩팥"이라고 불릴 만하다.

곶자왈은 주로 완만한 경사를 가진 제주의 동서방향을 따라 발달하고 있는데, 그 중에서 특히 보전상태가 양호한 제주도 서부의 한경·안덕 곶자왈, 애월 곶자왈, 그리고 동부의 조천·함덕 곶자왈, 구좌·성산 곶자왈 지대를 제주의 4대 곶자왈이라 부른다([그림 2] 참조). 선흘곶은 조천-함덕 곶자왈의 일부로 특이하게 습지를 포함하고 있다. 선흘 곶자왈은 2011년 3월 람사르 습지로 지정되었다. 이 지역에는 510여종의 식물이 자라는 것으로 알려져 있는데, 멸종 위기 야생식물로 지정된 으름난초, 대흥란, 순채, 개가시나무, 제주고사리삼 등 5종이 분포한다. 특산 식물로는 제주고사리삼을 비롯하여 제주상사화, 제주조릿대, 개족도리풀, 새끼노루귀, 벌깨냉이, 떡윤로리나무, 솔비나무, 좀민들레 등 9종이 분포한다. 또, 이 일대는 희귀철새인 팔색조와 긴꼬리딱새를 비롯하

---

85 곶자왈공유화재단, 『곶자왈』, 곶자왈공유화재단, 2016.

여 되지빠귀, 뻐꾸기, 두견이의 주요 번식공간이 되고 있다.[86]

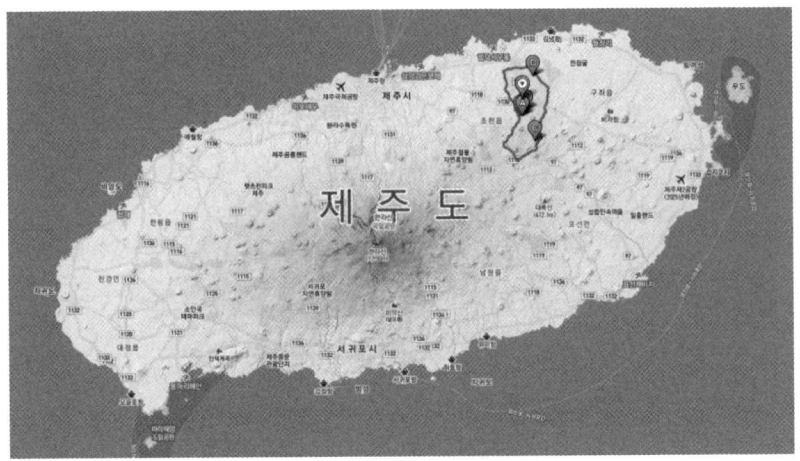

〔그림 1〕 선흘리의 위치

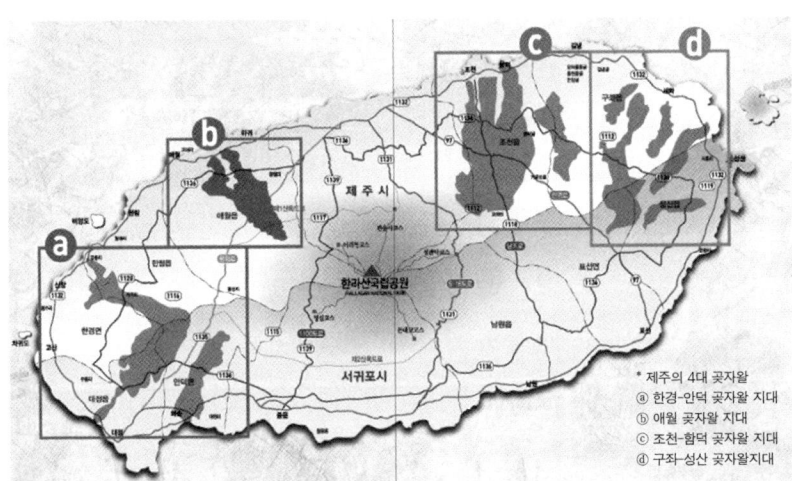

〔그림 2〕 제주의 4대 곶자왈

출처: 곶자왈공유화재단, 2013.

---

86 곶자왈공유화재단, 『곶자왈』, 곶자왈공유화재단, 2016.

(2) 동백동산, 선흘1리 생활의 터전

동백동산은 동백나무가 많다고 하여 붙여진 선흘 곶자왈의 일부다. 동백동산은 선흘1리 산12번지 해발 140~160m에 넓게 분포하는 상록 수림지대를 말하며 1971년 제주도기념물 제10호로 지정되었다. 선흘 곶자왈 동백동산의 폭은 1~2㎞, 연장거리 7㎞이다. 용암대지 위에 잘 보존된 동백동산의 숲, 희귀 동식물, 빌레 위에 형성된 독특한 습지, 크고 작은 용암동굴 등 자원이 풍부하다. 반못, 먼물깍 등 용암대지 위에 형성된 습지들은 상수도가 개설되기 전까지 오랜 기간 주민들에게 식수를 공급해 주었다. 또 방목하는 가축들에게 좋은 식수원이 되기도 했다.[87] 동백동산 먼물깍 습지에서 물을 길어 밥을 하고, 그 나무로 집도 짓고 땔감으로도 쓰고, 가난한 이들은 동백동산에서 숯을 구워 얻은 소득으로 아이들의 학비를 댔다. 곶자왈은 목축지로도 이용되었다. 숲 사이사이에 자리한 화산회토 지대를 중심으로 목축이 이루어졌다. 사냥터이기도 했다. 선흘 곶자왈은 야생동물의 먹이가 풍부해 노루, 오소리, 꿩, 족제비 등이 많이 서식했다. 양봉도 가능했다. 이곳에는 다양한 꽃이 많이 피고 주거지와의 거리가 가깝기 때문에 꿀벌을 키우고 관리하기에 좋다. 특히 동백나무를 비롯하여 조배나무, 비쭈기 나무, 엄나무 등 꿀벌들이 좋아하는 나무들이 많아 양봉을 하는데 매우 양호한 환경을 제공하고 있다.[88] 전통사회에서는 물론 자본주의적 근대화가 진행된

---

[87] 동백동산습지센터, "'선흘곶: 람사르마을-선흘1리' 홈페이지", 동백동산습지센터, 2013.
[88] 제주특별자치도, 「선흘1리: 자연과의 공존을 넘어 상생으로」, 『마을만들기 사례집 2016: 행복마을 이야기꽃이 피었습니다』, 엠지디자인, 2016.

후에도 수십 년 동안 동백동산은 선흘1리 주민들의 생활에 없어서는 안 될 귀중한 자원이었다.

(3) 4·3사건으로 인한 마을의 파괴

해방공간에서 벌어진 제주4·3사건은 제주사회에 엄청난 고통과 충격을 던져주었다. 많은 사람들이 영문도 모른 채 희생돼야 했고, 평화롭기만 하던 제주공동체는 산산조각이 났다. 1948년 4월 3일 남로당 무장대가 무장봉기한 이래 1954년 9월 21일 한라산금족지역이 전면 개방될 때까지 제주도에서 발생한 무장대와 토벌대의 무력충돌과 진압과정에서 주민들의 희생은 이루 말할 수 없다. 선흘리 역시 최대 피해지역 중의 하나다. 선흘곶, 동백동산에는 거문오름 용암동굴계가 뻗어 내려 온 목시물굴, 도틀굴 등 크고 작은 천연동굴이 밀집해 있기 때문에 1948년 11월 21일 마을이 모두 불태워졌다. 해안마을로 내려가라는 토벌대의 명령에도 불구하고 주민들은 선흘곶으로 숨어들었다. 주민들은 며칠만 피하고 있으면 다시 마을로 돌아갈 수 있을 것이라는 희망을 가졌다. 그러나 토벌대의 수색은 불타버린 마을과 그 주변에 계속되었고, 굴에서 나와 물을 긷던 주민이 군인에게 붙잡히면서 굴에 숨어 있던 주민들에 대한 대대적인 학살이 자행됐다. 선흘리 주민들은 11월 21일 소개령이 내려지고 일주일 사이에 100여 명이 희생되어 마을은 그야말로 쑥대밭이 되고 말았다.[89] 다음은 주민 고태복 씨의 증언이다.

---

[89] 김순남, 「향토애의 한길/선흘리 청년회: 동백숲을 끼고 자존심으로 일궈가는 곳」, 『월간 제주』141, 1990년 4월호.

불과 10여 년 전까지만 해도 인근 숲이나 동굴 속에는 해골바가지와 그들이 남긴 사기그릇과 숟가락이 발견되곤 했지요. 그때는 철모르는 어린 때라 그게 무엇인지도 모르고 작대기에 꿰어서 메고 다니기도 했습니다. 나중에 보니 해골바가지였어요.[90]

살아남은 사람들도 극도의 공포와 불안 속에 산간을 헤매거나 해변마을 남의 집 외양간, 창고 등에서 피난생활을 해야만 했다. 때로는 도피자의 가족이라고 잡혀가서 죽임을 당하거나 고문을 당했다. 선흘1리에는 4·3당시 여러 동네가 있었다. 하지만 4·3이후 복구된 마을은 본동 하나뿐이다. 1956년 본동으로 이주가 허용되고, 차츰 자그마한 동네의 재건이 허용되었지만 돌아가려는 사람이 많지 않았다. 젊은이들이 대부분 희생되어 동네를 복구할 엄두를 내지 못하면서 방치된 작은 동네들은 모두 사라졌다.[91] 4·3사건으로 인해 많은 피해를 입었던 선흘리가 다시 마을의 모양을 회복하는 데에는 많은 시일이 소요되었고, 동백동산은 학살의 상흔과 기억이 남아있는 고통의 공간이 됐다.

(4) 선흘곶 이용의 변화: 공동자원, 도립보존지구와 람사르습지 보호지역

마을을 복구하는 과정에서 동백동산을 비롯한 곶자왈은 집을 짓는 목재를 제공해주었다. 1953년에는 선흘리의 지경 안에 있는 곶자왈과 임야에 대한 관리와 보존 및 계원 간 친목도모를 위해 삼림계가 설립되기

---

90 앞의 글.

91 황석규, 「어려울 때마다 한마음으로 위기 극복」, 『유네스코 제주 세계자연유산마을: 선흘1리』, 제주특별자치도 세계자연유산관리 본부 엮음, 도서출판 각, 2010, 196-205쪽.

도 했다. 계원들이 번갈아가며 수시로 외지인들이 선흘 곶자왈 내 나무 한 그루도 무단으로 벌채할 수 없도록 하는 등 삼림보호를 위한 활동들을 전개했다. 또 식수, 땔감과 먹거리를 제공해주는 동백동산과 선흘곶을 관리하기 위해 마을 주민들은 협력했다. 선흘리 주민들은 전통적으로 선흘 곶자왈을 마을의 공동자원으로 여겨 아끼고 가꾸어 왔던 것이다. 하지만 1970년대에 들어서면서 상수도가 공급되고 연탄과 석유 연료가 등장하고 감귤 농사가 시작되는 등 마을사람들이 곶자왈에 삶을 의지하지 않아도 되는 시대를 맞이하면서 동백동산과 주민들의 직접적 유대는 점차 약화됐고 주민들의 관심도 줄어들었다. 더구나 1971년 동백동산이 제주도기념물 제10호로 지정되고, 1973년 제주도 기념물 제18호(백서향 및 변산일엽군락 보호구역)로 연이어 지정되어 국가에 수용되었다. 동백동산은 마을 속에 있지만 마을 주민들이 손댈 수 없는 골칫덩어리가 되면서 동백동산과 마을주민들의 유대는 크게 훼손됐다. 1990년 당시 청년회 회장 박현수는 다음과 같이 말했다.

> 보시다시피 이렇게 아까운 동백숲이 자연보호 수역으로 묶여져 있어 마을 주민들의 안타까운 마음을 금할 수가 없습니다. 주변 임야지만 해도 36만 평이나 됩니다. 선흘리 주민들의 생각은 하루빨리 이곳을 관광단지로 조성 활용할 수 있어서 제주도민과 관광객들의 평온한 휴식처가 되었으면 합니다.[92]

선흘1리가 마을만들기 사업을 모색하던 시기부터 컨설턴트로 참여해

---

92 김순남, 「향토애의 한길/선흘리 청년회: 동백숲을 끼고 자존심으로 일궈가는 곳」, 『월간 제주』141: 1990년 4월호, 62쪽.

온 제주생태관광지원센터장 고제량은 2011년경 선흘1리에 처음 왔을 때 주민들이 어떻게 하지 못하는 '동백동산에 불 싸질러 버렸으면 좋겠다'고 토로할 정도로 동백동산과 마을주민들은 소원했다고 한다. 문화재 지정 이후 동백동산과 주민들의 관계가 단절되면서 주민들의 불만이 높아졌고 상당히 오랜 기간 그러한 불만이 지속되었다는 것이다.[93] 동백동산과 마을사람들의 관계가 회복된 것은 2011년 람사르습지가 되고 마을 주민들이 마을만들기에 적극적으로 나서면서부터다.[94] 선흘1리에서 마을만들기를 처음 주도했던 박현수 전 이장에 따르면, 이웃한 북촌리의 주민들이 석산개발로 많은 돈을 벌고, 선흘2리가 거문오름 세계자연유산 지정으로 나날이 발전하고 있던 때 선흘1리는 상대적 박탈감을 가지고 마을만들기 사업을 모색하고 있었다. 이러한 상황에서 동백동산이 람사르습지로 지정 되면서 동백동산의 가치를 재발견하고 이를 활용한 마을만들기 사업을 적극적으로 모색하기 시작했다.[95] 특히 2011년

---

[93] 고제량, "인터뷰 자료." (1차-2017. 1. 12./ 2차-2017. 2. 17.), 2017.

[94] '람사르협약'은 1971년 2월 2일 카스피해 남부 연안에 위치한 이란의 람사르에서 점차 사라져가는 습지와, 습지에 서식하는 다양한 생물들을 보전하기 위해 채택된 국제환경협약이다. 정식 명칭은 '물새 서식지로서 특히 국제적으로 중요한 습지에 관한 협약'으로 주로 물새의 서식지로서의 습지 보전과 현명한 이용에 대한 내용을 담고 있다. 특히 람사르협약은 희귀하고 독특한 습지 유형을 보이고 있거나, 생물 다양성이 풍부하여 보전가치가 있는 국제적으로 중요한 지역을 람사르습지로 지정하고 있다. 2011년 4월 기준으로 160개국 1,929개 습지가 '람사르습지'로 지정되었다. 우리나라는 1997년 강원도 대암산 '용늪'을 '람사르습지'로 등록하면서 람사르협회에 가입하였고, 2011년 6월 기준으로 16개소 습지 145.4㎢가 '람사르습지'로 지정되었다. 제주에서는 2006년 10월 18일 '물영아리오름', 2008년 10월 '물장오리오름', 2009년 10월 '제주1100고지', 2011년 3월 '동백동산' 등 4개 지역 1,653㎢의 습지가 '람사르습지'로 선정되었다(김순자, 「제주인의 삶과 문화/마을기행(2)-선흘1리: 자연과 역사와 문화가 살아있는 '람사르 마을'」, 『교육제주』158호, 2013, 166쪽).

[95] 박현수, "인터뷰 자료", 2016. 4. 30.

국립습지센터와 습지 생태체험 프로그램을 시작한 것이 마을 사람들이 동백동산의 생태적 가치를 공부하기 시작한 계기가 됐다. 이를 시작으로 마을 사람들은 주민이 참여하는 동백동산 관리방법과 동백동산을 활용한 마을만들기를 논의하기 시작했다.[96]

(5) 생태관광과 마을만들기 사업

선흘1리는 주민공동 복지 향상이라는 목표를 위해 생태관광을 통한 마을만들기 사업을 시작했으며 2011년 주민 주체의 습지 생태체험 프로그램을 시작했다. 이후 마을 주민들은 원탁회의 '리민큰마당'을 개최하여 마을의 방향성을 스스로 논의하고 적극적으로 생태관광에 참여하고 있다(선흘1리. 2016). 또한 2013년 5월 9일 경상남도 창녕군 우포늪 야외공연장에서 열린 '습지주간 기념식'에서 선흘1리는 우포늪이 있는 '세진마을'과 함께 세계 최초 '람사르마을'로 지정되었다. '람사르습지' 1㎞ 이내에 위치하면서 주민들의 역량을 강화하고, 생태체험 프로그램을 운영하는 등 습지 보전을 위해 노력하는 마을이 '람사르마을'이 될 수 있는데, 선흘1리는 세진마을과 함께 정부가 지정하고 람사르 사무국이 승인하고 게시함으로써 세계 최초로 람사르마을이 되었다.[97]

2013년 6월 25일 총 18명의 지역주민과 환경단체, 제주도, 제주시, 환경부 담당자와 그 외 전문가들로 구성된 비영리단체 '선흘1리 생태관

---

96 고제량 외, 『마을에서 시작하는 생태관광: 생태관광 주민참여 성공사례집: 제주 동백동산 선흘 1리 마을』, (사)생태관광협의체, 2016.
97 김순자, 「제주인의 삶과 문화/마을기행(2)-선흘1리: 자연과 역사와 문화가 살아 있는 '람사르 마을'」, 『교육제주』158호, 2013, 166-167쪽.

광 시범마을 추진협의체(이하, 생태관광협의체)'를 구성했다. 같은 해 환경부는 선흘1리를 생태관광지로 지정했으며, 2014년 11월 제주시청에서 동백동산습지센터를 건립하여 2015년 3월부터 생태관광협의체에 위탁 운영하고 있다. 동백동산 탐방안내에 대한 모든 것은 동백동산습지센터의 탐방안내소에서 자연환경해설가에게 들을 수 있다.[98]

3) 생태관광: 공동자원과 지속가능한 마을만들기

선흘1리의 주민들이 처음부터 자연의 지속가능성이나 공동자원의 지속가능성에 관심을 가지고 있었던 것은 아니다. 마을지도자들까지 어느 정도는 개발주의의 영향 아래 관광단지 조성을 통한 마을주민들의 소득 증대를 목표로 마을만들기를 시작했던 것으로 보인다. 하지만 2011년부터 지역 생태관광전문가와 환경운동가들과 협력해서 습지 생태체험 프로그램을 시작하고, 그들의 도움으로 마을 원탁회의 '리민큰마당'을 개최하고 마을의 방향성을 스스로 논의하는 과정에서 개발주의를 넘어서 진정한 의미의 생태관광으로 조금씩 나아가기 시작했다.[99]

세계생태관광학회에서 밝히는 생태관광은 '자연환경보전과 지역주민의 복지 향상을 위하여 자연지역으로 떠나는 책임 여행'이라고 정의한다. 이러한 생태관광이 갖는 목표는 환경보전, 교육, 지역경제, 지속가능이다. 대한민국에서 생태관광은 1990년대 초반부터 도입되었으며,

---

[98] 고제량 외, 『마을에서 시작하는 생태관광: 생태관광 주민참여 성공사례집; 제주 동백동산 선흘 1리 마을』, (사)생태관광협의체, 2016; 김순자, 앞의 책.
[99] 고제량, "인터뷰 자료." (1차-2017. 1. 12./ 2차-2017. 2. 17.), 2017.

제주도에서는 2002년 생태관광포럼이 개최된 이후 도입이 본격화되었다. 현재 람사르 습지보호지역인 선흘1리와 남원읍 수망리, 세계자연유산 거문오름 지역인 선흘2리, 생물권보전지역인 남원읍 하례리와 한경면 저지리에서 주민들이 주체가 되어 생태관광을 통한 마을만들기를 수행하고 있다. 특히 선흘1리는 인구가 줄어들고 어린이가 없어 함덕초등학교 선흘 분교마저 폐교될 위기에 처했다가 생태관광을 통한 마을만들기를 해서 동백동산을 보전하는 한편 주민들에게 새로운 일거리를 제공하면서 젊은 사람들이 늘어 선흘 분교 폐교 위기도 넘겼다. 나아가 마을 공동체가 회복되면서 어린이들은 노인들을 비롯한 마을 어른들의 관심과 보호 속에 자연 속에서 마음껏 뛰놀고, 어른들은 나이에 따라 적절한 경제활동과 문화 활동, 공동체 활동에 참여함으로써 행복해질 수 있는 환경이 마련됐다. 이런 환경 속에서 주민들은 자연스럽게 환경의 보전과 지속가능한 이용의 중요성을 생생하게 배우고 있다. 생태관광을 통한 마을만들기가 동백동산의 보전과 마을 주민의 복지 향상에 크게 기여하고 있는 것이다.

(1) 공동자원 '동백동산'의 활용과 새로운 공동자원의 창출

동백동산(선흘곶)은 관리되지 않고 버려진 땅이었다. 선흘1리 주민들은 지방정부 소유로 관리되지 않고 버려졌던 선흘곶을 협치를 통해 생태관광 자원으로 활용하고, 함께 관리·보존함으로써 "동백동산"을 지속가능한 새로운 마을의 공동자원으로 변화시키고 있다. 또한 동백동산을 활용해서 새로운 공동자원을 창출하고 있다.

ㄱ. 동백동산의 재발견

동백동산이 람사르습지로 지정되면서 선흘1리 마을 주민들은 국립습지센터와 습지생태체험을 시작했다. 이 과정에서 동백동산의 생태적 가치에 대해 공부를 하였으며, 전문가들과 함께 마을 주민들이 마을과 동백동산을 연계한 생태관광 프로그램을 기획하고 운영하기 시작했다. 생태관광 프로그램 개발의 원칙은 첫째, 수익의 대부분(약 70%)을 지역으로 환원하는 것이다. 이를 위해 마을회에서 공동으로 운영하는 식당을 이용하거나 지역에서 생산된 재료를 써서 오랫동안 운영하고 있는 식당을 이용하고, 선흘 부녀회 등 지역 자생단체가 운영하는 체험활동을 우선적으로 활용하며, 지역 주민들을 교육하여 해설사(꼬마해설사, 삼촌해설사, 주민자연환경해설사 등)로 활용할 뿐만 아니라, 숙소도 지역 주민이 운영하는 곳으로 이용을 유도 했다. 또 취약계층이 함께할 수 있는 프로그램을 운영하고 수익의 10%를 환경보전기금으로 환원한다는 원칙도 마련했다. 마을 주민이라면 누구나 교육을 받고 생태관광 프로그램에 다양한 방식으로 참여할 수 있다. 따라서 이제 동백동산은 그것은 아끼고 지키는 데 참여하는 마을 주민이라면 누구나 이용할 수 있는 공동자원이 된 것이다.[100]

프로그램을 전문가와 주민들이 함께 기획하고 보완해왔기 때문인지 현재는 동백동산이라는 자연과 마을의 역사와 문화를 체험하는 다양한 생태관광 프로그램을 운영해서 좋은 평가를 얻고 있다. 어린이들을 대상으로 하는 "그림숲(유치원생과 초등학생)"과 "뚱뚱애벌레 날씬애벌레(유

---

[100] 고제량 외, 『마을에서 시작하는 생태관광: 생태관광 주민참여 성공사례집: 제주 동백동산 선흘1리 마을』, (사)생태관광협의체, 2016.

치원생과 초등학생)" 등의 생태놀이 프로그램과 "습지생태학교(초등학생 대상)", "동백동산 생명에 한눈팔기(초등학생과 가족)" 등의 환경교육 프로그램을 운영하고 있다. 청소년들을 위해서는 "다 같이 돌자 동네한바퀴(초등고학년생과 중고등학생)" 같은 자전거캠핑 프로그램을 운영하며, 성인들을 비롯한 누구나가 참가할 수 있는 자연치유 프로그램 "눈 내리고 동백꽃 피다", 자연과 역사가 공존하는 여행 프로그램 "쟁하고 해들곶", 숲과 음악이 만나는 여행 "바람따라 선율따라", 음식체험 프로그램 "가시나무 도토리 칼국수 체험" 등과 천연염색, 감귤 따기, 나물 캐기 등의 마을체험 프로그램을 운영하고 있다. 지나친 개발 규제로 인해 불편을 주던 애물단지 동백동산이 생태관광을 통해 마을에 지속가능한 발전을 가져다 줄 공동자원으로 재탄생 했다. 주민들은 동백동산으로부터 많은 도움을 받기 때문에 마음으로 동백동산을 보물로 여겨 더욱 아끼고 사랑하는 마을이 커질 수밖에 없다. 더 나아가 마을 주민들은 "자연은 누구나의 것이기도 하지만 나의 것만은 아니고 우리의 것이다"[101]는 생각을 키워나가 동백동산만이 아니라 자연을 보전하는 일의 중요성을 체감하고 있다.

ㄴ. **새로운 공동자원의 생산**

동백동산을 활용한 다양한 생태관광 프로그램은 그 자체로서 새로운 마을 공동자원이라고 할 수 있다. 왜냐하면 다양한 생태관광 프로그램은 동백동산을 지속가능하게 이용하는 방법이면서 동백동산을 지키려

---

101 앞의 책, 73쪽.

는 의지를 가진 마을 주민이라면 누구나 참여해서 혜택을 누릴 수 있는 마을 사람들의 자원이기도하기 때문이다. 우선 다양한 생태관광 프로그램은 "황금알을 낳는 거위"인 동백동산을 훼손하지 않아야만 지속될 수 있는데, 선흘1리 주민들은 이점을 잘 이해하고 있다. 그뿐만 아니라 다음에 좀 더 구체적으로 살펴보겠지만 간담회와 원탁회의 등을 통해 지속적으로 확인해 가고 있다. 또 선흘1리 주민들이 여러 해 동안 논의를 통해 "미래 주민 행복"이라는 목표를 세우고 소수의 사람들이 아니라 마을 주민 모두의 행복을 위해 동백동산을 활용한다는 목표를 공유했기 때문에 동백동산을 보호하고 마을 일에 참여하고자 하는 모든 주민이 나름대로 생태관광 프로그램에 참여할 수 있도록 한다는 원칙을 분명히 했다.[102] 이에 따라 생태관광 프로그램은 누군가 배타적으로 점유하거나 소유할 수 없는 선흘1리 주민 공동의 자원인 것이다.

이렇게 마을 주민들이 동백동산을 함께 관리하고 이용하며, 생태관광 프로그램을 생산해냄에 따라 좋은 평가를 받고 정부의 지원으로 새로운 공동자원을 마련하고 있다. 우선 2014년 11월 제주시청에서 동백동산 습지센터를 건립하여 2015년 3월부터 생태관광협의체에 위탁 운영하고 있다. 동백동산습지센터에는 사무실과 교육실, 체험실이 있으며, 탐방안내 프로그램과 선흘장터를 운영하고 있다. 교육실은 30평 약 50여 명이 이용하기 좋고, 체험실은 선흘1리 부녀회가 도토리 칼국수 체험과 기름떡 만들기, 우영팟 송키 체험 등을 마련하여 재미를 더하고 있다.[103] 사무실에서는 선흘1리 동백동산 생태관광을 기획 운영하고 있다. 또,

---

102 고제량, "인터뷰 자료." (1차-2017. 1. 12./ 2차-2017. 2. 17.), 2017; 고제량 외, 앞의 책.
103 우영팟 송키란 텃밭에서 기른 채소를 말한다.

선흘장터에서는 마을에서 생산되는 특산품(고사리, 잡화, 꿀 등)과 동백동산 생물다양성과 관련한 디자인 개발 문구류(손거울, 엽서 등) 등이 전시 판매되고 있다. 선흘1리에서 생산되는 친환경 농산물과 가공품에는 '람사르' 로고를 붙여 판매하고 홍보 사업 등을 펼치고 있다.[104]

(2) 생태관광을 통한 지속가능한 마을만들기의 조건

마을 공동재산인 공동목장을 활용해 마을만들기에 성공한 가시리와는 달리 선흘1리는 마을만들기를 시작할 당시 마을재산을 거의 갖고 있지 않았다.[105] 하지만 마을주민들의 소통, 적극적 참여와 생태관광 전문가, 관련 공무원들의 조언과 협력으로 생태관광을 통한 마을만들기를 추진함으로써 동백동산을 비롯한 주변 자연의 보존과 주민들의 복지라는 양립하기 어려워 보이는 두 가지 목표를 성공적으로 달성하고 있다. 그리고 이러한 마을만들기는 앞으로도 상당히 오래 지속될 수 있을 정도로 안정적인 기반을 가지고 있다. 여기서는 어떻게 그것이 가능했는지 살펴본다.

---

104 고제량 외, 『마을에서 시작하는 생태관광: 생태관광 주민참여 성공사례집; 제주 동백동산 선흘 1리 마을』, (사)생태관광협의체, 2016; 김순자, 「제주인의 삶과 문화/마을기행(2)-선흘1리: 자연과 역사와 문화가 살아있는 '람사르 마을'」, 『교육제주』158호, 2013.

105 공동자원을 활용한 가시리의 마을만들기에 관한 상세한 내용은 최현·김선필(「공동자원의 지속가능성과 마을만들기 전략」, 『공간과 사회』26(4), 2016, 267-295쪽)을 참조하시오.

ㄱ. 소통과 참여, 신뢰

　2011년 이전부터 마을만들기를 모색하던 선흘1리는 이장을 중심으로 청년회, 부녀회 등 마을 자생단체장을 위원으로 하는 개발위원회를 구성해서 중요한 결정을 해왔다. 개발위원회는 2011년 국립습지센터와 제주지역의 생태관광 전문가들의 도움을 받아 생태관광을 통한 마을만들기 전략을 마련하기 시작했다. 즉 2011년 동백동산이 람사르습지 보호지역으로 등재된 이후 국립습지센터에서 습지생태체험이라는 프로그램(현재는 주민역량강화사업으로 이름이 바뀜)을 선흘1리에서 하게 됐다. 국립습지센터는 자체 역량만으로 프로그램을 운영하는 것이 어렵자 ㈜제주생태관광에 프로그램을 함께 운영할 것을 제안했다. ㈜제주생태관광은 제주지역에서 환경운동에 직·간접적으로 참여하고 있던 6인의 생태문화해설가들이 환경보호와 지역경제 활성화, 주민들의 복지 향상을 목적으로 2003년 설립했는데, 마침 적당한 생태관광지를 찾고 있었다. 그래서 ㈜제주생태관광은 수년간 생태관광을 진행했던 경험을 토대로 주민역량강화와 인프라 구축 등 프로그램의 성공을 위해 필요한 사항을 제안했고, 선흘1리와 국립습지센터가 이를 받아들여 생태관광을 통한 마을만들기 사업을 추진하게 됐다.[106]

　선흘1리 생태관광 추진자들이 초기에 가장 역점을 두었던 것은 무엇보다 마을 주민들의 관심을 유도하고, 소통과 참여를 독려하기 위해 다양한 프로그램을 운영하는 것이었다. 2012년 마을 주민들의 무관심과

106　고제량, "인터뷰 자료." (1차-2017. 1. 12./ 2차-2017. 2. 17.), 2017; 고제량 외, 『마을에서 시작하는 생태관광: 생태관광 주민참여 성공사례집: 제주 동백동산 선흘1리 마을』, (사)생태관광협의체, 2016.

우려, 오해를 해소하고 주민들과 함께 해나가기 위해 생태관광시범사업 설명을 위한 주민간담회를 열었다. 하지만 참여는 저조했다. 관심도 없고 기대도 없는데다 주민들에겐 주민간담회 같은 모임이 익숙하지도 않았다. 주민들에게 익숙한 다른 방법이 필요했고, 지도자들은 기존의 마을 모임에 주목하게 되었다. 그렇게 해서 청년회, 부녀회, 노인회, 향우회까지 모임 속으로 찾아가는 주민간담회가 시작되었다.[107]

지속가능한 마을만들기를 위한 생태관광의 가장 중요한 요소는 마을 주민들과 공감대를 형성하고 의견을 충분히 반영해서 계획을 마련해서 함께 실행하는 일이다. 마을 주민들의 합의와 공감대가 형성되지 않는다면 향후 생태관광이 진행될수록 마을의 공공자원 활용을 둘러싸고 주민들 사이의 갈등이 일어날 수도 있는 것이다. 찾아가는 주민간담회의 성과를 밑거름으로 선흘1리는 2013년 원탁토론을 도입해서 마을 주민 간의 공감대를 형성하면서 의사를 결정할 수 있는 구조를 만들었다. 전국 대부분의 마을에서 중요 사항이 몇몇의 지도자들이나 목소리가 큰 사람들에 의해 결정되는 것이 예사인데 선흘1리도 예외는 아니었다. 이를 보완하기 위해 선택한 의사결정 방식이 원탁회의였다. "삼촌[108] 우리 마을 자랑이 뭐우꽈?"라는 제목으로 마을 전체 주민 회의라 할 수 있는 원탁토론을 과감하게 열었고 120여 명이 모였다. 간접의결에서 직접의결로 민주적 의사결정 과정을 도입한 것이다. 노년층이 많은 마을에서 이런 시도가 성공하리라 생각지 못했지만 선흘1리는 그것을 해냈고 매번 100여 명이 모인 자리에서 생태관광과 관련한 중요 문제에 대해 토

---

107 고제량 외, 『마을에서 시작하는 생태관광: 생태관광 주민참여 성공사례집: 제주 동백동산 선흘 1리 마을』, (사)생태관광협의체, 2016, 19-20쪽.
108 제주에서는 남녀구분 없이 자기보다 나이 많은 어른을 삼촌이라고 부른다.

론하고 결정을 해왔다. 원탁토론은 마을에서 일어나고 있는 일을 주민들이 이해하는 데 중요한 통로가 되었으며, 주민들의 자발성을 높이는 중요한 계기도 되었다.[109]

원탁토론이 가져다준 즐거움과 평등함은 마을 주민들을 의사결정의 주체로 만들어주었다. 이를 통해 중요한 마을 일을 결정하는 데에 자신이 참여한다는 자긍심과 내가 한 결정에 따라 마을을 만들어 가겠다는 주인의식을 심어주었다. 주민들은 스스로 참여한 공정한 결정에 대해 신뢰하고 책임지려 하게 된 것이다. 이러한 변화에 고무되어 중요한 문제는 원탁토론으로 결정하는 것이 선흘1리의 상식이 되었다.[110] 2014년 원탁토론으로 마을과 여행자의 약속인 "선흘 생명 약속"을 만들어 냈고, 2015년에는 "삼촌! 협동조합 고치 해보게 마씸?"이라는 제목으로 원탁토론을 열어 사회적 협동조합사업단을 구성했으며, 2016년에는 선흘곶 사회적협동조합의 공동목표를 결정했다.[111] 그 결과 선흘1리는 이장의 교체 등 변화를 겪고 있지만 생태관광을 통한 마을만들기는 지속될 것으로 보인다.[112]

ㄴ. 역량강화(empowerment)

지도자들만의 의사소통과 결정이 아니라 주민들 모두 중요한 문제에

---

109 고제량 외, 『마을에서 시작하는 생태관광: 생태관광 주민참여 성공사례집: 제주 동백동산 선흘 1리 마을』, (사)생태관광협의체, 2016.
110 앞의 책, 28쪽.
111 앞의 책.
112 고제량, "인터뷰 자료." (1차-2017. 1. 12./ 2차-2017. 2. 17.), 2017.

대해 의견을 나누고 결정권을 갖게 된 것은 그 자체가 바로 역량강화의 시작이다. 주민들은 이 과정을 즐기고 환경과 공동체의 중요성을 배우고 판단력을 키워왔다. 생태관광 프로그램을 마련하는 과정에 부녀회, 청년회 등 마을의 자생단체들을 중심으로 주민들이 참여하면서 자생단체들의 역량도 강화됐다. 부녀회는 마을체험 프로그램을 연구하고 청년들은 생태관광 프로그램 기획 및 진행을 위해 공부했다. 자생단체 중심으로 마을주민들은 습지생태체험, 주민 습지해설사 교육, 생태관광 우수지역 견학, 람사르습지 보전교육, 정보화교육, 환경교육, 친환경농법 교육, 친환경먹거리교육, 협동조합교육, 자연농법 교육, 에너지 교육, 물순환 교육, 생태관광 전문가 교육 등에 참여했다. 현재 어린이들은 꼬마 해설사, 30~40대는 프로그램 기획과 진행 및 해설사, 50~60대는 음식체험과 농업 체험장 운영, 농산물 생산, 동백동산 관리, 70대 이상은 그림책 출판을 통한 환경교육서 제작과 디자인 개발, 도토리 가루 생산 등의 역할을 하고 있다. 특히 중요한 것은 마을 젊은이들이 프로그램을 기획·운영하면서 자연생태 전문가와 생태관광 및 마을만들기 기획 전문가로 성장하고 있다는 것이다.[113]

ㄷ. 협치

동백동산이라는 마을의 공동자원을 보전하고 이용하는데 이해관계자들의 협력과 견제, 조화와 균형이 필요했다. 따라서 선흘1리는 생태관광을 시작하면서 무엇보다도 먼저 협치 체제를 마련했다. 2013년 6월

---

113   고제량 외, 『마을에서 시작하는 생태관광: 생태관광 주민참여 성공사례집: 제주 동백동산 선흘 1리 마을』, (사)생태관광협의체, 2016.

25일 총 18명의 지역주민과 환경단체, 제주도, 제주시, 환경부 담당자, 생태관광 전문가, 마을만들기 전문가와 그 외 전문가들로 구성된 비영리단체 '생태관광협의체'를 구성했다.[114] 생태관광협의체에 참여한 공무원, 생태마을만들기 전문가, 생태관광 전문가 등이 컨설턴트로 선흘1리 마을만들기가 처음 시작됐을 때 장기적 전략을 마련하는 데 중요한 역할을 했다.[115]

먼저 컨설턴트들은 장기적 안목을 가지고 지역의 환경적 사회적, 경제적 비전과 목표를 제시했다. 단기적인 성과에 급급해 하지 않고 마을 주민들의 역량을 강화하고, 참여를 확대하는 마을만들기의 로드맵을 마련했다. 동시에 중단기적인 사회적·환경적·경제적 목표를 설정하고 평가를 위한 지표를 마련하여 중간 평가를 통해 성취감을 느낄 수 있도록 계획을 마련하고 추진했다. 또 컨설턴트들은 환경적 전문성을 가지고 지역 주민들에게 공동자원을 지속가능하게 관리할 구체적 방법을 제안했다.[116] 물론 선흘1리 주민들이 생태관광의 가치와 가능성을 이해하고 스스로 사업을 추진하기도 했으며 그것이 바람직했다. 하지만 역시 컨설턴트는 추진하는 과정에서 주의해야 할 부분과 다른 지역의 사례 등이 보여주는 교훈을 충분히 알리는 등 중요한 역할을 했다.[117] 또 공무원들은 행정서비스와 사회간접자본 마련을 통해 많은 도움을 주었다. 이 모든 것이 생태관광협의체라는 협치 체계를 통해 이루어졌다. 생태

---

114   앞의 책.
115   고제량, "인터뷰 자료." (1차-2017. 1. 12./ 2차-2017. 2. 17.), 2017.
116   고제량 외, 『마을에서 시작하는 생태관광: 생태관광 주민참여 성공사례집; 제주 동백동산 선흘 1리 마을』, (사)생태관광협의체, 2016, 79쪽.
117   앞의 책, 99쪽.

관광협의체는 선흘1리가 중앙정부, 도청, 시청, 생태관광 사업자, 지역 환경운동가, 환경전문가들과 협력하는 중요한 통로가 됐다.[118]

ㄹ. 생태관광성과의 확인과 자긍심

생태관광이 시작된 이후 많은 변화가 있었다. 우선 마을의 동백동산을 찾는 방문자가 2014년 18,712명, 2015년 23,167명, 2016년 28,000명(추정치)으로 늘어났다. 생태관광 프로그램에 참여하는 인원은 2013년부터 기하급수적으로 늘어 2015년에는 약 3,000명에 달했다. 2010년까지 선흘1리에는 슈퍼마켓 1곳만이 있었는데, 2011년 이후 슈퍼마켓이 2곳으로 늘고 식당 6곳, 숙박시설 4곳, 카페 3곳이 생겼다. 동백동산습지센터에서 2015년 2,800만 원가량의 지역 농산물이 팔렸는데, 방문자가 늘고 있기 때문에 앞으로는 더욱 늘어날 가능성이 있다. 부녀회가 운영하는 향토음식 체험 프로그램에는 2016년 10개월 간 3,721명이 참여해 5,100만원의 수입을 얻었다. 인구도 2012년 660명에서 2015년 714명으로 지속적으로 늘고 있는데 특히 30~40대 젊은 이주민의 유입이 주요인이다. 2010년 22명, 2011년 12명까지 줄어들었던 선흘 분교의 학생수가 2016년 30명으로 늘어나면서 선흘 분교도 폐교 위기에서 벗어났다.[119]

생태관광과 장터 운영을 통해 창출된 소득의 일부는 80세 이상 마을

118　앞의 책, 82-84쪽.

119　고제량 외, 『마을에서 시작하는 생태관광: 생태관광 주민참여 성공사례집: 제주 동백동산 선흘 1리 마을』, (사)생태관광협의체, 2016; 황석규, 「어려울 때마다 한마음으로 위기 극복」, 『유네스코 제주 세계자연유산마을: 선흘1리』, 제주특별자치도 세계자연유산관리 본부 엮음, 도서출판 각, 2010, 196-205쪽.

어르신들의 생신을 기재한 달력을 만들고, 생신 선물을 마련하고, 선흘 장터 활성화, 포장재, 상품 개발 및 디자인 개선, 브랜드 개발 등에 재투자하고 있다. 부녀회의 향토음식 체험 프로그램 소득은 재료비와 체험 진행에 참여한 부녀회원 인건비를 제외하고는 마을 복지사업(경로사업, 주민 역량강화사업, 차상위 계층 가족 지원 등)에 사용하고 있다.[120]

  무엇보다 중요한 것은 마을 공동체가 되살아나고 주민들의 만족과 자긍심이 높아지고 있다는 것이다. 마을 젊은이들이 떠나버려 끊어졌던 마을 축제가 다시 시작됐다. 그리고 마을 축제는 외부 사람들을 불러들여 돈을 벌려고 벌이는 것이 아니고 자연과 인간, 학교와 마을, 선주민과 이주민을 잇는 주민을 위한 행사가 되었다. 또 습지생태예술제, 공공미술프로젝트를 통한 마을지도 만들기, 70세 이상 어르신들을 대상으로 하는 자기 삶의 그림책 만들기 등 주민이 참여하는 문화프로그램과 습지조사와 습지탐험 등 주민이 참여하는 생태보호 프로그램을 진행해 주민들의 유대감과 자긍심을 향상시키고 있다. 다양한 방식으로 주민들이 참여하는 공동사업을 진행하고 그 수익의 일부를 마을 어르신들의 생신을 표시한 마을 달력을 만들고, 어르신들의 생신을 챙겨드리며, 어린이와 빈민 등 관심과 도움이 필요한 모든 이들과 자연을 돌보는 데 사용함으로써 마을 공동체가 공고해지고 자연은 지속가능해졌다.

---

120 고제량 외, 앞의 책, 64쪽.

4. 맺는말: 마을만들기와 공동자원의 지속가능한 이용

지금까지 제주도 선흘1리의 생태관광을 통한 마을만들기 사례를 살펴보았다. 선흘1리는 생태관광을 통해 국유지인 동백동산을 마을 공동자원으로 복원하여 공동체와 자연의 유대관계를 회복하고, 마을만들기 사업을 성공적으로 진행하고 있다. 특히 중요한 것이 선흘1리의 생태관광이 이명박식의 녹생성장주의의 위험에서 어느 정도 벗어났다는 것이다. 선흘1리는 성장을 목표로 환경을 이용하는 것이 아니라, 마을 주민들의 공동복지와 유대를 강화하고 자연과 주민의 유대를 강화함으로써 성장에 대한 욕구를 줄이고 자연의 지속가능성에 대한 관심을 제고시켰다는 것이다.

선흘1리의 동백동산은 과거 마을 주민들의 생계와 밀접한 관계를 맺고 있었던 공동자원이었지만, 4·3사건의 트라우마, 수도의 보급, 화석연료의 보급, 농업의 변화와 중요성 감소 등의 이유로 그 관계가 점차 소원해졌다. 특히 1971년 제주기념물 10호로 지정되고, 2011년 람사르 습지로 지정되어 법적 규제를 받게 되고, 재산권 피해를 보면서 마을 주민들과 거리가 더 멀어질 수 있었다. 하지만 마을 지도자들과 행정, 시민사회, 생태관광 전문가의 헌신적인 노력으로 동백동산과 마을 주민들의 관계는 다시 복원될 수 있었다. 이제 동백동산은 마을 주민들의 공동복지를 위해 이용·관리되고 주민들의 역량을 강화하는 교육장으로 활용되고 있다. 곧, 동백동산을 기반으로 식당과 특산품 판매장을 운영해 공동의 수익을 창출할 뿐만 아니라 고급문화를 체험하며 삶의 질을 높이고, 참여를 통해 마을, 제주도, 대한민국, 지구에 대한 주민들의 책무를 배우며 사회적·정치적 역량을 강화하고 있다. 생태의 지속성에 의존하는 민주적인 마을공동체, 그 자체가 바로 가장 중요한 새로운 공동자원이며, 이를 생산하는 과정에 참여함으로써 마을주민은 지속가능한 삶의 방식을 배우고 실천하고 있는 것이다. 이처럼 선흘1리의 동백동산은 농업을 통한 전통적인 주민과 자연의 유대가 아니라 생태관광을 통한 새로운 방식의 유대관계를 형성함으로써 현실적인 지속가능성을 확보할 수 있게 되었다. 여기서 다시 공동자원이 지속되기 위해서는 공동체와 공동자원의 관계를 현대적 방식으로 복원하는 것이 반드시 필요하다는 것을 확인할 수 있었다.

04

공동자원화의 과정과 사회생태체계 그리고 생태계 서비스
: 신흥2리 동백마을 사례

명지용

1. 들어가며

2000년을 전후로 하여 자연과 인간의 관계에 대한 논의가 두 가지 관점에서 중요한 변화를 맞이했다. 첫 번째는 1977년 Westman이 사이언스지에 발표한 논문[121]에서 자연이 제공하는 이른바 '서비스들(Benefits of Natures's Services)'이 지닌 다양한 사회적 혜택들이 자원개발의 논리에서 배제되어 다루어졌다는 지적에서 출발했다. 이후 Ehrlich & Ehrlich[122]

---

121 Westman, W., 1977. "How much are nature's services worth? Measuring the social benefits of ecosystem functioning is both controversial and illuminating". *Science*, 197(4307), pp.960-964.

122 Ehrlich, P. and A. Ehrlich., 1981. *Extinction: The Cause and Consequences of*

와 Daily,[123] Costanza et al[124]의 논의들을 거쳐 2005년에 새천년생태계 평가(Millennium Ecosystem Assessment)에서 생태계 서비스라는 개념이 정립되면서 본격적으로 자연이 인간에게 어떤 혜택들을 제공하며 이것이 인간의 삶과 생존에 얼마나 중요한지 다양한 관점에서 논의되기 시작했다. 두 번째로는 오스트롬의 『Governing the Commons』[125]를 통하여 1968년 G.Hardin이 제시했던 신자유주의적 자원관리방식, 즉 자연자원의 효율적 관리는 사유화를 통해서만 가능하다[126]는 논의가 틀렸으며 이는 집합적인 자치행동을 통해 더 효율적으로 관리된다는 것이 입증되었다.

위와 같은 두 흐름은 인간과 자연의 상호작용을 중요하게 파악하고자 한다는 하나의 공통점을 가지고 있으나 동시에 기존의 논의들이 물질적인 가치와 관련된 논의에 집중되었다는 특징도 나타난다. 생태계로부터 다양한 혜택들(생태계 서비스)은 단순히 인간이 받기만 하는 것이 아니라 이를 위한 지역기반 생태계보전계획도 수립되어야 하며, 동시에 생태계로부터 얻을 수 있는 이익들에 대하여 어떻게 사회적으로 공평하게 분

---

the Disappearance of Species. Random House, New York, pp.305.

[123] Daily, G.C., 1997. *Nature's services: societal dependence on natural ecosystems*, Island Press, Washington.

[124] Robert Costanza et al., 1997. "The value of the world's ecosystem services and natural capital". *Nature*, 387(6630), pp.253-260.

[125] Ostrom, E., 1990. *Governing the commons: the evolution of institutions for collective action* / Elinor Ostrom., Cambridge; New York: Cambridge University Press.

[126] Hardin, G., 1968. *The Tragedy of the Commons*. Science, 162(3859), pp.1243-1248.

배할 것인지도 함께 다뤄져야하는 것이다.[127] 또한, 수많은 생태계 서비스와 관련된 논의들 중 인간의 사회문화적 특성과 관련된 비물질적인 가치의 영역들은 다른 경제적인 가치 혜택들에 비해 덜 다뤄져왔다는 점도 지적되고 있다.[128] 오스트롬의 공동자원과 관련된 논의에서도 물리적인 특성보다 사회학적인 측면에서 공동자원을 관리하고 이용하는 공동체의 사회문화적 속성들과 함께 재정의 되어야 한다는 지적에 주목할 필요가 있다.[129]

이 글에서는 자연자원과 관계를 맺고 살아가는 공동체의 사회문화적 속성을 들여다보고, 앞서 지적된 몇 가지 문제점에 논의의 기반을 두고자 한다.

첫째, 공동자원에 내재된 여러 생태계 서비스의 가치들 중 어떤 생태계 서비스의 가치가 공동자원화를 가능하게 만들었는가? 그리고 이것이 물질적인 요소인가?

둘째, 마을공동체와 공동자원은 어떠한 사회생태체계의 모습을 구성하고 있는가?

셋째, 공동자원과 관련된 외부영향은 어떤 것이 있었는가?

---

[127] Chan, Kai M. A. et al., 2007. "When Agendas Collide: Human Welfare and Biological Conservation." *Conservation Biology*, 21(1), pp.59-68.

[128] Chan, Kai M. A. et al., 2012. "Where are Cultural and Social in Ecosystem Services? A Framework for Constructive Engagement." *BioScience*, 62(8), pp.744-756.

[129] 최현, 「공동자원 개념과 제주의 공동목장」, 『경제와사회』, 2013, 12-39쪽: 최현·김선필, 「제주의 바람: 공동자원론적 관리 방식」, 『탐라문화』(46), 2014, 97쪽: 최현·김선필, 「공동자원의 지속가능성과 마을만들기 전략」, 『공간과 사회』(58), 2016, 267쪽; Choe, H. & Yun, S.-J., 2017. "Revisiting the Concept of Common Pool Resources Beyond Ostrom." *Development and Society*, 46(1), pp.113-129.

2. 연구개요

제주의 마을과 공동체는 섬이라는 물리적 단위 그리고 독특한 자연환경에서 비롯되는 문화적 특수성을 지닌 공동체의 모습을 지니고 있다.[130] 이러한 특수성 속에서 제주의 자연자원은 제주도에 사람이 살기 시작했을 때부터 제주도민의 삶과 깊은 연관을 지니며 이용되고 관리되어 왔다. 식량과 같이 생존과 직결되는 자연자원은 원시산업시대부터 이용되어 왔으나 모든 자연자원이 인간에 의해 이용되지는 않는 것과 같이, 한편으로 이제까지 가치가 발견되지 않거나 혹은 사회경제적인 변화로 인하여 이전에는 쓸모없던 자연자원이 가치의 재평가를 받기도 한다. 이 글에서는 2010년 국내 최대 화장품 기업인 아모레퍼시픽그룹과 국내최초로 지역공동체가 생산하는 원료를 지속가능성과 기업윤리경영의 원칙을 기반으로 '아리따운 구매' 협약을 1호로 맺은 제주특별자치도 서귀포시 남원읍 신흥2리의 동백마을을 대상으로 하고 있다. 이를 통해 외부의 사회경제적인 외부영향으로 인한 공동자원의 재발견과 커머닝의 구성, 그리고 생태계 서비스의 관점에서 외부영향에 대한 변화로 공동체가 자연자원에 대해 어떤 가치변화를 보이는지 살펴보고자 한다.

---

[130] 손명철, 「지역지리 연구의 주요 원리와 제주 지역 연구에 주는 함의」, 『문화역사지리』 29(3), 2017, 78-91쪽.

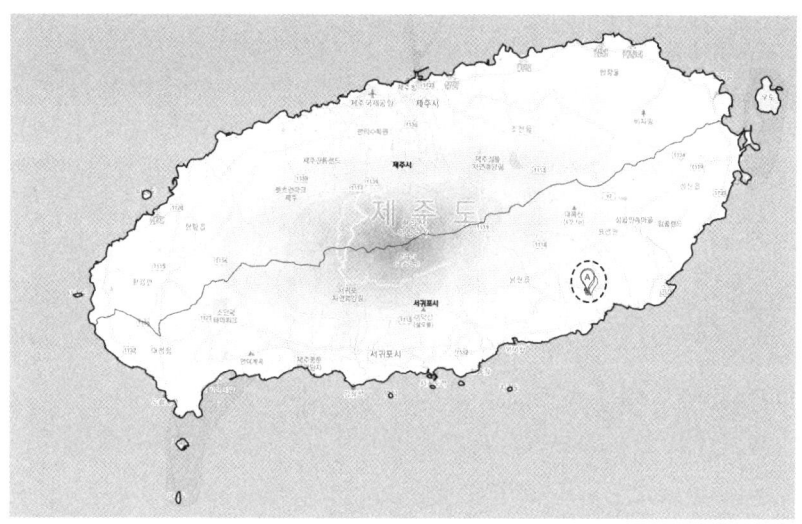

〔그림 1〕 제주특별자치도 서귀포시 남원읍 신흥2리의 위치

1) 연구 대상

제주특별자치도 서귀포시 남원읍 신흥2리는 총 면적 1,542ha로 남원읍의 전체면적 중 8% 해당하며 남원읍 동쪽 끝에 위치하고 있다(〔그림 1〕). 인구수는 229가구 524명(남 268, 여 256)이다.[131]

마을의 역사는 1706년경(숙종32년)부터 시작되었다. 광산김가(光山金家)의 김명환(金鳴煥)이 현재의 표선면 토산1리에서 현재의 신흥2리에 들어와 설촌터(지금의 동백나무군락지)를 세우고 마을을 일궜다. 형제인 김명추(金鳴秋)와 김명휘(金鳴輝)와 함께 마을 이름을 여온(如溫)내라고 하였으며 여옷내 또는 온천(溫川)리 라고도 하였다. 그 후 점차 사람들

---

131 http://www.jeju.go.kr/vill/sinheung2/intro/about.htm

이 마을에 모여 살아가면서 1914년 행정구역 통폐합을 거쳐 석동이라는 사람이 처음 들어와 살았던 곳을 석수동(石水洞, 석동이 터), 송천(松川) 일대에 있던 고수동(古水洞) 등 3개의 자연마을이 신흥2리를 구성하고 있다. 마을에 있는 동백나무들은 이러한 마을의 역사가 시작될 때부터 식재되어 오늘날에 동백나무 군락지로 보존되고 있는데, 이렇게 마을이 생길 때 심었던 동백나무들이 300년이 지나 오늘날까지 팽나무 등 다른 나무들과 동백나무들이 어우러진 군락지형태로 보존되어 있어 1973년 제주도기념물 제27호 문화재로 지정[132]되었다([그림 2]).

"신흥리 동백나무는 집 주위에 방풍수로 심은 것이며, 팽나무의 고목과 참식나무 등이 섞여 있다. 현재 (군락지에) 남아 있는 동백나무는 50여 그루이고, 이 중 가장 큰 나무는 근원부 둘레 2.4m, 흉고둘레 1.6m이고, 높이는 12m로서 제주도에서 자라는 동백나무 중 가장 크다 ... (생략) 신흥리에는 이곳 외에도 동백나무 고목이 집단적으로 남아 있는 곳이 많이 있으며, 겨울에는 마을전체에 동백꽃 향기가 그윽히 어린다."[133]

---

[132] 문화재로 지정된 동백나무군락지 내의 50여 그루의 경우는 문화재법상 관리권한이 제주도에 있지만 실질적으로 군락지를 포함한 군락지 외의 (사유지를 제외한) 마을 내 모든 동백나무들은 마을주민들에 의해 관리되고 있다.

[133] 제주특별자치도 제주의문화재정보 웹사이트: https://www.jeju.go.kr/culture/culturalAssets/culturalAssets.htm?qType=title&q=%EB%8F%99%EB%B0%B1&act=view&seq=27800

[그림 2] (좌) 군락지 내 330년 수령의 팽나무 / (우) 동백나무군락지 내 설촌터

2) 이론적 배경

(1) 생태계 서비스

2005년 새천년생태계평가(Millennium Ecosystem Assessment)로 인간이 자연환경에서 얻는 수많은 혜택들이 [그림 3]과 같이 크게 네 가지 부문(공급 서비스, 조절 서비스, 지원 서비스, 문화 서비스)으로 항목화가 이루어졌다.

- 공급 서비스
- 인간이 자연적인 생태계 혹은 인간에 의해 관리되고 있는 생태계로부터 얻는 음식, 물, 목재, 자연자원, 열매 등과 같은 물질적인 자원의 공급

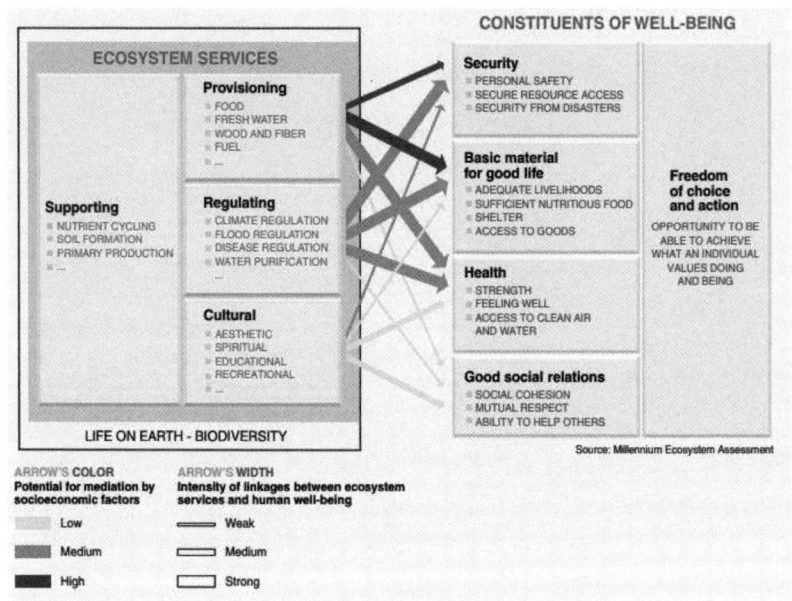

[그림 3] 생태계 서비스와 인간의 삶(Human Well-Being)의 관계
출처: Millennium Ecosystem Assessment, 『Ecosystems and Human Well-being: Synthesis Reports』, 2005.

- 조절 서비스(혹은 서식지 서비스)
- 생태계의 기후조절, 식물의 수분(Pollination, 受粉), 습도조절, 온도 조절과 같은 생태계의 조절 작용

- 지원 서비스
- 다른 생태계 서비스들(공급, 조절, 문화 서비스)이 유지될 수 있도록 하는 생태계의 기능

- 문화 서비스
- 생태계와의 상호작용에서 인간이 정신적으로 느끼는 비물질적이고 (Non-material), 무형적인(Intangible) 편익들(예: 아름다운 경관에서 느끼는 만족감)

이러한 개념들은 2005년 이후 여러 학자들과 기관에서 조금씩 다르게 정의를 하고 있으나, 큰 틀에서 네 가지로 구성되는 것은 변함이 없다. 최근까지의 관련된 정의들 중 일부는 아래의 [표 1]과 같다.

[표 1] 생태계 서비스의 항목별 정의

	공급 서비스	조절 및 지원 서비스	문화 서비스
MEA (2005)	생태계로부터 얻는 것들 (음식, 물, 목재, 유전자원 등)	•조절 서비스: 생태계의 조절작용으로부터 얻는 혜택들(기후조절, 식물의 수분, 수자원 조절 등) •지원 서비스: 다른 모든 생태계 서비스가 생산성을 유지할 수 있게 하는 서비스들(토양 조절, 영양순환, 1차 생산)	일반적으로 비경합성을 지니며 소모되지 않는 비물질적인 것으로 생태계의 생물적, 비생물적 요소들이 인간에게 물리적 또는 정신적으로 영향을 미치는 항목들
TEEB (2010)	생태계에서 얻는 음식, 물, 자원 등 물질적인 결과물들	•서식지 또는 지원 서비스: 다른 생태계 서비스들을 유지할 수 있게 하는 서비스 (동식물의 서식지 제공, 종다양성 등)	생태계와의 접촉으로 사람들이 얻는 비물질적인(미적, 정신적, 심리적) 편익들
UK NEA (2011)	인간이 자연적인 생태계 혹은 인간에 의해 관리되고 있는 생태계로부터 얻는 목재, 바이오매스, 연료, 재화들을 말하며 생태계가 제공하는 것들은 조절 및 지원 서비스의 수준에 따라 달라질 수 있다.	•조절 서비스: 기후조절, 해충 및 질병 규제효과 등으로 생태계가 제공하는 최종적인 서비스들에 영향을 미치거나 기여하는 서비스 •지원 서비스: 유기화합물의 생산을 위해 태양으로 얻는 에너지 순환, 육지와 수생태계의 물과 영양소의 순환 등 생태계의 기본적인 인프라 제공	인간이 생태계라는 자연적인 장소에서 상호작용을 하면서 얻을 수 있는 문화적인 상품들과 혜택

	공급 서비스	조절 및 지원 서비스	문화 서비스
CICES V5.1 (2018)	생명체계가 제공하는 모든 영양소, 비영양물질 및 에너지 산출물, 물과 같은 무기물까지 포함하는 항목	살아있는 유기체가 인간의 건강과 안전, 안락함에 영향을 미칠 수 있는 주변 환경과 무기물의 균형 유지 및 조절과 관련된 항목들	일반적으로 비경합성을 지니며 소모되지 않는 비물질적인 것으로 생태계의 생물적, 비생물적 요소들이 인간에게 물리적 또는 정신적으로 영향을 미치는 항목들

출처: Millennium Ecosystem Assessment, *Ecosystems and Human Well-being*: *Synthesis Reports*, 2005; The Economics of Ecosystems & Biodiversity(TEEB), *Mainstreaming the Economics of Nature*: *A Synthesis of the Approach, Conclusions and Recommendations of TEEB*, 2010; UK Natioanl Ecosystem Assessment(UK NEA), Synthesis of the Key Findings, 2011; Common International Classification of Ecosystem Services(CICES), Guidance on the Application of the Revised Structure V5.1, 2018.)

(2) 공동자원론과 사회생태체계

Potschin and Haines-Young(2011)은 인간이 만든 인공적인 자본과 생태계에서 자연자본이 제공하는 여러 혜택들(예: 생태계 서비스), 그리고 다시 인간에 의해 다시 자연 자본에 재투자(Re-investment)의 형태로 관리되는 사회생태체계의 흐름을 제시하였다([그림 4]).[134]

---

[134] Potschin, M.B. & Haines-Young, R.H., 2011. "Ecosystem services: Exploring a geographical perspective." *Progress in Physical Geography*, 35(5), pp.575-594.

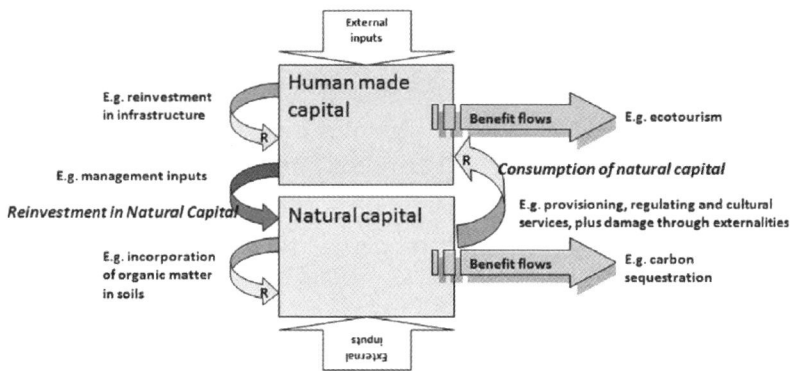

[그림 4] 사회생태체계 내에서의 자연자본과 인공자본 그리고 생태계자본과 흐름[135]

위와 같은 흐름은 2009년 Ostrom이 제안했던 사회생태체계(Social-Ecological System)[136] 사회·경제·정치적 외부영향과 자연의 생태체계, 그리고 인간의 사회체계에서 소비되는 자연적 자본과 생태계 서비스의 흐름을 제시한 것이다. McGinnnis and Ostrom[137]은 기존에 Ostrom[138]이 제시했던 사회생태체계를 발전시켰다. 기존의 사회생태체계(2009)가 각 구성요소들 간의 영향관계의 방향성을 생략했다면, 이후 발전된 형태의 사회생태체계는 각 구성요소들 간의 직접적인 영향(Direct link)과 되먹임(Feedback)의 개념이 추가되었다([그림 5]).

---

135 Potschin, M.B. & Haines-Young, R.H., 2011. "Ecosystem services: Exploring a geographical perspective." *Progress in Physical Geography*, 35(5), pp.575-594.

136 이후 2014년 수정된 사회생태체계가 McGinnis과 Ostrom(2014)에 의해 제안되었다.

137 Mcginnis, M.D. & Ostrom, E., 2014. "Social-ecological system framework initial changes and continuing challenges." *Ecology and Society*, 19(2), pp.1-12.

138 Ostrom, E., 2009. "A general framework for analyzing sustainability of social-ecological systems." *Science* (New York, N.Y.), 325(5939), pp.419-22.

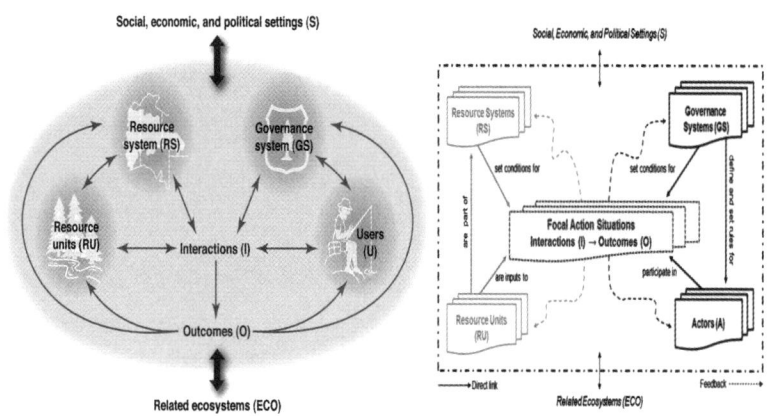

[그림 5] Ostrom의 초기 사회생태체계 프레임워크(왼쪽)와 McGinnis and Ostrom 에 의해 수정된 사회생태체계 프레임워크(오른쪽)

이는 최근의 사회생태체계(Social-Ecological System)와 생태계 서비스(Ecosystem Services)를 바라보는 시각에서 외부의 사회·경제·정치적인 변화가 주는 영향에 주목하고 있다는 것을 보여주는 것이라고 할 수 있다. 마찬가지로 국내의 공동자원 연구에서도 단순히 개별 자원단위(Resource)의 물질적인 가치보다 인간이 끊임없이 만들어내고, 변화시키는 사회문화적 환경의 변화를 주목하고 있다.[139] 기존 Ostrom이 제시한 공동자원의 정의에서 나아가 사회적인 속성까지도 고려해야 한다는 것

---

[139] 배득종, 「공유재 이론의 적용 대상 확대」, 『한국행정학보』 38(4), 2004, 147-157쪽; 윤순진, 「전통적인 공유지이용관행의 탐색을 통한 지속가능한 발전의 모색」, 『환경정책』 10(4), 2002, 27-54쪽; 「제주도 마을 공동목장의 해체과정과 사회, 생태적 함의」, 『농촌사회』 16(2), 2006, 45-88쪽; 윤순진·차준희, 「공유지 비극론의 재이해를 토대로 한 마을숲의 지속가능한 관리」, 『농촌사회』 19(2), 2009, 125-166쪽; 정창원·정영신, 「공동체에게 공동자원이란 무엇인가」, 『문화와융합』 39(3), 2017, 163-192쪽; 최현, 「공동자원 개념과 제주의 공동목장」, 『경제와사회』, 2013, 12-39쪽; 최현·김선필, 「제주의 바람: 공동자원론적 관리 방식」, 『탐라문화』, (46), 2014, 97쪽; 「공동자원의 지속가능성과 마을만들기 전략」, 『공간과 사회』 (58), 2016, 267쪽; 최현·따이싱성, 「공동자원론과 한국 공동자원 연구의 현황과 과제」, 『경제와사회』 108, 2015, 166-198쪽.

이다. 인간이 만들어낸 사회문화적인 속성, 비물질적인 가치들은 사회생태체계 내에서 작동하는 방식에서도 생태계 서비스로 정의되며(문화 서비스), 이는 곧 사회·경제·정치·문화 등 인간과 관련된 다양한 요인들의 복합적인 상호작용에서 새로 생겨나거나 변화하는 것이라고 할 수 있다. 사회생태체계 내에서 생태계 서비스와 관련된 인간과 자연의 관계, 거버넌스 등의 상호작용(Interactions)은 복잡성(Complexity)을 지닌 가치들의 흐름들로 이해해야 한다.[140]

3) 연구 방법

우선 이 연구에서는 네 가지의 생태계 서비스 항목들 중 사전조사를 통하여 마을에서 중점적으로 관찰되는 공급 서비스와 문화 서비스만을 분리하여 조사를 진행하였다([그림 6]).

생태계의 조절 서비스와 지원 서비스의 경우는 마을의 규모와 동백나무와 관련된 식생의 규모가 크지 않아 기후조절과 식생의 순환에 대한 조사는 생략하였다. 따라서 생태계 서비스의 항목 중 동백나무와 관련된 공급 서비스(동백나무의 열매)와 문화 서비스(동백나무가 공동체에 지닌 정서적 의미)를 중심으로 연구를 진행하였으며 이를 위해 마을공동체의 활

---

[140] Ernstson, H., 2013. "The social production of ecosystem services: A framework for studying environmental justice and ecological complexity in urbanized landscapes." *Landscape and Urban Planning*, 109(1), pp.7-17; Morse, W. et al., 2013. "Social ecological complex adaptive systems: a framework for research on payments for ecosystem services." *Urban Ecosystems*, 16(1), pp.53-77; Nassl, M. & Löffler, J., 2015. "Ecosystem services in coupled social-ecological systems: Closing the cycle of service provision and societal feedback." *Ambio*, 44(8), pp.737-749.

동에 대한 참여관찰과 반구조화 심층면접으로 조사를 진행하였다. 이외에 마을주민의 인터뷰가 실린 언론기사를 참고하였으며, 마을에서 자체적으로 발간한 마을소식지를 참고하였다. 이를 정리하자면 아래의 [표 2]와 같다.

[표 2] 연구방법과 심층면접 참여대상 목록

반구조화심층면접[141]

사례	나이, 성별, 거주기간	마을 내 소속	직업	마을출생 여부	마을활동 참여
①	50대, 여, 30년 이상 거주	연구회, 부녀회, 생활개선회	농사	X	O
②	60대, 남, 60년 이상 거주	연구회	농사	O	O
③	40대, 남, 45년 이상 거주	연구회(회장), 청년회, 개발위원회	농사	O	O
④	40대, 여, 20년 이상 거주	연구회, 부녀회, 생활개선회	농사	X	O
⑤	40대, 여, 10년 이상 거주	연구회, 부녀회	동백고장보전연구회 사무국장	X	O
⑥	90대, 여, 90년 이상 거주	무소속	농사	O	열매수확만 참여
⑦	80대, 여, 55년 이상 거주	무소속	농사	X	열매수확만 참여
참여 관찰					기타 자료
•동백고장보전연구회 활동 (장소: 동백고장보전연구회 사무소, 마을방앗간, 동백군락지)					•언론기사 •마을소식지

141 반구조화 심층면접지는 Gould, R.K. et al.(2015. "A protocol for eliciting nonmaterial values through a cultural ecosystem services frame." Conservation Biology, 29(2), pp.575-586)의 연구를 참고하였다.

〔그림 6〕 이 연구에서 다루는 생태계 서비스의 범주

3. 동백나무가 공동자원이 되기까지

1) 동백고장보전연구회의 설립(~2007년)

신흥2리는 감귤농사가 마을주민의 주요 소득원(90% 이상)으로 전형적인 농촌마을의 모습을 띠고 있었다. 마을 내에 있던 동백나무들의 열매는 가끔 개개인이 조금씩 주워서 방앗간에 가져가 식용기름이나 머릿기름을 짜내어 집에 가져다 쓰기도 했다고 한다.

"옛날에는 동박낭(동백나무)이 귀하지 않았지. 기름 짜봤자 그걸 누가 사. 팔 수 있다는 생각조차도 안했었고, 그냥 집집마다 참기름이나 머릿기름으로 필요하면 주웡(주워서) 호끔씩(조금씩) 썼지. 그때는 기름도 귀할 때고 먹을 것도 귀할 때니까.."

-마을의 최고령 할머니(사례 ⑥)의 인터뷰

2004년 마을의 청년회가 청년회 창립 43주년을 기념하여 마을의 소식지인 『여절악』을 발간하는 과정에서 원시림 형태로 보존되고 있던 동백나무 군락지가 마을의 설촌 당시부터 존재해왔던 중요한 역사적 공간이었다는 사실을 깨닫고 이를 계기로 마을의 역사와 함께해온 동백나무를 마을의 정체성으로 삼는 동시에 역사적인 가치를 재조명하기 시작했다.

> "2007년 설촌 300년을 맞아, 주민 스스로 동백마을이라 칭하며 〈동백마을 만들기〉를 시작하게 되었습니다. 먼저 마을 한복판에 있는 설촌터이자 제주도 지방기념물 제27호인 동백나무 군락지를 공유화하는 사업을 시작하였습니다."
> – 신흥2리 마을이야기(http://www.jejudongbaektown.com)

이를 위한 과정으로 2006년 11월 청년회 산하의 마을기구로 '동백고장보전연구회'를 설립하고 특별위원회를 구성하면서 동백나무와 동백나무 군락지의 활용방안에 대한 마을차원의 논의를 시작했다. 이듬해인 2007년 3월에는 주민토론회, 4월에는 주민총회를 거치며 마을차원의 공론화를 진행하고, 5월에는 자발적 참여자 9명으로 구성된 마을회 산하의 비영리단체 '동백고장보전연구회'가 청년회 산하의 기구에서 마을회 산하의 특별기구로 승격되었으며 10월에는 주민워크숍을 진행하여 주민들의 주제발표와 토론이 진행되었다. 이와 같은 과정을 거쳐 신흥2리는 마을의 명칭을 '동백마을'로 선포하고 동백나무를 마을의 공동자원으로 이용하고 관리하는 기반을 갖추게 되었다.

"우리가 주로 밀감나무(귤나무)만 심다보니까 우리도 다른 것도 좀 해보자 했던 것이, 여기 마을을 세우신 할아버지가 처음 심기 시작했던 나무들이 300년 이상이 된 것이더라고요. 그때는 단지 울타리(방풍림)로 심었던 동백나무들인데 그게 이제는 300년 이상이 된거죠. 그래서 이제까지의 300년을 기반으로 앞으로의 300년을 계획해보자 … 했던 것이고*(역사적인 가치)*"   - 사례 ②

"우리 마을이 2007년에 동백마을이라고 선포하고 나서는 대외적으로도 동백이라는 이미지가 신흥2리를 대표하게 된 거죠*(상징적 의미)*."   - 사례 ⑤

  동백고장보전연구회가 추진한 〈동백마을 만들기〉사업은 ① 설촌 역사 300주년 기점으로 또 다른 미래 300년을 준비하기 위함(주민공동체), ② 동백나무 군락지를 마을의 큰 자원으로 인식(자연환경보전), ③ 제주 1차 산업 위기에 대한 대응, ④ 지역 고유 특성을 살리면서 농촌 경제 활성화를 통해 지역 특산품의 부가가치를 높일 수 있는 사업으로 지역경제 활성화 모색을 추진 계기로 삼고 있다.[142]

2) 지역난방공사와의 동백나무숲조성프로젝트, 아모레퍼시픽과 아리따운 구매협약 체결(2008~2009년)

  신흥2리는 당시에 2005년부터 서울특별시~제주특별자치도 자매결

---

[142] 『꿈과 희망이 흐르는 이야기 숲 동백마을』, 동백고장보전연구회 창립 5주년 기념호, 2012.

연 협약[143]을 통하여 마을의 특산물 구매(감귤), 농촌 일손 돕기, 도농문화교류를 한국지역난방공사와 시행해오고 있었다. 2007년 동백고장보전연구회가 설립된 이후 연구회(당시 회장 김현섭)의 제안으로 〈동백나무 숲 조성 프로젝트〉를 기획하고 2008년부터 마을의 신산머루~고천암까지의 약 15km 구간에 동백나무를 식재하기 시작했다.[144] 아래 [그림 7]은 2008년부터 2014년까지 한국지역난방공사와 동백 올레길 조성에 대한 내용이다.

동백고장보전연구회는 2008년 1월 동백나무군락지 내부출입으로 인

"신흥2리 동백마을은 2005년 한국지역난방공사와 1사1촌 자매결연을 체결하여, 마을발전을 위해 2008년부터 2014년까지 7년동안 동백나무숲 조성 프로젝트를 추진하여 약 3천그루의 동백나무를 심어 동백올레길을 만들었습니다. 동백올레길은 한국지역난방공사와 임직원이 매칭그랜트 조성한 기금으로, 약 15km의 동백올레길을 만들어, 체험관광 활성화 및 환경개선에 이바지 하였으며, 후손들에게 동백비누, 동백기름 등의 원료를 생산 가능케 해줌으로써 마을의 소득증대에 기여하여습니다."

-한국지역난방공사-

[그림 7] 마을에 있는 지역난방공사와의 1사1촌 기념비

---

143   서울특별시~제주자치도 32개 기업체 및 단체와 마을 간의 자매결연협약이 2015년 11월에 추진되었다.

144   이 프로젝트는 2012년 까지 약 1,542그루(이후 약 3천여 그루를 식재)의 동백나무를 심었으며, 이로 인한 온실가스 저감량은 174tCO2이다(동백고장보전연구회, 2012).

〔그림 8〕 동백나무군락지 내 인공목재시설물

한 환경훼손을 방지하고자 지상으로부터 약 30cm의 높이에 목재 시설물(데크)을 설치하였다(〔그림 8〕).

같은 해 마을의 어르신들이 수확한 열매를 소득사업과 연계하여 동백고장보전연구회에서 수매사업을 시작하여 약 2.5톤의 열매를 수매(다음해인 2009년에는 1.4톤을 수매)하였다. 2009년에는 마을주민총회를 통하여 사유지였던 동백나무군락지를 공유화하고자 하였으나, 해당 부지가 제주도 지정문화재(제주도 기념물 제27호, 1973년 4월 3일 지정, 소재지-서귀포시 남원읍 신흥리 1159번지)로 등록이 되어 있었기 때문에 마을차원에서의 매입을 포기하고 서귀포시청과 토지주와의 합의를 통하여 최종적으로 서귀포시청에 매각하였다. 같은 해 동백기름 추출을 위한 마을방앗간을 가동하여 마을에서 자체적인 상품으로 동백기름의 생산과 판매를 시작하였다(〔그림 9〕).

마을주민들은 군락지의 도지정문화재 관련 위원, 문화재 담당 측과 안전시설 보호 대책, 군락지 정비인력으로 주민참여 협조 등 정비관련

〔그림 9〕 마을 주민들이 모여 기름을 추출하는 동백마을 방앗간

협의를 논의하는 한편, 군락지 내의 외래종 및 잡풀, 쓰레기 제거와 같은 관리 활동, 마을 내 동백나무 식재와 관련하여 줄기제거, 동백나무가로수 훼손 문제 관리 등을 실시해나가기 시작했다. 이러한 마을의 노력으로 제10회 아름다운 숲 전국대회 아름다운 숲지기상을 수상[145] 하였으며, 2009년 11월에 아모레퍼시픽 측에서 열매수급 관련 업무협약을 요청받게 되었다.

3) 구매협약 이후 동백마을의 공동자원, 동백나무(2010년~)

2010년, 동백마을은 아모레퍼시픽과 바이오랜드와 3자간 업무협약 관련 협의를 거쳐 마을에서 수확된 나뭇잎, 꽃, 열매를 납품하는 업무협약을 체결하였다. 아모레퍼시픽은 2009년 9월 자연·사람·기업의 공존을 추구하는 지속가능경영을 선포하고, 다양한 활동을 전개하겠다고 밝혔다(〔그림 10〕).

신흥2리와 아모레퍼시픽이 구매협약을 체결할 수 있었던 이유 중 하나는 동백이 아모레퍼시픽그룹에도 상징적인 의미를 가지고 있기 때문

---

145 주관: 생명의 숲 국민운동, 산림청, 유한킴벌리, 후원: 서울특별시.

> 2010년 제주의 동백마을의 동백을 시작으로 (중략) … 아모레퍼시픽의 '아리따운 구매'는 원료를 선택하고 구매하는 과정에서 원료 안정성, 환경보존, 지역사회 공헌의 3대 원칙을 지킴으로써 고객과 환경, 사회에 긍정적인 기여하는 것을 목적으로 하고 있습니다. 아모레퍼시픽은 아리따운 구매를 통해 생산자에게는 안정적인 소득원을 제공하고, 친환경적인 재배방식으로 생태계를 지키고자 합니다.

〔그림 10〕 아모레퍼시픽의 아리따운 구매 협약
출처: 아모레퍼시픽(http://www.apgroup.com)

이다. 아모레퍼시픽의 창업주 서성환 회장의 어머니인 윤독정 여사가 1930년대 개성에서 동백기름을 만들어 팔던 것이 아모레퍼시픽그룹의 시작이었기 때문이다.

> "아모레 측에서도 창업스토리가 동백나무와 관련이 깊다고 하더라고요. 창업주 어머니가 동백기름을 만들어서 팔던 것이 회사의 시작이었다고 하니까, 정체성에 있어서 우리 마을과 공통점, 그러니까 연결점이 있는 거죠*(정체성)*." – 사례 ⑤

위 협약을 통하여 마을에서는 기존에 열매만을 대상으로 하던 수매사업을 꽃과 잎까지 확대하였고, 2011년에는 동백고장보전연구회의 법인화를 추진하는 동시에 동백마을이 농촌체험휴양마을로 지정되었다. 2012년에는 동백고장보전연구회가 남원읍 주민자치대상을 수상하였으며 이듬해인 2013년, 자립형 마을육성 사업을 시작하면서 마을방앗간을 증축하였다. 이 시기에 동백고장보전연구회는 비영리사단법인으로 등록하여 동백열매, 꽃과 잎을 통해 얻은 수익금 전액을 마을에 환원시킬 수 있게 하였다.

"우리 마을이 제일 많이 변한 거는 아모레퍼시픽이랑 계약 맺고 일단 수익이 된 다음부터. 나무만 심고 관리만 해라 이거는 누가 하겠어. 거기서 뭔가 소득이 나면 그때서야 마을 사람들도 필요성을 느끼고 관리가 되는 거라. 관리만 하라는 것도 결국엔 돈이 드는 거거든. 수익이 늘어나면서 마을사람들한테도 인식이 많이 변하기 시작했어. 예전에는 쓸데없는 짓 한다고도 했었는데 수익이 돌고 그게 다시 마을로 환원하는 과정에서 수익을 누가 가정(가져)가는 게 아니니까 보는 눈도 달리지는거지. 이게 앞으로 우리 마을을 꾸려나가는 데 많은 도움이 될 것이라고 봐. 돈을 버는 사람만 가져가버리면 갈등이 안 생기겠어? 무조건 생기지. 그런 면에서 동백나무를 이렇게 이용하면 갈등이 그나마 덜 하는 거라." — 사례 ③

"(연구회가) 비영리법인이잖아요. 구매협약 이후에 수익이 많이 증가하긴 했지만 그래도 모든 수익을 다 마을에 환원하죠. 다만 이렇게 개인이 이익을 얻는 게 아니라 마을전체가 이익을 얻는 활동이니까 마을주민들 모두가 참여하고 그런 모습이면 더 좋지 않을까 고민하고 있죠. 할머니들이 열매를 가져오시면 썩은 열매나 비어있는 열매를 다 수작업으로 분류해야 되는 게 여간 힘든 게 아니니까. 마을을 위해서만 쓰는데 비영리법인이라서 세금도 많이 내야하고요. 연구회가 회원제이긴 하지만 가입조건은 따로 없어서 마을사람들이 더 많이 참여 하는 게 바람이죠. 어쨌든 지금은 참여도 자유, 가입도 자유, 단 수익은 모두 마을에. 그런 거예요." — 사례 ②

이후 동백기름의 기능성 평가, 동백나무와 관련된 체험프로그램을 개설하면서 마을사업이 안정적인 단계에 접어들었다. 2015년에는 아모레퍼시픽의 창사 70주년 행사가 마을에서 개최되어 아모레퍼시픽의 서경배 회장을 비롯한 핵심 경영진 300명이 참석하였고, 이 행사를 계기로 구매협약으로 인한 열매의 가치상승[146]에 대응하고자 아모레퍼시픽이 디자인, 주물비용 전액을 지원하여 아래 (그림 11)와 같이 마을자체상품들의 고급화 전략을 시행하고 있다.

동백고장보전연구회는 아모레퍼시픽과의 구매협약이 마을의 동백나무 이용에 관해서 가장 큰 영향을 준 요인이라고 답하고 있다.

(그림 11) 기존의 동백오일(좌)/ 기존의 식용동백오일(가운데)/ 고급화 전략으로 새롭게 생산하는 식용동백오일(우)

---

146 구매협약을 맺은 이후 열매의 가격이 약 3~4배 이상 상승하였다(동백고장보전연구회).

"아리따운 구매협약을 기점으로 가장 큰 변화를 겪었죠. 원료를 꾸준히 납품할 수 있었기 때문에 마을사업을 안정적으로 이끌어나갈 수 있었으니까요. 지금에서야 동백나무를 자원으로 생각할 수 있다지만 이전에는 마을에서 동백나무가 굉장히 흔하고 집에서 기름을 짜서 먹는 수준이었기 때문에 이걸 사업화 시킬 수 있다는 생각은 전혀 하지 못했었죠. 초기 난방공사에서도 도움을 많이 주긴 했지만 일단 우리가 동백나무를 자원화 하는 데에 있어서는 일단 판로가 있어야 하니까요. 이게 아니면 사업이 문을 닫았을 수도 있었죠." – 사례 ⑤

"아모레퍼시픽이라는 대기업이랑 계약을 맺고 있다는 자부심도 있고, 나무를 관리하는 데 있어 회사 측에서 친환경으로만 해달라 요청을 받아서 나무 주변에 자라는 잡초들은 화학제초제를 사용하지 않고 주민들이 손으로 뽑고 있어요. 병충해 때문에 나무에 뿌려야 하는 농약은 친환경농약만 사용하고 있고요." – 사례 ①

"구매협약을 맺은 것이 제일 큰 변화지. 일단 수익이 생길 수 있는 환경이 된 거니까. 옛날에는 거들떠도 안 보던 동백나무가 외부에서 필요로 하게 된 거잖아. 이렇게 작은 마을이 혼자 사업을 꾸려나가고 판로개척하고 그러는 게 절대 쉬운 일도 아니지. 마구잡이로 될 수 있는 거니까. 성공한다는 보장보다 실패할 확률이 더 크기도 한 거거든. 이렇게 큰 회사가 안정적으로 열매를 구매해주고, 또 단순히 구매만 하는 게 아니라 신입사원 연수도 와서 같이 나무도 심고, 본인들 상품이 아니라 마을자체상품인데도 전적으로 지원해주고 이런 관계가 있다는 게 작은 마을의 입장에서는 제일 큰 영향이라.." – 사례 ③

현재는 2009년 아리따운 구매협약을 맺은 시점과 비교하여 마을상품의 매출액이 약 50배 상승하였고 제주동백의 상표출원 등록을 준비 중이다. 앞선 내용들을 간략하게 정리하면 아래의 [표 3]과 같다.

[표 3] 동백마을의 동백나무 공동자원화 과정(공급 서비스)

해당년도	주요사항
2007년	• 주민총회를 통해 마을만들기에 대한 공론화 진행 • 동백마을 선포식 • 동백고장보전연구회 창립
2008년	• 제주동백 자원화 • 마을 어르신들의 소득 사업과 연계한 열매 수매 사업 시작
2009년	• 주민총회를 통해 동백군락지 공유화 추진 • 동백방앗간 가동(마을자체상품 생산)
2010년	• 아모레퍼시픽 '아리따운 구매협약' 1호 체결 • 구매협약으로 열매 외에도 동백꽃잎 납품 시작[147]
2011년	• 동백마을고장보전연구회 법인화 추진 • 농촌체험휴양마을 지정
2012년	• 제1회 남원읍 주민자치대상 수상(연구회) • 이니스프리 홍보영상 마을숲 촬영
2013년	• 자립형 마을육성 사업, 방앗간 증축 • 동백고장보전연구회 비영리사단법인 등록 • 동백기름 기능성평가 진행 • 동백나무에 관한 체험프로그램 개설
2015년	• 아모레퍼시픽 창사70주년 기념 행사(서경배 회장 외 간부진 300명 참석) • 아모레퍼시픽 1인 1동백나무 심기 - 신입사원 연수 프로그램 진행 • 열매가치 상승으로 인한 제한적 수량으로 인하여 고급화 전략 진행 : 아모레퍼시픽, 로고개발, 금형, 디자인, 특허 비용 전액 지원[148]
2018년	• 2009년과 비교하여 매출액 50배 상승 • 제주동백마을 상표 출원 등록 준비중

147 "아모레 '아리따운 구매' 첫 결실", 『중앙일보』 2010.02.05.; "아모레퍼시픽, 생물다양성, 기업의 귀중한 미래 자산", 『녹색경제』 2012.11.22.

148 "서경배 회장 한마디에 환골탈태했죠", 『서울파이낸스』 2018.04.30.

4. 공동자원과 마을의 사회생태체계, 그리고 생태계 서비스

1) 신흥2리 동백마을에서 동백나무가 제공하는 생태계 서비스

심층면접을 통해 신흥2리 동백마을에서 마을공동체와 관련된 생태계 서비스는 ① 열매의 수확으로 인한 공급 서비스(Provisioning service), ② 마을의 이름에서도 알 수 있듯이 문화 서비스(Cultural service) 중 정체성(Identity)과 상징성(Symbolic), ③ 동백군락지의 역사적 가치(Heritage value), 그리고 동백나무가 마을의 경관을 구성하면서 ④ 심미적 가치(Aesthetic value)가 제공되고 있음이 확인되었다([표 4]).

[표 4] 신흥2리 동백마을에서 동백나무가 제공하는 생태계 서비스

생태계 서비스 항목	인터뷰 질문예시	인터뷰 답변 예시	영향요소
공급 서비스 (Provisioning service)	동백나무에서 어떤 물질적인 것을 제공받나요? 어떻게 이용되고 있나요?	"나는 나이가 90이 넘었는데도 아직도 열매 주으래(주으러) 댕겨(다녀). 운동도 되고 용돈도 벌고이." - 사례 ⑥ "마을 한 바퀴 돌면서 땅에 떨어진 거 이시믄(있으면) 우리가 주워당(주워다가) 연구회에 가경가지(가져가지). 경행(그러면) 용돈도 생기는거." - 사례 ⑦ "열매로 수익을 얻지. 구매협약 덕분에 이게 안정적인 수익화가 되어서. 이것도(열매) 올해 잘 나면 다음해에는 덜 나고 경해(그래). 열매 떨어지는 만큼만 주워다가 쓰는거지." - 사례 ③	생태계기능 (Ecosystem function) 동백나무 자원화 아리따운 구매협약 아모레퍼시픽

생태계 서비스 항목	인터뷰 질문예시	인터뷰 답변 예시	영향요소
공급 서비스 (Provisioning service)	동백나무에서 어떤 물질적인 것을 제공받나요? 어떻게 이용되고 있나요?	"어르신들이 열매를 주워서 오면 연구회에서 매입해요. 그러면 절반은 자체상품으로 만들어서 판매하고, 나머지 절반은 아모레퍼시픽에 납품하고요. 아리따운 구매협약 이후에 지금까지 열매 관련 수익이 50배나 상승했죠." - 사례 ⑤	생태계기능 (Ecosystem function) 동백나무 자원화 아리따운 구매협약 아모레퍼시픽
문화 서비스 (Cultural service) ● 정체성, 상징성	동백나무로 인해 마을에 소속감을 느끼시나요?	"자부심이나 소속감을 느끼죠. 마을이 같이 이용하면서 나무에 대한 애정도 깊어지고. 예전에는 단순히 행정명칭 신흥2리이었는데 이제는 '동백마을'이기도 하잖아요. 자부심이 크죠." - 사례 ⑤ "이제는 자부심이 생기죠. 예전에는 안 그랬죠. 동백마을 선포하기 전에는. 그때는 마을이 공동으로 동백나무로 뭘 한다 이런 것도 없었으니까 중요한지도 몰랐는데 이젠 마을의 상징이죠." - 사례 ①	동백마을 선포 (마을 명칭)
문화 서비스 (Cultural setvices) ● 역사적 가치	동백나무에 어떤 역사적 가치가 있나요?	"우리 마을이 설촌 300년 역사를 동백군락지와 얘기하잖아요. 동백마을이 된 것도 이런 역사적인 부분이 있으니 가능한 거죠. 앞으로도 이걸 후손한테 어떻게 잘 물려줘야 할 것인지 고민해야 되는 거요." - 사례 ② "예전에 지방산림청장님이 오셔가지고 우리나라에 이렇게 오래된 토종동백들이 군락을 이룬 곳이 없다고. 천연기념물로 지정하는 걸 생각해보라고 하시더라고요. 예전에는 몰랐죠. 이렇게 소중한지. 이제는 마을의 실생활이랑 관련이 깊잖아요. 의미 있는 곳이고. 마을사업의 출발점이기도 하고." - 사례 ⑤	동백군락지 마을 설촌 역사

생태계 서비스 항목	인터뷰 질문예시	인터뷰 답변 예시	영향요소
문화 서비스 (Cultural service) •심미적 가치	동백나무가 마을의 풍경에 중요한가요?	"우리도 마을경관이 중요하다고 생각해서 마을도로랑 하천 주변을 따라서 동백나무를 쭉 심으려고 계획하고 있어요. 어느 정도 심기도 했고. 동백마을이니까 동백나무가 마을 풍경에 제일 중요한 거죠. - 사례 ② "어디 나가서 우리 마을 동백나무 사진을 보여주면 마을에 오고 싶다는 분들이 많아요. 요즘은 웨딩 촬영하러도 오시고요. 보기도 좋고 마음도 편해지고. 열매 수확 이외에도 마을경관으로 동백나무가 중요한 게 아닌가 생각해요" - 사례 ①	동백나무(동백꽃) 마을풍경(경관)
사회적 관계	동백나무를 공동으로 이용하면서 마을사람들끼리 관계가 돈독해지나요?	"마을사람들끼리 이렇게 방앗간에 모여서 기름 짜고 하면 당연히 관계가 돈독해지긴 하는 거죠." - 사례 ④ "우리처럼 마을에서 공동으로 이용하는 게 좋은 공동체라고 생각하죠. 동백마을 선포하고 10년 넘게 마을사람들이 봉사해서 나무들도 많이 심고, 다 책임감을 가지고 같이 하게 되는 거죠." - 사례 ⑤	주민참여 마을사업
세대 간 전수	앞으로 다음 세대에 물려줘야겠다는 필요성은 어떻게 생각하시나요?	"마을사업의 계기도 동백나무들이 이제까지 300년 됐으니까 앞으로도 300년을 물려주자, 하는 거지.	마을의 역사 공동체 정체성

 신흥2리가 세워질 때부터 함께 존재했던 동백나무군락지는 300년의 시간이 흘러 장소 자체만으로도 역사적인 가치를 지닌 공간이 되었으며, 이를 중심으로 공동체가 '동백나무'를 공동체의 정체성으로 삼고, 역사적인 가치의 공유를 통해서 동백마을로 선포할 수 있는 중요한 계

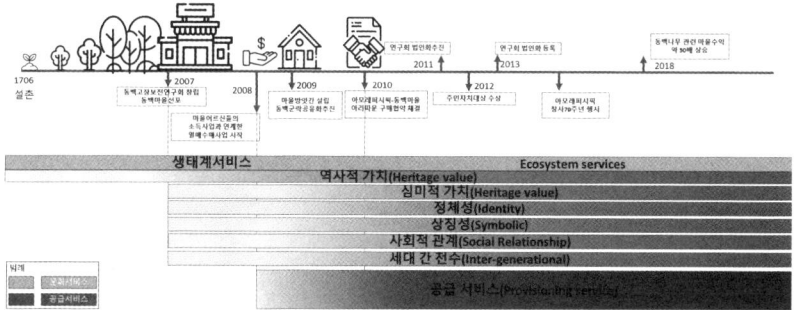

〔그림 12〕 신흥2리 동백마을에서의 시계열적 생태계 서비스 흐름

기가 되었다. 이와 같은 정체성, 역사적 가치, 상징성의 공유는 공동체의 사회적 관계, 세대 간 전수의 중요성에도 긍정적인 영향을 미쳤다. 또한, 동백나무가 제공하는 부산물인 열매와 꽃, 잎 등은 아모레퍼시픽과의 아리따운 구매협약으로 인하여 납품하기도 하고 마을자체상품으로 만들어 판매하며 이용된다. 시계열 순으로 신흥2리 동백마을에서의 생태계 서비스 흐름과 주요 변화는 〔그림 12〕와 같다.

2) 신흥2리 동백마을에서 동백나무와 관련된 사회생태체계

앞서 살펴본 바와 같이 신흥2리 동백마을에서는 동백나무와 관련된 모습들이 다양하게 관찰된다. 마을에 식재되어 있는 동백나무들은 ①과 같이 3월에서 4월에 꽃을 피워서 마을의 경관을 아름답게 만들어 준다. 군락지에 설치된 목재 시설물(통행로)은 군락지 내에서 생태탐방이 이루어질 수 있도록 한다(②). 또 다른 시설물인 마을방앗간에서는 마을주민들이 자발적인 봉사활동으로 마을에서 수확된 열매들 중 썩은 것 또는 비어있는 것들을 분류하여 상태가 온전한 열매들로 기름을 짜내고 상품

〔그림 13〕 신흥2리 동백마을에서 동백나무와 관련된 다양한 모습들

을 포장하는 작업 등을 수행한다(③). 방앗간에서 이루어지는 작업은 마을주민들의 일과시간이 끝난 저녁 6시 이후에 이루어진다. 마을 내에 하천변 주변(④)은 마을주민들이 추가적으로 동백나무들을 식재하여 마을경관을 가꿔나가고 있다. 마을 곳곳에 있는 동백나무에서 떨어지는 열매들은 마을어르신들에 의해 수확되며(⑤), 이렇게 수확된 동백열매와 꽃, 잎은 마을방앗간에서 마을의 자체적인 상품을 만들어 판매하거나(⑥의 오른쪽), 아리따운 구매협약을 통해 아모레퍼시픽에 납품 된 열매들은 아모레퍼시픽(이니스프리)의 매장에서 화장품으로 가공되어 판매된다.

이러한 모습들은 모두 〔그림 14〕와 같이 신흥2리 동백마을의 사회생태체계를 구성하는 요소들이라고 할 수 있다. 마을에서 일어나는 일련의 활동들과 생태계 서비스들의 흐름들은 지역단위의 생태계 내에서 이루어는 것이라고 할 수 있으며, 역사적 가치, 공급 서비스, 정체성 등 특정 생태계 서비스를 통해 신흥2리가 동백마을로 선포하고 동백나무를

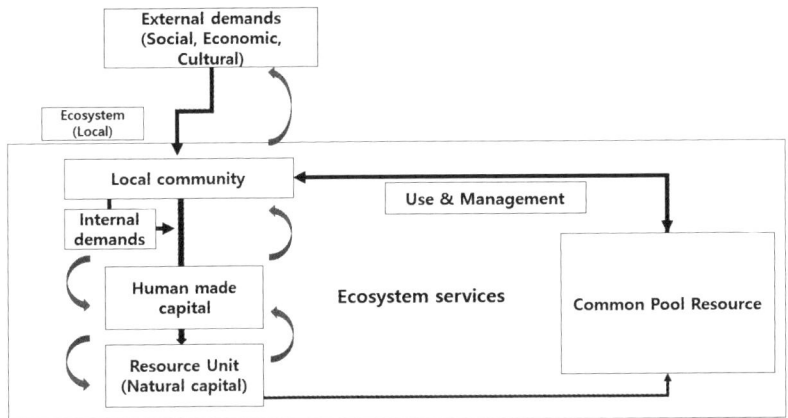

[그림 14] 신흥2리 동백마을의 사회생태체계 내에서의 행위자별 영향, 생태계 서비스 흐름

공동자원으로 이용하고 관리할 수 있는 계기와 환경을 제공했다. 아모레퍼시픽과 같은 외부행위자는 지역생태계의 바깥에서 구매협약과 같이 외부적인 영향을 줄 수 있으며, 동시에 마을공동체를 통해 지역의 생태계 서비스를 제공받을 수도 있다. 마을공동체는 신흥2리의 사례처럼 마을방앗간, 목재통행로와 같이 인공적인 시설물을 설치함으로써 자원단위에서 얻는 수확물을 활용하거나 또는 자원단위에서 얻는 생태계 서비스를 더욱 다양하게 만들 수 있다(예: 생태탐방로 개설로 인한 에코투어, 레크리에이션). 이러한 일련의 활동들이 공동자원을 이용하고 관리하는 사회생태체계를 구성하게 되는 것이다.

5. 나가며

생태계 서비스라는 개념의 등장으로 자연이 인간에게 제공하는 혜택들이(그것이 물질적이거나 비물질적이거나) 인간의 삶의 질에 기여하는 바가 크다는 인식의 공유는 우리가 자연과 인간의 관계에 대해서 보다 넓은 시각으로 바라볼 수 있는 계기를 마련했다.[149]

특히나 농촌마을의 자원은 물리적인 가치뿐만 아니라 문화적 가치 또한 중요하게 고려되어야 하는데, 이는 마을주민들의 가치관과 정체성의 공유가 공동체의 결속에 중요한 요소이기도하기 때문이다.[150] 윤순진,[151] 윤순진과 차준희[152]는 공동자원과 관계를 맺고 있는 지역공동체가 공동자원의 중요성을 인식하고 장소에 기초한 의미와 맥락을 이해하는 것이 보전과 관리에 있어 지속가능성의 성공여부가 결정될 수 있다

---

[149] Robert Costanza et al., 1997. "The value of the world's ecosystem services and natural capital." *Nature*, 387(6630), pp.253-260; Daily, G.C., 1997. *Nature's services: societal dependence on natural ecosystems*, Island Press. Washington; Daily, Gretchen C. et al., 2000. "The Value of Nature and the Nature of Value." *Science*, 289(5478), pp.395-396; de Groot, Wilson & Boumans, 2002. "A typology for the classification, description and valuation of ecosystem functions, goods and services." *Ecological Economics*, 41(3), pp.393-408; Millennium Ecosystem Assessment, 2005. Ecosystems and Human Well-being: Synthesis Reports.

[150] 김기흥, 「농촌 '마을' 사회자본 탐구를 위한 이론의 구성」, 『농촌사회』16(1), 2006, 7-42쪽; 송인하, 「마을공동체운동의 성공조건과 과제」, 『지방자치연구』 14, 2010, 33쪽; 이근영, 「전주한옥마을 '주민'의 다양한 구성과 정체성의 정치」, 『지역사회연구』 22(3), 2014, 1-24쪽.

[151] 윤순진, 「전통적인 공유지이용관행의 탐색을 통한 지속가능한 발전의 모색」, 『환경정책』 10(4), 2002, 27-54쪽; 「제주도 마을 공동목장의 해체과정과 사회,생태적 함의」, 『농촌사회』 16(2), 2006, 45-88쪽.

[152] 윤순진·차준희, 「공유지 비극론의 재이해를 토대로 한 마을숲의 지속가능한 관리」, 『농촌사회』 19(2), 2009, 125-166쪽.

고 지적한다. 나아가 공동체와 관련된 사회적인 속성의 고려가 필요하다는 지적[153]은 물질적인 차원에서 공동자원관리 방식을 바라보는 시각에서 더 넓은 사회생태체계에서의 상호작용을 바라봐야 할 필요성을 제시한다. 일반적으로 외부의 시각에서 단순히 물질적인 시각으로만 공동자원을 바라보는 것은 곧 '공유지의 비극'으로 나아가는 길이다. 이러한 비극으로 나아가는 것은 실제 지역공동체가 느끼는 비물질적인 가치들(문화 서비스)에 기반 한 공동자원과의 관계가 온전히 평가되지 못하는 것이며 지속가능성에도 부정적인 방향으로 나아가게끔 큰 영향을 주게 될 것이다. 물론, 자원의 물질적인 가치의 고려가 배제되어야 한다는 것은 아니다. 그렇기 때문에 이 연구에서는 마을공동체와 공동자원의 관계에서 비물질적인 특성의 중요성을 함께 들여다보고 단순히 물질적인 가치로 공동자원화의 과정을 거치고 이용과 관리가 이루어지는 것이 아니라 자원과 인간의 관계에서 내재되어 있지만 보이지 않는 다양한 가치들을 들여다봐야 한다는 것을 말하고자 하였다. 신흥2리 동백마을의 사례에서는 마을공동체의 내부적인 변화와 외부적인 영향이 복합적으로 작용하여 공동자원으로 이용되고 관리되는 과정을 볼 수 있었다. 따라서 공동자원과 사회생태체계를 이해하기 위해서는 생태계 서비스, 외부적인 영향, 자원의 가치변동, 공동체의 가치인식 변화 등을 고려해야 할 것이다.

오늘날 우리의 주변에서 다시 생겨나고, 혹은 오랜 기간 유지되던 공동자원이 해체되는 과정에 있어 이러한 복합적인 시각이 도움이 될 것

---

[153] Choe, H. & Yun, S.-J., 2017. "Revisiting the Concept of Common Pool Resources Beyond Ostrom." *Development and Society*, 46(1), pp.113-129.

이라고 생각한다. 우리가 지속가능성을 논할 때 무엇이 소모되는지 파악하는 것도 중요하지만, 소모되지 않는 무형의 가치들 또한 공동체에 매우 중요한 요소가 될 수 있다는 것에 주의하고 자원관리방식을 논한다면 보다 더 지속가능성에 다가갈 수 있을 것이다.

제/주/사/회/의/변/동/과/공/동/자/원

공동목장

05

근현대 제주도 마을공동목장조합의 변화양상

강만익

1. 머리말: 중산간지대의 유산, 마을공동목장조합

　제주의 중산간 지대(하잣성~상잣성, 해발 200~600m)를 모르고 제주도를 알고 있다고 할 수 있을까? 근현대 제주지역 중산간 초지대를 배경으로 전개됐던 목장사(牧場史)와 목축생활사(牧畜生活史)에 대한 이해는 제주도와 중산간 지대의 속성을 논할 때 필수적이라고 생각한다. 제주도민들은 장기 지속적으로 중산간 초지대라는 지리적 무대를 배경으로 목축과 농경을 하며 삶을 살았기 때문이다.

　제주의 중산간 지대는 고려시대부터 현재까지 목축이 지속되고 있는 그야말로 제주도민들의 목축 현장이다. 이곳에서는 고려 말 몽골이 운영했던 탐라목장(1276~1374년), 조선시대 '십소장(十所場)'으로 불린 국마장, 그리고 '헌마공신(獻馬貢臣)' 김만일(金萬鎰)의 개인목장과 그의 후

손들이 역임했던 산마감목관들이 운영한 산마장, 일제강점기 마을공동목장과 해방이후 기업형 목장들이 입지하며, 다양한 목축문화와 목장사들이 등장과 소멸을 반복했다. 또한 도민들은 중산간 지대에서 초가지붕에 덮을 '새'(띠)와 우마 먹이용 '촐'(꼴), 그리고 고사리와 땔감 등을 확보했다. 이런 면에서 중산간 지대는 제주인들의 일상생활과 매우 밀접한 공간이면서도 후손들에게 고스란히 물려줘야 할 자연유산이다.[154]

이러한 중산간 지대에 대한 인식하에 필자는 중산간 지대의 자연환경과 역사적 산물인 목장사와 목축생활사에 대해 관심을 가지고 연구를 지속하고 있다. 2018년 4월에는 제주연구원의 현안 연구과제인「제주지역 마을공동목장 관리실태 및 개선방안」연구에 공동연구원으로 참여해 현재 남아있는 50여개 마을공동목장조합 실태조사를 하면서 마을공동목장조합(이하 목장조합)의 변동양상을 파악하는 기회를 가졌다.[155]

제주지역 마을공동목장조합은 일제의 축산정책에 따라 1930년대부터 등장한 '근대적' 축산조직으로, 공동목장이라는 공동자산을 활용해 소와 말을 기르기 위한 조직체였다. 공동목장은 같은 마을에 거주하는 주민들이 목장조합을 만들어 우마를 방목했던 공간이며, 마을의 공동자원인 동시에 제주 특유의 목가적 경관자원이다.

이 글에서는 최근 제주연구원이 발간한『제주지역 마을공동목장 관

---

154   강만익, "제주의 마지막 유산, 중산간지대",『제민일보』2016.12.08.
155   이 연구에서 이루어진 실태조사 항목은 다음과 같다. ① 마을 공동목장 개요는 어떻게 되는가?(조합명, 조합 주소, 조합 면적, 조합장 이름, 조합원 수, 소속 마을 수, 조합 축우수, 토지소유현황 등), ② 마을 공동목장 운영 현황은 어떻게 되는가?(경영형태(직영/임대), 운영수익, 임대계약조건(계약기간, 용도, 임대료, 기타 조건 등), 시설현황 등), ③ 마을 공동목장 수익 모델은 무엇인가? ④ 마을 공동목장을 앞으로도 유지할 계획인가? ⑤ 마을 공동목장 운영 개선과 관련한 법적·제도적 건의 사항은 무엇인가? ⑥ 기타 제안사항은 무엇인가?

리실태 및 개선방안』(2018.7) 보고서와 1970~2000년대 제주지역 신문에 보도되었던 마을공동목장 재판관련 기사들을 통해 제주지역 마을공동목장조합의 변화양상을 제시하려 한다. 이런 시도는 제주지역 목장조합의 문제점을 파악하고 미래 변화상을 예측해보는 기회가 될 것이다.

제주지역 목장조합에 대한 최초의 연구논문은 필자의 「일제강점기 제주도 공동목장의 운영실태」(2004)였다. 이 논문은 전국문화원연합회가 주최했던 전국향토문화 논문공모전에 제출되어 대상작으로 선정되었다. 이후 발표자는 마을공동목장의 역사적 실체를 구명하기 위해 「1930년대 제주도 공동목장 설치과정 연구」(2008)와 「일제시기 제주도 마을공동목장조합 연구」(2011, 박사논문)을 내놓았다. 이 밖에 윤순진(2006)은 필자의 논문(2008)을 토대로 「제주도 마을 공동목장의 해체과정과 사회·생태적 함의」를 발표했으며, 한삼인(2008)은 제주도 내 공동목장조합은 '비법인사단'의 성격을 내포하고 있는 단체의 일종이라고 주장했다.[156] 김성훈(2016)은 「제주도 공동목장 해체 실태보고서」를 통

---

[156] 한삼인, 「共同牧場組合의 法理 硏究」, 『토지법학』(24권-2호), 2008. 목장조합의 성격은 실제 재판사례에서도 확인 된다: "2006년 공동목장조합은 민법상 조합이라기보다는 '비법인 사단'에 해당한다는 판결이 있었다. 제주지법 민사합의부는 A모씨가 모 공동목장조합을 상대로 제기한 임시총회결의 무효 확인 청구소송에서 "조합 측이 지난해 5월 임시총회에서 의사정족수와 의결정족수를 감축한 결의는 무효이지만, 조합원들에 대한 이익분배금을 1,500만원씩 확정한 결의가 무효라는 원고의 주장은 이유 없다"고 판결했다. 재판부는 판결문에서 "공동목장조합은 구성원의 개인성이 강하게 드러나는 인간결합체인 민법상의 조합이라기보다는 구성원의 개인성과는 별개로 권리, 의무의 주체가 될 수 있는 독자적 존재로서의 단체적 조직을 가지는 비법인 사단에 해당한다고" 판결했다. 재판부는 따라서 "조합이 재산의 처분에 있어서 조합원 전원의 동의를 얻지 아니하였다거나 그 배분에 관해 민법규정에 따르지 아니하였다고 해서 조합원총회의 결의가 무효라는 원고의 주장은 이유 없다"고 판시했다. 원고 측은 조합측이 재적 조합원 117명(총 출자좌수 128명) 가운데 78명이 참석한 가운데 임시총회를 열고 조합 소유 토지 19필지를 매각한 대금 19억 2,900만원을 총 출자좌수당 1,500만원씩 분배한다는 내용의 매각대금 처리안건을 의결하자 소송을 제기했었다. "공동목장법인 '비법인사

해 목장조합의 해체현상에 주목했다.

  필자의 2011년 논문에서는 일제시기만을 대상으로 한 결과, 해방이후 목장조합의 변동양상에 대해서는 답하지 못했다. 따라서 이 글에서는 제주4·3사건 이후 전개된 목장조합의 변동양상을 판결문 등 객관적 자료와 조합장 인터뷰 결과에 근거해 제시하고자 한다.

2. 마을공동목장조합의 변화양상

1) 마을공동목장조합의 등장과 운영

  목장조합은 현재 전국에서 제주도에만 존재하는 목장조직으로, 1930년대 일제당국이 농촌진흥운동을 전개하면서 만든 것이다. 당시 일제당국은 제주지역 농촌마을 축산진흥을 표방하면서 그리고 "난방목(亂放牧)으로 인한 목야지 황폐화를 예방한다"는 명분을 강조하며 읍면별로 「목야지정리계획(1933년)」을 수립하도록 했다. 그 결과 마을 단위로 공동목장조합이 결성되었고, 공동목장이 제주역사의 무대에 등장할 수 있었다.

  공동목장 조성에 필요한 토지는 매수지(買收地)가 대부분이었으나 도유지(道有地, 전라남도청 소유지), 읍유지(邑有地), 면유지(面有地), 리유지(里有地)로 이루어진 공유지(公有地) 그리고 기부지(寄附地)와 차수지(借受地)가 있었다. 이 가운데 기부지는 촌락공유지를 마을명의로 신고한 연

단'", 『제주일보』 2006.02.27.

고임야(緣故林野) 또는 목장예정지내 사유지 그리고 10두 이상 소를 기르는 목축업자가 무상 제공한 토지로 구성되었다.

목장조합 형성과정에서는 제주도사, 제주읍장, 제주도농회장(제주도사가 겸했음), 권업서기, 지역유지 등의 조직적인 개입이 있었다. 또한 1930년대 일제 식민지 지배에 저항하던 사회주의가 전국적으로 확산되는 시대 분위기 속에서 제주지역에서도 일부 지식인들이 중심이 되어 일제당국이 주도하던 목장조합설립에 반발하기도 했다. 그러나 당시 농업과 목축으로 생계를 유지했던 다수의 제주도민들은 목장조합 설립을 신속하게 할 것을 강요하던 사회 분위기에 눌려 제대로 반대 목소리를 내지 못한 채 공동목장조합에 목장예정지에 편입된 토지를 기부하거나 염가로 제공하는 등 목장조합 설치와 운영에 소극적으로 협력하는 모습을 보였다.

한편 공동목장은 제주도사, 제주도농회장, 농회읍면분구장, 제주도목장조합중앙회, 읍면별 공동목장조합연합회 그리고 마을 목장 단위에서는 조합장·부조합장·평의원회·간사·목감 등에 의해 운영되었다. 특히 조선농회 제주도지부인 제주도농회(濟州島農會)는 조선총독부로부터 국유림 관리를 위탁받아 공동목장조합에 대부하는 역할을 했을 뿐만 아니라 공동목장조합을 대상으로 한 회비징수를 담당했다.[157] 공동목장에는 우마 방목에 필요한 급수장·간시사(看視舍)·가축수용사·급염장·목장도로·경계돌담 등이 구비되었다.[158]

---

157   제주도농회의 구성과 기능에 대해서는 필자의 「일제하 제주도농회의 운영 실태와 성격」(『탐라문화』 제38호, 제주대학교 탐라문화연구소, 2011)이 참조된다.
158   강만익, 『일제시기 제주도 마을공동목장조합연구』, 제주대 사학과 박사논문, 2011, 140-143쪽.

목장조합은 일제시기에는 마을공동목장조합규약, 현대에 와서는 조합정관에 의해 운영되고 있다. 정관상의 법률관계의 분석을 통해 볼 때 제주도 내 공동목장조합은 '비법인사단'에 해당한다.

2) 마을공동목장조합의 변화양상

(1) 근대시기 마을공동목장조합의 변화

제주지역에서 목장조합의 통합과 해체, 감소 및 재조직 현상은 이미 1940년대 초부터 등장했다. 『제주도공동목장관계철』(1943)에 포함된 「공동목장지 이용상황 조사에 관한 건」을 분석한 결과, 일제 말기에 이르러 목장조합들이 서서히 재편성되기 시작했음을 알 수 있다. 이를 구체적으로 보면, 제주읍 관내에는 1930년대 초 13개 목장조합이 운영되다가 1943년에는 6개 목장조합이 감소하여 9개 목장조합만이 존재했다. 또한, 노형·연동·도남·영평·월평·용강·봉개·회천·화북 목장조합이 재편성 과정을 거치면서 축소 또는 소멸되는 길을 걸었다. 반면 한영·화영·영남목장이 새롭게 등장했다.

동일한 마을이라도 이용하는 공동목장이 달라지는 사례가 있었다. 제주읍의 경우 모든 목장에서 두 개 이상의 마을이 하나의 공동목장을 구성하고 있었으나, 애월면, 한림면, 구좌면의 경우, 1개 마을이 1개 목장조합을 형성하는 경우가 많았다. 전시체제가 극에 달한 1943년에는 제주도내 공동목장 수가 모두 123개로 나타나 『제주도세요람』(1937)에 나타난 116개에 비해 7개가 증가한 것으로 나타났다. 그러나 123개 공동목장 중에는 이름만 존재했던 공동목장들도 있었으며, 마을이 1, 2구로

분리되면서 2개로 분할된 목장조합이 존재했다.[159]

(2) 현대 마을공동목장조합의 변화

ㄱ. 마을공동목장조합의 감소현상

해방 후 목장조합은 공동목장 매각에 따른 해체의 길을 가거나 축산의 명맥을 이어가는 길을 택했다. 특히 1970년대부터 중산간 지대 개발 바람이 불면서 목장 토지 가격이 상승하기 시작했다. 또한 양축농가 감소로 목장 이용률이 떨어지고, 수입개방에 따른 축산업 전망이 불투명하여 가축을 키우지 않는 조합원이 증가했다. 또한 리조트나 골프장 등 관광시설 사업자들이 넓은 부지를 확보하기 위해 비싼 가격을 제시하며 공동목장 매입에 나서면서 일부 공동목장조합들이 목장 땅을 매각해 버렸다.[160] 땅값이 뛰어오르면서 공동목장을 매각한 실례로는 1988년 상○동 목장조합을 들 수 있다. 이 마을 조합원들은 총회에서 공동목장 매각을 결정한 후, 매각 대금을 112명이 1인당 1천여만 원씩 나눠가져 당시 지역사회에서 큰 화제가 되기도 했다.

공동목장 매각에 필수적이었던 조합원 총회를 생략한 채 특정인이 매각을 주도했다가 문제된 사례도 있었다. 신○리 공동목장의 경우, 전체 35필지 가운데 28필지를 전 조합장 등이 싼 가격에 제3자에게 매도했다가 이 사실을 뒤늦게 인지한 주민들이 이들을 고발한 것이었다. 주민들은 평당 1만원을 호가하는 땅을 3천원에 팔아넘긴 것도 이해가 안가

---

159 강만익, 앞의 논문, 145-149쪽.
160 "마을공동목장 감소추세", 『제민일보』 2004.11.16.

지만 공동목장으로 등기된 땅을 몇 사람의 뜻에 의해 팔아버린 것은 있을 수 없는 일이다고 했다.[161]

1995년에는 공동목장이 82곳(제주시 7, 서귀포시 7, 북제주군 40, 남제주군 28)으로 감소했다. 2000년대에 와서도 목장조합의 사정은 나아지지 않아 2003년에는 75곳(제주시 6, 서귀포시 7, 북제주군 38, 남제주군 24)으로 줄어들고 말았다. 북제주군 지역의 공동목장도 그 면적이 10년 새 1418ha(425만 4000평)나 감소했다. 이러한 현상은 선흘1리 공동목장과 옹포 공동목장, 신엄 공동목장이 관광지나 골프장 개발 명목으로 팔렸으며, 금악·저지·산양 목장조합이 목장부지 중 일부를 개발사업자에게 매각했기 때문이다.[162]

2014년에는 57개소로 감소했다. 애월읍 상귀 공동목장과 남원읍 위미1리 공동목장이 매각되었고, 표선면 세화 공동목장과 토산 공동목장이 통합되었다. 남원읍 위미1리 공동목장은 중국자본에 매각되어 그곳에 '백통신원 리조트'가 들어섰다.[163] 공동목장 매각이 지속된 결과, 2017년에는 54개,[164] 2018년에는 51개로 감소했다. 이처럼 목장조합은 1995년 82개, 2003년 75개, 2005년 70개, 2010년 65개, 2014년 57개, 2017년 54개, 2018년 51개로 지속적으로 감소했으며, 1943년에 비해 50%이상 해체되었음을 알 수 있다.

목장조합들은 현재도 마을 내외에서 해체압박에 시달리고 있다.

---

161 "마을공동목장 소유권 분쟁 잦다", 『제주신문』 1988.9.5.
162 "마을목장 10년 새 425만평 줄었다", 『제민일보』 2006.01.26.
163 "중산간 난개발에 제주의 공동체 마을공동목장 하나 둘 사라진다", 『한라일보』 2014.12.12.
164 제주특별자치도 농축산식품국, 『제주특별자치도 농축산식품현황』 2108.

2000년대 들어서는 제주도청의 개발 정책(2004~2010년)에 편승해 유입된 국내외 대규모 자본들이 중산간 공동목장을 매입하면서 목장조합의 해체가 가속화되었다.

〔표 1〕은 2011~2017년에 해체된 13개 목장조합의 사례를 나타낸 것이다. 이 가운데 제주시 용강 공동목장은 「지방자치에관한임시조치법」(1961)에 따라 제주시로 귀속되었다가 제주시청으로부터 넘겨받아 등기이전한 후, 2017년에 매각되었다.

〔표 1〕 2000년대 마을공동목장조합 변동 사례

년도	조합명	공동목장 소재지	비고
2011년	신흥2리 공동목장조합	남원읍 신흥리 산48 외	해체
	중문 공동목장조합	중문동 산2 외 10	해체
	대포 공동목장조합	대포동 산23 외	해체
2012년	색달 공동목장조합	색달동 산51-1 외 9	해체
2013년	신산 공동목장조합	성산읍 신산리 1785외 54	해체
	신풍 공동목장조합	성산읍 신풍리 1232외 55	해체
	색달 공동목장조합	색달동 산42외 6	재조직
	서광동리 공동목장조합	안덕면 서광리 산 25-2외 3	재조직
	덕수 공동목장조합	안덕면 덕수리 산22외 4	재조직
2014년	상귀 공동목장조합	애월읍 고성리 산133외 4	해체
	위미1리 공동목장조합	남원읍 위미리 산93 외 44	해체
	토산·세화공동목장조합	표선면 가시리 산145 외 37	통합 (토산+세화)
2015년	선흘2리 공동목장조합	조천읍 선흘리 1885외 11	해체
	토산세화 공동목장조합	표선면 가시리 산145 외 37	해체

년도	조합명	공동목장 소재지	비고
2016년	수산공동목장조합	성산읍 수산리 4504외 60	해체
	세화1·3리 공동목장	표선면 세화리 산5외 3	재조직
2017년	용강 공동목장	제주시 용강동	해체
	대림 공동목장	제주시 한림읍 대림리	해체

출처: 제주연구원, 「제주지역 마을 공동목장 관리실태 및 개선방안」, 2018.

〔표 2〕는 2010년과 비교한 2018년 현재 남아있는 목장조합을 보여준다. 이 가운데 봉개, 삼리, 상가, 김녕, 상덕천, 세화(구좌읍), 산양, 도순 목장조합의 경우는 조합 운영이 사실상 중단된 상태일 뿐만 아니라 목장용지가 마을회로 등기되어 있어 마을이장이 공동목장을 운영하고 있다. 2010년만 해도 존재가 없었던 서광동리와 덕수리 목장조합이 공동목장에 대한 관심이 높아지면서 주민들의 요구에 의해 목장조합을 재결성했거나(서광 동리) 하려고 하고 있다(덕수리).

〔표 2〕 마을공동목장조합의 변동실태(2010~2018)

지역	목장조합명			2010	2018
	2010	2018	제주연구원(2018)		
제주시 동지역	회천, 봉개, *용강, 오등, 아라	회천, ★봉개, 아라, 오등	봉개, 아라, 오등	5	4
한림읍	금당, 상명, *대림	금당, 상명	금당, 상명	3	2
애월읍	삼리, 납읍, 어음1, 어음2, 상가, 소길, 장전, 유수암, *상귀, 고성, 광령1, 광령2	★삼리, 납읍, 어음1, 어음2, ★상가, 소길, 장전, 유수암, 고성, 광령1, 광령2	삼리, 납읍, 어음1, 어음2, 상가, 소길, 장전, 유수암, 고성, 광령1, 광령2	12	11

지역	목장조합명			2010	2018
	2010	2018	제주연구원(2018)		
조천읍	교래, *대흘2리, *선흘2리, 조천관광목장, 와흘한우영농조합	교래, 조천 새마을관광 목장 영농조합법인, 와흘한우영농조합법인	-	5	3
구좌읍	동복, 김녕, 상덕천, *한동, 평대, 송당아부오름, 송당상동, 송당하동, 송당성불, 세화, 상도, 하도, *종달	동복, ★김녕, ★상덕천, 평대, 송당아부오름, 송당상동, 송당하동, 성불, ★세화, 상도, 하도	동복, 김녕, 상덕천, 평대, 송당아부오름, 송당상동, 송당하동, 세화, 상도, 하도	13	11
한경면	청수, *저지, 산양	청수영농조합법인 ★산양	산양	3	2
서귀포시 동지역	하원, 색달, *중문, 도순, *대포, 회수	★도순, 하원, 회수부흥목장, 색달	도순, 하원, 회수부흥목장	6	4
남원읍	신례, *위미1, 위미2, 의귀, 수망, 남원·한남, *신흥2	남원·한남, 수망, 의귀, 위미2, 신례	남원·한남, 수망, 의귀, 신례	7	5
성산읍	*수산, *신산, *신풍, 삼달	삼달리	삼달리	4	1
안덕면	서광서리	서광서리, **서광동리, **덕수리	서광서리, 서광동리, 덕수리	1	3
표선면	성읍1리영주, 성읍1리서, 성읍2리, 가시, *토산, 세화	성읍1리 영주, 성읍1리서, 성읍 2리, 가시리협업목장조합, 세화1·3리	가시리협업목장조합 세화1·3리	6	5
합계	65	51	40	65	51

*: 해체된 조합, **: 재조직된 조합, ★: 마을리장이 관리하는 조합

ㄴ. 영농조합법인 또는 협업목장조합에 의한 목장운영

　목장조합이 영농조합법인 또는 협업목장조합으로 변경된 사례가 있다. 전자의 실례로는 조천 새마을관광목장영농조합법인과 와흘 한우영농조합법인, 청수 영농조합법인을 들 수 있다. 영농조합법인은 목장조합장이 존재하지 않기 때문에 엄밀한 의미에서는 마을공동목장조합으로 볼 수 없다. 협업목장조합은 제주지역에서는 유일하게 표선면 가○리에서 확인된다. 종래까지는 마을공동목장조합이었으나 2017년에 와서 '마을공동'이라는 명칭을 빼고 '협업'이라는 용어를 사용하고 있다. 이것은 앞으로 마을 내 이주민 증가에 따른 여러 문제들이 예상됨에 따라 미리 취해진 조치로 보인다. 조합명칭에 '마을공동'을 사용할 경우, 이주민들도 공동목장에 대한 권리를 요구할 가능성이 있기에 사전에 목장조합 운영에 따른 수혜자들의 직접적인 범위를 이주민을 제외한 마을주민을 조합원으로 하려는 시도라고 생각된다.

ㄷ. 공동목장 유지 및 수익창출 목장조합

　현재는 비록 공동목장용지가 여러 여건에 의해 수익사업에 이용되지 않더라도 매각대신에 '보존과 계승'이라는 결단을 내린 목장조합들이 있다. 유○암리 목장조합장은 "공동목장을 팔면 산간지역에 사는 보람이 하나도 없다"고 답하면서 목장용지 매각의지가 없음을 분명히 했다. 고○리 목장조합에서도 공동목장을 후손에게 물려주어야할 유산으로 인식하고 있었다. 어○1리 목장조합에서는「목장조합 정관 제13조 2항」에 "목장전체 처분은 어○1리가 존속하는 한 불가하다"고 명시해 목장용지 매각의사가 없음을 강조했다.

목장조합이 매각이라는 반환경적·반역사적·반문화적 결정대신에 '공동목장 유지를 통한 수익창출'을 표방한 사례들이 있다. 표선면 가○리, 구좌읍 동○리와 상○리, 애월읍 장○리 목장조합이 대표적이다. 가○리 협업목장조합에서는 목장용지에 풍력발전과 태양광 발전시설을 유치해 임대수익과 판매수익(전력판매액의 10%)을 얻고 있다. 구좌읍 동○리 목장조합에서는 풍력발전 그리고 상○리 목장조합에서는 레일바이크 사업체에게 공동목장을 임대해 주고 있다.

ㄹ. 마을공동목장조합 재분류와 공동목장 방치현상

　1930년대 부락공동목장조합이 70여 년 세월을 거치면서 축산업 약화와 관광개발, 이주민 유입이라는 환경변화에 영향을 받아 변화를 거듭하면서 목장조합을 재분류해야 하는 상황에 놓여 있다. 2018년 5월 현재 남아있는 51개 목장조합의 조합장에 대한 인터뷰 결과, 목장용지 소유주체와 사용주체에 따라 목장조합을 재분류해야할 필요성이 있다고 판단했다. 이러한 작업은 앞으로 공동목장 맞춤형 발전방안을 수립할 때 유용할 것이다.

　제주연구원 현안과제 연구팀(2018)은 조사결과를 토대로 현재 제주지역 목장조합은 ① 목장조합이 목장조합 소유의 목장용지를 보유한 경우(마을 축산계가 축산계 소유의 목장용지를 보유한 경우도 포함), ② 목장조합이 국공유지를 임대하여 이용하는 경우, ③ 목장조합이 마을회 소유의 목장용지를 이용하는 경우로 분류했다. 그러면서 ①의 조건을 충족하는 목장조합은 30개, ②의 조건에 해당하는 목장조합은 11개, ③에 해당하는 목장조합은 10개라고 주장했다. 그런데 ②의 경우는 목장조합 자체의 목장용지를 가지지 못한 채, 국공유지를 임대하여 사용하는 경우에 불과하여 사실상 목장조합의 범주에 포함시키기 힘들다.[165] 따라서 목장조합에는 ①과 ③의 경우가 해당된다고 볼 수 있는 바, 이를 반영한 2018년 5월 현재 목장조합 수는 51개에서 11개가 줄어 든 40개 정도로 보는 것이 타당하리라 판단된다.

한편 51개 공동목장 가운데 우마를 방목하고 있는 경우는 23개로 전체의 50% 미만에 불과하다. 이 중에서 조합원들이 실질적으로 공동목장을 활용해 직영으로 방목하는 경우는 10곳에 지나지 않아 전체 공동목장의 20% 미만에서 조합원에 의한 직접 방목이 이루어지고 있음을 알 수 있다. 나머지 공동목장은 소규모 목축을 하는 개인에게 임대해 주고 임대료 수입을 올리는 경우 또는 방치되고 있는 사례가 있다.

ㅁ. 목장조합의 재조직과 조합원 정리현상

목장조합 재조직 및 조합원 정리는 1948년 제주4·3사건 당시 마을이 불타면서 목장조합 관련 문서들도 소실된 결과 목장조합을 재조직할 필요성이 있었고, 또한 마을 내 양축농가들이 크게 감소하여 조합운영이 유명무실해졌으며, 더욱이 부동산 가격이 상승함에 따른 목장용지 매각 시 이루어질 대금 배분에 대비하기 위한 사전 조치였다.

실례로 어○1리 목장조합에서는 2017년 6월 목장조합 정관을 정비하고 조합원 117명을 확정했다. 2017년 6월 조합원 총회에서 조합장의 주장처럼, "앞으로 마을에 이주민의 비율이 40%를 넘어 4~5년 내에

---

[165] 안경아·강만익·한삼인·정근오, 「제주지역 마을공동목장 관리실태 및 개선방안」, 제주연구원, 2008.

이주민 수가 원주민 수를 앞지를 것으로 예상되고, 이주민들이 공동목장에 대한 권리를 주장할 경우 원주민과 이주민 간의 분쟁이 발생할 수 있어서" 사전에 조합원 정리를 단행했다.

유○○리 목장조합에서도 조합원을 123명으로 확정하면서 조합을 자발적으로 탈퇴하는 조합원에게 위로금으로 1천만 원을 지급하고 있으나 탈퇴희망자가 없어 위로금을 상향조정하는 안을 고민 중이라고 했다. 기존의 조합원들이 공동목장 매각에 대한 기대로 인해 조합탈퇴를 하지 않는 것으로 보인다.

ㅂ. 「지방자치에관한임시조치법」(1961)에 따른 소유권 분쟁

「지방자치에관한임시조치법」은 1961년 9월 1일에 제정되어 시행되다가 1988년 5월 1일 지방자치법이 전면 개정됨에 따라 폐지된 법률이다. 이 법에 따라 공동목장 등 마을회 소유의 공유재산이 시·군 소유로 넘어가고 말았다. 또한 공동목장의 무상사용이 불가능해졌으며, 대규모 공동목장에 대한 임대능력이 없었던 마을주민들은 목장사용에서 소외되고 말았다. 반면 임대능력이 있었던 대자본가에게 목장 토지가 넘어가는 사례도 있었다.[166]

임시조치법(1961)에 따라 시와 군으로 넘어간 공동목장을 반환받기 위한 법정분쟁들이 발생했다. 신○리 공동목장조합(1973.11), 토○리 공동목장조합(1974.8.1), 중○리 공동목장조합(1984.4), 장○리 공동목장조합(1993.10), 안덕면 화○리와 서○리 공동목장조합이 소송을 제기했다.

---

166 강남규, 「제주도 투기실태」, 『삶의 터전을 지키기 위하여』, 돌베개, 1985, 171쪽.

서귀포시 신○리 목장조합에서는 남제주군을 상대로 공동목장 명의변경 신탁해지를 원인으로 한 이전등기 소송을 제기해 대법원에서 1971년 10월 최종 승소 확정판결을 받았다. 마을에서는 소송비용을 마련하기 위해 (산림청 근방 안뱅디) 약 10만 여 평을 처분했다.[167] 서○리 목장조합에서는 "법률상 마을소유재산은 기초 지방자치단체에 귀속된다"는 임시조치법에 의해 따라 원토지 소유자의 의사와는 관계없이 남제주군으로 토지소유권이 넘어간 것에 대해 남제주군청을 대상으로 1981년 3월 소송을 제기하여 승소했다. 그러나 목장토지가 더 이상 이용이 불가능한 잡종지로 방치된 상태여서 1983년 조합원 결의를 통해 목장용지를 매각했다.[168]

1988년 8월 안덕면 화○리 청년회원들도 "마을에서 오래전부터 이용해 온 목장을 마을주민들도 모르는 사이에 군유지로 바꿔져 남제주군이 아파트 부지로 매각하는 바람에 양축농가들이 큰 타격을 받게 되었다"고 주장하며 마을공동목장 토지반환 소송을 남제주군청을 상대로 제기해 승소했다. 서○리에서는 남제주군을 상대로 5년여의 소송 끝에 1986년 40만여 평의 마을공동목장을 되찾는데 성공했다. 소송을 주도했던 김○래씨(이장)는 "목장조합에 따른 정관·명단 등 증거가 될 만한 근거를 제시하여 승소할 수 있었다"고 했다.

한편 이와 유사한 소유권 분쟁이 전국에서 발생하자 전두환 정권하의 내무부에서는 1984년 「郡 귀속 里·洞有 재산에 관한 민원처리지침」을 마련해 관습법상 里·洞이 법인으로 인정되던 당시에 조성된 마을재산

---

167 신효 마을회, 『신효마을』, 1996, 280쪽.
168 서귀포시 서홍동, 『서홍동』, 1996, 203쪽.

가운데 주민들의 공동작업 수입금이나 호당 갹출 기부금 등으로 조성된 재산의 경우는 해당 마을에 환원하도록 조치했다. 안덕면 화○리의 경우, 목장조합 설립 시에 마을소유의 리유지가 목장조합에 "기부(寄附)"된 것이 문서로 증명되어 1988년 리유지가 마을회로 환원되었다.[169]

1994년 제주도청에서는 1961년 임시조치법에 따라 시·군 귀속된 마을 총유(總有) 재산 3백 78만평을 환원하기로 결정했다. 특히 마을공동목장 43필지 360만평 등을 원래의 소유 마을로 환원시키면서 목장매매를 억제하기로 했다.[170] 이 가운데 하나가 제주시 용○ 마을공동목장이었다.[171]

2003년 봉○동 마을회도 제주시를 상대로 낸 소유권이전등기 청구소송에서 승소판결을 받았다. 당시 재판부는 판결문에서 "1919년 조선임야조사령에 의해 제주시 봉○동 산 64번지 임야는 봉○리와 5개리에, 산 66번지 목장용지는 봉○리 외 3개리에 사정되어 봉○리와 인근 마을이 공유하면서 공동목장용지로 사용해 온 사실이 인정된다"고 밝혔다.

재판부는 또 "1935년쯤 원고를 비롯한 인근 부락인 월평·용강·회천·도련·화북 등이 한영 공동목장조합이라는 명칭으로 인근 토지를 빌려 공동목장으로 사용한 점, 부동산에 관한 공유명부가 어떤 사정에 의해 소실되었을 가능성이 높은 점 등에 비추어 원고가 공유자의 1인으로서 그 지분에 관한 소유권이전등기 절차 이행을 구하는 소는 적법하다"고 판결했다.

---

169 "마을공동목장 소유권 분쟁 잦다",『제주신문』1988.9.5.
170 "61년 시·군 귀속 마을 總有 재산 3백78만평 환원",『제주일보』1994.8.25.
171 "귀속재산 마을 토지 1백만㎡ 환원결정",『연합뉴스』1995.02.10.

재판부는 "1961년 「지방자치에관한임시조치법」에 의해 부동산이 제주시로 권리귀속조치가 이뤄졌다 하더라도 원고 등이 사정(査定)을 받아 사용해 온 사실이 인정된다면, 그 등기는 무효"라고 판시했다.[172]

ㅅ. 매수지(買收地)와 기부지(寄附地)를 둘러싼 소유권 분쟁

한림읍 대○리 인근마을 주민들이 대○리 공동목장조합을 상대로 소송을 제기했다. 강○호와 조○기가 자신들 부친 명의로 되어 있던 목장 토지에 대한 소유권을 주장하며 부동산소유권이전 말소 소송을 제기한 것이었다. 이에 목장조합에서는 조합원당 5,000원씩을 수금하여 소송비용을 마련하였다.

1975년 재판부는 『제주도공동목장관계철』(1943) 문서에 대한 검증결과를 토대로, "1935년경 목장조합에서 공동목장 용지를 확보하기 위해 원고의 부친들이 소유했던 금악리 산 23번지 토지를 1정보당 8원(당시 화폐단위)에 매수하여 초지로 이용해 오면서도 소유권이전등기를 하지 않고 있다가 1969년 12월 7일 조합 임시총회에서 조합장과 간사로 있었던 김○보와 김○호에게 해당토지에 대한 명의신탁을 하여 등기해 두기로 결의한 다음, 소유권 이전등기가 완료된 사실을 인정할 수 있다"고 판결했다.

그러나 원고 측은 1978년 4월 항소를 하며 분쟁 중인 금악리 산 23번지에 대해 1943년 『제주도공동목장관계철』 문서에 기록된 '買收地ㅏㅈ'에 대해 원고 측은 '매수예정지'로 해석하여 자신들 선조들이 목장조

---

[172] "봉개공동목장 주민 품으로", 『한라일보』 2010.4.26.

합에 토지를 매각한 것이 아니라고 주장했으나, 이것은 '매수예정지'를 의미하기보다는 '매수지로 한다'는 의미로 보는 것이 타당하고, 다른 증거와 증언들을 토대로 판단할 경우, 제1심 판결은 정당하다고 판결했다.[173]

2007년 강모씨 등 4명이 구좌읍 행○리 목장회를 상대로 제기한 소유권말소등기 청구소송 1심 선고공판에서 제주지방법원 판사는 "원고들은 선대(先代)가 해당부지를 목장조합에 증여한 적이 없다고 하나 당시 행○리 공동목장조합 부지대장에는 '寄附地'로 표기돼 있어 목장조합에 증여했다고 볼 수 있다"고 판시하여 목장조합의 손을 들어주었다.[174] 기부지는 자신의 토지에 대한 소유권 자체를 무상으로 넘긴 토지로, 현재의 법률상 증여에 해당한다.[175]

○. 공동목장 매각대금 분배를 둘러싼 갈등

2002년 한림읍 옹○리 공동목장 매각을 둘러싸고 주민 간 갈등이 벌어졌다. 옹○리 목장조합은 금악리 산56-2외 11필지 목장 부지를 43억 원에 매각했다. 그러나 매각금액 분배과정에서 제외된 일부 주민들이 제주지방검찰청에 탄원서를 제출했다.

이들은 "1981년 옹○리 새마을회로 명의가 이전되었던 공동목장 부지가 전체 주민의 동의없이 1987년 해당 목장조합으로 변경된 후 매각되었다고 주장하면서 매각대금 분배에서 정조합원은 1명 당 2,800만

---

173 한림읍 대림리지 편찬위원회, 『대림리지』, 2009, 422-426쪽.
174 "마을사람 이용해 온 목장부지는 공동재산", 『제민일보』 2007.11.29.
175 강만익, 『일제시기 목장조합연구』, 『경인문화사』, 2015, 163쪽.

원, 준조합원은 300만원 씩 분배하는 기준을 공개하도록 목장조합 측에 요구했지만 거부당했다"며 "전체 금액을 마을공동사업이나 공익에 사용하는 것이 주민 간 갈등을 해결할 수 있는 방법"이라고 주장했다.

이에 대해 목장조합 측은 "1984년 조합 재조직 과정에서 규약을 작성한 후, 1986년까지 이의신청을 받았으며, 규약에 따라 타 지역에서 출생 후 옹○리로 거주지를 이전한 주민들은 조합원 대상에서 제외시켰다고 했다. 타 지역 출생자로 탄원서를 제출한 주민 7명은 당시 이의신청을 하지 않아 매각금액을 지급하지 않았다"고 반박했으며, 또 "준조합원은 옹○리에서 태어나 다른 지역에서 거주한 사람이어서 "매각대금 분배과정에 아무런 문제가 없다"고 주장했다.[176]

ㅈ. 조합원 자격 인정여부를 둘러싼 분쟁

조합원 자격은 목장 토지 매각 대금 분배 과정에서 매우 중요한 문제였으므로, 조합원 자격 인정여부를 둘러싼 법정분쟁이 발생했다. 1990년에는 화영 공동목장조합의 조합원 자격여건을 규정한 정관에 대한 논쟁이 소송으로 비화되었다.

2002년 40년 이상 고향을 떠나 살고 있는 이른바 '출향 조합원'에게도 공동목장 조합원 자격을 인정해야 한다는 대법원 판결이 나왔다. 그러나 대법원은 목장조합이 '출향조합원'들에게 공동목장용지의 매도대금을 지급할 책임은 없다고 판시했다. 이러한 판결은 마을공동목장을 둘러싸고 조합원 자격 및 공동목장 매매대금 정산분쟁이 잇따르는 가운

---

176 "마을공동목장 매각 주민갈등 표출", 『제민일보』 2002. 08. 08.

데 나온 것이어서 유사사건 해결의 선례가 될 것으로 보인다.[177] 2007년 안덕면 서광○리 목장조합에서도 목장용지 매각대금 분배과정에서 조합원 자격을 둘러 싼 법정분쟁이 있었다.[178]

2003년 목장조합의 정관에 따라 조합원 자격이 상실되면 조합의 재산을 배분받을 수 없다는 법원판결이 나왔다. 제주지법 민사합의부는 정모씨(66) 등 35명이 "피상속인에게서 조합원 자격을 승계한 조합원이므로 토지매매에 따른 분배금 1인 당 3,700만원을 지급하라"고 하며 서귀포시 중○리 목장조합을 상대로 제기한 분배금 청구소송에서 원고 패소 판결을 내렸다.[179]

---

[177] 이에 대한 판결내용을 다음과 같다: "대법원 제3부는 최근 원고 이모씨(66, 중문동)를 비롯한 9명이 피고 서귀포시 중문공동목장조합을 상대로 제기한 조합원지위확인 등 청구소송 상고심 선고공판에서 목장조합 측은 원고들의 목장조합원 지위를 인정하라는 원심판결을 확정했다. 재판부는 그러나 목장조합은 이미 목장조합 총회의 결의에 따라 조합원들에게 지급한 공동목장 용지 매도대금은 지급하지 않아도 된다고 역시 원심판결을 인용, 판결했다"("고향 떠나도 마을공동목장 조합원 자격 인정해야", 『제주일보』 2002.11.03.).

[178] 제주지방법원 제2민사부가 A씨의 조합원 자격의 범위에 대해 결정을 내린 서광서리 마을공동목장조합장 강모씨와 조합이사 등 8명을 상대로 낸 직무집행정지가처분신청을 기각함에 따라 조합원 자격에 대한 논란이 매듭되어 JDC 부동산 매각대금에 대한 적정분배 논의가 이루어졌다("서광서리 공동목장분쟁 일단락", 『한라일보』 2007.02.05.).

[179] 재판부는 판결문에서 "원고들은 1968년 2월 25일 제정된 정관이 효력이 없다고 주장하나 중문리 공동목장조합은 4·3사건으로 소실된 정관을 토대로 정관을 복구해 (1968.2.25.) 30여 년간 임원을 선임하고 총회 및 이사회를 개최하는 등 대내외적으로 활동해왔다"며 "특히 정관이 작성된 이후 30여 년간 누구도 이의를 제기한 바 없을 뿐 아니라 2001년 6월 30일 동일한 내용의 정관을 총회에서 개정결의를 한 사실 등에 비춰보면 정관은 조합의 조합원들을 직접 구속하는 자치법규로서 효력이 있다"고 밝혔다. 재판부는 이에 따라 "원고들은 조합원으로 인정할 만한 증거가 없거나 조합원의 의무이자 지위를 인정할 수 있는 조합비를 전혀 납부하지 않아 조합원 자격을 상실 또는 탈퇴한 사람들인 만큼 청구를 기각한다"고 판시했다("공동목장조합원 자격상실 재산분배 받을 수 없다", 『제주일보』 2003.12.22.).

ㅊ. 공목목장 내 특정지점의 소유권이전등기를 둘러싼 분쟁

이 사례로 대표적인 것은 2015년 애월읍 상○리 목장조합(원고)이 제주특별자치도(피고)를 대상으로 제기했던 소송이다. 당시 재판은 대법원까지 갔으나, 3심 모두 상○리 목장조합이 패소했다.

제주지방법원 제2민사부는 1심을 통해 "① 이 사건 부동산은 모두 임야조사령에 의해 1919년 7월 20일 '국(國)'의 소유로 사정되었던 점, ② 1943년경 작성되어 보존되어 있는 『제주도공동목장관계철』에는 이 사건 부동산이 차수지(借受地) 목록에 포함되어 있는바, 원고가 이 사건 부동산을 임차하여 사용한 것으로 기재되어 있어, 원고의 소유로 기재되어 있는 '기부지(寄附地)' 목록과는 구별되어 있는 점, ③ 원고는 1981년 8월 경 당시 이 사건 부동산의 소유자였던 북제주군에 대하여 위 부동산에 관한 대부계약을 체결하여 달라고 신청하여, 1981년 8월 27일 북제주군과 군유재산대부계약을 체결하였고, 1982년 6월경 북제주군에 임대료 조정을 신청하여 임대료 액수가 조정된 사실도 있으며, 원고는 이에 따라 1981년 및 1982년분 임대료를 지급하기도 한 점, ④ 피고는 이 사건 부동산 중 상○리 산 121 중 일부에 관하여 한국전력과 사이에 송전선로 부지에 대한 대부계약을 체결하여 한국 전력으로부터 사용료를 받아 그 소유권을 행사하고 있는 점, ⑤ 원고는 자신이 소유하는 토지의 현황에 관하여 2014년도 마을공동목장 현황에 3.55㏊만 신고를 하여 이 사건 부동산 면적의 합계인 69.53㏊와는 부합하지 않는 점 등을 종합하여 볼 때, 원고의 이 사건 부동산에 대한 점유는 그 점유권원의 성질상 타주점유에 해당한다고 봄이 상당하므로, 자주점유를 전제로 한 이 사건 부동산에 대한 점유취득시효가 완성되었다는 원고의 위 주위적 주장은 이유 없다"고 판결했다.

3. 지역별 마을공동목장조합의 변화사례

1) 서귀포시 지역 마을공동목장조합

안덕면 서광○리 목장조합은 2015년 목장조합 창립기념회를 열고 안덕면 지역의 취약가구를 대상으로 300만원 상당의 양곡 100포대를 지원했다. 또 이 조합은 안덕면복지지원협의체와 사랑나눔 협약을 체결하는 등 지속적으로 나눔 문화 확산사업에 동참하고 있다.[180] 2015년 마을 목장 부지 23만76㎡를 중국자본인 람정제주개발에 298억원을 받고 매각했다.[181]

강○리 목장조합은 1974년 일본에 거주하던 교포 현○○씨가 개인목장을 만들기 위해 땅을 구입할 때 (공동목장 내의) 자기지분을 가진 조합원 19명이 (평당) 5만원 내지 7~8만을 받고 매각해 버렸다. 당시 조합장 윤○○씨는 조합원들이 개별적으로 자기 지분을 매각하는 것을 막기 위해 각서까지 받으며 공동목장을 유지하려고 노력했으나 역부족이었다. 이에 조합장은 기왕에 팔릴 바에는 제 값을 받아야겠다고 판단하여 조합원 회의를 수차례 소집하여 의논한 끝에 1인당 지분 90만원씩 받고 1978년 8월에 매각했다.[182]

신○리 목장조합에서는 1977년 조합원 총회 결의에 따라 향후 20년

---

180 "서광서리공동목장조합, 이웃사랑 나눔실천", 『헤드라인 제주』 2015.10.19.
181 "서광목장도 중국자본에..람정제주, 23만㎡ 298억에 매입", 『제주의소리』 2015.11.30.
182 윤경로, 『향토 강정』, 2001, 138쪽.

간 강○○씨와 목장용지 임대차 계약을 체결했다. 1991년 11월에는 상효 목장조합과 하효마을회가 신효 공동목장 소유토지인 상효동 산 29번지, 산 35번지, 산 60번지(약 10만 평)에 대한 지분청구소송을 제기했으나, 1995년 대법원 판결에서 최종 승소하여 목장 토지소유권 분쟁이 끝을 맺었다.[183] 이 조합에서는 2004년 ㈜돈내코 레저타운 측에 골프장 사업부지로 43만 평을 매각했다.[184]

상○리 목장조합에서는 소를 키우는 농가가 없어지게 되자 공동목장을 이웃마을에 매각한 대금을 마을전기 가설비로 기부했다. (남겨 놓은) 목장 땅 약 6,000평은 공동묘지로 활용하고 있다.[185] 신례리 목장조합은 2004년 7월 남제주군이 제주생물종다양성연구소를 지역으로 유치한다는 소식을 접하고 공동목장 소유 2만 평을 무상으로 기부 체납했다.[186] 또한 신○리 목장조합은 2000년 조합 총회를 열고 조합 토지 1만 3000여 평을 도로건설에 이용하라며 남제주군에 무상 기증했다. 2004년에는 해비치 골프클럽에 공동목장 땅 70만㎡를 매각했다.[187]

성산읍 난○리 목장조합의 경우, 마을공동목장 가운데 '문밭뱅디', '진적거', '불기도' 등의 토지가 조상의 이름으로 등기되어 있음을 확인한 특정인들에 의해 목장 땅의 일부가 육지인에게 매각되고 말았다. 이러한 상황에서 매각해 버린 해당 토지들의 등기사실을 확인하기 위해 김○○, 김○○씨가 제주도청을 찾아 『제주도공동목장조합관계철』 문

---

183 신효마을회, 『신효마을』, 1996, 279-280쪽.
184 "돈내코 골프장 조성 본격", 『제민일보』 2004.04.18.
185 상효1동 마을회, 『상효지』, 1993, 58쪽.
186 "무료로 부지 제공할게요", 『한라일보』 2005.07.07.
187 "해비치 골프장 확장난관", 『제민일보』 2004.03.17.

서를 찾아본 결과, 1933년에 난○리 공동목장을 조성한 내력은 있었지만, 목장조합 명의로 등기가 되어 있지 않음을 확인했다. 과거 목장조합 문서들은 김○○ 이장 집과 리사무소에 보관되어 오다가 4·3사건 후 소실되고 말았다.[188] 이들 특정인들은 목장조합과 아무런 상의도 없이 자신들 조상 이름으로 등기되어 있다는 이유로, 소유권을 주장하며 매각해 버린 것이다. 목장조합 설립 당시 마을을 대표하는 소수의 특정인 명의를 빌려 등기했을 가능성이 있었으나, 당시 조합 측에서 이런 사실을 증명하지 못한 것으로 보인다.

2) 제주시 지역 마을공동목장조합

연동리 목장조합은 제주 최초의 목장조합으로, 4·3사건 이후인 1971년에 재발족했다. 이때 일제강점기 19인의 목장계원 소유였던 '고망괘왓' 목장토지를 동 조합명의로 등기 이전하였다. 당시 '고망괘왓'의 지주들은 일제 강점기부터 계원소유의 목장지를 연동주민들에게 활용하도록 허용해 왔으며, 다시 그 소유권마저 목장조합에 기부했다.

1980년에 이르러 '신제주' 건설에 영향을 받아 오라동 산 85번지 고망괘왓과 연동 산 137번지 노루손이 오름 일대의 방목지, 연동 산 110번지 거문오름의 목장지를 매각하면서 조합이 해체되었다. 그러나 일부 조합원들은 노형동 주민들과 함께 '영남목장조합'을 탄생시켰다. 그 후 1983년에 목장에 대한 개인지분을 매각하면서 이 목장조합도 해체되었

---

[188] 난산리, 『蘭山里誌』, 1999, 89쪽.

다.[189]

애월읍 장○리 목장조합의 경우, 북제주군이 2004년 해당 목장조합 소유 목장에 국비 1억원 등 4억 3천만원을 들여 제주마 생산기지 조성 사업을 완료했다. 공동목장을 활용해 설치한 제주마 생산기지는 마사, 퇴비사, 급수장, 관리사, 창고 등을 갖추고 혈통 등록된 제주마를 증식하게 된다. 또 말을 활용한 승마장, 투마장 등 관광시설도 갖춰 나가게 된다. 공동목장이 제주마 생산기지로 탈바꿈한 것이었다.[190]

한림읍 대○리 목장조합은 마을재정과 마을발전에 중추적 역할을 했다. 1970년 마을에 전기를 가설할 때 금악리 산3번지(눈오름 목장) 목장토지를 매각한 대금을 기부했다. 또한 1990년 리민회관 건축시 1,000만원, 1997년 노인복지회관 건립시 3,100만원, 1998년 리민회관 부지 매입시 3,000만원, 2003년 저온저장고 부지 매입비 9,000만원을 부담했으며, 마을행사, 어버이날, 체육대회 행사시 비용을 보조했다.[191] 목장조합 소유의 49만㎡에 '대○목장 태양광발전'을 추진하다가 여의치 않자[192] 2017년 목장용지를 매각하고 말았다.

한림읍 동○리 목장조합은 일제강점기 제주도 당국이 내적으로는 동명리 농민을 위하여 축우와 마의 개량 번식을 위하여 목장의 필요성을 강조하면서도, 외적으로는 옹포리에 위치한 '다께다(竹中) 통조림 공장' 원료확보를 위한 정책의 일환으로 설치되었다. 4·3사건으로 목장조합 정관, 조합원 명단 등 제반서류가 소각되어 없어졌다. 그리고 당시에는

---

189 연화친목회, 『연동향토사』, 1986, 176쪽.
190 "제주마 생산기지 조성", 『경향신문』 2004.09.22.
191 한림읍 대림리지 편찬위원회, 『대림리지』 2009, 415-426쪽.
192 "마을공동목장에 태양광발전 '훈풍부나'", 『한라일보』 2014.09.22.

공동목장에도 갈 수 없었으며, 우마도 방목을 할 수 없는 상황이어서 모든 목장조합 업무가 중단되고말았다. 그러다가 1962년 정부의 축산육성시책에 따라 동○리 목장에서도 급수장 설치계획을 수립하고, 목장조합 재발기인 대회를 겸하여 조합 총회를 열었다. 또한 조합원 명단을 작성하기 위한 방안으로 급수장 설치 작업에 출력한 사람들을 무조건 조합원으로 인정하기로 결의했다. 당시 출역에 참여할 수 있는 자격은 동○리 거주자 또는 4·3사건으로 소개 후 미귀향자(타리 거주자)로 제한했다.

기계화에 밀려 축우사용 농가가 크게 감소하였고, 축산도 대형화, 기업화되면서 인공사료를 많이 사용했으며, 소나 말을 기르는 농가들이 급감하면서 마을공동 목장의 필요성이 점점 없어짐에 따라 1988년 총회결의에 의하여 목장조합 부지를 매각하기로 결정했다. 매각금액 중 일부는 조합해산 당시 조합원들을 대상으로 평등하게 분배되었으며, 잔여 금액은 동○리민을 위하여 증여했다.

목장용지가 매각되자 조합에서는 청산위원회를 결성하고 청산위원장에 강○○이 취임하여 청산위원으로 하여금 매도금액을 영수한 후, 조합원 1인당 700만원씩을 분배했다. 잔여금액은 동○리민 복지회관 부지 구입비와 건축비 및 행정비 등으로 사용하도록 결정했으며, 1989년 7월 청산·종료하였다.[193]

구좌읍 평대리 목장조합은 1975년부터 평대리「대머들 공동목장조합」이「제주축산협동조합 평대리 축산계」로 변경되었다. 축산계 가입 인원수는 약 100여 명으로 신규계원 가입비는 6만원이었다. 독립적 목

---

193 한림읍 동명리,『동명향토지』, 2009, 578-584쪽.

장조합에서 제주축산협동조합 산하조직으로 변화된 것이었다. 1981년에는 경사도 60°인 돗오름(평대리 산16번지, 군유지)에 초지조성을 희망하는 계원들이 축산계의 하부조직으로 "협동회"를 만들어 「돗오름 목장」을 조성(회원 50명)했다.[194]

상도리 목장조합의 공동목장 가운데 종달리 4534번지 일원 용눈이오름 근방에는 체험형 테마파크인 제주레일파크가 들어섰다. 이 주식회사는 마을회 소유 공동목장을 20년 동안 장기 임대하는 방식으로 레일바이크, 키드스팀기차 등 유원시설을 만들어 운영하고 있다. 사업자는 마을에서 생산한 농수산물 직거래장터 운영, 지역주민 일자리 확대 등을 하며 마을과 회사가 상생(相生)하고 있는 모범적인 사례이다.[195]

일제강점기 조천면에는 10개 마을이 조직했던 3개 목장조합이 있었다. 1931년에 만들어진 대흘리 목장조합을 제외하면 조천면 제1구 목장(신촌, 조천, 와흘, 교래), 제2구 목장(신흥, 함덕, 북촌, 선흘, 와산)이 있었으며, 제1구 목장과 제2구 목장을 합해 조천면 공동목장이 되었다. 1936년 韓○○ 면장이 재임하면서 사유지를 사들이거나 기부를 받아 현재 보문사(普門祠) 서쪽 '동원목장' 지경을 중심으로 면 목장을 조성했다고 한다. 조천면 주민들은 이곳에 우마 두당 30여전의 기금을 내고 사육을 맡겼으며, 면 축산계에서 공동목장을 관리했다고 한다. 그러나 면소유로 이전등기가 제대로 되지 못해 등기상으로는 개인 명의로 남아있는 땅이 많아서 해방 후 소유주 또는 그 후손들이 되찾아가거나 매각해 버

---

194 평대리지 편찬위원회, 『평대리』, 1990, 140-141쪽.
195 "상도리 마을 목장에 제주레일파크 들어서", 『미디어제주』 2013.01.02.

렸다고 한다.[196]

3) 가시리 협업목장조합의 운영사례

표선면 가○리 목장조합은 1933년 5월 제주도사의 승인을 받아 설립되었다. 이 조합은 제주도 공동목장 중 가장 먼저 형성된 22개 시범공동목장조합 중 하나였으며, 1933년 말 당시 마을의 우마수는 전도적으로 최다였다.

1943년 자료에 나타난 가○리 공동목장 목장용지 확보상황은 [표 3]과 같이 국유지(0.8%), 면유지(59%), 민유지(40.2)로 구성되었으나, 리유지가 없는 것이 특징이다.

[표 3] 가시리 공동목장 목장용지 확보상황(1943)

지역	공동목장	國有	道有	面有	里有	民有	合計
표선면	표선	6,094	0	301,430	0	26,606	334,130
	하천	0	0	104,393	0	139,806	244,199
	토산	0	0	190,507	0	383,550	574,057
	세화	16,752	0	11,295	0	174,683	202,730
	성읍	0	0	1853336	0	3,198	1,856,534
	가시	10,772	0	274,796	0	1,134,882	1,420,450
	계	33,618	0	2,735,757	0	1,862,725	4,632,100
		0.8	0	59	0	40.2	100

---

196 "제주도 중산간의 수난사, 牧馬場(6), 제2所場(조천읍) ③ 테우리 四寸 중산간 인심 반영", 『제민일보』 1990.09.21.

면유지는 토지조사사업 후 표선면이 사정을 받은 토지이며, 국유지와 면유지는 빌려 사용한 차수지였다. 민유지는 가시리 공동목장조합이 토지소유자들로부터 매수한 땅이며, 매수지는 전체의 40%, 차수지는 전체의 60%를 보였다.

이 마을에는 4·3사건으로 인해 밭을 갈아야할 우마가 전혀 남아있지 못했다. 이에 따라 주민들은 '병작쇠' 형태로 남의 소를 대신 길러 송아지를 분배받고 이를 기반으로 축산의 기틀을 다졌다.

목장용지는 1973년에 가시공동목장조합과 1978년에 가시리새마을회 명의로 나누어져 소유권 이전 등기가 이루어졌다. 1978년에 「가시리 공동재산 관리 규약」과 「가시리 협업목장조합 규약」이 제정되고, 소유권 이전 과정에서 명의주(名義主)들이 새마을회로의 등기이전을 거부하면서 마을을 상대로 토지소유권 반환 소송을 제기했다. 이에 따라 새마을회에서는 마을소유였던 번널오름을 매각하여 소송비를 마련했다. 1981년 재판이 종결되어 분쟁을 겪었던 목장용지는 새마을회 소유권이 인정되었다.

2012년에는 조합원 명부를 다시 정리하면서 조합원을 277명으로 확정지었다. 2017년에는 가시리마을회(구 가시리새마을회) 명의로 소유권 보존 등기가 되어 있던 목장용지에 대해 정식적인 재판절차를 통해 가시리협업목장조합 소유로 변경되어 현재에 이르고 있다.

가시협업목장조합은 처음에는 1971년에 제정된 목장조합규약으로 운영되다가 2018년 1월 제정된 정관에 따라 유지되고 있다. 정관에 규정된 조합원 자격이 1978년도까지 가시리에 주소를 두고 거주했던 주민이거나 그 자손 중 세대주로 했다. 조합원의 자손 중 가시리 내에 세대를 분리한 세대주 혹은 만 40세 이상의 미혼자도 조합원의 자격이 주어졌다. 조합원이 가시리 외 지역으로 이주 시 조합원 자격은 자동적으로 상실되었다. 준조합원의 자격도 정관 제9조에 규정했다.[197] 조합원의 권리 상속은 조합원이 사망 시 상속인이 조합에 가입을 신청한 후, 조합 승인을 얻어 승계함을 원칙으로 했다.

협업목장조합의 주요 수입원은 풍력 및 태양광발전단지 임대수익이다. 풍력발전단지는 '제주에너지공사'와 'SK디엔디'에서 20년 단위로 계약하여 운영 중에 있다. 태양광발전단지는 '미래에너지'에서 15년 단위로 계약했다. 이 목장조합의 수익금은 목장유지비와 목장조합원 복지비로 지출되고 있다. 조합원의 자녀들에게 학자금을 주거나 어르신들에게 용돈을 지급하고 있다. 수익금의 일부는 조합원 및 그 가족을 위한 요양원 건립을 위해 적립하고 있다. 국세청에 납부하는 세금이 너무 많다는 것이 애로사항이었다.

이 목장조합에서는 목장용지의 매각을 원천봉쇄하기 위해 정관 제2조(목적)와 제21조(재산의 처분)에 가시리 후손에 물려줄 유산으로서 가시협업목장조합 땅을 처분할 수 없도록 규정했을 정도로 목장용지에 대한 매각의지가 없었다.

이 목장조합의 변동양상을 협업목장조합규약(1978)과 협업목장조합 정관(2018)을 통해 접근하면, 첫째, 조합원 자격이 1978년 조합규약에 비해[198] 2018년 정관에는 결혼을 하지 못 해(안 해) 세대분리가 되지 못

---

[197] 제9조에 나타난 준조합원의 자격은 1. 본 조합에 생산자재를 공급하거나 생산기술을 공급하는 자 2. 본 조합에 농지를 임대하거나 경영을 위탁하는 자, 3. 본 조합이 생산한 농산물을 대량으로 구입, 유통, 가공 또는 수출하는 자, 4. 본리에 거주하면서 조합원 자격을 갖추지 못한 자'로 했다.

[198] 협업목장조합규약(1978) 제6조(조합원의 자격): 본 조합의 조합원은 1978년 3월 25일 이전에 가시리에 거주했던 주민 또는 그 후예로서 현재 본리에 거주하는 세대

한 40세 이상 노총각에게도 조합원 자격을 부여하고 있는 것이 특징이다.[199] 또한 1978년 조합규약에 없던 '준조합원의 자격'이 등장했다. 이들에게는 임원 선거권, 피선거권, 의결권이 없었다.

둘째, 1978년 조합규약에 없던 조합가입비 항목이 신설되어 1인당 10만원을 납부하도록 했으며, 목장조합이 소유한 재산(부동산, 목장용지)의 처분에 대해서는 목장조합규약 제25조와 목장조합정관 제21조 모두 공통적으로 기본재산(본 조합 소유의 부동산, 즉 목장 땅)은 여하한 경우라도 처분할 수 없도록 규정했다.

셋째, 1978년 조합규약에 비해 조합 사업이 다양하게 확대된 것이 특징이다. 목장조합이 축산은 물론 목장용지를 활용한 농업 및 자연·역사·문화자원을 활용한 관광사업, 목장임대 사업에서 발생하는 수익금을 활용한 복지사업 영역까지 이루어지고 있다.[200]

주로 한다. 단, 조합원 자격을 득했다할 지라도 경자유전의 원칙에 따라 본리를 떠나게 되면 조합원의 자격은 자동 상실된다. 그리고 1978년 3월 25일 이전 가시리에 거주했던 주민의 후예가 외지에서 본리로 이주했을 때는 본 조합이 정하는 소정의 절차에 의해서 조합원의 자격을 취득할 수 있다.

199   협업목장조합정관(2018) 제8조(조합원의 자격) 2. 세대가 분리되지 않은 미혼자인 경우 만 40세 이상인 자는 조합원 자격이 된다.

200   가시리협업목장조합정관(2018) 제4조에 기재된 목장조합 사업에는 1. 친환경농업에 의한 농·축산물의 생산과 유통사업, 2. 친환경적인 관광사업, 3. 조합원 및 조합원 자녀의 복지사업, 4. 농·축산업에 관련된 공도이용시설 사업, 5. 농·축산업에 관련된 구매 및 판매사업, 6. 가시리 마을 지원 사업, 7. 기타 본 조합이 영리를 추구하는 사업이 있다.

4) 마을공동목장조합의 해체, 명월공동목장조합

1988년 역사적 전통을 자랑하던 한림읍 명○리 공동목장 토지인 금악리 산 41번지 외 33필지가 15억 6천만원에 팔렸다. 현재 명○리 공동목장 터에는 캐슬렉스 제주GC 골프장이 자리하고 있다. 이 마을에 보관 중인 공동목장문서에는 이 마을에서 공동목장 매각을 위해 세 차례의 임시총회가 열렸음을 보여준다. 1988년 5월 28일에 열린 1차 임시총회에서는 「목장매매의 경과보고」가 있었다.[201]

1988년 6월 13일에 열린 2차 임시총회는 78명이 참석했으며, 임원진에서 임시총회 소집을 요구해 열렸다. 이날 회의에서는 매수인인 「정○수씨와의 매매경위 보고」가 있었다. 당시 조합장은 오○수씨와의 매매계약 이행이 잘 되지 못해 오○수씨 인감 매도 위임에 의거하여 1988년 6월 10일 오후 4시경 제주시 삼정건축사무소에서 세종부동산 소개로 이루어진 정○수씨와 매매계약 체결경위에 대한 추궁이 있었다.[202]

---

[201] 1차 임시총회에서 공개된 경과보고 내용은 다음과 같다: 1988년 5월 27일 제주시 오○수씨와 임원진 13인의 입회하에 명월리 공동목장을 매매를 성사하고, 평당 3900원씩 384,378평에 금악산 41번지의 34필지 총 매도금액 14억9천9백7십4만2백원, 계약금 1억3천만원, 중도금 6억2천만원, 지급일 6월 26일, 잔금 7억4천9백7십4만2백원, 지급일 7월 26일, 계약금 현찰: 1,000만원, 약속어음 1억2천만원, 지급일 6월 1일. 이상과 같이 경과보고 합니다. 명월리 공동목장 조합장 김○호(인), 이사 오○봉(인), 진○억(인), 김○하(인), 오○봉(인), 강○식(인), 강○춘(인), 고○무(인), 김○구(인), 홍○석(인).

[202] 다음은 당시 회의록 내용이다.
조합장: 오○수씨와 임원 입회하에 매매를 하였으나 계약금 1억3천 납입이후 (중도금이 납부되지 않자) 조합장 단독으로 정○수씨와 계약하여 임원진에 알린 결과, (이러한 사실을) 임시총회에서 거론키 위하여 임시총회를 소집한 것입니다. 오○수씨보다는 평당 100원씩 더 받기로 계약했으며, 오○수씨 어음이 부도 직전에 있다고 하여 (대신에) 세종부동산 소대로 정○수씨와 계약을 성사시켰습니다. (그동안) 오○수씨에게는 수십 차례 회사로 (중도금 납입을) 독촉하였으나 계약을 이행할 수 있는 여건이 되지 않았

1988년 6월 14일 회의가 속개되었다. 이날 회의에서는 1988년 5월 27일에 이루어진 매매가 성사되지 못하였기 때문에 최초 계약자인 오○수씨 요구에 응한 것이 잘못인지 판단하는 안건이 다루어졌다. 3차 회의에서는 최종 계약자 선정에 따른 후속처리 문제가 중요하게 다루어졌다. 다음 3차 회의 회의록의 일부이다.

> 조합장: 순간적인 조합장의 판단이 이렇게 크게 될 줄을 몰랐으며, 임원 및 조합원이 서로 타협하여 우리 조합에 이익이 가는 방도로 처리하겠습니다.
>
> 오○석씨 발언: 그러면 조합원에 이익이 되는 방법은 어느 쪽입니까?
>
> 조합장: 저는 후자의 선택을 원합니다. 그러니 오○수씨를 불러다가 답변 듣고 선처 합시다. 그리고 오○수씨(계약 건)를 백지화하겠습니다.
>
> 오○봉씨 발언: 우리는 임원으로서 조합장 단독계약을 무효라고 주장하나 부락에 이익이 있으면 이익 있는 쪽을 선택합니다.
>
> 조합장: 그러면 여러분의 결의대로 시행하겠습니다.
>
> 강○준씨 발언: 그러면 조합장에게 우리도 수차례 논의했으나 위법인

고, 안덕면 광평리 산 136번지에 대한 매매계약서를 작성하였으나 그 땅은 이시돌 땅으로 등기가 되었음을 알지 못했고, 오○수씨도 계약이행이 더 이상 불가하다는 전화통보가 있었습니다. 1988년 6월 9일 전화통보에 의거하여 정○수씨와 계약을 체결한 것입니다. 오○수씨는 조합장인 제가 알아서 처리하겠으며, (오○수씨가 계약이행이 불가능한 상태임을 알고) 단독으로 매매계약을 체결했습니다.
오○현: 조합장 단독계약은 2중계약이니 조합장이 어떻게 처리하겠습니까?
조합장: 나도 임원진과의 협의 없이 매매를 했기 때문에 임원진에서 논의하다 못하여 총회를 소집한 것입니다.

지도 모르니 변호사에게도 물어 봅시다.

조합장: 좋은 말씀입니다.

김○욱 발언: 무조건 신계약대로 이행합시다. 그리고 계약내역이나 알려 주십시오. 일동 찬동. 평당 가는 4,100원, 평수는 380,502평인 줄 알고 있습니다. 광평리 산 136 번지 평수는 제외했습니다.

김○욱 발언: 하자가 있는 것을 제외한 것은 잘 한 것입니다. 계약내용을 말하시오.

조합장: 계약내용은 평당 4100원씩×380502평입니다. 총금 15억 6천만원, 계약금 1억5천, 1차 중도금 3억원(6월 25일 납입), 2차 3억원(7월 25일 납입), 잔금 8억 1천만원 입금할 것입니다.

강○전씨 발언: 그간 수고한 분들에 대한 응분의 보답을 못하나 성의를 보입시다.

호○규: 수고비 보답해야지.

강○전: 해약하는 과정, 본리출신이고 계약자 오○수씨로 하여금 1억여 원 수입이 가져 준데 대하여 추진과정에 경비 및 고생의 대가란 총회결의로써 500만원 주기로 결의보고 조합장에게도 반년이상 고생과 자비도 많이 들고 하여 500만원을 주기로 합시다. 일동 수고했습니다. 일동 찬동

오○봉씨 발언: 조합장의 고행은 이야기 않더라도 조합원이 다 아는 사항입니다. 우리 조합에 1억 여 원 이익이 되고 하여 수고한 말씀은 말도 못하고 오○수씨에게 500, 조합장에게 500주는 것 도합 1000만원.

조합장: 총금 15억 6천 만원, 계약금 1억 5천, 중도금 3억(6.25), 3억 (7.25), 잔금 8억 1천만원(8.20)입니다. 은행 단협에 1억3천 입금되고 1000만원은 수고비로 세종에 드리고 1,000만원은 해약하는 과정에서 본리출신이고 하여 잡비도 들고 고생도 하여 주었는데 조합장 덕분에 내가 살고 하니 나머지 500만원을 주었습니다. 저는 500만원을 총회결의에 의거 처리하겠습니다.

오○봉씨 발언: 조합장이 진실 되게 이야기 하니 세종부동산에 준 것도 인정하고, 오○수씨와의 계약이행은 아니 되었으나 그 때문에 1억 여 원이 조합이 이익이 되었기에 조합장에게 500만원, 오○수씨에게(최초 계약자) 500만원 지출된 것을 인정합니다. 그간 조합장도 임원진에 상의 않고 단독 처리한 것이 절차상 문제이나 우리 조합에 이익을 주고 있기에 수고했습니다. 임원으로써 보필이나 감시감독 못한 것이 임원의 한 사람으로써 미안합니다.

김○욱: 좋은 말씀입니다. 오○봉씨 안에 찬동합니다. 일동 찬동. 앞으로 잔금처리까지 수고하여 주십시오.

조합장: 장시간 수고들 했습니다. 이만 폐회하고, 자금이 들어오면 임시총회에 상정하여 조속히 배분하는 문제 등 임시총회에서 결의하겠습니다. 감사합니다.

조합장 김○호 (인), 홍○익(인) 이사 오○봉(인), 진○억(인), 오○봉(인), 강○식(인), 고○무(인), 김○구(인) 홍○석(인)

공동목장 매각대금이 모두 입금되자 목장조합에서는 총회를 열어 매각대금을 수령할 조합원들을 확정했다. 처음에는 조합원이 262명이었는데 어떤 사정인지 2명이 추가되었다. 당시 조합원들이 작성한 〈수령증〉 문서에는 1인당 530만원씩 수령한 것으로 나타났다. 공동목장 매각대금 수령자들의 거주지를 보면 〔표 4〕와 같다. 목장 땅 매각이 이루어지자 제주도내 뿐만 아니라 서울, 부산, 심지어 일본에 살던 사람들도 조합원 자격을 인정받아 매각대금 수령이 이루어졌다.

〔표 4〕 명월리 공동목장 매각대금 수령자 거주지 분포실태

제주도 내/238명							
한림읍	애월읍	제주시내	성산읍	한경면	구좌읍	서귀포시	명월리
한림리(12) 상대리(3) 한수리(2) 금능리(1) 대림리(3) 옹포리(2) 금악리(1) 동명리(1)	어도리(1) 곽지리(1) 귀일리(1) 동귀리(2) 납읍리(1)	연동(10) 용담동(12) 도두동(1) 외도동(1) 삼도동(8) 이도동(4) 아라동(2) 도남동(6) 일도동(2) 화북동(1) 이호동(1)	오조리(1)	고산리(1) 저지리(1)	평대리(1)	상효동(1) 서홍동(1) 호근동(1)	
25	6	48	1	2	1	3	152 (64%)
제주도 외/24명							
충청 (1)	경기 (1)	전북 (1)	인천 (1)	부산 (2)	서울 (8)	대구 (3)	일본 (7)

4. 맺음말

   2018년 4월부터 5월까지 진행된 마을공동목장조합장에 대한 인터뷰 결과를 통해 전체 54개 마을 공동목장조합 중 3개 조합(용강, 대림, 저지)이 해체되어 2018년 5월 현재 제주에 남아있는 마을공동목장조합은 51개에 불과함을 확인했다. 그러나 여기에 포함된 영농조합법인은 목장조합장이 없어 목장조합이라 보기 어렵기 때문에 청수영농조합법인, 와흘 한우영농조합법인, 조천 새마을 관광목장 영농조합법인을 제외한 공동목장조합 수는 48개에 불과하다. 그렇지만 마을공동목장조합의 범위를 목장조합이 목장조합 소유의 목장용지를 보유거나 마을회 소유의 목장용지를 이용해 목축하는 경우로 제한한다면, 사실상 남아있는 목장조합 수는 총 40개 정도라 할 수 있다. 1933년 116개로 출발한 목장조합이 2018년 현재 40개 정도로 감소해버린 것이다.

   목장조합은 현재 해체압박에 시달리며 해마다 몇 개씩 매각되어 사라지고 있다. 현재 목장조합은 비양축 농가인 마을이장(회장)이 맡아 운영하는 사례, 마을공동목장조합이라는 명칭이 영농조합법인, 협업목장조합으로 변경된 사례, 목장조합이 매각이라는 비환경적·비역사적·비문화적 결정 대신에 조합원 총회를 열어 '공동목장 유지를 통한 수익창출'을 결정한 사례가 있다. 표선면 가시리, 구좌읍 상도리 공동목장조합이 대표적이다.

   현재는 비록 공동목장용지가 여러 여건에 의해 수익사업에 이용되고 있지 않고 있더라고 목축전통을 계승한다는 차원에서 '보존과 계승'이라는 결단을 내린 마을들도 있다. 애월읍 유수암리 공동목장조합의 경우, 조합장은 "공동목장을 팔면 산간지역에 사는 보람이 하나도 없다"

고 답하면서 목장용지 매각의지가 없다고 했다. 어음1리 공동목장조합에서는 「목장조합 정관 제13조 2항」에 의거하여 "목장전체 처분은 어음1리가 존속하는 한 불가하다"고 명시하고 있어 목장용지 매각의지가 전혀 없음을 천명했다.

앞으로 중산간 마을에도 "이주민의 비율이 40%를 넘어 4~5년 내에 이주민 수가 원주민 수를 앞지를 것으로 예상되고, 나아가 이주민들이 공동목장의 권리를 주장하여" 원주민과 이주민 간 발생할 수 있는 분쟁을 사전에 차단하기 위해 조합 정관과 조합원 자격을 새롭게 개정한 사례들이 있다. 51개 공동목장 가운데 우마를 방목하고 있는 경우는 23개로 전체의 50% 미만에 불과하다. 이 가운데에서 조합원들이 공동목장을 활용해 직영으로 방목하는 경우는 겨우 10곳에 지나지 않아 전체 공동목장의 20% 미만에서 조합원에 의한 방목이 이루어지고 있음을 알 수 있다.

마을공동목장조합의 목장부지 활용 실태를 조사한 결과, 임대 59.1%, 직영 13.6%, 직영과 임대 병행 9.1%, 방치 18.2%로 나타났다. 또한 조사료재배, 액비처리, 우마 방목, 재생에너지(풍력, 태양광) 생산, 개인 사업, 작물재배 등의 목적으로 임대해 주고 있었다. 직접 운영하는 경우에는 공동목장을 우마 방목, 주민소득사업(식당 등), 마로·숲길 조성, 체험관광 등으로 활용하고 있었다. 방치하고 있는 경우에는 우마 방목을 하기에 적절하지 않은 목장환경이거나 개발 사업을 진행할 수 없는 상황임을 반영한다.

결론적으로 멀지 않은 장래에 목장조합들은 소멸될 위기에 처해 있다. 공동목장이 소멸되면 제주인의 생명수인 지하수 문제를 유발할 수 있고, 중산간 초지대가 줄어들 것이며, 토양침식을 가속화시키면서 초지생태계를 위협할 것이다. 또한 마을 공동체의식이 약화되면서 중산간 마을의 기능유지를 위협할 것이다. 제주의 목장조합들은 고정적으로 발생하는 임대료 수입을 마을체육대회, 노인잔치, 복지시설에 지원하는 등 매우 긍정적인 역할을 하고 있다. 따라서 공동목장이 매각되어 조합이 해체될 경우 마을기능유지에 필요한 자금원이 사라지기 때문에 촌락존속에 중대한 위험요소가 될 수 있다. 따라서 이러한 인식에 근거하여 마을공동목장은 절대로 함부로 팔 수 있는 대상이 아니라 미래세대에게 물려줘야 할 공유자산이라고 인식했음을 한다.

목장조합은 공동목장 매각보다는 장기임대를 통한 수익창출 방안을 적극 검토해야 한다. 공동목장이 마을주민들의 피와 땀으로 조성됐고 목장용지 확보를 위해 주민들이 십시일반으로 기금을 모으거나 자신의 토지를 목장조합에 기부하며 탄생했다는 역사성을 고려하여 공동목장 매각논의를 중단했으면 한다.

구좌읍 상도리와 애월읍 장전리, 표선면 가시리 공동목장조합이 보여주는 공동목장 장기임대방식을 통한 수익 창출 사례는 공동목장의 궁극적인 지향점을 보여주고 있다. 공동목장의 부활을 꿈꾸며 마을공동목장을 지키려는 주민들의 지혜와 노력이 필요하다.[203] 2005년 제주도 축산정책담당 사무관 송○용씨는 마을원로들과 조합원들에게 "공동목장의 무궁한 보존을 위하여 공동목장 보존을 유언으로 남겨주시길 호소했다".[204] 마을공동목장을 지키는 것은 제주의 중산간 지대와 중산간 마을들을 지키는 일이다.

---

203 강만익, "마을공동목장을 지켜야 하는 이유", 『제민일보』 2015.10.05.
204 "공동목장을 유언으로 지키자", 『한라일보』 2005.03.24.

06

제주 마을공동목장의 조합원 규정 변화
: 서광서리 마을공동목장조합 사례를 중심으로

박지혜

1. 들어가며

　1968년 하딘이 고안한 "공유지의 비극(Tragedy of Commons)"이라는 유명한 우화에 등장하였던 것처럼 목초지는 커먼즈의 대표적인 사례에 속한다. 개방된 목초지에서 각자의 이익을 극대화하고자 하는 목동들의 합리적인 행동은 공유지의 파멸을 가져올 수 있다. 이를 해결하는 방법으로 하딘은 '국가의 강제'나 '사유화'를 제시하였으나, 그 대안으로 공동체에 의한 '자치적 자원관리'가 가능함을 보여주는 연구들이 이루어져 왔다.[205]

205　정영신, 「엘리너 오스트롬의 공동자원론을 넘어서」, 『공동자원의 섬 제주 1: 땅,

제주의 마을공동목장은 우리나라에서 이와 같은 '자치적 자원관리'의 대표적인 사례로 일컬어진다. 마을공동목장이란 마을 공동체를 구성하는 주민들이 공동으로 마을의 목초지를 관리하고 해당 목초지에서 우마를 사육하는 등으로 마을 토지를 사용·수익하는 단체이다. 제주도에서는 일찍이 우마를 방목하여 사육하면서 농작물에 피해를 입히거나 한정된 초지의 이용으로 인한 분쟁이 발생할 수밖에 없었는데, 이를 해결하고자 마을 규약 또는 관습 등에 기초하여 공동으로 우마를 방목하여 사육하고 마을 인근의 임야와 초지를 조성하고 관리하기 위한 조직체가 자생적으로 형성되었다. 그것이 바로 마을공동목장의 시작이다.

마을공동목장은 1930년대 공동목장조합 결성이 일제 당국에 의해 장려되면서 공동목장조합으로 빠르게 제도화되었다. 오늘날에는 목축업의 쇠퇴, 중산간 지역에 대한 개발 압력 등 정치경제적 변화에 따라 여러 공동목장조합들이 조합의 운명과 관련한 어려운 선택에 직면해 있는 것으로 생각된다. 그러면서 중산간 지역에 위치한 공동목장조합의 해체에 따른 개발이익의 도외 유출과 편중 현상, 생태계 파괴, 공동체의 붕괴 등을 우려하는 목소리가 높아지고 있다.

이러한 배경하에서 이 연구는 근대적인 소유 제도의 등장 속에 공동목장조합이 어떻게 변모하여 왔는지, 공동목장조합을 둘러싼 법적 다툼을 소재로 살펴보고자 하였다. 제주의 공동목장조합과 관련한 판례를 판결서 방문 열람을 통해 살펴본 결과, 특히 조합원 지위의 인정 문제가 현안이 되고 있으며, 이러한 문제의 해결 기준으로 공동목장조합 정관이 활용되고 있는데, 이러한 정관 규정은 시대적인 변화를 반영하

물, 바람』, 진인진, 84-87쪽.

여 꾸준히 변화하여왔음을 확인할 수 있었다. 그에 따라 특히 정관의 변동 과정이 판례를 통해 잘 드러난 서광서리 공동목장조합의 사례를 통하여 제주의 공동목장조합 정관의 변화를 자세히 살펴보았다. 공동목장조합 제도의 도입과 전개 과정에서 공동목장조합 구성원의 자격에 관한 규정은 마을공동목장이라는 커먼즈의 경계를 정하고, 그로써 커먼즈의 성격을 규정하는데 핵심적인 역할을 하였던 것으로 생각된다. 결론적으로 이러한 변화가 해당 지역 공동체와 커먼즈 관리에 가지는 의미가 무엇인지에 대해서 생각해 보고자 하였다.

2. 제주의 공동목장조합 관련 판례 동향 분석

1) 마을공동목장의 변동과 법적 다툼

마을공동목장이 위치한 해발 200~600m 지역인 '중산간'은 제주만이 갖고 있는 숲인 '곶자왈'과 지하수 충전지대인 '뱅듸'가 드넓게 자리잡고 있어 제주도의 해안 저지대와 한라산을 연결하는 생태 축 역할을 하는 매우 중요한 곳이지만, 개발사업자들의 입장에서는 제주에 남은 몇 안 되는 기회의 땅으로 여겨지고 있다. 중산간은 그동안 골프장 등 개발사업에 의해 파괴되어 왔고, 최근에는 대규모 개발사업이 중국 자본의 주도로 추진되고 있다.[206] 그러한 과정에서 2004년 72곳(9,127ha)에 이르던 마을공동목장은 2017년에는 53곳(5,950ha)으로 목장 수 대비

---

206 "상가리마을공동목장에서 독일 '뢴'을 상상하다", 『제주의소리』 2015.06.28.

26.3%, 면적 대비 34.8%가 감소하는 등 변화를 맞이하고 있다.

 이러한 변화에 따라 공동목장조합을 둘러싼 법적 다툼은 공동목장 본래의 용도에 따른 이용이나 운영상의 문제보다는, 공동목장조합 목장용지의 자산가치가 증가됨에 따라 종래 방치되었던 재산관계의 정리, 해체 및 전용과정에서의 이해관계 등을 중심으로 이루어져 왔다. 제주지방법원 판사 오권철은 2009년 법원에 제기된 공동목장조합 관련 분쟁 사안을 청구 유형별로 정리하였는데, 첫째 자신이 조합원 또는 그 상속인이라 주장하며 조합을 상대로 지분반환 또는 조합원 지위 확인을 구하는 청구, 둘째, 기존 조합원이 조합을 상대로 제3자를 신규 조합원으로 받아들이는 내용의 조합 총회결의 무효확인을 구하는 청구 및 자신이 조합원임을 주장하는 사람이 조합을 상대로 자신을 조합원으로 받아들이지 아니하는 내용의 조합 총회결의 무효확인을 구하는 청구, 셋째, 조합이 제3자나 국가 또는 지방자치단체, 마을회 등을 상대로 한 명의 신탁의 해지 또는 증여, 시효취득 등 각종 원인에 기한 소유권이전등기 또는 말소등기를 구하는 청구 및 조합재산에 대한 권리자라 주장하는 사람이 조합에 대하여 소유권이전등기 또는 말소등기를 구하는 청구 등의 세 가지로 구분해 볼 수 있었다.[207] 공동목장과 관련한 이와 같은 청구들에서 가장 핵심이 되는 것은 조합원 지위의 인정 문제이다. 이하에서는 제주의 마을공동목장을 둘러싼 법적 다툼의 주요 쟁점과 해결 방식에 대해 간략히 살펴보기로 한다.

---

207 오권철, 「공동목장조합의 법률관계」, 제주지방법원, 2009, 6-7쪽.

2) 마을공동목장을 둘러싼 법적 다툼의 주요 쟁점[208]

(1) 원시조합원의 확정 문제

원시조합원의 확정은 조합원 지위 승계 등에 따라 현재 조합원의 구성에까지 영향을 미치는 문제이다. 공동목장의 전신인 우마계 등의 경우 그 재산이 종래 마을 공동으로 사용되던 무연고 토지나 소유자에 의하여 기부된 토지 또는 대부받은 국공유지로 구성되어 그에 관한 마을 주민들의 관심이 적었던 데다가 단체가 자연적으로 발생된 관계로 그 조직이 제대로 갖추어지지 아니하여 조합원 명부가 작성되지 않은 경우가 많았다. 행정당국의 지도에 의하여 새로운 공동목장조합의 형태로 조직적 정비가 이루어지면서 조합원 명부가 작성되었지만 이를 찾아낼 수 없는 경우도 많다. 또 조합원 명부가 존재하는 경우에도, 수 개의 조합원 명부가 여러 시기에 걸쳐 작성되어 과연 어느 명부가 진정한 것인지 불분명한 경우도 존재하여 문제된다.

이는 원시조합원으로부터 조합원 지위를 승계하였음을 주장하면서 조합원 지위 확인이나 지분반환을 구하는 사안의 경우 등에서 주로 문제가 되며 주로 사실관계의 확정 여부에 따라 결론이 나게 된다.

(2) 조합원 지위의 승계

통상 공동목장은 조합 성립 이후에도 제3자의 가입을 인정하고 있다.

---

208 본 장의 내용은 오권용, 2009, 9-18면에 소개된 판례 사안들과 저자가 대법원 판결서 방문 열람 및 판결서 원문 제공 신청을 통해 확보한 제주의 공동목장조합 관련 판례 사안들을 참조하여 작성하였다.

그런데 그 근거가 되는 공동목장조합의 정관 규정이 개정을 거듭하면서 복잡해지고 조합원 지위 승계에 관한 종래의 정관 규정이나 관행과 충돌이 생기면서, 그 해석을 둘러싸고 조합원들 사이에 이견이 생겨 현재 조합원의 특정에 관하여 문제가 생기는 경우가 더 많다.

만약 현재의 법제에 반영되어 있는 근대적인 소유구조의 틀에 비추어 판단해 본다면 공동목장조합의 조합원 지위는 승계될 수 없다. 우선, 공동목장조합이 법인격을 취득하여 사단법인으로서의 지위를 갖춘 경우, 사단법인에 관하여 사원 지위의 상속을 금지하고 있는 민법 제56조[209]의 규정에 따라 원칙적으로 조합원 지위의 상속은 허용되지 않는다. 이와 같은 규정은 공동목장조합이 비법인사단의 형태를 띠고 있는 경우에도 준용된다. 만약 공동목장조합이 법인격을 취득하지 못하여 민법상의 조합[210]으로 간주되는 경우, 조합원의 사망으로 그 조합원은 조합관계에서 당연히 탈퇴되고(민법 제717조 제1호) 상속인의 조합에 대한 지분반환청구권만이 남게 될 뿐(민법 제719조) 그 상속인이 당연히 사망한 조합원 지위를 승계하여 조합에 참여하게 되는 것은 아니다.[211]

하지만, 위와 같은 규정들은 임의규정이므로 정관으로 달리 정할 수 있다. 제주의 공동목장조합들에서는 조합원이 사망할 경우 오히려 그

---

[209] 민법 제56조(사원권의 양도, 상속금지) 사단법인의 사원의 지위는 양도 또는 상속할 수 없다.

[210] 민법 제703조(조합의 의의) ①조합은 2인 이상이 상호출자하여 공동사업을 경영할 것을 약정함으로써 그 효력이 생긴다. ②전항의 출자는 금전 기타 재산 또는 노무로 할 수 있다.

[211] 민법 제719조(탈퇴조합원의 지분의 계산) ①탈퇴한 조합원과 다른 조합원간의 계산은 탈퇴당시의 조합재산상태에 의하여 한다. ②탈퇴한 조합원의 지분은 그 출자의 종류여하에 불구하고 금전으로 반환할 수 있다. ③탈퇴당시에 완결되지 아니한 사항에 대하여는 완결후에 계산할 수 있다.

구성원이 증가하는 방향으로 조합이 존속하는 것이 일반적인 관행으로 나타나고 있으며 이는 해당 조합의 정관에도 반영되어 있다. 그에 따라 특히 공동목장조합이 보유한 재산의 처분과 관련하여 사망한 조합원과 친인척 관계가 있는 마을 주민들이 자신이 사망한 조합원의 지위를 승계하였다고 주장하면서 조합 측을 상대로 조합원 지위 확인의 소를 제기하는 사례들이 빈번하게 나타나고 있다. 이러한 경우 공동목장조합 정관에 따라 조합원 지위 승계가 인정되는지, 인정된다면 누구를 그 승계인으로 할 것인지가 문제된다.

(3) 이주 또는 퇴거와 조합원 지위

공동목장조합을 이루는 공동체 밖에서 새로 이주하여 오거나 공동체 밖으로 이주하는 사람이 있는 경우 그의 조합원 지위 득실은 정관에 정하게 된다. 이는 조합원지위의 성격과도 관련이 깊다. 조합원의 지위를 공동목장조합의 '이용'에 초점을 두는 경우 공동목장조합을 둘러싼 물리적 경계 내로의 이주와 경계 밖으로의 퇴거는 조합원의 지위 변동에 있어 중요한 판단 근거가 된다. 그러나, 공동목장조합의 재산에 대한 '권리'라는 측면에서 살펴보자면, 이주나 퇴거에도 불구하고 조합원의 지위는 유지되어야 한다. 1939년에 편찬된 제주도세요람에 따르면 마을 공동목장의 토지는 마을주민으로부터 임대하거나(27.7%), 기부를 받거나(24.4%), 대금을 지급하고 매입(50.9%)하는 방식으로 확보하였다.[212] 따라서, 공동목장조합 창립 시 자신의 재산을 출연한 원조합원들

---

212 윤순진, 「제주도 마을 공동목장의 해체과정과 사회, 생태적 함의」, 『농촌사회』 16(2), 2006, 55쪽.

의 경우 이주나 퇴거에도 불구하고 어떠한 형태로든 조합원으로서의 권리를 보장받아야 한다는 인식이 존재하고 있고, 이러한 인식은 관련된 정관 규정에도 반영되어 온 것으로 생각된다.

3) 법적 다툼의 해결 기준 - 마을공동목장 조합 정관

앞서 살펴본 바와 같이 마을공동목장은 마을 주민들이 인근의 임야나 토지에 각 가정에서 기르던 우마 등 가축을 방목하면서 임야와 초지를 효율적으로 이용, 관리하기 위하여 생겨난 것으로 목장계 등 간단한 마을 규약 또는 관습에 의하여 규율되는 인적 조직체로 자연스럽게 형성되었다. 그러나, 1930년대 공동목장조합 결성이 일제 당국에 의해 장려되면서 마을공동목장은 공동목장조합으로 빠르게 제도화되었고, 목장 구성원간의 관계는 조합 정관으로 규율하게 되었다.

앞서 살펴보았듯이 우리 민법은 인적 단체로서 사단법인과 조합을 예상하여 그에 관한 규정들을 두고 있다. 제주의 공동목장조합은 이 중에서도 '조합'이라는 명칭을 갖고 있으나, 이와는 사뭇 다른 실질을 가지고 있어, 공동목장조합과 관련한 일련의 분쟁에서 법원은 대부분의 공동목장조합은 사단성을 지니는 비법인사단[213]에 해당함을 전제로 구성원 지위의 취득과 상실, 양도 또는 상속의 당부와 관련한 일련의 분쟁

213　서광서리 공동목장조합에 대한 판시내용은 다음과 같다: 피고조합은 1935년경 서귀포시 ○○○에 거주하는 주민들 중 주로 우마를 사육하는 주민들을 조합원으로 하여 구성된 ○○공동목장조합에서 1936년경 분할된 공동목장조합으로서 조합총회와 이사회 등의 의결기구와 조합장, 이사, 감사 등의 임원을 두고 있으며, 구성원인 조합원의 자격과 권리, 의무 및 조합원총회 등 각종 기구에 대한 사항을 정하고 있는 정관을 갖추고 있는 비법인사단이다(제주지방법원 2008. 10. 2. 선고 2007가합1964 판결 등).

사안에서 민법에 우선하여 해당 목장에서 정한 자치규약인 '조합 정관'에 따라 결론을 도출해 왔다.[214]

이렇게 공동목장조합의 정관은 조합운영의 기준을 담은 자치규약이자, 분쟁해결의 기준이 된다. 조합원 총회를 통해 제·개정되어 조합운영과 관련한 구성원의 인식을 담고 있는 소중한 자료이기도 하다. 이러한 공동목장조합 정관은 조합원이 아닌 자에게는 공개되지 않기 때문에 연구의 대상으로 삼을 수 없는 현실적인 제약이 있었다. 그러나, 최근 공동목장조합을 둘러싼 법적 다툼이 증가하면서 해당 조합의 정관이 판결문의 설시 내용에 포함되어 공개되는 경우가 많아졌다. 이하에서는 일련의 법적 다툼 과정에서 관련 판례를 통해 공동목장조합 정관의 변동이 비교적 상세히 공개된 서광서리 공동목장조합의 사례를 토대로 공동목장조합 정관의 변천에 대해 상세히 살펴보기로 한다.

3. 서광서리 공동목장조합 사례 연구

1) 서광서리 공동목장조합 소개

서광서리 공동목장조합은 서귀포시 안덕면 서광리에 위치한 마을공동목장조합이다. 그 기원은 서광리 공동목장조합에서 찾아볼 수 있다. 서광리에서는 1935년 6월 7일경 초지개발, 축우마 개량 등 공동목장의 효율적 조성과 관리, 이용 등을 목적으로 서광리 공동목장조합이 설립

---

214 제주지방법원 2008. 9. 4. 선고 2008가합531 판결 등.

되었다. 이후 1943년경 서광리가 서광서리와 동광서리로 분리됨에 따라 조합도 서광서리 공동목장조합과 서광동리 공동목장조합으로 분리되기에 이르렀다.[215]

2000년대 초 서광리 일대가 중문관광단지 개발 후 도내 최대 프로젝트라는 '제주신화역사공원' 조성사업 대상 지역으로 선정되면서 현재는 공동목장조합의 대부분이 사라진 상황이다.[216] 2014년 말 제주도의 마을공동목장 통계에 따르면, 서광서리 공동목장조합은 270ha의 공동목장에서 15가구가 120두의 가축을 방목하고 있었으나, 2015년 람정제주개발에 추가로 23만여㎡을 약 293억원에 매각하였다는 언론 보도가 나오는 등 현재 토지소유면적과 축우수는 더욱더 감소하였을 것으로 생각된다.

[표1] 서광리 마을공동목장 현황 (2014년 말 기준)

목장명 (조합장)	소재지	조합원 (개리)	축우수 (호수)	토지소유현황(ha)			
				계	국유	공유	사유
서광서 (이정근)	서광리 산35 외 8필지	320 (1)	120 (15)	270			270
서광동리 (허태준)	서광리 산25-2 외 3필지	103 (1)	70 (2)	60			60

출처: 제주특별자치도 마을공동목장 현황 통계

---

215 광주고등법원 2009. 5. 20. 선고 2007나1380 판결.
216 "[현장] 베일 벗은 제주신화역사공원 동북아 관광지도 바꿀까", 『주간조선』 2016.08.29.

2) 서광서리 공동목장조합 정관의 변천 과정

(1) 공동목장조합 모델 규약과 서광리 공동목장 조합 정관

1933년 「한라산 목야 정리계획」에 따라 제주에서는 리 단위별로 목장조합 설립이 권고되었다.[217] 당시 일제 당국은 산업화 초기의 빈약한 민간자본과 노동력을 국가 주도하에 결합함으로써 정책목표를 용이하게 달성하기 위한 수단으로서 수리조합, 농지개량조합, 염업조합 등 각종의 조합 결성을 추진하고 있었다. 제주에서는 우마의 안정적 확보를 위해서 중산간 지역을 중심으로 도내 거의 모든 마을에 걸쳐 공동목장조합이 결성되기에 이르렀다.[218]

일제 당국은 공동목장조합 제도의 도입과 관련하여 공동목장조합규약 준칙을 정하고 각 조합으로 하여금 이를 모델로 규약을 제·개정케 하였다. 주된 내용은 다음과 같다.[219]

> 제2조 본 조합의 구역은 ○○○(행정구역 명칭)이고, 지구 내의 거주자는 가입신청에 의하여 조합원이 된다.
>
> 제6조 조합원 중 목장지 내의 토지 소유자는 목장 사용을 위하여 그 토지를 조합에 제공할 의무를 진다.
>
> 제7조 본 조합은 목장토지대장을 비치하고 제공자의 주소, 성명, 지번, 지목과 지적을 등록한다. 본 조합을 해산할 때에는 제6조에 의하여 무

---

217 김동전, 강만익, 「제주도 목축문화의 실태와 보전·활용방안」, 『제주학 연구』 9, 제주발전연구원, 2014, 24쪽.
218 오권철, 「공동목장조합의 법률관계」, 제주지방법원, 2009, 3-4쪽.
219 앞의 글, 4쪽.

상제공받은 토지는 원소유자에게 반환한다.

제9조 본 조합 설립 당시 조합 구역 내 거주자는 본 조합에 가입하도록 하며, 이후 본 조합에 가입하려는 자는 의원회에 부의하여 2원 이상의 가입금과 설립년도 이후 가입한 해까지의 조합비를 추징한 후 가입시킬 수 있는 것으로 한다.

제26조 1회계년도 경과 후 손익 정산 결과 잉여금이 있을 경우 그 중 4분의 1을 목장 내 토지 제공자에게 그 면적대로 안분하여 지급한다.

이를 종합하여 보면, 결국 '조합 설립 당시 마을 거주자는 가입신청을 하면 무상으로 조합원이 될 수 있는데, 조합원 중 목장 내 토지소유자는 목장 사용을 위하여 그 토지를 조합에 무상으로 제공할 의무를 지되 조합 해산시 이를 반환받는다. 조합 설립 이후 조합에 가입하려면 소정의 가입비와 조합비를 부담하여야 한다'는 것이다. 또한, 토지 소유자에 대해서는 매년 잉여금의 차별적 지급을 약정함으로써 조합에 토지를 제공한 원시조합원과 목장을 이용하기 위해 그 후에 가입한 조합원 간의 구분 취급을 인정하고 있다. 이러한 규정은 1935년경 설립된 서광리 공동목장조합 정관에도 그대로 반영된 것으로 보인다.[220]

---

[220] 광주고등법원 2009. 5. 20. 선고 2007나1380 판결에 따르면 당시 서광리 공동목장조합 정관중에서 조합원 관련 규정의 내용은 다음과 같다..: "서광리 거주자는 가입신청으로 조합원이 될 수 있는데, 조합원 중 목장 내 토지소유자는 목장 사용을 위하여 그 토지를 조합에 무상으로 제공할 의무를 지되 조합해산시 반환받고, 조합설립 당시 서광리 거주자는 무상으로 조합에 가입할 수 있으나, 조합설립 이후 조합에 가입하려면 소정의 가입비와 조합비를 부담하여야 한다. 1회계년도 경과 후 손익 정산 결과 잉여금이 있을 경우 그 중 4분의 1을 목장 내 토지 제공자에게 그 면적대로 안분하여 지급한다."

(2) 서광서리 공동목장조합 제정 정관(1974. 5. 26.) - 총유 관계의 구축

서광서리 공동목장조합은 1943년경 서광리 공동목장조합으로부터 분리되었으나, 자체 규약을 따로 제정하지 않고 기존의 정관을 그대로 사용하였고, 1974. 5. 26.에 이르러서야 서광서리 공동목장조합 정관을 따로 제정하였다.

해당 정관 중, 조합원 관련 규정의 내용은 다음과 같다.[221]

> 제3조 본 회는 (본 회 소유 임야)를 개발하여 축산을 진흥함으로써 향토 개발과 본 회원의 생활 문화 향상에 이바지함을 목적으로 한다.
>
> 제4조 본회원은 본리에 거주하는 일반세대로써 구성한다(외리민의 본리 가입비는 일천원으로 한다).
>
> 제6조 본회원이 (본리 밖으로) 출타시는 탈회하는 것으로 규정한다.
>
> 제14조 조합재산 중 일부 개인명의로 소유권이전등기가 되어 있으나, 이는 조합을 대표하여 한 것에 불과할 뿐, 조합 재산에 관한 일체의 개인 권리를 인정하지 않는다.
>
> 제15조 조합 재산의 처리와 조합 해산에 관한 결의는 재적 조합원 3분의 2 이상의 찬성으로 한다.

이에 따르면, 조합원은 서광서리 거주 세대로 구성하되 전출시는 조합에서 탈퇴한다고 규정하면서, 조합 재산인 부동산은 조합 소유로 개개 조합원에게는 관리처분권이 없고 조합재산의 처리는 조합원 총회의

---

221 광주고등법원 2009. 5. 20. 선고 2007나1380 판결.

결의에 의하여야 함을 규정하고 있으며, 상속에 따른 조합원 지위 승계에 관한 규정을 두고 있지 않다. 이는 전형적으로 비법인사단의 재산에 관한 법률관계 즉, 총유에 가까운 형태로 볼 수 있다.[222]

(3) 1980년대 조합 정관 개정 경과 - 총유 관계의 확대

기존의 정관은 조합원은 본리에 거주하는 일반세대로 구성한다고 하였으면서도 외리민 역시 일정 가입비를 납부하면 조합원으로 가입할 수 있도록 하여, 비거주자의 조합참여를 특별히 배제하지 않았다. 그러나 1980년대에 이르러 외리민의 조합 참여와 관련한 일련의 규정이 정비되었다.

1983. 2. 23. 정기총회에서는 다른 리에서 전입한 후 조합 가입을 원할 경우 총회 결의에 의하고(정관 제5조), 조합원이 출타했다가 귀향하여 세대주가 되었을 경우 조합원이 될 수 있다(정관 제9조)는 내용을 추가하는 것으로 정관을 수정하는 결의를 하였다. 이후 1987. 3. 7. 정기총회에서는 10년 이상 거주한 자에게 조합원 자격을 주기로 하는 결의가 추가로 이루어지기도 하였다.

기본적으로 이러한 정관 개정 내용은 총유 관계에 기초한 기존의 관리규약을 유지하고 있다. 그렇지만, 외부에서 전입하여 새롭게 마을 구

---

222 우리 민법상 총유 관련 규정은 다음과 같다.제275조(물건의 총유) ①법인이 아닌 사단의 사원이 집합체로서 물건을 소유할 때에는 총유로 한다. ②총유에 관하여는 사단의 정관 기타 계약에 의하는 외에 다음 2조의 규정에 의한다. 제276조(총유물의 관리, 처분과 사용, 수익) ①총유물의 관리 및 처분은 사원총회의 결의에 의한다. ②각 사원은 정관 기타의 규약에 좇아 총유물을 사용, 수익할 수 있다. 제277조(총유물에 관한 권리의무의 득상) 총유물에 관한 사원의 권리의무는 사원의 지위를 취득상실함으로써 취득상실된다.

성원이 되고자 하는 자의 가입 절차를 정비하고 일정한 요건을 강화하는 내용이 추가되었는데, 이는 기존 조합원을 중심으로 하는 의사 결정 체계를 공고히 하는 과정으로 생각된다.

(4) 1990. 3. 2. 개정 정관 – 소유지분권 개념의 등장

1990년에 이르러 조합원 자격을 조합원과 준조합원으로 구분하는 내용의 조항이 도입되면서 서광서리 공동목장 규약은 한차례 크게 변모하였다. 해당 정관중 조합원 자격에 관한 규정 내용은 다음과 같다.[223]

> 제4조 (조합원) 조합원은 1935. 6. 7. 조합 설립 후 1945. 8. 15. 현재 본리에 거주하였거나 그 후손으로써 본 조합에 적극 참여하는 세대주로 구성한다(단, 1945. 8. 15. 이후 타지에서 전입하여 가입된 조합원은 모든 조합재산에 대한 소유지분권은 일체 없고, 목장이용권리만 가지는 준조합원으로 인정한다).
>
> ① (가입) 신규 준조합원으로 가입을 희망하는 자는 총회에서 정하는 가입금을 불입한 후 신청하면 이사회의 의결을 거쳐 총회의 승인을 받아야 한다.
>
> ② (사망) 조합원이 사망하였을 시는 그 배우자 및 직계비속 상속인 중 1인에 한하여 이사회 및 총회의 승인을 얻어 조합원으로 승계되어 자격을 얻는다.
>
> ③ (탈퇴) 조합원중 주민등록상 본리를 퇴거할시는 자동탈퇴되며, 탈퇴자는 본 조합에 납부한 일체의 금액이나 기증품을 일절 요구 및 받을

---

[223] 광주고등법원 2009. 5. 20. 선고 2007나1380 판결.

수 없으며, 재전입시에는 이사회 및 총회의 승인을 얻어 자격을 복귀한다.

이에 따르면, 해방이전 조합설립시부터 본리에 거주해온 주민이나 그 후손으로써 조합에 적극 참여하는 세대주에게는 조합원의 지위와 함께 (제4조 단서 조항의 반대해석상) 조합재산에 대한 '소유지분권'을 인정하였던 것으로 생각된다. 조합원의 신규 가입은 인정되지 않으며, 조합원의 사망시에만 1인의 상속인이 조합원의 지위를 승계할 뿐이다. 이는 과거 조합설립을 주도하였던 원시 조합원에게 차별적인 권리를 인정한 것으로 마을목장의 의미가 이용의 대상에서 소유의 대상으로 변화하기 시작하였음을 보여준다.

해방 이후 타지에서 전입하여 가입된 조합원은 준조합원으로서 조합재산에 대한 소유지분권은 없고 목장 이용권만 보유할 수 있다. 준조합원은 신규가입이 허용되는데, 새롭게 준조합원 가입을 희망하는 자는 총회에서 정하는 가입금을 불입한 후 소정의 절차를 거쳐 총회 승인을 받아야 하게 되었다.[224] 다만, 이전 규약과 마찬가지로 조합원중 주민등록상 서광서리를 퇴거할 경우 탈퇴되도록 하며, 조합에 납부한 금품을 일체 반환받을 수 없다고 규정하여 조합 재산에 대하여 기존의 총유적 소유 형태를 그대로 유지하였다.

(5) 2003. 7. 20. 개정 정관 – 조합 경계의 재편성

2003년 개정 정관은 조합원 자격에 관한 규정을 '서광서리에서 출생

---

224 광주고등법원 2009. 5. 20. 선고 2007나1380 판결.

하여 거주하는 세대주'를 중심으로 재편하고자 하였다(정관 제5조), 기존 정관상 조합원과 준조합원을 대상으로 한시적으로 조합원 자격 취득의 기회를 부여할 수 있도록 하는 근거 조항을 함께 규정하였다(정관 제6조).

제5조(조합원의 자격) 서광서리에서 출생하여 거주하는 세대주에 한하여 조합원이 될 수 있고 외지에서 출생한 자는 조합원이 될 수 없다. 단, 거주당시 조합원으로 가입한 자는 거주지를 타지역으로 옮겼다 하더라도 조합원 자격이 계속 주어지고 조합원으로서 모든 의무와 권리를 가지며 사망시 직계 상속자 중 1인에게 조합원 승계를 할 수 있다.

제6조(조합원 구성) 조합의 정관상 조합원들은 자기 권리를 준조합원과 비조합원에게 양보하여 다음과 같이 조합원 정비를 하고 조합원 구성을 한다.

① (구 정관상 조합원) 조합설립년도인 1935.6.7.부터 정관상 조합원 자격인 1945.8.15. 당시까지 서광서리에서 거주하던 세대주로서 조합에 가입한자. (단) 위 조합원이 사망한 경우, 배우자 또는 직계 후손 중 1인이 금번 조합에서 조합원을 정리하는 기한내로 조합원 승계신청을 한 자에 한하여 조합원 승계를 받아들인다.

② (구 정관상 준조합원) 2003. 6. 15. 현재 조합정관상 준조합원으로 가입되어 있는자 중 조합원으로 가입을 원하는 자는 조합원으로 받아들인다. (단) 준조합원이 사망한 경우 그 사망한 자의 배우자 또는 자녀 중 1인이 조합원으로 가입을 원하면 이번에 한하여 조합원으로 가입할 수 있다.

③ (구. 정관상 비조합원) 2003. 6. 15. 이전에 서광서리에서 출생하여 거주하는 현재 세대주와 서광서리에서 출생한자와 연고가 있어 서광서리로 이주하여 거주하는 세대주 중 목장조합 조합원으로 가입을 원하

는 자는 이번에 한하여 조합원으로 가입할 수 있다.

④ (양자승계) 조합원 사망시 조합원 승계받을 자가 양자인 경우 조합 총회에서 호적상 양자 입적이 아니되어 있어도 사실상 양자임을 인정 받을 경우 이번에 한하여 조합원 승계를 받을 수 있다.

⑤ 제1항 내지 제3항에 의하여 조합원으로 가입할 자격이 있는 자의 아들(조합 전례에 따라 딸은 제외)이 2003. 6. 15. 이전에 서광서리에서 출생하였으나 세대주가 못되어 조합원으로 가입을 못한자는 이후 세대주가 되면 조합원으로 가입할 수 있다.

⑥ 제1항 내지 제3항에 의하여 조합원으로 가입할 자격이 있는 자의 아들(조합 전례에 따라 딸은 제외)이 2003. 6 15. 이전에 서광서리에서 출생하였으나 사정상 타 지역으로 이주하여 거주하다가 서광서리(고향)로 복귀하여 세대주가 된 날부터 5년을 거주하면 조합원으로 가입할 수 있다. *5년까지는 준조합원으로 가입하여 시설물 이용가능(제9조).

제8조(조합원 신규가입) 2003. 6. 15. 이후 서광서리에서 출생한 아들인 세대주가 조합원으로 가입하려면 조합원 1인 지분의 목장 또는 시설물, 현금 등의 가치에 해당하는 금원(조합총회에서 평가하는 금원)을 조합에 출자하고 조합원으로 가입한다.

이는 조합 설립에 기여했던 과거의 서광서리 구성원에서 서광서리에서 나고 자란 현재 구성원을 중심으로 조합을 재편하는 과정에서 기존 구성원에게 조합원이 될 수 있는 기회를 주고(제6조 제1항, 제2항), 현재 구성원 중 이제까지 조합에 참여해오지 않았던 구성원들에게 구성원이 될 수 있는 기회를 부여하는 것(제6조 제3항)을 주요 내용으로 한다. 이에 대해 법원은 "1990년 정관에 따른 조합원들의 양보 하에 조합원의 범위를 1990년 정관에 따른 준조합원 및 일정 범위 내의 비조합원에까지 확대"하는 것으로 판단해왔다.

해당 정관에 따라 서광서리에서는 2003년 조합원 13인과 이장 등 단체장 5인으로 구성된 조합원심의위원회가 구성되었고, 위원회는 2003. 8. 3.부터 12. 10.까지 조합원 자격 심의를 거쳐 원시조합원 및 그로부터 조합원 지위를 승계받을 자(정관 제6조 제1항) 103명, 구 정관상 준조합원 및 그로부터 준조합원 지위를 승계받아 새로 조합원이 될 자 (정관 제6조 제2항) 118명, 구 정관상 비조합원이나 서광서리에 거주하는 세대주로 새로 조합원이 될 자 (정관 제6조 제3항) 26명 등 247명에 대하여 조합원 자격을 부여하였다.[225] 이러한 확대 조치 결과 1960년대 120여 명에 불과하였던 조합원 수는 2017년 기준으로 326명까지 확대되었다.

3) 분석 및 시사점

(1) 마을목장의 역할과 의미 변화

이상에서 살펴본 바와 같은 정관 규정의 변화는 크게 총유 관계의 구축 및 확대(1974년~), 원시 조합원을 중심으로 한 지분 소유권 개념의 도입(1990년~), 현재 마을에서 출생하여 거주하는 세대주를 중심으로 한 조합 경계의 재편(2003년~) 등으로 요약해 볼 수 있을 것이다. 이러한 구성원의 변화를 제주의 마을공동목장을 둘러싼 정치경제적 맥락의 변동과 결부시켜본다면 구성원들이 마을목장에 부여한 역할과 의미가

---

[225] 광주고등법원 2010. 1. 20. 선고 2009나15 판결.

어떻게 변모해 왔는지를 파악할 수 있다.[226]

ㄱ. 총유 관계의 구축 및 확대(1970~1980년대)

해방후 공동목장조합은 당국의 지원이 끊긴데다가 1948년 제주4·3 사건을 전후하여 중산간 지대의 마을이 폐허화되면서 쇠퇴기를 겪었다. 그러나, 1960년대에 이르러서는 정부가 농촌근대화와 소득증대를 위해 초지 조성 및 우마 증식을 대대적으로 지원하면서 축산업이 활기를 띠었다.

해당 시기 서광서리 마을공동목장조합은 마을에 거주하는 일반세대는 모두 조합원이 될 수 있도록 하고, 외리민도 소정의 가입비만 납부하면 조합원이 될 수 있도록 하여, 비교적 자유롭게 조합에 가입할 수 있도록 하였다. 마을의 현 거주민을 중심으로 목장 이용을 위해 가입과 탈회 절차는 갖추면서도 조합재산에 관한 조합원들의 개별적인 소유관계를 인정하지 않는 등 '이용' 관계를 중심으로 조합원 관계를 확대해 나가고자 한 것으로 보인다.

1970년대 중반 이후 제주도에서는 농업과 축산업을 겸하는 기존의 복합영농 형태로부터 과수 농업, 특용작물 농업, 축산업으로의 분화·전문화 현상이 가속화되고 있었다. 제주의 마을공동목장은 1980년 기준으로 90개소로 1960년대 226개소(약 8,168.2ha)와 비교할 때 목장 수

---

226 서광서리 공동목장조합에 대한 방문인터뷰 등을 통하여 보다 구체적으로 그 변동의 원인을 찾고, 성격을 규명하는 연구를 진행하고자 하였으나, 조합의 사정으로 진행하지 못하였다. 이하에서는 제주 지역 전반의 정치경제적 변동 과정을 배경으로 서광서리 공동목장조합 정관 규정의 변화를 이해하고자 노력해 본 결과이다. 향후 현지 조사를 통해 보완될 수 있는 기회가 있기를 희망한다.

는 반 이상이 줄어들었지만 면적은 1,000ha 이상이 증가하여 9,437ha을 기록하기도 하였다.[227] 이 시기 서광서리 공동목장 조합은 '이용' 관계를 중심으로 한 조합원 관계의 틀은 유지하면서 조합원 총회를 중심으로 총유관계를 공고히 하였다.

ㄴ. 원시 조합원을 중심으로 한 지분 소유권 개념의 도입(1990년대)

1990년대 들어서는 소득증대와 함께 관광산업의 발전, 축산업의 기업화, 마을단위 축산업의 쇠퇴 등이 거스를 수 없는 시대적 흐름이 되었다. 당시 서광서리 공동목장조합은 과거 조합설립 시점의 원시조합원을 중심으로 조합원의 자격을 재편하였다. 이렇게 원조합원에 대해 우대하는 내용의 규약은 다른 공동목장조합의 정관에서도 흔히 발견된다.[228]

서광서리 공동목장조합의 경우 1935년 조합설립 후부터 해방 전까지 서광서리에 거주하였거나 그 후손으로써 조합에 적극 참여하는 세대주만이 조합원이 될 수 있도록 하고, 그 외에 목장 이용을 희망하는 자는 준조합원이 되어 소유지분권은 제외한 목장이용권리만을 가진다고 함으로써 과거 조합 설립시점에 토지 제공 등으로 조합 설립에 기여하였을 가능성이 높은 원시 조합원에 대한 차별적 권리를 인정하기 시작하

---

[227] 부혜진, 강창화, 정광중, 「제주도 중산간 곶자왈 지대의 마을공동목장 운영과 방목활동을 통한 생활상 연구」, 『한국지역지리학회지』 22(2), 2016, 356-357쪽.

[228] 예를 들어 동광리 공동목장조합 1964.2. 규약 中 조합원 자격 관련 규정은 아래와 같이 규율하고 있다: 조합원은 조합의 구역 내에 주소 또는 거소를 가진 자로서 기조합원과 신조합원으로 구분하되, 기조합원은 1931년부터 1953년까지 가입한 조합원을, 신조합원은 1954년 이후에 가입한 자를 말하며, 기조합원은 타리에 출타하더라도 자격을 상실하지 않고 기본권리를 부여하고(제9조), 조합원이 사망한 경우에는 호주상속인이 지분권리를 승계할 수 있으며(제13조), 조합을 탈퇴한 조합원에 대하여 지분을 환불하되, 출자액을 초과하지 못한다(제31조).

였다. 이러한 변화는 조합원들이 마을목장의 목초지로서 기능보다는 공동소유토지로서의 재산적 가치에 대해 주목하기 시작하였음을 보여주는 것으로 생각된다.

ㄷ. 현 거주민을 중심으로 한 조합원 관계의 재편(2000년대)

2001년 11월경 제주국제자유도시 기본계획이 수립되면서 서광리 일대는 121만평(약 4백만㎡) 규모의 복합테마파크 조성사업 대상지로 거론되기 시작하였다. 2003년 서광서리 공동목장조합은 서광서리에서 출생하여 현재 거주하고 있는 세대주를 중심으로 재편되었다. 이들 조합원은 거주지를 타 지역으로 옮겼다 하더라도 조합원 자격을 계속 유지할 수 있도록 하는 규정이 처음으로 등장하였다. 또한 조합원으로서의 권리와 의무는 사망시 직계 상속자 중 1인에게 승계될 수 있도록 하였다. 이는 공동목장의 이용을 전제로 하는 조합원 관계의 틀을 완전히 벗어난 것으로, 마을목장에 대해 한번 획득하면 영구히 보유하면서 행사할 수 있는 권리를 인정함으로써 마을목장은 이제 완전히 소유의 대상으로 변모한 것처럼 보인다.

이러한 조합원 지위에 대한 인식 변화는 조합원 자격의 보유 여부와 관련한 많은 법적 분쟁을 촉발하였다. 전형적인 분쟁사례는 조합원 지위 확인소송의 형태로 나타나는데, 〔표 2〕에 제시된 대표적인 사례들에서 확인할 수 있듯이 마을주민들은 공동목장조합의 조합원 지위는 당연히 상속되는 것이고, 조합원 지위의 승계와 관련한 절차요건이 다소 미비하더라도 승계가 이루어져야 한다는 등의 주장을 전개 하였다.

〔표 2〕 조합원 지위 확인 소송 관련 주요 쟁점 및 판단 결과

사건 번호	원고의 주장	법원의 판단
2007 가합 1964	피고조합 조합원의 지위가 당연히 상속됨. 원조합원인 할아버지의 사망이후 상속인들 사이에 원고A가 조합원 지위를 승계하기로 하는 합의가 있었음 ⇒ 조합원지위 확인 청구	피고 조합의 조합원 지위는 당연히 상속되는 것이 아니라 정관에서 정한 바에 따라 조합이 정한 승계신청 기간 내에 조합원 승계신청을 하고, 조합원 총회의 심의 및 의결을 거쳐야 한다.
2008 가합 531	원고B는 기조합원의 아들로 승계신청 자역을 갖추었으나, 조합에서 정한 접수 기간이 도과한 후 신청서를 제출하였음. 해당지역에서 출생하여 거주하다가 1회 다른 지역으로 이주하였으나, 현재 고향에 복귀한 세대주이므로 조합원지위를 가짐. ⇒ 조합원 지위 확인 청구	상속인들이 모두 지위 승계에 동의하여 승계를 위한 실질적 요건을 갖추었더라도 절차적 요건을 갖추어야 한다. 해당 지역에서 출생하였더라도 원조합원이 아닌이상, 당연히 조합원의 지위를 가지는 것이 아니며, 정관이 정한 절차를 거쳐 조합의 승인을 얻어야 한다.

또한 2003년 정관 개정을 통한 일시적인 신규 조합원 확대 조치에 반대 입장에 서 있던 원시 조합원들과 그 상속인들은 이러한 조치가 본인들이 가진 지분적 재산권을 침해한다는 점을 들어 정관무효확인소송을 제기하기도 하였다. 원고들은 ⅰ) 공동목장조합은 토지의 출연을 통하여 조합원 자격을 취득하고 공동으로 목장을 경영함으로써 조합원의 경제적 이익을 도모할 것을 목적으로 하는 영리목적의 비법인사단이지만, 조합원 지위 자체가 재산권으로 조합원들은 피고 조합에 대하여 지분적 재산권을 가지는데, 피고 조합에 신규 조합원이 가입하게 되면 그로 인하여 조합원들의 위 재산권이 희석되어 침해된다는 점, ⅱ) 조합원 전원의 동의를 구하는 등의 조치없이 기존의 조합원들이 가진 지분적 재산권에 상응하는 출자를 하지 않은 경우에도 신규 조합원을 가입할 수 있

도록 하거나 그러한 내용으로 정관을 변경하는 결의는 기존 조합원의 재산권을 침해하는 것으로서 무효라고 주장하였다.[229] 해당 소송은 제1심에서 각하, 제2심에서 항소 기각되어 조합원의 지위가 지분적 재산권에 해당한다는 주장에 대해서는 적극적으로 판단된 바가 없다.

그러나, 이후 서광서리 공동목장의 다른 구성원들이 제기한 조합원 지위 확인 소송에서는 이와 같은 주장에 대해 법원의 적극적인 판단이 이루어졌다. 조합원의 지위가 과거 공동목장 설립 당시에 조합 명의로 취득한 목장 부지에 대한 재산적 가치를 향유할 수 있는 위치를 의미하게 되었음을 들어 공동목장조합의 조합원의 지위는 헌법에서 보장하고 있는 재산권에 해당한다는 일부 원고의 주장에 대해 법원은 "근래 들어 공동목장조합인 피고조합의 조합원의 지위가 피고 조합 소유 재산의 가치를 향유할 수 있는 위치를 의미하게 되었다고 하더라도 이는 비법인사단인 피고 조합의 조합원이 누리게 되는 부수적 이익에 불과하다고 할 것이어서 피고 조합의 조합원의 지위가 바로 대한민국 헌법 제23조 제1항에서 법률에 의하여 그 내용과 한계를 정하도록 규정하고 있는 '재산권'에 해당한다거나, 당연히 상속의 대상이 되는 권리라고 보기 어렵다고 할 것"이라고 판단한 바 있다.[230] 이는 조합원 지위에 관한 조합 내부의 인식과 법원이 확인하고 있는 사회 일반의 인식간에 차이를 분명하게 보여주는 사례라 할 것이다.

---

229 광주고등법원 2009. 5. 20. 선고 2007나1380 판결.
230 제주지방법원 2008. 5.22. 선고 2007가합1964 판결.

(2) 자치적 자원관리 기제로서 공동목장조합의 운명

서광서리 공동목장조합은 2004년 11월 10일경 제주국제자유도시개발센터(IDC)[231]와 협의 끝에 80만평 달하는 목장부지를 제주신화역사공원이라는 테마파크 건설에 제공하는 내용의 토지매매 계약 체결에 동의하였다. 이후 2005년 제주도로부터 사업시행예정자로 지정받은 JDC는 서광서리 공동목장조합과 같은 해 5월 7일경 토지매매계약을 체결하였다.[232] 위 사업은 투자자본 유치에 어려움을 겪어 수년간 지체되었으나 2013년 결국 해외 투자 유치에 성공하여 2013년 10월경 사업추진을 위한 특수목적법인인 람정제주개발㈜이 설립되었다. 현재 신화역사공원은 1단계 개장하여 운영 중으로 전체 개장은 2019년을 목표로 하고 있다.

2015년 람정제주와 JDC, 서광동리·서리 마을회는 '마을기업'[233] 설립을 위한 협약을 체결하고 2016년 9월경 자본금 1억원을 출자해 ㈜서광마을기업을 설립했다. 현재 서광마을기업은 서광리 주민을 중심으로 개인주주 382명와 서광서리마을회와 목장조합, 서광동리마을회와 목장조합 등 마을대표기관·단체를 포함하여 주주 386명 자본금 32억원 규

---

[231] 제주국제자유도시 특별법에 따라 2002년 설립된 국토교통부 산하 공기업.

[232] "〈제주관광현안-집중진단〉 신화역사공원 제대로 가려나", 『제주관광신문』 2005.05.20.

[233] '마을기업'은 지역의 경제·사회·문화적 환경을 고려한 지역 맞춤형 일자리창출 사업으로 지난 2010년 '재정일자리정책'의 틀에서 벗어나 소위 '시장지향형 일자리정책'으로의 전환을 꾀하는 과정에서 탄생하였다 (조영복, 하태영 2015: 45-47쪽). 정부 지침에 따르면 마을기업은 지역주민이 각종 지역자원을 활용한 수익사업을 통해 공동의 지역문제를 해결하고, 소득 및 일자리를 창출하여 지역공동체 이익을 효과적으로 실현하기 위해 설립·운영하는 마을단위의 기업을 의미한다. 기업성, 공동체성, 공공성, 지역성 등 일정 조건을 갖출 것을 요한다(행정안전부 2018).

모의 기업이 되었다(대표는 서광서리공동목장조합장이 맡고 있다). 앞으로 신화역사공원에 들어설 호텔, 콘도 등에 농·식자재를 납품하는 동시에 지역 특산물 판매장을 운영한다. 또한 식음료와 세탁업을 위탁운영하고 조경관리와 경비 등을 맡게 될 예정이다.[234]

오랜 목축문화와 공동방목의 긴 역사를 바탕으로 형성되었던 공동목장조합은 4·3사건, 군사정권의 등장, 골프장, 리조트 등 관광개발사업의 확대, 목축업의 기업화와 소규모 영농가의 쇠퇴 등과 같은 정치사회적 변동 과정에서 점차 사라져 가고 있다.[235] 이러한 현상은 개발을 통해 창출된 잉여가 제대로 분배되지 못하면서 육지로 유출되거나 빈부격차가 커지고, 제주 고유의 생태계가 파괴되는 등의 원인이 되었다는 점에서 비판적으로 평가되어왔다. 서광서리의 사례만 보더라도 마을목장이라는 공동의 자원, 즉 커먼즈를 유동화하여 분배함으로써 마을공동체를 해체한 사례로 보아 비판의 대상이 될 수도 있을 것이다.

그러나, 마을단위 축산업의 쇠퇴와 함께 마을목장의 이용권보다는 목장부지가 가지는 자산적 가치에 마을 구성원들이 더 가치를 두고 있는 현실에서 기존 조합원들이 공동목장조합을 유지하는 선택을 하기란 쉽지 않은 일이다. 서광서리 공동목장조합은 이러한 변화와 선택의 기로에서 공동목장조합을 마을에서 나고 자란 거주민을 중심으로 재편하고 조합원의 범위를 확대하는 선택을 통해 공동체의 참여를 유도하였고, 마을기업이라는 새로운 형태의 조직으로 재탄생하였다. 마을목장의 운

---

[234] "제주경제키우는 마을기업-개발사업과 마을기업 동반성공·상생 모델", 『제민일보』 2017.05.22.

[235] 윤순진, 「제주도 마을공동목장 해체의 원인과 사회·생태적 귀결」, 『공동자원의 섬 제주 1: 땅, 물, 바람』, 진인진, 2016, 221-228쪽.

명을 결정해야하는 시기를 앞두고, 일련의 결단을 통해 기존에 목축을 통해 관계를 형성해온 원시 조합원들을 중심으로 하였던 조합원 규정을 마을에서 나고 자란 현 주민들을 중심으로 변경하면서 대거 조합 구성원을 확장하는 결정을 하였다. 이러한 결정은 개발 사업 참여에 대한 반대여론을 잠재우기 위한 포석으로 보일 수도 있겠지만, 새로운 형태의 마을 공동체를 구성하기 위한 시도로 볼 수 있는 측면도 있다. 마을기업이라는 법인의 형태를 택한 것이 공동목장조합이 처한 상황을 바탕으로 그에 맞는 새로운 커먼즈 관리와 협력 규칙을 발견해 내려는 시도의 일환으로 볼 수 있는 것은 아닐까 하는 문제 제기도 가능하다.

4. 마치며

산업구조와 사회경제구조의 변화에 따라 축산업의 비중이 감소한 반면, 공동목장의 실질적 근거인 목장용지의 자산가치가 급등하는 등의 변화를 겪었고, 그에 따라 조합원들이 공동목장에 부여하는 의미와 가치 역시 변동하고 있다. 그러한 변화는 공동목장조합의 운영규칙이라고 할 수 있는 정관에 그대로 반영되어 있다. 이 글에서는 서광서리 공동목장조합 사례를 통해 그러한 변화과정을 살펴보고, 마을목장이라는 커먼즈의 관리에 있어 시사점을 도출해 보고자 하였다.

서광서리 공동목장조합은 마을 공동의 자산인 초지의 사용 수익 등에 관한 사항을 자치적으로 관리하면서 마을 운영에 있어 중추적인 역할을 수행해 왔고, 이를 위해 일정한 의사결정기관을 갖추고 마을 주민의 변동과 관계없이 존속해왔으므로, 대부분의 공동목장조합과 같이 법적으로는 비법인사단으로 취급되어 왔다. 그리고 1980년대를 전후하여 목축업이 비교적 활발히 이루어지던 시기에는 마을의 거주민을 중심으로 자유롭게 입회와 탈회가 이루어질 수 있도록 하되 조합재산에 대한 개별적인 처분권은 인정하지 않음으로써, 목장의 이용을 전제로 지속가능한 커먼즈 관리를 위하여 총유 관계를 형성해 왔다. 그러나, 1990년대 이후 해방이전 목장 설립시부터 활동한 원시조합원과 그렇지 않은 조합원의 구별 하에 소유지분권의 개념이 정관에 등장하였고, 2000년대 들어서는 해당 지역에서 출생한 자의 조합원 자격을 사실상 영구적으로 인정하면서 사망시 승계할 수 있도록 하는 등 마을목장을 소유의 대상으로 보는 듯한 규정이 정관에 등장하였다. 이는 공동목장의 이용보다는 목장부지의 재산적 가치에 대한 관심이 더 커진 현실을 반영한다. 실제로 조합의 재산관계를 둘러싼 일련의 분쟁사안에서 조합원들은 조합원의 지위는 헌법상 보장되어야 하는 재산권이라는 인식을 그대로 드러내기도 하였다.

이렇게 제주에서 공동목장이 가지는 의미는 과거와 많이 달라졌다. 서광서리 공동목장조합 정관의 변천은 그러한 인식의 변화를 그대로 보여주고 있다. 이러한 현실에서 서광서리 공동목장 조합은 공동목장의 유지와 관련한 중요한 선택을 내려야만 하였고, 결과적으로는 마을목장의 대부분을 개발 사업을 위해 제공하기로 결정하였다. 현재는 그러한 조합원들이 참여하는 마을기업을 설립하여 개발 사업과 연계한 수익 창출 사업에 참여한다는 계획이다.

서광서리 마을목장조합의 이와 같은 변화와 유사한 변화가 제주도에서 계속 일어나고 있다. 1930년대에는 120여개에 이르렀던 마을공동목장은 2004년 72곳(9,127ha)으로, 작년말에는 53곳(5,950ha)으로 감소하였다. 이러한 맥락 하에서 서광서리 마을목장조합의 위와 같은 결정을 커먼즈를 유동화하여 마을공동체를 해체한 가슴 아픈 사례로 볼 것인가, 이제는 더 이상 목축을 지속할 수 없는 경제적 현실을 수용하여 마을공동목장의 외연을 바꿈으로써 새로운 커먼즈를 만들어내고, 새로운 협력 규칙을 발견해 내려는 시도의 일환으로 볼 것인가는 어려운 질문이다. 앞으로 서광리 마을기업의 운영 경과를 살펴보면서, 비슷한 운명에 처했던 다른 마을공동목장 조합들은 어떠한 결정을 하였는지에 대한 추가적인 연구를 통해 답을 얻을 수 있지 않을까 기대해 본다.

제/주/사/회/의/변/동/과/공/동/자/원

IV

탑동매립

07

제주 탑동 공유수면 매립 반대 운동
: 유산의 재구성과 또 다른 상속의 방법[236]

장훈교

1. 들어가며

　1987년 7월 매립이 시작되기 전까지만 해도 제주 탑동은 4백여 미터의 해안가에 '먹돌'이라고 불리는 검은 차돌이 깔려 있고, 제주시민들이 '탑바리'라고 부르면서 즐겨 찾던 장소였다. 또한, 탑동 해안 일대는 인근 마을의 공동어장으로 많은 해녀가 소라, 전복, 미역 등의 채취로 생활을 유지해온 연안공동체의 공동관리자원(Common-Pool Resources)

---

[236]　이 글은 『탐라문화』 제60호에 실렸던 동일 제목의 논문을 확장 재구성한 것이다. 논문 분량 규정으로 싣지 못했던 연구 내용과 발표 이후 조사한 추가 내용을 병합했다.

이었다.[237] "특히 단일 어종 소라만으로도 연 7만kg에서 11만kg까지 생산되어 수확이 많을 때는 연 3억여 원 이상의 소득이 생기는 곳"[238]이었다. 그러나 매립이 완결된 1991년 이후에는 5만 평의 시멘트와 아스팔트 부지로 변하고 말았다. 건축물은 바로 들어서지는 않았다. 준공된 지 3년이 넘도록 매립 부지에 건축시설물 유치가 유보돼있었기 때문이다. 당시 중앙일보는 그 이유로 "최근 몇 년간 금융실명제 실시와 부동산 경기 침체 등으로 소유주들이 건축물 신축을 꺼리는 바람"때문이라고 기록했다.[239] 그러나 1995년 봄이 되면서 관광호텔 등의 신축이 추진된다는 소식이 알려진다. 1999년에는 이마트 제주점이 이 위에 생긴다. 이마트 제주점은 1990년대 후반부터 가속화된 매장의 대형화에 기초를 둔 대중소비 변화의 상징적 장소가 되었다. 현재는 숙박시설과 상권이 형성되어 호텔, 대형매장, 탑동광장, 해안산책로 등이 들어섰다. 2018년 관점에서 본다면, 30년 만에 탑동 연안의 경관과 물리적 구성은 완전하게 변했다. 당연히 탑동 연안과 인간의 관계도 변했다.

  탑동 연안공동체의 주민과 제주 도민은 매립에 반대하여, 1988년부

---

[237] 공동관리자원에 대한 개괄과 엘리너 오스트롬(Elinor Ostrom) 논의가 한국에서 어떻게 발전되어 나가는가에 대해서는 다음 논문을 추천한다. 최현, 「공동자원 개념과 제주의 공동목장: 공동자원으로서의 특징」, 『경제와 사회』 통권 제98호, 2013; 최현, 「공동자원이란 무엇인가?」, 『공동자원의 섬 제주1: 땅, 물, 바람』, 최현 · 따이싱성 · 정영신 외 지음, 진인진, 2016; 최현, 「한국 공동자원 연구의 현황과 과제」, 『공동자원론, 오늘의 한국사회를 묻다』, 최현 · 정영신 · 윤여일 편저, 진인진, 2017; 정영신, 「엘리너 오스트롬의 공동자원론을 넘어서: 자원관리 패러다임에서 커먼즈에 대한 정치생태학 접근으로」, 『공동자원의 섬 제주1: 땅, 물, 바람』, 최현, 따이싱성, 정영신 외 지음, 진인진, 2016.

[238] 제주여민회, 『제주여민회 창립20주년 기념 제주여성합본호(1987~1993)』, 제주여민회, 2007, 20쪽.

[239] "3년 방치 탑동 매립지 관광호텔 등 신축 추진", 『중앙일보』 1995.03.02.

터 1991년까지 매립 반대 운동을 전개했다. 제주 도민사회에서는 탑동 운동을 국가주도 제주개발체계에 대한 본격적 비판의 출발점으로 보고 있다. 이 운동을 통해 4·3이후 정치적으로 탈동원화되었던 주민이 능동화되었을 뿐만 아니라, 도민사회 또한 형성 발전하는 계기가 마련되었다는 것이다. 이는 과장이 아니다. 탑동 매립 문제는 "매립 과정에서의 불법성과 특혜 의혹, 당시 200억 원대를 웃돌 것으로 추산되는 개발이익의 지역 환원 문제 등으로 80년대 후반 제주사회의 최대 이슈로 부각"[240]됐다. 매립 반대 운동에는 그 동안 제주개발체제에서 배제되었던 잠수회와 노인회, 횟집 등 연안공동체 구성원들이 직접 참여했다. 또한, 제주대학교 학생, 재야, 교수 등이 이와 결합해 탑동 문제 해결을 위한 직접행동을 전개했다. 제주 언론에서 탑동 운동을 수식하는 말로 자주 등장하는 "제주를 뒤흔든"이란 말은 이런 맥락에서 나온 것이다.[241] 이 주민운동과 범도민운동은 1991년 '제주도개발특별법제정반대운동'으로 발전해, 제주개발체제에 도전하는 도민사회 형성의 직접적인 계기가 됐다. 제주도개발특별법 제정에 반대하여 제주도의 많은 단체가 결성한 '제주도개발특별법반대범도민회'가 현 제주참여환경연대의 모태란 점은 이를 보여주는 하나의 예다. 이런 역사적 경험이 "전도민이 관심을 갖고 전체의 개발방향에 관한 반성과 논의가 활발한 거의 유일한 지역"[242]으로 제주도를 만들었다.

하지만 이는 탑동 운동의 일면일 뿐이다. 탑동 운동은 지배와 권력이

---

240 "제주의 역사와 함께한 60년", 『제주신보』 2005.01.01.
241 "탑동 매립사업", 『한라일보』 2018.04.26.
242 이상철, 「제주도 개발정책과 도민 태도의 변화」, 『제주도연구』 제12집, 1995, 72쪽.

없는 빈 공간에서 발생한 운동이 아니었다. 모든 체제는 능동적으로 존재한다. 제주개발체제도 언제나 지배와 권력의 능동적인 재구성 '과정'으로 존재했다.[243] 탑동운동은 제주개발체제에 도전하여 이를 변형했지만, 그 변형 과정은 제주개발체제의 능동적 대응과정이기도 했다. 안토니오 그람시(Antonio Gramsci)는 이 체제의 능동성을 헤게모니(Hegemony) 개념으로 분석한 바 있다. 헤게모니란 지배집단이 전체사회에 부과한 지배와 권력의 질서를 말하며, 이로 인해 종속집단은 헤게모니 안에서 지배집단과 적대, 투쟁, 타협을 진행할 수밖에 없다. 문제는 헤게모니가 지배집단에 질서의 재구축 능력 우위를 보장한다는 점이다. 체제의 능동성 곧 도전에 대응하여 지배와 권력의 질서를 재구성하는 능동성은 이런 구조로부터 나온다. 이때 체제의 능동성은 도전하는 종속집단의 능동성을 통합하는 방식을 포함한다. 레이먼드 윌리엄스의 말처럼, 대안과 저항이 중요하고 유의미할 때, 기존 체제의 헤게모니 기능으로 인해 그 대안과 저항은 통제되거나 변화될 수 있으며 심지어 체제 안으로 병합될 수도 있다.[244] 따라서 운동의 도전은 그것이 중요하고 유의미할수록, 체제의 내부에 그 흔적을 남긴다.

체제의 관점에서 볼 때, 탑동 운동은 헤게모니의 확장 없이 더 이상 안정적인 제주개발이 불가능한 국면에 진입했음을 보여주는 사건이었다. 따라서 아래로부터의 능동성을 제주개발체제 안으로 얼마나 효과적으로 병합할 수 있는가는 민주화 이후 민주주의라는 변화된 조건에 직면한 제주개발체제의 중대한 문제였다. 탑동 운동은 제주개발체제의 기

---

243 레이먼드 윌리엄스, 『마르크스주의와 문학』, 박민준 옮김, 지만지, 2009, 183쪽.
244 앞의 책, 183쪽.

만과 조작에 도전하는 운동으로 출발했다. 그 도전 과정은 제주개발체제 안에 이미 등록되어 있던 그러나 형식적으로 존재했던 권리의 인정을 위한 투쟁으로부터, 권리의 확장을 위한 투쟁을 포함했다. 또한 체제가 보장하지 않는 권리를 창안하여 그 등록을 위한 투쟁을 전개하기도 했다. 제주개발체제는 탑동 운동의 도전 중 일부는 통합하고, 일부는 배제하며, 자신의 질서를 보완하고 확장하는 대응 기획을 펼쳤다. 그 결과 탑동 운동의 유산은 이중적이었다. 한편으론 제주개발체제에 도전하는 제주 도민사회 형성의 계기였지만, 다른 한편으론 제주개발체제가 권위주의와는 다른 방식으로 자신을 구성해나가는 계기가 됐다. 탑동 운동이 확보한 권리의 공간들은 이후 자신의 대립물로 진화했다.

따라서 탑동 운동과 기존 제주개발체제와의 관계는 단선적인 대립관계로 파악할 수 없다. 탑동 운동이 남긴 '유산(遺産)'이란 이름으로 본 글이 포착하고자 하는 것은 바로 이런 제주개발체제와 탑동 운동의 상호작용이다. 제주개발체제를 헤게모니와 결속된 대상으로 보는 이런 관점은 운동사의 관점에서 현재 공유되고 있는 탑동 운동의 의미와 기여를 존중하면서도, 탑동 운동을 보다 입체적으로 파악할 수 있는 가능성을 제공한다. 탑동 운동이 도전하였던 제주개발체제가 2019년 현재 보다 강고한 동의 기반을 갖고 있다는 점에서 이는 중요하다. 도민사회의 활성화와 주민의 능동화, 기존 체제에 대한 도전의 측면에서만 탑동 운동이 남긴 유산을 평가하는 방식으로는 현재 작동하고 있는 제주개발체제의 헤게모니를 분석하는 데 일정한 한계를 가질 수밖에 없기 때문이다. 동시에 이 분석은 현 제주개발체제의 헤게모니 균열이 어디에서 발생하고 있으며, 그로 인해 발생하는 체제의 불안정성도 함께 이해할 방법을 열어줄 수 있다. 제주개발체제의 현 불안정성은 헤게모니 확장의 결과인 동시에 그 외부로 추방한 근본적 필요(radical needs)와의 분리 결과이다. 탑동 운동의 유산을 상속하는 또 다른 경로가 바로 이 체제의 불안정성에 능동적으로 개입하는 대항헤게모니 기획(counter hegemonic project)을 발전시키는 데 있을지도 모른다.

2. 논의를 위한 배경

 탑동 운동의 이름은 명확치가 않다. 제주 주민운동을 기록하고 연구해온 조성윤은 "탑동 개발 반대 운동"이라고 부른 바 있고,[245] 일부 언론에선 "탑동 (불법) 매립 반대 투쟁"[246]이라고 기록하고 있다. 한국민주주의연구소가 발행한 『지역민주화운동사 편찬을 위한 기초조사 최종보고서』에서는 "탑동 공유수면 매립 반대 운동"으로 부르기도 하고, "탑동불법매립 반대 및 이익환수 투쟁"[247]으로 기록하고 있기도 하다. 이와 유사하게 제주민주화운동사료연구소는 사료자료집에서 "탑동 불법매립 반대 및 개발이익 환수운동"으로 규정했다.[248] 나는 탑동 운동을 '공유수면(公有水面)' 매립 반대 운동이란 관점에서 접근한다. 이는 운동 분석을 위

---

[245] 조성윤, 「개발과 지역 주민 운동: 제주시 탑동 개발 반대 운동을 중심으로」, 『현상과인식』 16(3·4), 2010, 81-107쪽.

[246] "빽도 돈도 없는 서민 편, 도민이 주인되는 개발", 『제주의소리』 2018.5.11.

[247] 한국민주주의연구소, 『지역 민주화운동사 편찬을 위한 기초조사연구: 제주』, 민주화운동기념사업회, 2016, 26쪽.

[248] 제주민주화운동사료연구소, 『제주민주화운동사료집Ⅱ』, 제주민주화운동사료연구소, 2016, 7쪽.

해 선택한 하나의 '관점'일 뿐, 운동에 이름을 부여하려는 시도는 아니다. 이런 접근을 선택한 이유는 탑동 운동이 일차적으로 공유수면이란 자원을 둘러싼 운동이었다고 보기 때문이다.

자원을 둘러싸고 발생하는 인간의 집합행동은 그 자원의 물리적이고 사회적인 규정으로 환원될 수 없지만, 그와 분리될 수도 없다. 자원의 자체 속성과 이를 둘러싼 해당 사회의 해석은 운동의 조건으로, 운동의 가능성인 동시에 그 운동의 제약이 된다. 하지만 현재까지 탑동 운동의 조건이었던 '공유수면'은 충분하게 주목받지 못했다. 공유수면은 바다와 바닷가, 그리고 하천·호소·구거, 기타 공공용으로 사용되는 국가 소유의 수면 또는 수류를 일컫는 개념이다. 국가는 공유수면을 관리해야할 법적 의무를 지니며, 이에 따라 국가가 정한 절차에 따라서만 공유수면을 매립할 수 있다. 이때 공유수면 '매립'이란 공유수면에 흙, 모래, 돌, 그 밖의 물건을 인위적으로 채워 넣어 토지를 조성하는 것을 말한다. 탑동 바닷가와 바다 또한 공유수면이기 때문에, 매립 시에는 국가로부터 매립 면허를 얻어 국가가 정한 법률에 따라 매립을 진행해야만 했다. '불법' 매립 반대라는 구호가 탑동 운동에서 나올 수 있는 근거가 바로 여기에 있다. 탑동 연안 주민들과 도민사회는 면허 승인부터 매립 과정까지 모두 불법이라고 봤다.

하지만 단지 공유수면이 당시 운동의 조건이었기 때문만은 아니다. 공유수면은 제주 탑동 운동을 현재의 역사와 연결하기 위한 하나의 방법이기도 하다. 공유수면 매립과 이용은 제주 개발의 역사를 관통하는 핵심 방법 중 하나였으며, 현재도 무분별한 공유수면 매립과 이용으로 인해 제주의 환경과 연안이 파괴되거나 오염되고 있다. 공유수면 개념 도입 이전의 바다 매립을 제외한다면, 제주 공유수면 매립은 일본의 식민지배 하에서 출발해 한국전쟁과 근대화를 경유해 민주화 이후 민주주의 국면까지도 지속되고 있다. 특히 민주화 국면과 함께 탑동 공유수면 매립 공사가 시작됐다는 점은 이때 상징적이다.

이런 지속적인 매립은 제주 연안(沿岸)의 인공화를 가져왔고, 그 결과 중 하나는 전국 최초로 제주 해역에서 '갯녹음' 현상이 발생한 것이었다. '갯녹음'이란 바다 속 암반지대에 석회조류가 번식하여 하얗게 변하는 현상을 말하는데, 이 갯녹음 현상은 연안 어장을 황폐화시켜, 어획량을 약 40% 정도까지 감소시키는 것으로 알려져 있다. 제주 전체 어장으로 확산되어 있지만, 그 중에서도 서귀포시 서부해역인 강정 해역과 대정읍, 한림읍 해안의 갯녹음 현상이 심각하다. 갯녹음의 과학적 원인은 복합적이지만, 연안 개발에 의한 오염과 환경 변화가 그 원인 중 하나임은 분명해 보인다. 물론 공유수면 관리의 필요성은 제주도정도 지속적으로 밝혀왔다. 특히 2016년 7월 공유수면 관리강화 방침을 마련하기도 했다. 하지만 현실은 그와 달리 여전히 개발의 논리가 공유수면 매립과 이용을 지배하고 있다.[249] 최근 보도에 따르면, 1977년 화력발전소 부지 확보를 위해 화순지구에 1만6200㎡ 면적의 공유수면 매립 이후 2015년까지 마라도 면적(30만㎡)의 4배에 육박하는 113만7300㎡의 바다가 매립된 것으로 알려져 있다. 1988년 탑동 주민운동은 바로 이와 같은 공유수면 문제를 제주 개발의 구조 안에서 파악하고, 그에 대항한 운동이었다. 또한 이 문제에 관한 제주 도민사회의 해결방안이 출현한 운동이었다. 하지만 그 대안은 맹아적인 형태로만 존재했을 뿐, 이후 제주 사회운동 전개 과정에서 충분하게 발전하지는 못했다. 탑동운동이

---

[249] 김현종, "제주도정 공유수면 관리 강화 '헛구호'", 『제주일보』 2017.05.23.

단지 과거의 기념비적 역사로 남아서는 안 되는 이유가 여기에 있다.

1) 1980년대 후반: 제주 전역으로 개발 확장과 민주화의 정치 공간

1963년부터 군사쿠데타 정부가 주도한 제주개발은 1964년 '제주도건설종합계획'으로 본격화되었지만,[250] 탑동 운동을 분석할 때는 1980년대 초반의 제주개발계획이 더 중요하다. 1차 제주도종합개발계획과 탑동 운동 기간이 겹치기 때문이다. 1985년부터 1991년까지 진행된 제1차 제주종합개발계획의 핵심은 개발을 "중문관광단지에 국한하지 않고 제주 전역"[251]으로 확장하는 데 있었다. 제주도를 국제 수준의 관광지로 개발한다는 목표에 따라 91년까지 1조3천억 원을 투입하기로 한 이 계획은 중문을 포함해 성산포와 표선에 대규모 관광단지를 개발하고, 강정, 송악산, 협재, 용연 등 제주 전역에 27개의 관광지구를 만들고자 했다.[252] 관광단지 개발은 단지 개발로만 끝나는 것이 아니라, 관광단지 운영을 위한 기반시설을 요구한다. 이에 도로 포장과 항구 개발, 제주항과 서귀포항의 확장 등이 동시에 진행되었다. 1988년으로 예정되어 있던 서울올림픽은 이때 중요한 역할을 했다. 올림픽으로 수익을 창출하고, 국제 수준의 관광지로 제주를 홍보하려면 개발기간을 앞당겨야 했기 때문이다.

---

250 "제주를 특정지역으로", 『동아일보』 1966.11.01.
251 김종기·좌승희·고동희 외, 『제주도종합개발계획의 재검토』, 한국개발연구원, 1989, 58쪽.
252 "제주지역 땅 투기 술렁", 『매일경제』 1987.09.28.

정부는 개발에 필요한 재정을 대부분 민자 유치에 의존했다. 1987년 9월 28일 매일경제는 당시 제주도 개발국장의 다음과 같은 말을 인용하고 있다. "민자 유치를 위해 올해부터 도내 모든 관련 기관에 민자 상담실을 운영하고 있다"면서 "돈만 들고 오면 토지매입부터 사업계획 허가 절차까지 모든 행정력을 동원해 처리해주고 있다"는 내용이었다.[253] 당연히 특혜 시비가 끊이지 않았다. 민간자본이 개발을 주도하면서, 개발자본과 주민의 갈등 또한 제주 전역으로 퍼져나갔다. 정부는 개발 속도를 높이기 위해 그 갈등을 억제하고 통제하고자 했고, 개발 자본에게는 자본 투자에 대가로 개발이익을 보장해주고자 했다. 개발 입지로 선정된 장소의 주민들은 법률이 보장하는 보상을 거의 받지 못했을 뿐만 아니라, 개발 공사로 또 다른 수많은 피해를 당해야만 했다. 그런데다 부동산 투기로 상승한 토지가격의 수혜는 대부분 개발기업이나 외지소유자들에게 돌아갔다. 탑동을 포함해 1980년대 후반 제주 전역에서 동시다발적으로 주민운동이 분출한 배경이 여기에 있다. 하지만 유일한 배경은 아니다.

탑동 운동 이전에도 공유수면 매립은 있었다. 특히 항만 건설이나 공항 확장을 위한 공유수면 매립은 계속 있었다. 한 예만 든다면, 1979년부터 공사를 시작해 1980년 7월부터 가동된 한전남제주 화력발전소 관련 공유수면 매립은 심각한 상황을 낳았다. 발전소가 냉각수로 사용한 바닷물이 다시 바다로 배출돼 생계의 터전인 공동어장이 오염되었고, 톳, 소라 등이 서식하는 '먹돌'을 하얀 석회성분으로 변질시키는 바람에 해산물이 멸종 위기에 직면하기도 했다. 공동어장 온도가 높아지면

---

253 앞의 글.

서 해녀들이 물질을 하다 다치거나 혹은 병을 얻는 일도 발생했다. 그러나 이 사건은 망각되었다. 또한, 탑동에는 1986년 12월 24일 매립면허 승인 이전에도 한 차례의 매립이 진행된 바 있다. 제주시는 임해관광단지와 해안순환도로의 개설을 위해 1976년 3월 22일 건설부에 매립면허 승인 신청을 한다. 1977년까지 2개년 계획에 따라 총면적 7천1백 평의 탑동 공유수면을 매립한다는 내용이었다.[254] 그러나 전체 공사는 1980년 5월에 끝났다. "이 과정에서 탑동의 땅값은 하늘 높게 치솟아 매립시공자와 제주시는 큰 이윤을 남겼다".[255] 탑동 운동의 원인이 된 1987년 이후 탑동 공유수면 매립과 구별하여, 이를 1차 탑동 공유수면 매립이라고 부른다. 제한된 자료 분석이었지만, 1차 탑동 공유수면 매립에 반대하는 기록을 찾기 쉽지 않았다. 이런 관점에서 본다면 2차 탑동 공유수면 매립 이전, 매립 문제가 제주 전체의 문제로 부상한 적은 없었던 것으로 보인다.

민주화의 정치공간은 이점에서 중요하다. 민주화가 열어낸 정치공간이 없었다면 탑동 운동은 매우 달랐을 것이다. 1987년 민주화는 권위주의 정부 하에서 억압되었던 주민들의 불만과 요구를 표현하고 분출할 수 있는 정치기회구조를 확장했다. 비록 타협에 의한 민주화의 속성으로 인해 그 정치기회구조가 왜곡되고 제한되어 있었지만, 주민들의 불만과 요구를 집단행동으로 조직하는 데 필요한 일정 공간을 열어주었다. 동시에 한국 민주화는 아래로부터 강력한 운동사회를 만들어냈고, 이 운동사회는 표출된 주민들의 불만과 요구를 접합하여 기존 개발체

---

254 "제주시 임해관광단지 조성위해 공유수면 매립 착공", 『매일경제』 1976.06.24.
255 제주여민회, 『제주여민회 창립20주년 기념 제주여성합본호(1987~1993)』, 제주여민회, 2007, 13쪽.

제에 도전하는 동맹을 형성하는 매개가 되었다. 제주 전역에서 주민들의 불만과 요구가 분출되어 나온다고 하더라도, 이와 접합할 수 있는 운동사회가 발전되어 있지 않았다면 탑동 운동은 단지 분산된 주민운동의 하나로 기억될 수도 있었을 것이다. 게다가 탑동 운동은 "1987년 6월 투쟁 이후 투쟁역량이 강화"된 당시 제주지역 민주단체들이 맞이한 첫 번째 생존권 투쟁이었다.[256]

2) 매립 소유권과 정부와 자본의 조작적 협력

일반적으로 국가의 공유수면 정책은 '관리'와 '매립'으로 양분되는데, 이 두 정책의 핵심적인 차이점은 공유수면이 상실되는가, 아닌가에 있다. 공유수면 매립 관련 법령은 매립을 공유수면을 토지로 전환하여, 그에 소유권을 부여하는 활동으로 인식하고 있다. 이 소유권은 바로 매립자에게 할당되었다. 공유수면의 '공유(公有)'를 국가의 소유로 바라보는 과거의 이해방식을 따른다고 하더라도, 매립을 통해 국유의 수면이 사유의 토지로 전환되는 과정이 공유수면 매립과정이었다. 하지만 '공유(公有)'를 그 누구도 소유할 수 없는 수면을 국가에 위탁관리하는 방식으로 이해한다면, 공유수면 매립은 소유할 수 없는 대상을 소유할 수 있는 물건으로 전환하는 과정이기도 했다. 이런 매립 방식의 원형은 일본이 1923년 공포한 '조선공유수면매립법령'에 있었다. 일본은 1921년 4월에 제정된 자신의 공유수면매립법을 모법으로 삼아, 조선공유수면매립

---

256 제주여민회, 『제주여민회 창립20주년 기념 제주여성합본호(1987~1993)』, 제주여민회, 2007, 13쪽.

법령을 만들었다. 이 법령은 "매립면허를 받은 자가 준공인가를 받으면 즉시 그 토지에 대한 소유권을 취득"[257]하도록 규정했다.

공유수면 '관리' 법령이 아닌, '매립' 법령이 한국 공유수면 제도의 원형을 이룬다는 점은 중요하다. 유지와 관리보단 매립 우위의 관점에서 공유수면을 바라보는 관점이 바로 여기에서 출발했다고 볼 수 있기 때문이다. 매립면허 발급은 국가의 역할이었다. 1923년 조선공유수면매립법령은 일본법을 모방했다고는 하지만 두 지점에서 달랐다. 일본법은 허가권을 지방장관에게 어느 정도 위임하였으나, 조선공유수면매립령에서는 도지사에게 허가권을 주지 않고, 총독에게 집중되어 있었다. 또한 매립 면허 발급 전에 바다를 이용하던 입어권자들의 의견 혹은 동의를 묻는 부분이 조선 법령에는 없었다. 이로 인해 공유수면 매립 구조는 매우 중앙집중적인 형태를 띠게 되었고, 국가의 승인은 그 결정적 문제가 되었다. 1962년 이후 공유수면 관련 법령이 개정되면서 비록 계속 제한되어 오기는 했지만, 공유수면 매립자가 소유권을 취득하는 구조와 국가 중심 매립 승인 구조는 변경되지 않았다. 법령 변화에 따른 매립지의 소유권 취득 내용 변화를 정리하면 [표 1]과 같다.[258]

---

257 강동식 · 강영훈 · 황경수, 『일제강점기 제주지방 행정사』, 제주발전연구원, 2009, 217쪽.
258 한국해양수산개발원, 『공유수면매립지 소유권 분리 제도화를 위한 고찰』, 2013, 69-70쪽.

〔표 1〕 법령 변화에 따른 매립지의 소유권 취득 내용 변화

시기	매립지의 소유권 취득: 내용
1962년 1월 20일 이후	① 매립면허 받은 자가 매립지의 소유권 취득 ② 국가시설로 필요한 토지는 국유 ③ 기타 공용 또는 공공용에 사용할 토지는 지자체에 귀속
1965년 11월 25일 이후	① 매립면허 받은 자가 매립지의 소유권 취득 ② 도로/호안/안벽/물양장/방파제/방사제/돌제/배수시설로 필요한 토지는 국유 ③ 기타 공용 또는 공공용에 사용할 토지는 지자체에 귀속
1986년 12월 31일 이후	① 매립면허 받은 자가 공용 또는 공공용 매립지를 제외한 매립에 소요되는 사업비에 상당하는 매립지의 소유권 취득 ② 공용 또는 공공용의 매립지 사업비의 100분의 10에 해당하는 이윤과 1년간의 자금회수기간에 대한 건설이자를 합한 금액에 상당하는 매립지를 제외하고 남은 매립지는 국가에 귀속 ③ 공용 또는 공공용의 매립지는 국가 또는 지방자치단체에 귀속 ④ 제2, 3항에 의해 국가에 귀속된 것을 제외한 잔여매립지는 매립면허를 받은 자가 취득
1997년 4월 10일 이후	① 빈지, 공용 또는 공공용 매립지를 제외한 매립지 중 매립에 소용되는 사업비에 상당하는 매립지는 매립면허를 받은 자 ② 빈지, 공용 또는 공공용 외에 매립지중 사업비의 100분의 10에 해당하는 이윤과 1년간의 자금회수기간에 대한 건설이자를 합한 금액에 상당하는 매립지를 제외하고 남은 매립지는 국가에 귀속 ③ 공용 또는 공공용의 매립지는 국가 또는 지방자치단체에 귀속 ④ 제2, 3항에 의해 국가에 귀속된 것을 제외한 잔여매립지는 매립면허를 받은 자가 취득
1999년 8월 9일 이후	① 공용 또는 공공용 매립지는 국가 또는 지자체에 귀속 ② 매립된 바닷가에 상당하는 면적은 국가에 귀속 ③ 제1, 2항에 해당 매립지 외에 총사업비에 상당하는 매립지는 매립면허를 받은 자가 취득 ④ 제1, 2, 3항 외 잔여매립지는 국가에 귀속

국가로 모든 권력이 집중된 군부권위주의체계에서 공유수면 매립은 재벌기업에 대한 특혜와 간척지 분양을 둘러싼 비리와 투기행태의 역사였다. 공유수면 매립은 1980년대 후반까지 이른바 '노다지' 사업으로 알려져 있었다. 재개발 사업이나 토지형질 변경 사업에서는 개발이익이 통상 투입된 사업비를 밑도는 데 반해, 공유수면 매립사업은 사업비의 5배 이상 개발이익이 생기는 것으로 알려졌다. 그러나 대자본이 공유수면 매립을 통해 막대한 이익을 독점하는 것에 대한 반대 여론이 1980년대 민주화 운동 성장과 함께 활성화되었다. 이와 함께 대단위 매립사업으로 해안 환경뿐만 아니라 지역주민의 삶이 파괴되는 문제에 대한 국내의 관심도 높아졌다. 연안 관리의 중요성을 강조해온 국제사회의 압력도 가중되었다. 이런 압력으로 인해 공유수면 매립 관련 법률이 1986년 12월 31일 개정될 예정이었다. 해당 매립공사에 들어가는 총사업비에 상당하는 매립지만을 매립자가 소유하는 방식으로 공유수면의 소유권 취득 방식을 변경하는 내용이었다.

이런 제도 변경은 정부와 민간자본의 결탁을 통해 추진되던 공유수면 매립 방식에 일정한 위협이 되었고, 이에 정부는 법 개정 이전에 민간자본에 최대한의 이익을 보장해주고자 매립면허를 남발한다. 입법 예고가 1986년 8월 2일 있었는데, 정부는 그때부터 12월 30일까지 무려 13건의 공유수면 매립면허를 발급한다. 연간 매립면허 발급 횟수가 1982년 2건, 1984년 1건, 1986년 상반기 3건이었던 점에 비추어보면, 이는 정부가 매립업자들이 개정법의 적용을 받지 않도록 허가를 내준 것이라고 볼 수 있다. 탑동 매립면허도 이때 발급되는데, 그 면허권자는 제주해양개발과 범양건영이었다. 제주시는 1985년 1월 도시기본계획을 확정 발표한 바 있었는데, 그 안에 탑동 매립 계획은 없었다. 도시기본계획은 한 번 확정되면 5년간은 변경될 수 없도록 돼있었다. 그러나 어떤 이유 때문인지, 1985년 5월 건설부가 두 차례에 걸쳐 도시기본계획 변경을 지시했다. 계획이 변경되자 범양건영과 제주해양개발은 매립 면허를 신청했고, 1986년 12월 24일 당시 5공화국 정부는 면허 신청 한 달 만에 승인한다. 더구나 당시 장병규 제주지사가 두 차례에 걸쳐 자연환경 보존 및 수산자원, 해양환경 보호 등을 이유로 건설부에 매립 반대 의견을 냈으나 무시됐다. 만약 1주일 뒤에 면허를 얻었다면, 두 회사는 신법에 따라 총사업비의 10%까지만 수익을 얻을 수 있었다. 추정치이기 때문에, 추정하는 이에 따라 다르지만, 어떤 이들은 범양건영과 제주해양개발이 이를 통해 약 15배 이상의 수익을 얻을 수 있게 되었다고 했다.[259]

3. 권리의 인정: 피해 - 보상

1953년 제정된 수산업법은 어업면허를 받아야 어업을 할 수 있는 면허어업의 종류를 규정하고 있었다. 양식어업, 정치어업, 정소인망(定所引網) 어업, 정소부예망(定所浮曳網) 어업, 정소집어(定所集魚) 어업, 공동어업이 그것이다. 이후 1963년 수산업법 제3차 개정에서는 공동어업을 제1종부터 제3종까지 3종류로 구분하였고, 1971년에 제7차 개정에선 제4종 공동어업이 신설되었다. 1995년 제14차 개정에선 공동어업을 마을어업과 협동양식업으로 변경하였다. 탑동 연안은 현재 용어론 마을어

---

[259] "건설부, 특정업체에 매립면허", 『한겨레』 1988.08.06.

업, 당시 1963년 이후 법제도상으론 제1종 공동어장이었다. 제1종 공동어장이란 패류나 해조류 또는 정착성 수산동식물을 채포할 수 있는 공동어업면허가 부여된 수심 10m 이내의 어장을 말한다.[260] 이는 과거부터 연안이 인근 주민들의 공동어업 대상으로 이용되어온 관행을 보호하기 위해 만들어진 어업면허란 점에서, 일종의 특수지역권이었다. 일단 어업면허를 획득할 경우, 면허권자는 특정어업을 위해 일정한 공유수면을 점용할 권리를 얻는데, 그 기본 성격은 배타적이고 독점적이었다.

어업권을 "면허 받은 어업에 관한 권리"라고 할 때,[261] 어업권에서 중대한 변화가 1975년 이후 발생한다. 1960년대 후반부터 연안어장의 자원감소와 어장 침식, 황폐화 등으로 어촌계가 부실화되자,[262] 국가는 1975년 수산업법 개정을 통해 제1종 공동어장의 어업권을 사실상 어촌계의 '총유(總有)'로 하는 규정을 도입했다. 기존 국가와 어촌계의 수직적 관계를 탈피해 어촌계의 자율적 기능을 활성화해, 어촌계 경영과 어장 문제를 해결하려는 발상이 도입된 것이다. 이는 "연안어장제도의 골격을 바꿀 만큼 큰 변화"[263]를 가져오는 계기가 됐다. 1975년 개정은 "법인이 아닌 어촌계가 향유하는 어업권은 이를 총유로 한다."고 하여, 종래 법인격이 없다는 이유로 면허의 주체가 되지 않았던 비(非)법인 어촌계도 면허를 획득할 수 있게 되었다.[264] 면허를 획득하지 못한다고 하더

---

260 전윤철, 「면허어업의 개념과 어업권의 내용」, 『법제』 1969년 7월호, 법제처.
261 전윤철, 「면허어업의 개념과 어업권의 내용」, 『법제』 1969년 7월호, 법제처.
262 강경민, 「제주도 마을어장 관리제도의 변천」, 『공동자원의 섬 제주1: 땅, 물, 바람』, 진인진, 2016, 398쪽.
263 옥영수, 『어촌계의 어류양식업에 관한 연구』, 한국해양수산개발원 기본연구 2004-20, 2004, 27쪽.
264 앞의 글, 27쪽.

라도, 실제 활동 면에서 공동어장을 어촌계가 점용하고 있었기에, 이는 일견 어떤 변화도 없었다고 말할지 모른다. 하지만 그렇지 않다. 총유 규정으로 인해, 어업권은 어촌계의 '재산'이 된 것이기 때문이다.

1975년부터 이루어진 시범적인 어업권 이양은 1981년을 거치며 대부분의 제1종 공동어장 어촌계에 적용되었다. 이 조치는 양면적이었다. 기본적으로는 공동관리자원의 속성을 지닌 공동어장의 운영에 자율성을 더욱더 보장하여, 공동어장을 관리하기 위한 방침이었다. 이런 점에서 1975년 수산법 개정은 1962년 이후 국가의 어촌계에 대한 태도를 계승한다고 말할 수 있었다. 어촌계는 어장관리의 근대적 합리화 목적으로 도입된 측면이 있기 때문이다. 그런데 총유 규정은 그 이전과 결을 달리하는 속성을 어촌계에 부과한다. 어촌계는 총유를 통해 하나의 경영단위로 부상했고, 그 경영성과에 대해 스스로 책임을 지는 방식이 강화되었다. 비록 어촌계에 적용된 총유 규정이 종중이나 교회의 경우와는 다르기에, 총유가 아니라 준총유(準總有)로 바라봐야 한다는 법조계의 오래된 비판[265]이 존재하지만, 그와 무관하게, 총유는 이런 어촌계의 자율경영을 담보하는 핵심 수단이었다. 공동소유의 감각은 그 중심에 있다. 이는 공동어장에 관한 어업공동체의 태도도 변화시켰다. 어촌계가 총유를 통해 공동어장 혹은 그 바다를 자신의 소유로 바라보는 심상이 자리 잡기 시작한 것이다. 탑동 운동 또한 이 맥락과 분리될 수 없다.

---

265 김인유, 「어촌계의 재산에 관한 소고」, 『민사법의 이론과 실무』 제21권, 99쪽.

1) 피해 보상을 위한 운동

　1962년 공유수면매립법은 공유수면 매립 시에 권리를 가진 자에게 끼친 손실을 보상하도록 요구하고 있고, 사업 시행 이전에 보상에 관한 내용을 당사자 간 협의하여 결정하도록 하고 있다. 이를 '선보상후착공의 보상원칙'[266]이라고 한다. 이 원칙은 "권리를 가진 자"와의 협상을 우선으로 보장하고 이를 방어하기 위한 원칙이었지만, 보상 문제에 발목 잡히기 싫은 매립업자들은 자신들이 원하는 시기에 매립공사를 진행하고자 이 원칙을 어기는 경우가 많았다. 제주해양개발과 범양건영도 마찬가지였다. 제주해양개발은 매립 동의서를 조작했다는 의심을 받았다. 1980년 5월 1차 탑동 공유수면 매립이 종료된 바로 직후인 1982년에 이미 제2차 탑동공유수면 매립 계획이 입안되었다는 기록이 있다. 그러나 바로 실행되지는 않았다. 그 후 1984년 제주해양개발이 탑동 공유수면 매립을 위한 동의서를 당시 어촌계장 한 분과 작성한 일이 있었는데, 이 동의서가 향후 조작된 것으로 의심을 받는 동의서다. 당시 해녀들과 운동진영이 1984년 동의서가 효력이 없다고 주장한 이유는 두 가지이다. 첫째, 제주시수협 산지어촌계는 법인이 아니므로 어촌계장이 임의대로 매립에 동의할지라도 동의서로서 효력을 발휘할 수 없다고 본 점과 둘째, 산지어촌계에서 총대회의를 거친 적이 없는데도, 마치 총대회의를 진행하여 전체 계원들의 동의를 얻은 것처럼 조작되었다는 것이다. 이 때문에 산지어촌계 삼도동 잠수회원 40여 명이 1988년 1월 23

---

[266] 장학봉, 「어업손실보상제도의 발전행태 비교 연구」, 『해양정책연구』, 15(2), 2000, 3쪽.

일 제주지검에 어촌계장을 고소한다.[267]

1986년 건설부는 매립면허 승인 당시 선보상 후착공 조건을 제시했으나, 제주해양개발은 "권리를 가진 자"인 해녀와 탑동 횟집 운영자들과 보상 문제를 착공 단계까지도 해결하지 못했었다. 탑동 공유수면 매립 공사는 1987년 7월 10일에 시작되었다. 어업권을 지닌 해녀들과 피해 보상 합의가 이루어진 것은 그 몇 주 전인 6월 19일이었다. 그런데 영업권을 지닌 또 다른 피해 집단이었던 횟집 운영자들과는 1987년 12월이 되어야 피해 보상 합의를 했다. 이미 착공이 시작된 이후에 보상이 이루어진 것이다. 횟집 운영자들은 1987년 8월부터 탑동 매립면허가 불법이라며, 그 면허 취소를 요구하는 투쟁을 전개했다. 그러나 1987년 12월 보상 합의를 했다. 그러자 다시 해녀들과 문제가 발생했다. 보상액에 대한 불만과 매립시공사인 범양건영이 약속한 피해 보상을 이행하지 않자, 그것이 직접적인 발단이 되어 1988년 3월 8일부터 삼도동잠수회가 피해 보상 계약 이행을 요구하는 농성에 돌입한 것이다.

1987년 12월 이루어진 보상 합의에서 횟집에 대한 영업 보상이 해녀들보다 훨씬 많이 책정된 것이 해녀들의 보상액에 대한 불만으로 나타났다. 공동어장 상실로 인한 피해가 더 큰 해녀들에 대한 보상이 더 적다고 느낀 것이다. 조성윤의 기록에 의하면, 1987년 6월 보상에서 해녀들은 각각 6백만 원을 받았던 반면, 횟집 주인들은 해녀보다 5배 이상 많은 3,500만 원을 받았다.[268] 그러나 그것만은 아니었다. 범양건영이

---

[267] 이는 당시 제주대학교합동대책위원장이었던 양시경의 글 "탑동은 울부짓고 있다"([제주인], 113쪽)를 참조했다.

[268] 조성윤, 「개발과 지역 주민 운동: 제주시 탑동 개발 반대 운동을 중심으로」, 『현상과인식』 16(3·4), 2010, 87-88쪽.

"1987년 6월 19일의 합의각서를 무시하고 먹돌을 매립지 밖으로" 이동시키지 않고 공사를 진행해 어장 피해가 심각해진 것이다. 1988년 3월 8일 삼도동 해녀 43명은 "어민생계 보장하라", "범양건영은 계약을 철저히 이행하라"는 구호를 외치며 농성을 시작했다. 탑동 공유수면 매립 운동은 바로 이 해녀들의 집단 항의 농성으로부터 출발했다. 이후 '먹돌'은 해녀 투쟁의 상징이 되었다.[269] 농성 과정 중, 매립면허 발급 자체가 불법이라는 인식이 확산되면서, 농성은 단순 보상이나 보장 문제를 넘어 면허취소와 불법매립공사 중단의 구호로까지 나아간다. 그러나 농성을 전개했던 해녀들은 1988년 4월 28일 계약 불이행에 따른 피해 보상 문제에 합의한다. 산지어촌계 해녀(삼도동, 건입동, 용담동)에게 추가로 2억 5천만 원의 보상을 해주는 각서를 받아낸 것이다.

삼도동잠수회의 농성 돌입과 약간의 시간차를 두고 제주대학교 〈탑동불법매립공동대책위원회〉가 구성된다. 제주대학교 대책위원회는 해녀들의 농성과 적극 결합하고자 했다. 인적, 물적으로 해녀들의 투쟁을 지원하는 동시에 [먹돌]이란 이름의 소식지를 발행하면서 탑동 공유수면 불법 매립 사실과 이를 둘러싼 해녀들의 투쟁을 전체 도민사회에 확산하고자 노력했다. 동시에 제주대학교 〈탑동불법매립공동대책위원회〉는 탑동 공유수면 매립이 불법 매립 면허에 기초하고 있다는 면허의 불법성을 폭로하는 운동을 전개한다. 매립 면허를 발부한 건설부장관, 제

---

269 조성윤(앞의 글, 87쪽)은 '먹돌' 관련 범양건영의 합의 불이행은 단지 운동의 표면적인 요구였고, 실제 요구는 보상금에 대한 것이었다고 쓴 바 있다. 이는 이해할 수 있는 기술이고, 당시 운동단체들도 이 문제로 고심했던 것으로 보인다. 그러나 해녀들의 투쟁이 보상금 문제로 직접 촉발된 것은 사실이지만, 그 단계에만 머문 것은 아니었다고 보인다. 이렇게 판단할 수 있는 이유는 탑동 운동을 회고하는 다양한 기록들에서 보상금 문제로 환원되지 않는 어떤 차원들을 발견할 수 있기 때문이다.

주도지사, 제주시장, 제주해양개발 대표 등을 불법 매립 면허로 제주지검에 고발하거나, 산지어촌계장을 공문서 위조 혐의로 제주지검에 고발하는 운동 등이 대표적이다. 그러나 제주대학교 대책위원회가 고발한 건은 1988년 11월 17일 제주지검에서 불기소 처분된다. 제주대학교 대책위원회는 광주고등검찰청에 항고했으나, 이 또한 1989년 2월 16일 기각 처분된다. 1988년 11월 18일엔 제주대 교수 82명이 제주대에서 〈탑동 문제의 정당한 해결을 위한 제안〉이라는 성명을 발표했다. 이들은 제주시 탑동 공유수면 매립사업은 국가가 소수 대자본가에게 이익이 돌아가도록 엄청난 특혜를 제공한 대표적인 사례라고 주장했다. 제주대학교뿐만 아니라 당시 제주시 내에 있는 12개의 단체가 해녀들의 투쟁에 동참했다.

 1988년 6월 29일부터 용담동 해녀들의 또 다른 농성 투쟁이 발발한다. 탑동 공유수면 매립 과정에서 용담동 공동어장이 황폐해지고, 배양 중이던 전복, 소라, 자연산 해조류가 심각한 피해를 본 것이 발단이었다. 매립지로 흘러드는 하수가 매립지 밖으로 그대로 배출되어 용담동 공동어장을 오염시킨 것이다. 용담동 해녀들이 투쟁 중이던 9월, 용담동 해녀, 제주시내 민주단체 그리고 개발 문제로 고통을 받고 있던 또 다른 제주의 현장들인 한림, 서귀포, 조천·신촌, 성산 성산포 등의 지역주민들이 함께 〈제주지역 주민주체 개발결정권 쟁취 공동 대책위원회〉를 결성한다. "주민주체 개발결정권 쟁취"라는 하나의 구호로 연대가 확산하고, 해녀들의 투쟁도 계속되었지만, 범양건영은 용담동 공동어장 문제를 무시하고자 했다. 이 때문에 1988년 10월 15일 공동대책위원회 명의로 용담동 잠수회 6명과 어린이 3명이 함께 평민당 중앙당사 농성에 돌입한다. 여러 노력 끝에 범양건영과 해녀 사이에 1988년 11월 28

일, 어장 피해 보상 문제가 타결된다. 9천9백9십만 원에 하수처리시설 미비에 대한 피해 보상에 합의한 것이다.[270]

2) 권리의 인정

탑동 이전에도 공유수면 매립은 있었지만, 별다른 피해 보상의 사례들이 발견되지 않는다. 항만이나 공항 혹은 공공용지를 위한 매립이었을 경우, 매립에 대한 국가의 보상은 사실상 어업권의 박탈이었음에도 제주에서 별도의 눈에 띄는 대응이 발견되지는 않았다. 직접적인 자료를 찾을 수는 없었으나, 1988년 9월 7일 『제주의 소리』제8호에 실린 한림항 개발계획에 반대하는 한림 지역 해녀들의 투쟁 기록은 그 이유를 추론할 하나의 자료가 될 수 있을지도 모른다. 이 기록에 의하면, 당시 해녀들의 피해 보상에 대해 북제주군 등 관계 당국에서는 국가배상에 대한 '선례'가 없다며 보상을 거부했다. 또한, 어업권을 내줄 때 보상을 안 받겠다는 각서를 받았다는 기록도 나온다. 만약 이와 같은 방식이 한림 지역에서만 이루어진 것이 아니라면, 최소한 당시까지 국가는 국책사업을 위한 매립 과정에서 연안공동체의 보상 권한을 강압적으로 박탈했다. 조성윤의 다음과 같은 언급은 이런 구조가 제주개발이 본격화되는 1970년대 이후 개발 사업의 기본 특성이었음을 보여준다. "70년대 이후 제주도에서는 중문관광단지 개발이라든가 신제주 개발 등 수많은 개발 사업이 진행되었는데, 대부분 주민들은 거의 보상을 받지 못한 채

---

270   제주여민회, 『제주여민회 창립20주년 기념 제주여성합본호(1987~1993)』, 제주여민회, 2007, 13쪽.

집과 농토를 내놓고 쫓겨나고 있었다".[271]

범양건영 또한 탑동 연안공동체와의 협의에 집중하지 않았고, 법이 정한 절차도 무시했다. 게다가 도당국과 범양건영은 권위적인 방법으로 보상 협상에 임하였고, 때로는 해녀들을 고소하기도 했다. 보상금액을 일방적으로 책정하고, 이의 수용을 종용했다. 하지만 탑동에서는 매립자와 연안공동체 사이에 총 네 번의 보상이 이루어진다. 1차 보상은 1987년 6월의 보상으로, 사실상 연안공동체의 동의 없이 이루어진 매립 승인의 사후동의 확보를 위한 보상이었다. 매립업자는 "탑동매립에 따른 보상을 지불하겠다며 매립반대의사를 펴는 잠녀들에게 일방적으로 5억 7천만 원에 합의를 종용"하면서, 때늦게 동의서를 받는 방식으로 보상을 진행했다.[272] 2차 보상은 『탑동번영회』를 조직해 범양건영으로부터 집합적인 보상을 받은 횟집 주인들에 대한 보상이었다. 3차 보상은 1988년 5월의 보상으로, 범양건영이 보상 합의 내용을 무시하면서 발생한 어장 피해에 대한 보상이었고, 그 액수는 2억 5천만 원이었다. 4차 보상은 매립지 하수처리 과정에서 용담동 공동어장이 오염되면서 발생한 피해에 대한 보상이었다. 액수는 9천9백9십만 원으로 알려져 있다.

따라서 투쟁을 통해 협의 공간을 창출하고, 보상의 범위를 확장해 물적 피해에 대한 보상을 획득한 것은 중요하고 유의미한 성과였다. 이는 부분적으로 매립업자가 국가가 아닌 민간자본이었다는 점에서 협상의 압력에 국가보다 노출되기 쉬웠다는 점과 보다 결정적으로는 민주화 국

---

271 조성윤, 「개발과 지역 주민 운동: 제주시 탑동 개발 반대 운동을 중심으로」, 『현상과인식』 16(3·4), 2010, 88쪽.
272 제주여성 6호, 15쪽.

면에서 이루어진 아래로부터의 연안공동체와 도민사회 압력의 결과로 보인다. 이를 가능케 한 힘은 무엇보다도 연안 공동체가 공동자원으로서의 공유수면을 관리해온 역사와 그 경험으로부터 나온 것이었다. 정부와 자본의 가학증 구조 안에서 그 고통과 대면하면서도 함께 문제를 풀어나갈 수 있는 역량 자체는 연안 공동체의 공동작업 과정에서 형성된 공동성 없이 설명될 수 없기 때문이다. 탑동 이전에 제주도민들이 자신의 권리를 박탈당하면서도 어떤 보상도 받지 못했다는 점에서 볼 때, 이런 피해 보상의 획득은 단지 피해 보상 그 이상이었다. 제주개발체제 내에 형식적으로 존재했지만 무시당하던 연안공동체의 권리를 보상의 형태로 인정받았기 때문이다. 만약 탑동 운동의 이런 성과가 없었다면, 탑동 운동 이후 나타난 개발 피해에 보상을 요구하는 다른 행동들은 나타날 수 없었거나 매우 나쁜 조건에 처했을 것이다.

3) 공동관리자원의 상실과 개발 동의의 확장

그러나 보상에는 문제가 있었다. 하나는 연안 공동체의 피해 보상이 진행되면서, 매립의 불법성을 주창하며 매립 반대를 요구하던 운동은 동력을 상실했다.[273] 연안 공동체의 생존권 보장 요구는 탑동 운동의 출발점이었고, 다양한 집단과 개인들이 이 운동과 연대하는 공약요소였다. 그런데 보상 합의는 비록 제한적인 수준이나마 해당 갈등의 해소를

---

[273] 제주대 탑대위는 해녀들의 피해 보상 합의에 반대했었다고 한다. 합의 이후엔 매립면허 발급 과정의 비리를 밝히기 어렵다는 견해 때문이었다(조성윤, 「개발과 지역 주민 운동: 제주시 탑동 개발 반대 운동을 중심으로」, 『현상과인식』 16(3·4), 2010, 90쪽).

의미했고, 이는 법적 차원에서 탑동 매립의 불법성은 남더라도, 매립에 대한 연안공동체의 '동의'로 해석할 수 있었다. 범양건영이 보상과 함께 동의서를 받았다는 점은 그래서 중요하다. 이는 피해 보상의 역설이었다. 피해 공동체가 바로 그 피해를 발생시킨 제주개발체제의 연안매립에 동의하는 집단으로 전환되는 역설이 발생하는 것이다. 피해 보상의 방법은 탑동 이후 제주개발체제 안에 통합된다. 개발 피해에 대한 보상을 제공하는 것은 관련 갈등을 관리하는 효율적인 방법이었던 동시에 제주개발체제에 대한 아래로부터의 동의와 참여를 확장하는 효과를 발휘할 수 있었기 때문이다. 또한, 그 반대 과정도 나타나기 시작했다. 개발 피해 보상을 목적으로 연안 개발을 유치하는 연안 공동체나 어촌계도 나타난 것이다. 제주지역 활동가인 라해문은 한 인터뷰에서 해양개발에 대한 보상으로 인해 연안공동체가 바다의 점유에 대한 권리를 바다를 소유한 권리로 바라보는 심상을 발전시켰다고 비판한 바 있다.[274] 이는 부분적으로 1981년부터 공동어장의 어업면허를 배타적으로 소유하게 된 어촌계의 상황과 연결된 문제였다. 어촌계가 공동관리자원인 공동어장을 처분할 권리를 지닌 주체로 나타난 것이다.

연결되어 있지만 더 중요한 다른 문제는 제주개발체제와 연안공동체 사이에서 공동어장이 피해 보상을 통해 거래할 수 있는 대상으로 전환되었다는 의미이다. 로마법에서는 어떤 부류의 물건은 소유의 대상이 되지 않는다고 보았는데, 그런 물건을 '거래대상이 될 수 없는 것(Res Extra Commercium)'이라고 불렀다. 그 유형 중 하나가 공동어장과 같이

---

[274] 라해문·김진숙, 「지난 십 년에서 앞으로 천 년까지, 제주의 마을이야기를 듣다」, 『제주의 마을과 공동자원』, 최현·정영신·윤영일 엮음, 진인진, 2017, 244쪽.

공동체 전체에게 귀속되어 있는 자원을 가리키는 '레스 우니베르시타티스(Res universitatis)'였다.[275] 바이크코바(O. Bychkova)는 이것이 엘리너 오스트롬이 말하는 공동관리자원의 로마법적 표현 혹은 그 등가물이라고 봤다.[276] 이 전통에서 본다면, 공동어장은 소유의 대상일 수 없기에, 거래할 수 없는 대상이었다. 거래대상이 될 수 없는 물건이 거래되면서, 계산할 수 없는 요소들은 배제되었다. 무엇보다 바다가 죽어갔다. 해녀 고시열 할머니의 말씀에 의하면, "매립한 바다는 전복 해삼이 많이 나던 좋은 바다인데 이제는 바다도 죽고 아무것도 안 나서 멀리까지 물질을 가야"하는 상황이 되었다고 한다. 매립 이후 바닷물도 깊어지고 해산물도 옛날처럼 많지 않다고 한다. 매립 이전에는 "바다도 얕고 썰물 때 물이 빠지면 오분자기, 소라, 보말 들이 널려 있었다"는 것이다.[277] 매립으로 인한 물리적 공간 변화는 공간이 주는 정서도 변화시켰다. 김홍식 씨는 탑동 일대가 "그전에는 밀물과 썰물의 변화도 알 수 있고 바닷가에서 걷기도 했는데 지금은 너무 인공적이어서 삭막하게 느껴진다고 아쉬워했다".[278] 그 자리에는 현재 탑동해안로가 설치되어 있다. 탑동해안로는 여전히 무더운 여름에 더위를 식히는 장소로 주목을 받고 있지만, 바다와 상호작용하는 과정은 과거와 달라졌다. 그래서일까, 제주대학교 김

---

275   Rose, Carol M. "Romans, roads, and romantic creators: traditions of public property in the information age", *Law and Contemporary Problems* 66, 2003, 89–110.

276   Bychkova, Olga. "Categories of goods in economics and public choice literature as applied to heat and water utilities", *Poltical theory and community building in Post-Soviet russia*, edited by Oleg Kharkhordin and Risto Alapuro, 2011, Routledge: London and New York, 68쪽.

277   디지털제주시문화대전, "탑동", 검색일: 2019년 4월 16일.

278   디지털제주시문화대전, "김홍식 할아버지의 일생의례", 검색일: 2018년 12월 15일.

태일 교수는 매립 이후 탑동 풍경이 "죽음의 풍경"으로 변했다고 절망했다.[279]

단지 인간과 자연의 상호작용만 배제된 것은 아니다. 탑동 먹돌 해안은 모두 인공 방파제 밑으로 매립되었다. 먹돌은 단순한 돌이 아니라 해녀들과 연안공동체에게는 경제활동의 대상이자 문화 활동의 대상이었고, 먹돌 그 자체로 또 다른 연안 공동체인 생태계를 만들어나가는 중요한 일을 하는 또 다른 의미의 행위자였다. 먹돌과 함께 이루어지던 다양한 종들의 생태계는 이제 황폐해져 인공 해안 근처에서는 찾아볼 수 없게 되었다. 문제는 우리가 이런 결과가 언제 어떻게 어떤 모습으로 우리에게 되돌아올지 알 수 없는 상황이란 점이다. 월파는 그 한 예다. 매립지가 막대한 부동산 개발 이익을 낳는 동안, 매립지 주변의 주민들은 월파 피해를 입어야만 했다. 그리고 그 피해복구비로 수십억 원에 이르는 세금이 투입되었다.

1993년 3월 8일 제주대 해양연구소는 1990년 제주시 서부두 일대 횟집 7곳이 파도에 침수된 것은 제주항 탑동 공유수면 매립에 그 원인이 있다고 발표했다. "범양건영이 시공한 5만평의 탑동 공유수면 매립으로 파도흐름이 변화된데 따른 해일 현상 때문이라는 것이다. 특히 서부두방파제와 매립지가 직각 형태를 이뤄 파도가 이곳으로 몰리면서 태풍과 폭풍이 불어오는 가을, 겨울철에 파도에 의한 침수 가능성이 큰 것으로 지적됐다."[280] 1990년 12월, 당시 제주항 서방파제 일대 횟집 상인

---

279 김태일, 「제주지역에서의 선보전 후개발 현황과 적용원칙에 대한 고찰」, 『제주발전연구』 제14호, 2010, 83쪽.
280 "9년 제주 서부두 침수 탑동 수면 매립이 원인, 해양연구소 밝혀", 『동아일보』 1993.03.08.

들은 범양건영이 횟집이 늘어서 있는 방파제 서쪽으로 호안공사를 완공한 이후부터 파도가 방파제 쪽으로 집중적으로 밀리면서 점포가 파손 또는 침수되는 피해가 발생했다고 주장한 바 있다. 중요한 점은 이런 월파 피해가 매년 되풀이되는 일이라는 점이다. 2002년 태풍 루사가 왔을 때 9억 7천만 원, 2007년 태풍 나리 때도 6억 3천만 원 상당의 피해를 입었던 것으로 알려졌다. 이런 월파 피해는 해안선을 따라 건설되는 구조물인 호안(revetment)이 다른 형태에 비해 적은 비용으로 건설할 수 있는 직립형으로 건설되어 더 증폭된 것이었다. 직립형 호안은 파도가 부딪힐 때 높은 반사파가 생겨 전면에 높은 파도를 발생시킨다. 또한 파랑에너지를 감쇄하는 효과도 적어 호안 전면뿐만 아니라 해안선을 따라 만들어져 있는 인공구조물의 안전성에도 심각한 위협을 가한다. 실제로 연구진들의 조사에 의하면, 탑동 공유수면 매립지의 직선 호안 지역에서 월파 피해와 구조물 붕괴 위험이 다른 구간에 비해 심각한 수준에 이르렀던 것으로 파악된 적이 있다. 도로 옹벽과 상부구조물에는 균열이 발생하였고, 세굴현상이 발생하여 탑동 호안 기초부분이 심각하게 훼손된 것이다. "이러한 월파 피해는 최근 기후변화로 인한 해수면 상승과 이상 파랑의 발생 빈도가 높아지는 상황에서 더욱 증가"[281]하는 것으로 알려졌다. 하지만 차라리 태풍이나 해일로 인한 월파는 그 일부일 뿐이다. 알 수 없기에 계산할 수도 없는, 그래서 무방비로 노출될 수밖에 없는 변화들이 예고되고 있다. 이런 의미에서 탑동 운동의 상징이 '먹돌'이었다는 점은 의미 깊다. 제주도는 탑동의 '먹돌'을 자연사박물관에

---

[281] 고혁준·김정록·조일형, 「제주시 탑동 호안 월파 피해 모형 실험」, 『한국해양환경에너지학회지』 Vol. 15 No.3, 2012, 164쪽.

전시한 적이 있다. 이는 자연을 파괴하고, 그 기록을 박제화시켜 박물관 유리창을 통해 관람하도록 하는 방법이란 점에서, 제주개발체제의 구조를 보여주는 하나의 '스캔들(scandle)'이다.

4. 권리의 확장: 개발이익 환수와 미완의 기획

1989년 1월 중순부터 탑동 운동의 국면이 전환한다. 삼도동 잠수회와 건입동 노인회가 탑동 매립으로 발생하는 개발이익의 환수를 요구하는 농성을 벌이면서이다. 1989년에도 매립의 불법성을 알려내면서, 매립 그 자체를 막아내려는 노력이 전개되지 않은 것은 아니다. 1989년 5월 22일 탑동 관련 해녀 40여 명은 매립 면허의 불법성을 재수사할 것을 촉구하며 제주지방검찰청을 방문하여 농성하기도 했다. 또한 1989년에는 매립 면허 발급 과정을 둘러싼 다양한 폭로가 이어지기도 했다. 특히 제주도지사였던 장병구 지사의 『제주신문』과의 인터뷰나 1989년 이루어진 국회 국정감사는 이 부분과 얽힌 다양한 의혹을 도민사회가 확인하는 계기가 되었다. 하지만, 운동의 중심 요구는 1989년 1월을 거치면서 매립 반대에서 개발이익 환수로 이동했다. 운동 조건의 변화가 가장 큰 원인이었다. 1988년 7월부터 진행된 매립공사는 이미 원상회복이 불가능한 상태였다. 공사를 되돌릴 수도 없다고 판단한 주민운동과 도민사회의 선택은 개발이익 환수였다. '개발이익 환수'라는 담론 자체는 이미 1970년대 초반부터 폭넓게 쓰이던 담론이었다. 그러나 이 담론은 민주화 이후 1988년부터 투기 억제와 개발이익의 공정 분배를 위한 대안으로 부상하여, 1989년에는 법으로 제도화되기까지 한다.[282] 토지공개념 확대 도입을 목표로 만들어진 '개발이익환수법'이 국회를 통과한 것이다. 이 법안의 대상에는 공유수면도 포함되었다.[283] 탑동 운동의 개발이익 환수 주장이 이를 직접 인용하지 않는다 하더라도, 그 주장은 민주화 이후 열린 개발이익 환수의 국가 정치공간과 연결된 주장이었다.

제주해양개발의 위선적 태도는 국면 전환의 기폭제가 되었다. 제주해양개발은 1989년 1월 23일 매립공사의 개발이익금 전액을 제주사회의 복지를 위해 환원하겠다고 발표한다. 하지만 후속 조치가 취해지지 않았다. 이에 1989년 2월 21일 제주도 내 9개 단체가 '탑동개발이익환수 투쟁 도민대책위원회(이하 도민대책위원회)'를 결성하고, 공동대응에 나선다. 당시는 도민사회 역량을 분산시켰던 송악산 투쟁이 막 끝난 시점이어서, 개발이익 환수는 도민사회의 중심 의제로 부상했다. 하지만 개발이익 환수를 요구하긴 했으나, 그 방안에 관한 구체적 대안이 도민사회에 있던 것은 아니었다. 또한, 환수 과정은 매립업자와의 타협을 전제하는 것이기에 탑동 운동에는 그 자체로 중대한 도전일 수밖에 없었다. 비록 조작이라고 하더라도, 구법에 따라 면허를 받은 매립업자의 개발이익을 환수하는 것은 그들과의 타협 없인 불가능했기 때문이다. 탑동 운동이 협상 전략으로 이동할 때, 그 결과는 이중적일 수밖에 없었다. 협

---

[282] "만성적이며 주기적인 토지투기와 개발이익 사유화로 인해 사회적 갈등과 경제적 모순"이 심화되는 현상을 막기 위해 이미 1967년부터 개발이익을 환수하기 위한 제도들이 존재해왔다. 1980년대 후반 토지투기 및 지가상승으로 인해 사회문제가 심화되자 개발부담금을 직접 환수하는 '개발이익 환수에 관한 법률'이 제정되었다. 임윤수, 「개발이익환수제도에 관한 연구」, 『법학연구』 21, 2006, 8쪽.

[283] "토지공개념, 내년 3월 시행", 『경향신문』 1989.12.07.

상 전략은 제주개발체제의 헤게모니 안에 자신의 요구를 통합하는 계기가 될 수도 있지만, 보다 근본적이고 전환적인 기획을 포기하고 체제의 헤게모니를 인정하고 강화하는 계기일 수도 있기 때문이다.[284]

1) 권리의 근거: 레스 코뮤네스

매립의 불법성은 매립으로부터 발생하는 이익을 지역사회로 환원해야 할 강력한 이유로 등장했다. 도민운동 단체들은 "도민의 재산이나 다름없는 공유수면이 특정 업자의 이익으로 독점되는 일은 없어야한다"고 주장했다. 이 주장의 일차 근거는 1986년 12월 31일에 개정된 공유수면매립법이었다. 불법 매립이었기에, 면허가 부여된 이전 법이 아니라 개정법에 따라 개발이익을 지역사회가 환수할 수 있다고 본 것이다. 하지만 이 주장에는 또 다른 권리 주장이 녹아 있었다. 공유수면 그 자체를 "도민의 재산"이라고 보는 주장이었다. 하지만 법적 근거는 없는 발언이었다. 왜냐하면, 공유수면 매립에 관한 법률은 "공유수면에 관하여 권리를 가진 자"에 대한 손실 보상을 하도록 요구하고 있지만, 이때 권리자는 공유수면을 직접 이용하는 어업권자와 영업권자 등만을 포괄하기 때문이다. 따라서 운동단체들은 법권리와는 다른 의미에서 공유수면에 대한 전체 도민의 권리를 주장한 것이라고 보인다. 진 L. 코헨과 엔드루 아라토의 지적처럼, 근대 권리가 법의 실정화를 전제로 하지만, 권

---

284 Agnes S. Ku, "Hegemonic construction, negotiation and displacement", *International journal of cultural studies* 4(3), 2001, p.263.

리가 실정법으로 축소될 수는 없다.[285] 이 권리는 제주 도민사회 안에 내재하는 관습적인 규범이자 문화 혹은 하나의 상식으로부터 나온 것이다. 현대적 관점에서 돌아본다면, 당시 권리 주장의 근거는 로마법에 나와 있는 '레스 코뮤네스(Res communes)'에 근거한 것이었다. 에밀 뒤르켐은 이를 다음과 같이 설명한 바 있다. "만인에게 속해 있고 본성상 어떤 전유에서도 벗어나 있는 것이기 때문에 누구에게도 속하지 않는 물건"[286]이라고 말이다. 바다와 바닷가는 이런 레스 코뮤네스의 대표적인 유형이었다. 탑동 연안은 모두에게 속해 있기에, 그 자체로 누구의 것도 될 수 없어 '거래할 수 없는 것(res extra commercium)'으로 남아 있어야 했다. 하지만 국가와 자본은 바로 이 레스 코뮤네스를 소유하여 거래 할 수 있는 대상으로 만들기 위해 매립하여 토지로 전환한 것이었다. 도민사회가 반복해서 탑동 공유수면 매립을 '약탈'이라고 비판한 이유는, 매립이 바로 모두에게 속해 있는 것을 특정한 개인의 것으로 만들기 때문이었다. 따라서 개발이익의 환수는 단지 피해 보상이 아니라 상실된 도민 재산을 되찾는 것으로 해석되었다. 이때 중대한 전환이 일어났다. 왜냐하면, 이 주장은 사실상 매립과 함께 '레스 코뮤네스'로서 공유수면이 소멸했다고 하더라도, 그 공유수면을 매립해 발생한 토지 또한 레스 코뮤네스로 유지되어야 한다고 주장한 것이기 때문이다. 이는 현재까지도 계속되고 있는 공유수면 매립 법령의 기본 구조를 뒤흔드는 제안이었다. 매립자의 사적 소유권을 인정하는 법령과 달리 도민사회는 모두의 것은 그 물리적 속성이 전환된다고 하여도 모두의 것으로 남아야 한다

---

285 진 L.코헨&앤드루 아라토, 『시민사회와 정치이론2』, 박형신 · 이혜경 옮김, 한길사, 2013, 93쪽.
286 에밀 뒤르켐, 『직업윤리와 시민도덕』, 권기돈 옮김, 새물결, 1988, 221쪽.

는 원칙을 제안했기 때문이다.

2) 합의: 병문천과 개발을 통한 환원

형식적으로라도 개발이익을 도민사회에 환원하겠다고 밝힌 제주해양개발과 달리, 범양건영은 개발이익 환수에 계속 저항했다. 당시 범양건영 회장의 다음과 같은 1989년 국회 국정감사장 발언은 이를 잘 보여준다. "(개발이익 제주 일부 환원은) 절대로 받아들일 수 없다. 제주에서 번 돈은 제주에서만 쓰고, 강원도에서 번 돈은 강원도에서만 쓰라는 법이 있는가".[287] 주민들과 도민사회는 매립면허 발급과정의 불법성을 들어 개발이익의 50% 환원을 요구했고, 업자들은 이 요구를 수용하지 않았다. 이로 인해 공정이 92%까지 진행된 1989년 11월에도 도시설계 승인이 나지 않아, 매립지에는 상하수도시설, 도로 포장 등 기반시설공사가 착수되지 못했다. 하지만 주민운동과 도민사회의 압력, 그리고 도시설계 승인 연기라는 제주시의회의 압력으로 범양건영은 공사가 끝나면 분양 결과 나올 이익 중 일부를 제주도 주민들에게 환원하거나 혹은 제주도 주민들이 요구하는 필요 사업을 지원하겠다는 방식으로 태도를 바꾸었다.

그런데 문제가 발생했다. 도민운동을 배제한 채 당시 도지사와 범양건영 회장이 환수 방법을 단독합의한 것이다. 그 내용은 '병문천' 복개공사를 범양건영이 지원하는 것이었다. 단독합의는 큰 물의를 일으켰다. 밀실합의라는 것이다. 1989년 6월 13일 제주도정 주도로 출범하여,

---

287　"제주는 제2의 강남이다", 『한겨레21』 2018.03.12.

일부 운동단체들로부터 "반도민적·반민주적 괴물"[288]이라는 평가를 받고 있던 탑동문제협의회도 "사전 협의 없는 도의 일방적 처리"라고 비판하면서, 협의회의 자진해산까지 선언했다. 탑투위도 1989년 11월 8일 유인물을 통해 제주도지사가 도민의 의견을 묵살한 채 합의한 병문천 복개공사는 백지화되어야 한다고 주장했다. 도민대책위원회는 곧바로 도지사 규탄 성명서를 발표하고, 단독합의 무효화를 선언했다. 민정당사를 점거농성하기도 하고, 민주당제주시지구당에서 점거 단식 농성을 진행하기도 했다. 또한 평민당, 공화당 등도 점거농성의 대상이 되었다.

이 과정에서 1989년 11월 19일 탑동 문제 해결을 위한 제주 각계의 대표들이 〈탑동문제해결 범도민회〉(이하 범도민회)를 결성했다. 이후 범도민회는 1990년 제주시, 범양건영 등과 탑동 문제 해결이란 이름 아래 타협의 대표 역할을 맡는다. 1990년 2월 17일 범도민회 5인 대표와 범양건영, 제주시 사이에 3자 간 잠정합의안이 도출된다. 합의 내용은 범양건영이 "병문천 2.3km를 복개하여 제주시에 기부채납하고 탑동매립지 1천 평의 가격에 상당하는 20억 원을 장학기금으로 제주시에 출연한다"는 것이었다.[289] 그러나 이 3자 잠정합의안은 범도민회 공동대표회의에서 거부되었다. 범도민회는 이후 장학기금을 40억 원으로 증액하고, 병문천 복개의 이행보증을 위해 탑동 매립지의 일정 면적을 제주시 명의로 임시등기할 것을 요구했다.[290] 그러나 범양건영은 이를 거부했다.

---

288 "탑동개발이익 환수, 불법매립지 '토지환수투쟁'",『제주의 소리』1989.
289 부만근,『제주지역개발사』, 제주연구원, 2012, 409쪽.
290 부만근,『제주지역개발사』, 제주연구원, 2012, 409쪽.

이에 범도민회를 비롯한 관련 당사자들과 경실련이 결합하여, 탑동 공유수면 매립의 불법성을 알려나가면서 그 무효성을 확인하기 위한 행정소송 등을 제기하기도 했다. 1990년 11월 5일, 경실련은 범양건영과 제주해양개발이 1986년 12월 24일 받은 매립 사업의 면허 무효 확인 심판 청구서를 건설부에 제출했다. 그러나 건설부는 매립면허신청과 발부가 적합하게 이뤄졌다며 이를 기각했다. 1991년 4월 18일에는, 제주어민 및 해녀 47명의 이름으로 건설부 장관을 상대로 공유수면 매립면허 처분 무효확인청구소송서를 서울고법에 제출했다.

병문천 복개에 대한 이행보증이 이루어지지 않으면서, 탑동 문제 해결은 답보 상태에 빠졌다. 동시에 도민사회도 탑동 문제를 집중적으로 다룰 수 없는 조건이었다. 하나는 지역 현안이 탑동 문제에서 제주개발특별법 문제로 이동하기 시작한 것이다. 다른 하나는 합의 이후 범도민회 발생한 심한 내부 분열 때문이었다. 합의 내용을 둘러싼 이견들은 끝내 도민회의 활력을 떨어뜨렸고, 나중에 범도민회는 매우 축소된 상태로 남게 되었다.[291] 그 과정 중에 제주시의회는 건설부에 매립준공검사의 유보를 요청했다. "이렇게 되자 제주시는 사업시행자를 설득한 끝에 매립지 1,400여 평에 대한 근저당설정을 받아내게 되었으며" 1991년 6월 제주시는 탑동 공유수면 매립지에 대하여 새로운 도시설계 지구로 공고하고, 제주시 의회에서 승인을 받았다. 이 과정에서 제주시는 애초 면허 발급조건에서 제한했던 건축물의 고도제한을 완화해주었다.[292] 1991년 12월, 결국 준공검사가 이루어져 탑동 매립은 종결된다.

---

291 조성윤, 「개발과 지역 주민 운동: 제주시 탑동 개발 반대 운동을 중심으로」, 『현상과인식』 16(3·4), 2010, 101쪽.
292 "제주 '탑동' 매립 6년째 줄다리기", 『한겨레』 1991.03.05.

1993년 범양건영은 병문천 복개공사를 착공했다. "당시 제주시는 병문천을 복개할 경우 도심 교통흐름이 원활해지고 주차공간도 대폭 확보할 수 있다는 분석에 따라" 범양건영과 이를 합의한 것이었다. 하지만 범양건영은 병문천 복개도 성실히 진행하지 않았다. "매립지 분양이 지연되고 있어 개발이익이 별로 발생하지 않은 데다 기업 자금사정도 악화됐다"는 것이 범양건영의 계속된 입장이었다.[293] 더 큰 문제는 따로 있었다. 당시 탑동 운동에 깊이 개입했던 인사인 양시경은 한 기고문에서 다음과 같이 주장했다. "병문천 복개에 따른 자연재난, 환경오염, 생태계 파괴, 도심 과밀화 현상은 고려치 않은 채 단순히 일부 지역에 국한된 도시교통문제에만 염두를 두고 무리하게 사업을 추진하고 있어 새로운 불씨를 야기시킬 수 있다".[294] 공유수면 매립으로 발생한 이익을 도시개발로 되돌리는 이런 순환은 개발이익 환수를 사실상 개발의 확대재생산을 통한 개발이익의 재분배로 귀결시켜버리면서, 제주개발체제를 강화했다. 도민의 필요 충족을 위한 자원 확보 요구가 개발 패러다임 내에서 규정되면서, 제주시의 도시 확장을 위한 개발 계획 안으로 개발 이익 환수가 통합되어 버린 것이다. 이는 제주개발체제가 지속해온 자연의 파괴를 통한 도시 확장을 반복하는 것이었던 동시에 도시에 대한 물질적 의존이 강화된 주민과 도민의 필요를 충족한다는 이유로 공유수면 매립 등의 행위를 정당화하는 민주화 이후 제주시 도시확장계획과 전략의 원형이 되었다. 제주시의 입장에서 공유수면은 도시의 확장을 위해 언제든지 거래될 수 있는 잠재적인 도시재정의 원천이 되었다.

293　"제주 병문천 복개 언제 끝나나", 『경향신문』 2001.06.25.
294　"1990년, 도민이 바랐던 '원칙', 2017년의 '원칙'은 어디에?", 『제주투데이』 2017.01.25.

3) 미완의 기획: 공동자원 운영의 대안 자치 모형

  범양건영은 매립지의 일부 가격에 상당하는 돈을 지급하겠다고 했지만, 당시 개발이익 환수 요구에서 도민사회가 원했던 핵심적인 방식은 돈이 아닌 '땅'으로의 환수였다. 1989년 제주대학교 교수 72명이 "도민들에게 정말 필요한 것은 돈이나 몇 채의 건물이나 다리보다 땅이다"라고 주장하는 성명을 발표했다.[295] 도민대책위 공동대표를 맡았던 당시 양영수 신부도 매립자가 개발비용 10%를 뺀, 나머지를 땅으로 모두 지역에 환원해야 한다고 주장한 바 있다. 화폐로 보상을 받을 경우, 그 관리의 문제뿐만 아니라 용도도 문제가 되기 때문에, 땅으로 받아 그 공간을 도민을 위한 공간이자 매립으로 바다를 잃은 해녀들의 생활도 뒷받침하는 공간으로 활용하자는 제안이었다.[296] 물론 여기엔 현금에 관한 공포와 분배와 관리라는 현실적 문제가 반영되어 있었다. 이는 퍼거슨의 말처럼, "금전을 매개로 한 관계를 사회적·도덕적 연대의 대척점"[297]으로 바라보는 시각이 전제된 것일지도 모른다. 또한 현금 보상의 문제점을 연안공동체에서 직접 확인한 이후이기도 했다. 하지만 단지 현금 보상에 대한 불안 때문만은 아니었다. 바다가 도민 공동의 재산이었으니, 그 바다를 메워 만든 토지 또한 도민 공동의 재산으로 지속해야 한다는 요구가 있었던 것이다.

  월간 제주인에서 진행한 설문조사에서도 응답자 1,000명 중 650명이

---

295 「탑동개발이익 제주사회 환원 촉구한다」,『월간 제주인』1989년 8월호, 108쪽.
296 「환원은 돈이 아닌 땅으로: 양영수 신부 인터뷰」,『월간 제주인』1989년 8월호, 119쪽.
297 제임스 퍼거슨,『분배정치의 시대』, 조문영 옮김, 여문책, 2017, 15쪽.

'땅'으로 환원되기를 바랐다고 한다. 그리고 용도 또한 유사하게 공원이나 휴식처, 문화적인 사업 등을 위한 것이 대부분이었다.[298] 〈탑동문제협의회〉도 환원 비율에 있어, 일정한 차이는 있을 수 있지만, 유사한 논리와 주장으로 총매립용지 중 공공용지를 제외한 상업용지에서 50%를 지역사회에 환원할 것을 주장했다.[299] 이를 위해 개발이익을 다루는 '관리위원회'가 제주해양개발 대표의 제안으로 구성된 적이 있었다. 제주해양개발은 반대운동이 거세어지자, 자신에게 돌아올 이익 전체를 제주도민에게 내어놓겠다고 밝혔다. 그러면서 이를 위해 학생, 해녀, 종교계, 법조계, 학계, 언론계 대표로 구성된 관리위원회에 모든 재산권을 위임하겠다고 말하였고, 이에 따라 잠정적인 관리위원회가 구성되었다. 그러나 그는 권한을 위임하지 않았고, 결국 관리위원회는 해산했다.[300] 만약 개발이익 환수가 병문천 복개로 귀결되지 않고, 관리위원회가 그 매립지에 관한 책임을 위임받게 되었다면, 탑동 운동은 도민공동의 자원을 도민과 주민에게 되돌리는 새로운 실험을 전개했을지도 모른다. 그러나 조건이 확보 안 되면서, 탑동 운동은 매립지의 대안 운영 기획과 모형을 상상할 계기 자체를 갖지 못했다. 또한 만약 현실화되었다고 해도 문제는 있었다. 당시 담론에서는 환원 받은 땅을 도민들을 위한 쾌적한 휴식공간과 생활공간 그리고 당시에도 심각한 문제로 부상한 교통문제 해결을 위한 공간으로 활용할 것을 제안하는 것 외에 구체적인 언급들은 찾아볼 수 없다. 또 다른 방식의 도시개발이었고, 이는 제주시

---

298 『월간 제주인』 1989년 8월호, 32-37쪽.
299 탑동문제협의회, "50%를 지역사회에 환원할 것을 제시한다" 1989년 8월 3일.
300 조성윤, 「개발과 지역 주민 운동: 제주시 탑동 개발 반대 운동을 중심으로」, 『현상과인식』 16(3·4), 2010, 94쪽.

의 도시개발계획과 크게 다르지 않았다.

5. 권리의 창안: 주민주체 개발결정권

1988년, 제주 다른 지역에도 많은 문제가 있었다. 탑동 공유수면 매립 반대 운동은 국가의 제주개발 계획과 밀접하게 연결되어 있었다. 1985년 건설부는 제주도종합개발계획을 마련했다. 이 계획에 따라 1991년까지 총 사업비 1조2천9백4억 원을 들여 위락, 숙박시설과 골프장, 상가 등을 건설해 제주를 국제수준의 관광지로 만들고자 했다. 이는 제주 곳곳에서 개발 문제를 일으켰다.[301] 1986년부터 한림항 개발공사로 공동어장이 파괴되고 있었다. 해조류와 해산물이 매립공사로 바다 안에 매몰되어 버리거나, 암석폭파용 폭약에서 나온 독극물로 어장의 절반 이상이 황폐화되었다는 기록이 있다. 이에 한림 잠수회를 중심으로 51명의 해녀와 그 가족 2백 50여 명이 이에 대한 피해보상을 요구하며 싸움을 시작했다. 서귀 잠수회도 싸움에 나섰다. 1975년 방파제 착공 이후 1987년까지 해산물 수확량이 현저히 감소했다고 그들은 주장했다. 방파제 공사로 어장 규모가 줄어들었을 뿐만 아니라 속칭 '자구리' 지역은 분뇨로 인해 피해가 막심하다고 했다. 조천과 신촌의 경우에는 대섬 유원지 개발 문제가 있었다. 지역 주민들은 공유수면 매립 동의의 무효 그리고 유원지 조성 계획 철회를 요구했다. 성산포에서는 성

---

301 "제주 종합개발에 주민들 반대 회오리", 『한겨레』 1988.09.02.

산포해양관광단지 개발계획으로 80여 가구가 철거될 위기에 직면했다. 주민들은 철거대책위를 만들어 대응에 나섰다.[302]

탑동 문제로 용담동 해녀들이 투쟁을 하던 그 때, 용담동 해녀, 제주시내 민주단체 그리고 개발문제로 고통을 받고 있던 또 다른 제주의 현장들인 한림, 조천과 신촌, 성산포, 서귀포 등의 지역주민들이 함께, '주민주체 개발결정권'을 내걸고, 1988년 8월 19일 '제주지역 주민주체개발결정권 쟁취 공동대책위원회'를 결성했다. 공동대책위는 공동결의문에서 "제주개발은 누구를 위한 것인가?"라고 물으면서, 개발로 인해 발생하는 주민 문제 해결의 원칙으로 "주민주체"의 원리를 제안했다. 주민주체의 원리는 두 가지 중요한 의미를 지닌 원리였다. 우선 이 원리는 제주 근대화의 핵심인 개발 문제에 관해 1970년대 이후 지속되어온 아래로부터의 문제제기를 응축해, 하나의 대안으로 구체화하여 표현한 원리였다. 탑동 운동을 평가하는 제주 여민회 편집부의 다음과 같은 언급 "개발의 주체는 지역주민이어야 한다"는 것에서 확인할 수 있는 것처럼, 주민주체 개발의 원리는 당시 제주 도민사회의 기본 패러다임이었다. 또한 동시에 이 원리는 민주화 이후 나타난 다양한 현장들이 자신의 현장 문제를 설명하고, 다른 현장들과 자신을 연결하는 연대의 원리이자, 공동의 전략 역할을 했다.

1) 주민과 도민: 연대와 분화

'주민주체'라는 이 표현에는 판단과 결정의 주체로서 주민의 존재에

---

302 이에 대해선 "개발이냐 개나발이냐!", 『제주의 소리』 8호, 9쪽.

대한 긍정이 들어 있었다. "제주지역 주민주체 개발결정권 쟁취 공동대책위원회" 결성식이 예고되어 있던 1988년 8월 19일, 집회에 참여하려는 주민들에게 경찰과 공무원은 "빨갱이"라고 위협하며, 집요한 방해 공작을 벌였다.[303] 국가 입장에서 주민의 결집은 언제나 불온한 현상이었고, 그에 따라 반공주의에 기초한 군사적 상황 정의 안에서만 주민을 이해했다. 이 상황 정의 안에선 국가가 모든 판단과 결정의 유일한 주체로 남고, 주민은 단지 통치의 대상으로만 존재해야 했다. 혹은 문제를 제기하는 주민은 자신만 알거나 더 많은 보상을 노린 이기적인 존재로 취급당하기 일쑤였다. 그러나 주민주체의 원리는 다른 유형의 주민 등장을 선언했다. 자신의 장소에서 자신의 문제를 독립적으로 판단하고 결정하는 주민이었다. 이런 점에서 제주에서 민주화 이후 주민운동은 현대 '주민'의 형성 과정이기도 했다.

탑동 주민운동은 이런 관점에서 보면 민주화 이후 형성되고 있던 '주민'과 '도민'의 연대와 분화가 동시에 발생한 운동이었다. 주민은 도민과 달리 특정 장소와 결합한 존재로서, 전체사회가 아닌 장소 기반 공동체와 일차적인 관계를 맺는 존재들이다. 공유수면 매립은 일차적으로 특정 장소의 문제였고, 이는 해당 장소를 공동관리자원으로 활용해온 연안공동체의 문제였다. 따라서 주민 주체의 등장과 능동화는 구체적인 장소의 문제로 나타났다. 운동단체들의 연대는 구체적인 장소의 주민 문제 해결을 위한 지원과 협력, 연대의 성격이 강했다. 탑동 문제를 일차적으로 "주민생존권 쟁취 투쟁"의 차원에서 파악하였던 당시 기록들은 이를 잘 보여준다. 도민사회와 주민운동의 결합은 각 장소 기반 투쟁

---

[303] 제주민주화사료연구소, 앞의 책, 10쪽.

을 고립시키지 않고, 통합하는 기표와 전략을 창출하는 조건이 됐다. 도민사회는 장소성은 약했지만, 다원적인 장소들의 요구를 통합하여 이를 정치화하는 역량을 보유하고 있었기 때문이다. 주민생존권 쟁취는 도민사회를 거쳐, 주민주체 개발결정의 권리라는 민주적 권리 창안을 위한 정치투쟁이 되었다. 이는 민주화운동이 민주화 이후 국면에서 지역주민운동과 만나 더욱 확장된 권리 창안으로 나간 경로라고 볼 수 있다.

하지만 도민사회의 등장은 주민운동과는 독자적인 층위에서 공유수면 매립 문제를 정의할 수 있는 담론과 주체의 발전을 가져왔다. 이때 도민운동은 주민운동과 분리될 수 있었을 뿐만 아니라 갈등관계를 형성할 수도 있었다. 도민운동은 민주화운동의 연속선상에 위치했고, 운동을 전체 민중의 역사 속에서 총체적으로 파악하는 이념 경향이 강했다. 주민운동과의 연대 또한 전체 변혁운동이나 민주화운동의 발전을 위한 도구적 단계로 인식하기도 했고, 그에 따라 주민운동을 자신의 하위 단위로 보는 경향도 내재하고 있었다.[304] 이런 두 주체의 동시적 형성 과정에서 발생한 문제는 주민과 도민의 전망을 조정하는 문제였다.

주민들은 단기적인 관점에서 생존과 생활의 문제를 해결하는 경향이 강했고, 그에 반해 도민은 상대적으로 장기적이고 총체적인 지역사회의 전망 하에서 공유수면 매립 반대 운동에 참여했다. 하지만 도민사회는 의제 중심으로 움직이며, 다른 의제가 발생하면 기존 의제를 다루는 데 한계가 있었다. 이는 삼도동 해녀들의 농성투쟁 국면과 용담동 해녀들의 투쟁 국면에서 제주 민주단체들이 결합하는 양상이 달랐던 점을 통

---

304 조성윤·문형만, 「지역 주민 운동의 논리와 근대화 이데올로기: 제주도 송악산 군사기지 설치 반대 운동을 중심으로」, 『현상과 인식』 29(4), 2005, 19쪽.

해 확인할 수 있다. 송악산 군사기지 문제가 불거지면서, 제주 민주단체들은 송악산 군사기지 반대 투쟁에 집중하게 된다. 이는 탑동 문제를 송악산 군사기지 문제보다 부차적인 문제로 인식했기 때문이었다.[305] 이에 반해 주민은 장소를 선택할 수 없었다. 일상의 장소가 박탈될 위기는 불안과 빈곤에 대한 위협을 만들어내고, 이에 일상으로 돌아가려는 강한 압력을 발생시킨다. 하지만 도민사회는 그 정의상 동료시민의 일상 문제를 의제로 만들 수는 있지만, 그 자체가 일상을 살아가는 이들의 사회는 아니었다.

　이는 공유수면과 관계하는 두 집단의 차이와도 연결되어 있었다. 두 집단 모두 '우리'의 바다라고 말했지만, 주민에겐 공동관리자원으로서의 바다였다면, 도민에겐 레스 코뮤네스로서의 바다였다. 주민운동은 도민사회를 발전시킨 계기이기도 했지만, 주민운동의 이탈로 도민사회는 동력을 상실하기도 했다. 도민사회 내부에서도 이런 전망 조정의 문제가 탑동 주민운동이 보상 문제에 집중되면서 중요한 문제로 부상했었지만,[306] 결국 조정되지는 못했다. 하지만 개발 문제를 둘러싼 주민과 도민 사이의 상호조정 문제는 그 이후 매우 중요한 문제가 되었다. 왜냐하면 제주개발체제 안으로 주민참여가 통합되면서, 주민과 도민사회의 갈등 관계가 본격화되기 때문이다. 2000년 초부터 진행된 송악산 개발을 둘러싸고 벌어진 지역 주민과 도민 사회의 대립은 그 중요한 예이며,[307] 2018년 비자림로 도로 확장 공사에서 마주친 주민과 도민의 대립은 이

305　『제주여성』 제6호, 13쪽.
306　『제주여성』 제6호, 14쪽.
307　조성윤·문형만, 「지역 주민 운동의 논리와 근대화 이데올로기: 제주도 송악산 군사기지 설치 반대 운동을 중심으로」, 『현상과 인식』 29(4), 2005, 21쪽.

문제가 제주개발체제의 중요 문제임을 다시 보여준다.

2) 제주개발체제로의 통합

또 다른 문제가 있었다. 주민주체의 원리는 개발 결정을 위한 권리였다. 당시 핵심 구호가 "개발권을 도민에게"였다는 점은 이를 분명하게 보여준다. 주민주체의 원리는 단지 개발 판단과 결정의 주체로서 주민을 내세운 것이 아니라, 외부에서 무엇보다 국가에 의해 제주에 부과되는 개발에 저항하는 담론으로 등장한 것이었다. 여기에는 육지의 차별로부터 제주를 벗어나게 하려는 인식과 심리가 매우 중요한 역할을 했다.[308] 기간 제주개발의 역사가 지역주민을 위한 개발이 아닌 오히려 "관과 육지재벌 간의 결탁"[309]에 의한 개발이익의 도외 유출 역사라는 운동단체들의 역사 인식은 그 핵심이었다. 이런 인식에는 물질적 근거가 있었다. 국가와 지방정부의 무관심과 배제의 구조 속에 지역 발전 문제는 오랫동안 방치되었으며, 그 결과 주민들은 낙후된 생활환경과 불안정한 혹은 정체된 경제구조 속에 놓여 있었다. 이런 불만 속에서 개발은 기간 진행되어온 '무시'에 대한 인정투쟁이자 지역 경제 발전에 대한 열망의 동시적인 표현이었다.

이런 점에서 주민주체의 원리는 외부에서 부과된 제주개발을 비판하며 주민을 동원하고 방어하는 데 유용한 담론이었지만, 제주 내부의 자

---

308 육지의 차별로부터 오는 제주의 사회심리적 조건에 대한 지적은 이 글을 함께 읽고 토론해준 정영신, 고희숙 두 선생님께서 지적해주신 내용이다.
309 1988년 제주지역주민주체개발결정권쟁취공동대책위원회 공동결의문.

생 개발을 비판하는 담론으로는 작동하기 힘든 구조를 지니고 있었다. "누가 주체가 되어, 무엇을 목적으로, 어떻게 개발할 것인가?"[310]라는 질문에 주민주체의 원리는 너무나도 쉽게 주민의 이익 옹호를 이유로 개발을 허용할 수 있다. 이는 당시 지역주민들의 가장 큰 불만이 "관광개발사업에서 소외되고 개발의 이익이 자신들에게 돌아오지 않는 것에서 출발"했다는 점 때문에 더욱 그렇다. "만약 개발업자가 개발의 대가로 일정한 돈을 지불하거나 그밖에 다른 타협책을 제시"[311]한다면, 개발은 이루어질 가능성이 컸다. 제주개발체제는 헤게모니의 확장을 위해 주민주체 개발결정권 안에 들어 있던 이와 같은 요구를 능동적으로 통합하는 방향으로 움직였다. 주민주체의 원리를 개발이익 재분배의 요구로 변형하여, 아래로부터의 능동성을 체제 안으로 투입하고자 한 것이다.

 민주화 이후 등장한 주민운동과 도민사회의 성장, 그리고 기간 축적되어온 제주개발 구조에 대한 불만과 비판 지형으로 인해, 권위주의하에서 형성된 주민 배제와 무시의 개발 구조를 그대로 반복할 수 없는 지형이 발생했다. 이는 특히 1989년부터 1992년까지 〈제주도개발특별조치법〉의 입법과 실행을 둘러싼 강력한 저항으로 표현되었다. 아래로부터의 동의를 얻는 안정적인 제주개발체제를 만들기 위해서는, 주민주체 개발결정의 요구 일부를 변형 통합해야만 했다. 그 예의 하나가 1990년 4월 당시 노태우 대통령이 제주개발은 제주도민에 의해, 제주도민을 위해 이루어져야 하고, 도지사가 모든 권한과 책임을 지고 개발해 나갈 수 있도록 특별법을 제정하거나 현행법을 개정하도록 하라고 지시한 사례

---

310 제주여민회, 앞의 쪽, 11쪽.
311 조성윤, 「관광개발과 지역주민운동: 제주 종합사격장 건설반대운동의 사례분석」, 『제주도연구』 제15집, 1998, 247쪽.

이다. 이 발언은 이중적이다. 왜냐하면, 이 발언이후 제주도에만 국한된 개발특별법 제정 경로가 부상하였기 때문이다. 그러나 막상 제주도개발특별법에는 도민 주체의 개발이란 항목이 누락됐다. 이 항목이 누락되자, 강력한 반대가 일어났다.[312] 이는 제주개발체제가 주민주체의 원리를 활용하는 전형을 보여준다.

1990년대 초반을 경유하면서 제주개발체제는 일부 변형된다. 그 방법은 두 경로였다. 하나는 주민주체 개발결정권에 존재하는 일부 요소를 제주개발 프로젝트 안으로 통합하는 것이었다. 제2차 제주도 종합개발계획이 대표적인데, "주민들의 격렬한 저항으로 법안의 이념과 기본 구상에서는 주민이 주체가 되고, 개발과 보전을 조화시키며, 산업 및 지역 간 균형 발전을 강조하면서 개발이익의 지역 환원"을 포함했다.[313] 이는 주민주체 개발결정권의 표현과 일부 내용을 그 안에 통합한 것으로, 아래로부터의 저항의 결과란 점에서 중요한 전진이었다. 이로 인해 제주개발체제의 양식은 변화의 계기를 그 안에 내포하게 되었다. 하지만 전체 개발계획의 구조는 여전히 국가와 자본에 의한 과거의 개발 방식과 크게 다르지 않았다. 오히려 주민 주체의 원리와 개발이익의 지역 환원이라는 문제설정은 국가와 대자본의 개발 방식을 유지하면서, 주민 곧 "돈 없는 사람들이 개발에 참여"할 수 있는 방식[314]을 여는 방법으로 개발체계의 하부구조를 확장하고자 했다. 2003년 산방산 케이블카 공사를 추진했던 사계리 주민들처럼, 주민이 주도하여 개발계획을 발표

---

312 오정준, 「제주도 지역개발의 변화 양상에 관한 연구」, 『지리학연구』 37(2), 2003, 147쪽.
313 양수남, 「제주도의 난개발 실태와 녹색의 대안」, 『환경과 생명』, 2003, 206쪽.
314 "개발 특별법에 제주 民火山 폭발", 『시사저널』, 1991.10.24.

하고, 자본을 끌어들이는 방식도 나타난다. 이 두 요소의 통합은 도지사의 권한이 강화되는 도정부의 자율성과 책임성을 확장하는 형태로 귀결되었다. 중앙정부는 주민주체의 원리를 도정부의 주도로 재구성해냈고, 형식상으로는 그 뒤로 물러나는 변화를 만들어내고자 했다.[315] 확장된 하부구조는 현 제주개발체계의 강력한 토대가 되었다. 그래서 이상철은 도정부와 주민에게 권한을 약간 더 부여하는 개발방식의 변화만 존재할 뿐, 개발전략의 근본적인 변화는 없었다고 비판한 바 있다.[316]

또 다른 경로의 하나는 인적 통합이었다. 민주화운동과 그 이후 시민운동 및 주민운동의 인사들 특히 학생운동권 출신 인사들은 민주화 이후 열린 정치공간에서 지역 기성 정당체계 안으로 통합되거나, 제주지역 통치체계의 다양한 위치를 활용할 수 있는 지위를 획득했다. 당시 도민사회 일부 혹은 민주화운동 일부 집단은 개발 때문에 추방당하고 핍박받는 인민의 생계와 생활보장에 대한 문제에 대해서는 민감하였지만, 개발 그 자체의 필요성을 인정하거나 혹은 개발이 제기하는 문제에 대해선 현재처럼 민감하지 않았다. 무엇보다 민주화운동은 개발주의에 저항한 운동은 아니었기 때문이다. 하지만 통합은 포획과 달라 이 과정을 통해 제주개발체계 안에 일정한 이질성과 다른 가능성의 공간이 확대됐다. 그러나 통합은 동시에 배제이기도 했다. 주민주체 개발결정론에 내재하여 있던 자본과는 다른 방식으로 주민과 장소를 결합하며, 그에 기초해 지역의 발전을 모색하는 근본적인 대안 발전의 시각은 외부로 배제되었다.

---

315   이상철, 「제주도 개발정책과 도민 태도의 변화」, 『제주도연구』 제12집, 1995, 83쪽.
316   이상철, 「제주도의 개발과 사회문화 변동」, 『탐라문화』 Vol. 17, 1997, 203쪽.

6. 나가며: 운동의 유산과 새로운 상속의 방법

　탑동 운동은 제주개발체제 내부에 형식적으로 존재하던 권리의 인정을 요구하거나, 혹은 등장하고 있던 대안제도를 활용하여 이를 재구성하는 방식으로 권리를 확장하는 투쟁을 전개했다. 이전에 없던 "주민주체 개발결정권"을 요구하였던 투쟁 또한 기존 체제 내부에 존재하는 자원들과 분리된 것이 아니라, 그 자원의 배치와 위계를 다른 방향으로 조직하기 위한 권리였다. 이는 기본적으로 제주개발체제의 제한된 헤게모니(limited hegemony)를 확장하는 투쟁이었고, 민주화 이후 분출되는 아래로부터의 능동성을 통합해야 할 필요에 직면했던 제주개발체제는 이를 내부화하기 위해 투쟁을 통제하거나 변형하고자 했다. 제주개발체제의 개방 정도는 매우 낮았으나, 탑동 갈등의 사회화가 강화되고 대규모 동원이 진행되면서 운동과 타협해야만 하는 국면에 직면했다. 운동 또한 제주개발체제의 압력으로 운동의 요구를 완전하게 충족될 수 없었으나, 이 과정에서 일부 요구는 인정을 받았다. 제주개발체제는 기존 질서를 유지할 수 있는 범위 내에서 탑동 운동이 제기하는 일부 요소들을 그 안에 자신의 방식으로 통합하여, 헤게모니를 확장하는 방식으로 민주화 이후 민주주의 국면에 적응했다. 하지만 헤게모니를 근본적으로 위협할 수 있는 요구는 제주개발체제 밖으로 배제했다. 비록 도식적이지만, 탑동 운동과 제주개발체제의 상호작용을 표로 정리하면 다음과 같다.

〔표 2〕 탑동 운동과 제주개발체제의 상호작용

탑동 운동의 도전		제주개발체제의 대응	
도전 범주	핵심 요구	통합	배제
권리의 인정	피해 보상	• 무시되고 있던 연안 공동체의 권리 인정 • 〔피해-보상〕을 통한 개발체제의 동의와 참여 • 공동관리자원의 거래할 수 있는 대상으로의 전환	• 공동관리자원의 지속 • 계산될 수 없는 대상들과의 관계 지속
권리의 확장	개발이익 환수	• 또 다른 개발을 통한 개발이익의 환원 • 도시 확장과 개발체제의 융합 • 시민사회와의 타협	• 레스 코뮤네스의 유지와 그 대안 운영의 권리 • 거래할 수 없는 대상의 사회적 상속 유지
권리의 창안	주민주체 개발 결정권	• 주민주체 원리의 개발체제 내부로의 통합: 개발이익의 사후적 재분배 • 도지사의 권한 강화를 기본으로 하는 지방정부 주도성 • 중소규모 자본의 도민 개발체제를 하위체계로 통합	• 주민과 장소의 결합을 통한 대안 발전의 요구 • 주민과 도민의 상호조정 • 공동의 삶을 위한 공동의 부

1) 운동의 유산: 공동자원의 방어

운동에서 무시되고 배제된 요구들은 제주개발체제의 헤게모니를 확장하기 위해 운동이 동원하였던 담론적 근거 그 자체와 직접 연결된 요구들이었다. 연안 공동체는 공동관리자원으로서 공동어장이 부여하는 법 제도를 통해 자신을 정당화하였고, 공동어장과 맺어온 역사적 관계와 그 자원이 자신들의 삶에서 차지하는 물질성과 의미를 통해 이를 강화했다. 도민사회는 부상하는 대안제도였지만, 아직 실현된 적이 없던 개발이익 환수제도를 활용하기 위해 탑동 연안을 도민 모두에게 속해 있는 자원으로 규정했다. 레스 코뮤네스의 담론이 직접 등장하지는 않았지만, 관습과 일상생활 도덕 및 상식 안에 내재해 있던 레스 코뮤네스의 요소가 등장한 것이었다. 공동관리자원과 레스 코뮤네스는 모두 현대 담론 안에서 공동자원(commons)으로 유형화할 수 있는 담론들이다. 비록 자신의 잠재성을 완전히 실현하지는 못했지만, '주민주체 개발결정권' 요구는 제주가 누구에게 속해 있는가라는 질문을 제기한다는 점에서 이 두 담론과 밀접하게 연결될 가능성을 지니고 있었다. 이런 점에서 볼 때, 탑동 운동 안에 비록 현대적 의미의 공동자원이란 용어가 나타나지 않는다고 하더라도, 탑동 운동에는 각기 다른 경로로 공동자원으로서 공유수면을 방어하고 이를 지속시키고자 하는 열망이 포함되어 있었다고 말할 수 있다.

공동자원의 관점에서 볼 때, 1988년 탑동 주민운동은 단지 공유수면 매립의 불법성을 폭로하면서 매립에 반대한 운동이 아니었다. 탑동 주민운동은 공동자원의 파괴를 통해 작동하는 제주 개발 구조에 대항하여, 공동자원(commons)에 대한 공동의 권리(common rights)를 방어하기 위한 운동이었다. 또한 그 과정에서 비록 맹아적인 형태라고 할지라도 '주민주체 개발의 원리'를 통해 그 권리를 구체화하고자 하였고, 공동자원을 통한 다른 방식의 발전 모형을 모색하는 공동자원 기반 대안(commons based alternatives)의 추구를 그 한 축으로 했다. 하지만 그 대안은 완결된 형태로 나타나지 않았을 뿐만 아니라, 당시의 역사적 한계로 인해 제약되어 있었다. 제주개발체제는 공동자원과 연결된 '요구'의 일부는 통합하면서도, 공동자원과 주민 및 도민을 분리해 공동자원 그 자체를 개발에 동원하는 데 성공했다. 따라서 탑동 운동이 일차적으로 공유수면의 매립을 반대한 운동이었다고 할 때, 운동은 실패했다. 하지만 "세력관계들의 균형을 새로운 성향으로 이동시키고, 이를 통해 새로운 결과, 즉 그람시가 말한 '새로운 현실'을 구성하기 시작"[317]했다는 점에서 승리한 운동이었다. 승리와 실패 사이의 이 간극으로, 운동이 남긴 유산 그러나 제주개발체제 외부로 배제된 운동의 또 다른 유산과 만날 새로운 방법을 찾아야 하는 필요성은 더욱 커졌다. 하지만 이 필요에 부응하는 현대적 대응은 여전히 풀어야 할 미해결의 질문으로 남아 있다.

2) 제주개발체제와 헤게모니의 균열

제주개발체제의 헤게모니가 확장되었지만, 완전한 안전성을 획득한 것은 아니었다. 제주개발체제는 주민과 도민의 개발참여구조를 확장하고 이를 통해 아래로부터의 동의와 능동성을 일정 부분 체제로 투입하는 데 성공하였던 반면, 동시에 그 외부로터의 한계와 안으로부터 균열의 경향 또한 강화했다. 조희연의 지적처럼, "헤게모니를 일괴암적이고 아무런 내적 균열과 긴장이 없는 것으로 보는 것은 헤게모니에 대한 일면적 해석"[318]이다. 헤게모니에는 간극, 불일치, 모순이 존재하며, 이 요소들은 헤게모니의 내적 균열 계기가 될 수 있다. 일차적으로 제주개발체제의 재분배는 자신의 약속만큼 작동하고 있지 않다. 제주개발체제

---

317 스튜어트 홀, 『대처리즘의 문화정치』, 임영호 옮김, 한나래, 2007, 269쪽.
318 조희연, 「'헤게모니 균열'의 문제설정에서 본 현대한국 정치변동의 재해석: 그람시의 헤게모니론의 재해석에 기초하여」, 『마르크스주의 연구』 5(1), 2008, 97쪽.

의 지배집단과 종속집단 사이에 간극이 존재한다. 제주개발체제는 경제성장을 가져왔다. 하지만 이는 동시에 계급 분화도 가져왔다. 현대 집합운동의 주체로서 도민과 주민의 능동화가 발생했다. 경제성장은 주체의 능동화의 한 조건이 되기도 했다. 능동성의 통합은 곧 제주개발체제가 그 내부에 경합공간을 열어야 한다는 의미였고, 이는 과거와 같은 형태의 안정성을 개발체제에 부과할 수 없었다. 또한 제주개발을 전체 제주의 기획으로 만드는 정치윤리적 능력이 약화되었다. 제주근대화 기획으로서 개발에 대한 불신과 회의, 비판이 민주화 이후 강화되었다. 또한 환원 불가능한 자연을 지속적으로 파괴하는 방식으로 헤게모니가 확장되면서, 자연 그 자체가 제주개발체제 헤게모니의 한계를 부과하고 있다. 공동자원의 파괴는 제주개발체제가 이용할 수 있는 자원 그 자체를 축소시키고 있을 뿐만 아니라, 그 유지와 존속에 들어가는 비용을 기하급수적으로 증가시키고 있다.

이런 헤게모니의 균열과 한계 강화로 인해, 제주개발체제는 1990년대를 거치면서 과거와는 다른 방식으로 개발, 참여, 재분배를 조정해야 할 또 다른 필요에 직면했다. 이 필요는 부분적으로 헤게모니의 확장 결과이자 그 성공 결과란 점에서 역설적이다. 그 결과 등장한 것이 지속가능성과 개발의 종합을 통해 작동하는 헤게모니 기획의 혁신이었다. "지속가능한 발전이 제주사회의 모든 구성원에게 하나의 개발 방향성으로 정착"되어, "공무원, NGO, 언론, 도민 그리고 심지어는 개발업자에게 이르기까지 개발방식에 대한 논의를 통일시켜주는 계기"로 작용하고 있다.[319] 이는 제주 내부와 외부에서 발생하는 개발 기획을 일정 부문 통

---

319 오정준, 「제주도 지역개발의 변화 양상에 관한 연구」, 『지리학연구』 37(2),

제하는 효과를 발휘하고 있는 것이 사실이다. 하지만 이 혁신 또한 불안정하며, 그 안에 모순을 내포한다. 지속가능한 개발을 핵심 정치윤리로 하는 이 헤게모니 기획은 아래로부터 지속가능성의 주창과 실현을 요구하는 운동의 공간을 열어주었지만 동시에 개발을 위로부터 부과하는 또 다른 수단에 의한 개발 기획의 공간이 되고 있기도 하기 때문이다.

2차 탑동 공유수면 매립이 이루어진 이후에도 나타나고 있는 공유수면 매립 계획은 이를 보여주는 상징적인 사례이다. 1997년 제주시는 2016년까지 적용될 도시기본계획(안)에 시재정확보를 위해 탑동매립지(5만평) 북쪽바다 29만평을 공유수면매립예정지로 지정하고 도에 심의를 의뢰할 계획을 세웠다. 이 도시기본계획(안)에는 탑동 매립지역 북쪽바다 말고도 이호동 이호수원지 북쪽 해안 5만 1천여 평도 매립예정지로 포함되었다. 환경단체들이 반발하자, 제주시는 "당장 매립하는 것이 아니라 상황에 따라 매립할 수도 있는 만큼 향후 20년 동안의 기본계획에 포함시켜 놓아야 한다."는 입장을 밝혔다.[320] 이 발언이 중요한 이유는 제주시의 도시계획이 직면한 핵심 문제를 보여주기 때문이다. 도시의 발전을 전제한 상태에서 구축되는 도시계획은 미래의 발전을 위한 예측을 포함한다. 이 계획안에서 공유수면 매립은 도시의 재정 확보를 위한 중요한 수단으로 포함되었고, 그 결과 특정 상황이 되면 언제든지 매립될 수 있는 대상으로 규정되었다.

또한 추가적인 탑동 연안 매립이 계획되었다. 2012년 7월 다시 탑동 앞바다인 공유수면 매립 문제가 다시 불거진다. 2012년 7월 11일 제주

2003, 148쪽.

320 "제주시 공유수면 매립계획 논란", 『중앙일보』 1997.04.09.

도가 탑동 공유수면을 대규모 매립하는 내용을 포함한 항만기본계획 변경 사전환경성 검토 주민설명회를 열자, 환경단체 등이 반발하고 나선 것이다. 원래 이 계획은 2011년 제주도가 탑동 해양관광복합공간 조성 사업을 계획하면서 나온 것이었다. 제주도의 계획에 따르면, 2014년부터 2020년까지 탑동 공유수면 10만8628㎡를 매립하고 유람선 부두와 요트계류장 등을 조성하는 것이었다. 그러나 민자 유치가 어려울 것으로 본 제주도는 매립면적을 31만8500㎡로 대폭 확대하는 것으로 계획했다.[321] 제주도는 2011년 7월 이 계획을 위해 국토해양부의 제3차 항만기본계획 변경을 요청했었다. 논란이 일어나자 일단 제주도는 이 계획을 유보했다. 하지만 2016년 제3차 항만기본계획은 결국 변경되어, 탑동 해상을 대단위로 매립해 새로운 크루즈항만을 건설하는 내용이 확정되었다. 항만기본계획은 수립 이후 5년 경과에 따라 수정계획을 수립하는 데, 이 안에 포함된 것이다. 더욱이 이때 매립되는 면적은 1988년이나 2012년 발표됐던 항만기본계획보다도 몇 배 큰 대단위 규모다.[322] 2019년 제주도는 제주신항만 건설 사업을 정부의 예비타당성 조사 면제 대상으로 신청했다. 일부 제주 도민사회는 이미 제3차 탑동 공유수면 매립이 진행되고 있다고 보기도 한다. 2018년부터 탑동 앞바다에 2019년 완공을 목표로 방파제가 건설되고 있기 때문이다. 제주도는 재해예방이 목적일 뿐이라고 말하고 있다. 하지만 도민사회는 현재 공사 중인 방파제가 제3차 전국 항만기본계획 수정계획 도면과 거의 일치한다는 점에서, 향후 제주신항과 탑동을 연계하려는 사전 작업이라고 보

---

321 "탑동 추가매립 반발 커져", 『한겨레』 2012.07.11.
322 "제주 신항만 건설계획 확정…탑동해상 136만㎡ 매립한다", 『헤드라인제주』 2016.09.29.

고 있다.[323]

3) 새로운 상속의 방법: 공동자원 기반 대항헤게모니 기획

주기적으로 반복되는 이와 같은 제주 탑동 공유수면 매립 계획과 이를 둘러싼 논란은 탑동 공유수면 매립 반대 운동이 단지 과거의 일이 아니라, 현재 제주에서 도시발전과 공유수면 사이의 관계, 보다 일반적으로 말한다면 공동자원과 개발의 관계가 여전히 미해결 문제로 남아 있으며 이를 둘러싼 적대 관계가 제주 민주주의의 발전에서 중심적인 문제라는 점을 다시 보여준다. 따라서, 공동자원과 주민 그리고 도민이 결합하는 대안적인 권리를 요구하며, 국가와 자본의 개발과는 다른 방식으로 공동의 삶을 창출하는 데 기여하고자 한 탑동 운동의 유산을 현대적 맥락에서 재구성하는 것은 단지 학문적 과제만은 아니다. 이 배제된 유산은 현재 제주개발체제 내부와 외부에서 체제에 도전하며 다른 제주를 상상하고 만들어나가는 다양한 사회적 실천과 운동으로 나타나고 있다. 하지만 공동의 유산을 상속하고 있음에도 각 운동은 분산되어 있어 이를 현 제주개발체제에 도전하는 대항헤게모니 기획으로 발전시키지는 못하고 있다.[324] 제주개발체제에 대한 도전은 이를 치환할 대안체제

---

323 "제주신항과 무관하지만 무관하지 않은 탑동 앞바다 방파제 공사", 『제주투데이』, 2018.06.05.

324 여기서 '대항헤게모니'란 넓은 의미의 네오 그람시안적 정의를 따라 기존 지배체제를 치환하는 대안체제를 구성해내는 전환기획이란 의미로 쓴다. 자세한 내용은 다음을 참조. William K. Carroll, 「Crisis, movements, counter-hegemony: in search of the new」, Interface: a journal for and about social movements Volume2(2), 2010, p.174.

의 형성 과정이기에, 그 대안체제를 형성할 또 다른 헤게모니 기획을 발전시키지 못하는 한 이 체제를 넘어설 수 없다는 점에서 이는 중요한 문제이다.

따라서 탑동 운동 이후 30년, 현재 우리가 직면한 핵심 과제는 배제된 운동의 공동 유산을 대항헤게모니로 구체화하는 경로를 탐색하는 것일지 모른다. 이 작업은 탑동 공유수면 매립 반대 운동에서 나타난 권리의 인정, 확장, 창안의 과정을 보다 확고하게 공동자원에 대한 권리와 대안 발전 그리고 민주주의의 기획으로 재정립하는 데서 출발할 것을 요구한다. 그 출발점은 빈곤을 공동자원의 관점에서 재정의하는 일이다. 빈곤은 개발을 향한 내부의 압력을 만들어내며, 외부의 개발 압력을 수용하는 상황 정의를 발전시킨다. 따라서 빈곤에 대항할 수 없는 민주주의와 대안 발전 패러다임은 그 자체로 무력화된다. 그러나 일상화된 빈곤에 대한 상식적인 이해는 각 개인의 빈곤 곧 자산의 개인적 축적과 연결된 문제로 한정되어 왔다. 빈곤이 경제성장을 위한 개발 압력으로 전환되는 이유도 바로 여기에 있다. 이 빈곤 개념에는 공동의 부(common wealth)라는 문제설정이 존재하지 않는다. 각 개인의 빈곤이 생존의 문제와 연결되는 경우는 오직 그 빈곤이 각 개인의 책임 하에 놓여 있는 사회적 맥락에서만이다. 개인의 부가 불평등하게 배치되고, 공동의 부가 빈곤화되는 경향은 "모든 이들의 사회적인 그리고 자연적 좋은 삶을 더욱 악화"[325]시키는 결과를 가져온다. 이런 의미에서 공유수면 매립 과정에서 우리가 상상하는 빈곤의 개념은 그 반대라고 할 수 있다.

---

325 Tomasso Fattori, "Towards a commons based development model", May 31, 2013. URL: https://blog.p2pfoundation.net/towards-a-commons-based-development-model/2013/05/31

빈곤은 공동의 부의 결핍이다. 그리고 공동자원 없이 공동의 부 없다.

08

병문천 복개 과정을 통해 본
탑동 매립 반대 운동 이후 30년[326]

이재섭

1. 들어가는 글

　2018년은 탑동 불법 매립 반대 주민운동이 시작된 지 30년이 되는 해이다. 불법 매립에 항거하며 도민 모두가 힘을 모아 정치권력에 항거하던 기념비적 운동의 측면에서는 30년의 시간이 의미 있는 일이다. 하지만 여전히 탑동에서는 또 다른 형태의 매립이 진행되고 있다. 현재 30년 전 탑동 불법 매립의 결과로 생겨난 해안도로 앞 바다에는 제주 신항만 건설을 위한 대규모 매립을 위한 기초 작업이 진행 중이다. 탑동

---
[326] 이 글은 『탐라문화』 61호에 발표한 「병문천 복개 과정을 통해 본 탑동 매립 반대 운동 이후 30년」을 토대로 작성한 것이다.

문제는 과거의 일이 아닌 현재진행형의 문제이다.

2018년 9월 기준, 동북아 거점 항만 물류 인프라 구축을 위한 제주항 외항 2단계 개발 및 탑동지역 파랑 내습에 따른 월파 방지를 위한 제주항 탑동 방파제 축조 공사를 추진하고 있다.[327] 제주 신항만 건설은 2030년까지 4단계로 나눠, 총 2조 4670억을 투자해 제주시 삼도동, 건입동, 용담동 일대 항만 부지와 배후 부지 136만 8210m^2 면적의 해상 매립을 통해 초대형 크루즈 부두를 건설하는 것을 주 내용으로 한다. 현재 제주 신항만 계획은 제주특별자치도가 해양수산부, 기획재정부와 지정재고시를 위한 협의 일정도 확정 못한 상태로 중국발 한국 단체 여행 금지 여파로 인해 보류된 상태이며 2018년 말에 논의를 재개하기로 하였다.[328]

제주시 탑동 해상을 대단위로 매립해 건설하는 '제주 신항만' 건설에 대해 환경단체들은 강력하게 반발하고 있다. 제주환경운동연합은 신항만 계획이 제주의 미래가 될 수 없다고 주장하며 신항만 개발 사업 중단을 촉구했다. 이들은 신항만 계획이 도민사회의 합의와 고민 없이 강행되고 있으며, 이는 지역경제와는 무관한 세금낭비성 토건사업으로 일부 기업들의 이익을 위한 크루즈항만 계획에 불과하다고 지적한다. 제주환경운동연합은 신항만이 제주도에 어떤 도움도 되지 않으며, 극심한 해양 환경 피해를 시작으로 용두암과 용연, 용담 2·3동으로 월파 피해가 전이 되어 도민 안전에 위협이 될 것이며, 해양 환경 파괴에 따른 어장 파괴와 기존 상권과의 충돌 문제 등을 제기하였다. 이는 지난 1990년대

---

[327] 제주특별자치도청 홈페이지, http://www.jeju.go.kr/join/evaluation/part9/09.htm (검색일: 2018.07.30.).

[328] 홍수영, "신항만, 잇따른 암초에 표류 장기화", 『제주일보』 2018.01.03.

범양건영에 의한 탑동 매립 이후 주변 지역의 경기 침체와 주거 환경의 낙후화가 더욱 심화됐는데 향후 신항만 건설 후에도 이러한 현상이 더욱 가속화될 가능성이 매우 높다고 주장하였다.[329]

이와 같이 30여년의 세월이 흘렀음에도 제주 사회는 당시의 상황과 비슷한 문제에 직면해 있다. 또 다른 전운의 불씨가 지역 사회에 드리우고 있다. 이는 30년 전 탑동 불법 매립 반대 주민운동을 과거의 일로 여기고 회상하는 데 그쳐서는 안 될 이유가 된다. 현재 제주도 전역에서 지역 주민들의 의사에 반하는 대규모의 개발 행위가 그치지 않고 있으며, 대규모 개발 이익이 어디로 향하는지 도민들이 알지 못하는 경우가 대부분이다. 이러한 현실에서 30년 전의 사례를 통해 대규모 개발이라는 제주 지역의 현대사와 주민운동이 가져온 지역의 변천사를 밝히는 일은 현재 진행 중인 개발 과정에 경종을 울릴 수 있을 것이다.

본고는 탑동 불법 매립 반대 주민운동의 개발 이익 환수 차원에서 결정되었던 병문천 복개의 과정과 복개된 이후 병문천 지역의 변화를 중심으로 살펴보고자 한다. 탑동 매립 반대 운동의 부당 이익 환수 차원에서 나온 주민 운동의 성과이기도 한 병문천 복개는 범도민회의 뜻과는 다른 결정이었으며, 또 다른 형태의 매립이자 개발이었다. 이는 개발업자의 제안과 제주도지사의 승인으로 결정되었으며, 이후 복개를 진행하는 과정에서도 업체 선정 등에 있어서 문제점이 노출되었을 뿐만 아니라 복개과정도 지지부진하여 지역주민들의 삶에 불편을 초래하였다. 병문천 복개 이후 늘어난 자연재해 등 주민 피해는 점차 늘어났으며 재해

---

[329] 홍창빈, "대규모 탑동매립 신항만 반발…그게 제주 미래 아니다", 『헤드라인제주』 2016.12.30.

를 방지하기 위해 조성한 저류지 또한 부실 공사로 인해 그 역할을 하지 못하고 있는 실정이다. 복개 이후 갈피를 잡지 못하는 병문천의 문제는 마을 공동체를 넘어 제주시의 큰 현안이 되고 있다.

2018년 현재 병문천 복개 지구는 안전 진단을 받고 있으며, 병문천 하류 지역은 안전 진단 후 반복개·복원의 과정을 통해 공적 자금이 투입되고 있다. 탑동 공유수면 개발은 기업이 중심이 되고 관이 승인한 성급한 개발 행위와 의사 결정이 어떠한 결실을 가져왔는지를 보여 준다. 탑동 매립 반대 운동은 향후 대규모의 개발 과정에서 개발 주체와 지역 주민 간의 괴리된 의사 결정이 지역 주민의 삶에 어떤 영향을 미치는지를 보여주는 사례다.

이와 같은 논의를 위하여 탑동 매립 반대 주민 운동의 과정을 통한 이익 환수 차원에서 결정된 병문천 복개와 관련된 기록 자료 및 신문 보도 자료를 통해 복개 진행 과정을 살펴보고자 한다. 이중 병문천 복개 공사 진행 과정, 태풍 나리로 인한 피해와 병문천 복개와의 관련성, 병문천 복개 지역의 푸른숲 조성 및 병문천 저류지 조성의 과정을 중심으로 살펴보고자 한다. 이를 통해 병문천 복개가 지난 30년간 제주 지역 사회에 미친 영향은 무엇이었으며, 그 결과에 대해 살펴보겠다.

2. 탑동 매립 반대 주민운동의 태동과 연대

탑동은 제주항과 병문천, 용두암으로 이어지는 제주 도심권을 포함하는 중요 지역이다. 조성윤은 "탑동 공유수면 매립계획은 1970년대부터 본격적으로 진행되어온 국가의 제주도 관광 개발 정책과 이에 편승한 개발 이익을 독점해 온 개발업자들이 만들어낸 수많은 도시 개발 사업 가운데 하나"라고 밝히고 있다.[330] 탑동 매립 문제는 1986년 7월, 제주시가 도시 기본 계획 변경을 위한 공청회를 개최하면서 시작되었다. 기존 도시 기본 계획에 포함되지 않은 탑동 공유수면 매립이 포함된 사실이 알려졌으며, 이후 1986년 12월 24일 정부는 탑동 공유수면 5만여 평에 대한 범양건영과 제주해양개발의 매립 공사 면허를 신청한 지 한 달 만에 졸속으로 승인한다. 당시 제주지사였던 장병규는 자연환경 보존 및 수산 자원, 해양 환경 보호 등을 이유로 건설부에 매립 반대 의견을 두 차례 냈으나 무시됐다. 도시 기본 계획의 변경에도 문제점이 있지만 공유수면매립법 시행 1주일 전에 매립사업자 면허를 내주는 상식 이하의 결정이었으며, 이와 같은 결정은 매립사업자에게 매립지의 50%를 소유할 수 있게 하여, 엄청난 개발 이익을 보장하게 되었다. 이에 대해 조성윤은 "지나친 개발 이익을 환수하고 토지 투기를 막아야 한다는 필요성 때문에 건설부가 스스로 제안한 공유수면매립법 개정안이 국회에 제출되고 절차를 밟고 있던 바로 그 시기에 건설부는 제주도지사에게 탑동 지역의 매립 면허를 내줄 수 있는 행정 절차를 빨리 밟도록 독촉을 하고 있었던 것"이라며 문제점을 밝히고 있다.[331] 건설부는 면허 승인을 하면서 '선보상 후착공'이라는 조건을 제시했다. 그러나 ㈜범양개발은 어장 매립으로 피해를 보게 되는 해녀와 주변 횟집에 대한 보상을 하지 않은 채 매립을 진행하였다. 또 하수처리 대책을 마련한 뒤 공사를 하도록 되어있었음에도 매일 5천 톤의 하수를 매립지 밖으로 그대로 배

---

[330] 조성윤, 「개발과 지역 주민 운동: 제주시 탑동 개발 반대 운동을 중심으로」, 『현상과 인식』 Vol.16 No.3, 1992, 82쪽.

[331] 조성윤, 앞의 글, 86쪽.

출하여 제주시 용담동 앞 어장이 크게 오염되었다. 이와 같은 문제들은 지역 해녀들의 투쟁과 제주대학교 학생들의 연대, 제주 지역 시민단체들이 구성한 범도민회 등의 조직들이 구성되면서 지역 사회에 큰 이슈로 발돋움하였으며 지역 운동을 범도민 운동으로 묶어내는 소기의 성과를 보여주었다.

탑동 개발을 둘러싼 주민 운동은 제주지역 주민 운동 가운데 가장 일찍 시작되었으며 다른 주민운동에 미친 영향이 대단히 컸다. 탑동 공유수면 매립 반대운동 이후 하수종말처리장 건설 반대운동, 분뇨처리장 철거, 위생종말처리장건설 반대운동, 어장피해 보상요구운동, 공동목장 반환요구운동 등 적극적인 지역 주민들의 요구가 빗발쳤으며 1989년 탑동 매립의 주체였던 제주해양개발주식회사에 의해 진행되던 「대섬유원지개발계획」은 제주시 조천읍 신촌동 주민들 중심으로 결성된 '조천유원지 개발저지 추진대책위원회'의 조직적인 거부운동으로 백지화되는 성과를 거두었다.[332]

1) 탑동 매립 반대 주민운동의 과정[333]

탑동 매립 반대 주민운동은 1984년 7월 6일, 제주해양개발주식회사가 건설부에 공유수면 매립 면허를 신청하면서 시작되었다고 할 수 있다. 그해 8월 13일, 제주해양개발이 매립 면적 두 배 이상 확대한

---

332 조성윤, 「사회운동」, 『제주도지』제5권 사회·복지·교육, 2006, 203-206쪽.
333 2-1)은 제주민주화운동사료연구소에서 2014년 발간된 『제주민주화운동사료집 Ⅰ(1987.10-1997.09): 제주의 소리 영인본(제1호-제34호)』에 기록된 내용을 요약 정리하였다.

165,463미터(약 5만 평)로 변경해 줄 것을 요구하는 변경 신청서를 제주시에 제출하였으며, 같은 해 9월 6일, 제주시는 「공유수면 매립 기본계획 변경」을 요청하는 공문을 건설부에 제출하였다. 9월 26일에는 건설부로부터 매립 면허 신청을 반려받았고, 10월 4일 제주시는 탑동 공유수면 매립 사업을 도시 기본계획과 특정지역 제주도 종합개발계획에 반영시켜 줄 것을 건설부에 다시 요청하였다. 1986년 12월 24일, 건설부가 제2차 탑동 매립 개발 공사의 면허를 범양건영에 내주었으며, 상업 시설의 확장이라는 매립의 목적에 대해, 16만 5천 평방미터(5만 평)를 허가하였다. 1987년 6월 해녀들은 탑동 공유수면 매립에 대한 동의를 하고 범양건영으로부터 일부 보상을 받았다.

그러나 보상금 배분 불공평에 대해 해녀들은 1988년 1월부터 제주시, 제주도, 청와대와 노태우 대통령 당선자에게 진정서를 발송하였음에도 불구하고, 1988년 3월, 범양건영이 공사를 시작하였다. 해녀들의 불만이 증폭하여 해녀들 40여 명이 집단 시위를 시작하였으며, 시위는 4월 28일까지 50일 정도 계속되었다. 이들은 먹돌을 옮겨주기로 한 약속 이행과 적절한 보상을 요구하였다. 한편 탑동 해안가에서 상가를 운영하던 이들의 모임인 '탑동 번영회'는 집합적 보상을 요구하여 한 집당 3,500만 원을 받았다. 이 사실을 알게 된 해녀들은 1인 600만원을 받은 것에 대해 불만을 갖게 되었다. 1988년 3월 23일, '제주대학교 탑동 불법매립 공동대책 위원회'가 결성되었으며 그해 4월 28일에는 새로운 피해 보상이 이루어지게 되었다. 해녀들에게 보상금 2억9천만 원이 지급되었으며 먹돌을 옮겨주고 활석 10톤 트럭 250대분을 지원하기로 결정된 것이다.

1989년에 들어서면서 주민 운동의 대상이 제주도 기업인 제주해양개발에 집중적으로 쏟아지게 되었다. 3월초에는 '탑동 불법개발 이익 환수 투쟁 도민대책위원회'가 결성되었으며, 도민대책위원회는 탑동불법매립 문제 해결을 위한 청원서를 국회에 제출하였다. 같은 해 6월 9일에는 『탑동 개발 이익의 제주 사회 환원을 촉구하라』는 성명서를 발표하였으며, 이는 개발 이익 환수라는 이슈를 확산시키게 되었고 도지사에게 『탑동 개발 이익 지역사회 환원안』을 제시하였다. 이들은 "개발 이익은 땅으로 환수해야 하며, 총 매립 면적 5만평 중 도로, 공원, 주차장, 호안, 광장 같은 공공용지를 뺀 개발업자 귀속분(2만 5천 평)으로 상업용지의 절반인 12,500평"을 요구하였다. 9월에는 국회의 제주도 국정 감사에서 탑동 문제가 다뤄졌으며, 같은 해 10월 4일에는 국회 건설위 특별감사가 실시되었다. 그 결과 내무위는 탑동 매립 면허가 불법적으로 발급된 것이므로 취소되어야 하며 탑동은 제주도민에게 귀속되어야 한다는 취지로 국정 감사 결과 보고서를 국회 본회의에 제출하였다. 본회의는 이 보고서를 받아들여 12월 19일에 의결·통과시켰다. 그러나 이 보고서는 1990년 민정당·민주당·공화당 3당이 합당하면서 민자당이 되고 여소야대의 국회가 여대야소로 바뀌며 죽은 문서가 되었다. 한편 같은 해 11월 3일에는 도지사와 시장이 범양건영과 개발 이익 환수의 내용을 병문천 복개로 합의하였고, 이에 11월 8일 탑동 불법개발 이익 환수 투쟁 도민대책위원회에서는 '탑동 단독 합의 무효화 선언 도민 결의대회'를 진행하여 단독 합의의 무효화를 위해 투쟁하였다. 11월 19일에는 학계·종교계·언론계·농민·학생 등 각계 대표와 사회단체 대표 51명으로 구성된 '탑동문제해결 범도민회'가 결성하였다.

 1990년 1월 10일에는 병문천 인근 지역 주민들이 중심이 된 '병문천 복개 촉진대회'를 열었다. 이 추진위는 관변 단체로 어용적 성격을 띠며 해당 지역 주민들에게 돌아갈 경제적 이익을 홍보하고 자발적인 참여를 유도하였다. 이에 탑대위와 병문천 지역 주민들과의 갈등이 수면 위로 등장하였고, 이후 탑동문제해결 범도민회에서는 그 수위를 낮춰 개발이익의 30% 환원안을 제시하였다. 같은 해 2월 17일에는 범도민회 협상대표, 사업자인 범양건영, 시장 3자가 주민 숙원 사업으로 200억 상당의 병문천 복개와 탑동 땅 100평에 해당하는 장학기금 20억 원을 출연하는 내용에 합의하였으나, 3월에 진행된 범도민회 전체회의에서 합의안은 부결되었다. 이후 범도민회에서는 내부적 분열이 일기 시작했다.

2) 개발 이익의 환수: 병문천 복개

개발 이익의 환수를 위해 결정된 내용은 병문천 복개였다. 그렇다면 왜 병문천 복개였을까? 여기에서는 병문천 복개가 가지는 지역 사회에서의 의미를 고찰할 필요가 있다. 이에 제주도와 제주시, 범양건영과의 삼자가 병문천 복개를 대안으로 내 놓은 이유와 제주도와 제주시가 병문천 복개안을 받아들인 이유, 그리고 병문천 복개 이후 30년 동안 가장 이득을 본 이들이 누구인지, 병문천 인근 지역 주민들은 왜 병문천 복개를 찬성했는지에 대해 살펴보겠다.

제주시 탑동 인근 지역 하천은 산지천, 한천, 병문천 등으로 이들은 제주시 도심을 관통하는 3대 하천이다. 이 중 산지천은 상수도가 보급되기 전 제주시민들에게 식수원을 제공하던 '물의 하천'이다. 산지천 하류는 1960년대 후반 도시화의 물결을 타고 일부 구간이 복개되고 상가 건물이 들어서면서 옛모습을 잃었다.[334] 1965년 5월 건설부 고시로 17,394m²의 복개가 결정되어 1966년 12월부터 1982년 1월까지 복개 공구로 나누어 복개공사를 시행하였으며,「일정 기간 점포의 대지로 사용토록 하고, 일정기간 경과 후에는 도로로 사용하는 것을 원칙」으로 한다고 명시되어 도시계획도로 및 시장부지로 고시되었다. 그러나 1991년 10월 복개부지가 붕괴 위험이 있다는 판단에 따라 안전 진단에 대한 용역을 의뢰한 결과 응급 보수·보강 방안이 없으므로 철거 후 재시공하라는 결과가 있었다.[335] 산지천은 복개로 인해 하수도로 전락하기도 했으나, 이후 복개 구조물이 철거돼 하천의 모습으로 되돌아 왔으며 숭어와 은어가 돌아오고 시민들의 새로운 쉼터와 문화공간으로 활기를 찾고 있다. 동문교에서 하구 용진교 간 474m 구간에 공사비만 110억 원이 넘은 예산을 들인 끝에 시민들의 쉼터로 돌아왔다.[336]

병문천 복개에 대한 공식 문건은 1969년에 작성된 제주시의 '제주도시계획 일부 변경(병문천 복개)'으로 병문천 복개에 대한 논의를 볼 수 있다. 제주시는 1969년 4월 1일 '제주도시계획 일부 변경(병문천 복개)'이라는 제주도에 보내는 공문에서 "복개 상에 도로를 개설하고 계획도로를 폐지 또는 하천변 폐도용지를 이용하는 방법을 강구하라는 지시"에 대해 변경 조정할 별도 방안이 없어 당초 계획에 의하여 실시하도록 승인을 요청한다. 그 사유에 대해 병문천 최하류 지역의 지가가 평당 3, 4천 원인데 반해 복개비용은 평당 4만 원 이상으로 계산되므로 연차적으

---

334 강시영,『한라산의 하천』, 제주도·한라산생태문화연구소, 2006, 61-63쪽.
335 제주시의회,「산지천복개시설물처리조사특별위원회 조사결과보고서」, 1997, 140쪽.
336 강시영, 같은 책, 62-63쪽.

로 서문로 지역부터 복개해 나갈 방침이며, 제주시의 재정형편이 빈약해 복개할 자금 염출을 할 수 없고 지역 주민들도 영세 농어민으로서 대부분이 복개 내지 점포를 축조할 능력이 없으며 그 중 희망자를 참여시켜 복개한 연후 일부는 도로로 사용하고 나머지는 점포로 사용하게 하여 그 점용권리금을 징수 사업비에 충당할 것이므로 민원이 될 우려가 없다고 적고 있다.[337] 병문천 복개는 이미 제주시와 제주도에 의한 '제주도시계획'의 일부였다. 다만 제주시의 재정형편이 빈약하여 시행하지 못한 계획이었다. 당시 공문에서는 "제주도시계획은 중앙과 동서남부 지역 개발이 중요하며 북쪽인 본 계획도로 확장은 현재로서는 시급을 요하지 않은 실정"이라며 병문천 복개가 시일을 다투지는 않는다고 밝히고 있다.[338] 이후 병문천 복개는 수면 아래로 가라앉았다. 그렇게 잠시 잊혀진 병문천 복개는 탑동 매립 반대 운동의 개발 이익 환수 국면에서 다시 수면 위로 떠올랐다.

조성윤은 제주도지사와 제주시장이 범양건영과 제대로 된 협상을 벌이지 못했으며, 탑동문제해결 범도민회 안을 포기하고 범양건영의 주장을 받아들이게 되었는데 이것이 탑동 매립 개발 이익 환수 방안으로 병문천 복개를 받아들이게 된 이유라고 밝히고 있다.[339] 강시영은 병문천 복개는 탑동 공유수면 매립사업에 따른 개발 이익을 환수하기 위한 사업으로, 1986년 탑동 매립 면허가 발부된 이후 일어난 불법 및 특혜 논

---

337 건설교통부 주택도시국 도시계획과, 「제주도시계획 일부 변경(병문천복개)-1969. 4. 1.」, 국가기록원, 1969.
338 앞의 글.
339 조성윤, 「개발과 지역 주민 운동: 제주시 탑동 개발 반대 운동을 중심으로」, 『현상과 인식』 Vol.16 No.3, 1992, 98쪽.

란과 주민 운동으로 야기된 개발 이익 환수 문제에 대해 제주도와 제주시, 사업 주체인 범양건영이 병문천 복개와 장학기금 조성으로 가닥을 잡았다고 밝히고 있다. 당시 병문천에 오염된 물이 흐르고 악취가 심하여 지역 주민들로부터 민원이 많았기 때문에 차라리 이를 덮어 버리고, 복개한 부분을 도로와 주차장으로 활용하면 교통문제를 해결하고 시의 수입도 늘릴 수 있을 것으로 보았다. 이에 탑동문제해결 범도민회는 매립 자체가 환경 파괴였는데 그 대가로 또 하나의 환경 파괴를 제안한 꼴이라며 병문천 복개에 대해 반대했지만 묵살되었다고 당시 일에 대해 밝히고 있다.[340]

조성윤에 의하면 당국에 의해 탑동 개발이익 환수 방법이 병문천 복개로 귀결되자, 병문천 인근 지역 주민들은 병문천 복개에 찬성하게 되었다고 한다. 병문천은 시내를 가로지르며 한라산으로부터 바다로 흘러가는 건천으로, 평소에는 물이 흐르지 않아 주민들이 생활 쓰레기를 내다 버렸고, 따라서 언제나 더러운 악취를 풍겼으며, 병문천 주위의 환경 때문에 병문천 바로 옆에 붙은 집들의 땅값은 다른 주변 지역들보다 훨씬 낮았다. 그러던 중에 병문천을 복개하겠다는 삼자 간의 합의가 도출된 것이다. 병문천을 복개하면 하천은 도로로 바뀌게 되고, 병문천 주변 집들은 도로 옆에 붙는 상가로 바뀌게 되어 여러 배로 땅값이 치솟을 것이며, 이 점을 이용하여 제주시는 주민들이 스스로 복개를 찬성하는 움직임을 보이고 있는 것처럼 만들기 위해 동장, 통반장을 동원해 '병문천 복개 추진 위원회'라는 어용단체를 만들었다.[341]

---

340 강시영, 『한라산의 하천』, 제주도·한라산생태문화연구소, 2006, 52-53쪽.
341 조성윤, 같은 논문, 99-100쪽.

결국 제주시 도심을 가로지르며 탑동 인근을 지나는 산지천의 복개는 병문천 복개의 가능성에 싹을 틔웠으며, 20년이 흐른 후 또 탑동 공유수면 매립의 반대 급부로 전이된 것이라 할 수 있다. 병문천은 한때 마을 사람들의 공동자원이었으나 마을 사람들에게 필요가 줄어든 하천은 오용의 문제에 직면하게 되었고, 사람들은 관리의 문제로 고민하던 터에 하천의 복개에 대해 찬성하게 되었고, 자연스럽게 하천을 덮어버리게 된다. 제주시와 제주도는 자금 부족으로 시행하지 못했던 병문천 복개를 통해 도시계획을 완성함과 동시에 하수도로 전락한 하천의 관리 문제와 민원을 한꺼번에 해결할 수 있었다. ㈜범양건영의 입장에선 토지나 현금을 통한 보상에 비해 공사를 수주함으로써 자체적으로 예산을 움켜줄 수 있게 되어 실질적인 보상비를 줄일 수 있는 기회를 얻었다. 삼자 합의의 배경에는 이와 같은 역학관계가 숨어 있었다.

3) 제주시 산지천의 사례

우리 사회는 1960년대 낙후된 지역을 중심으로 하는 도시화, 현대화의 물결 속에서 제한된 토지의 최대 이용의 측면과 더불어 오염된 하천의 환경개선을 목적으로 하천 고유의 기능을 무시한 채 복개를 하게 된다. 이런 흐름 속에서 제주시 산지천은 주거가 밀집되면서 각종 오물로 도시 미관을 해쳐 60년대 후반부터 70년대 후반에 걸쳐 남수각에서 용진교까지 600m 구간을 복개하여 상가건물을 지었다. 복개된 상가는 14동의 건물이 들어섰고 286세대가 입주하였다.[342] 산지천 복개 구조물은

---

342 변창구, 「산지천 복원에 따른 파급효과」, 『도시문제』 40권 443호, 대한지방행정

1965년 5월 8일자로 복개 결정되어, 1966년 3월 도시계획도로 및 시장 부지로 결정 고시 되었다. 1966년 12월부터 1982년 1월까지 복개 공구로 나누어 공사를 시행하였다. 특이할 점은 복개 사업이 산지천 점용자로 구성된 민간업체 ㈜제주개발에서 추진토록 허가된 점이다. 복개 공사에 소요되는 사업비는 하천점용료 감면 조건으로 무상 임대기간을 산정하였으며, 지상 건축물은 건축허가를 득하여 개인 명의로 소유권이 등기되었다.[343]

1991년 10월 복개부지가 붕괴 위험이 있다는 판단에 따라 안전진단에 대한 용역을 의뢰한 결과 응급 보수·보강 방안이 없으므로 철거 후 재시공하라는 용역결과가 있었다. 이후 소유주들의 요구에 따라 재용역한 결과 응급 보수로 2년은 견딜 수 있다는 방안이 제시되어 1993년 8월 응급 보수, 보강 공사를 실시하였다. 이후 1995년 건물주들과 제주시와의 재건축을 위한 협약 중 복개구조물에 붕괴위험이 있다는 제주시의 판단에 의해 8월 24일자로 재난관리법 제35조의 규정에 의하여 경계구역을 설정, 거주자들의 이주 조치를 하였다.[344] 그러나 세월이 흐르며 불결한 환경은 개선되지 않았고 오히려 가장 골치 아픈 오염지로 변했다. 제주시는 경계구역을 설정하여 입주자 등의 퇴거를 공식 명령했다. 보상과 철거에 176억 원이라는 막대한 예산이 투입되었다. 잘못된 복개 사업이 시민 부담으로 전이된 것이다. 이후 산지천은 시민의견을 공모하여 문화의 정취가 살아 숨 쉬는 옛 모습으로 되살려 도심 속의 친

공제회, 2005.
[343] 제주시의회, 「산지천복개시설물처리조사특별위원회 조사결과보고서」, 1997.
[344] 앞의 글.

환경적 자연 경관 하천으로 조성하였다. 산지천은 국내 최초로 이루어진 복개 하천의 복원 사례이다. 이는 하천 복개가 이익보다는 손해가 크다는 교훈을 보여주었고, 복개된 하천 474m를 복원하는데 363억 원이 들어 파괴된 자연이 회복하는데 막대한 비용이 든다는 사실을 입증했다.[345] 산지천의 복원은 국내 최초 복개 하천의 복원으로 서울시 청계천 복원에도 영향을 미쳤다.

3. 병문천 복개를 둘러싼 30년

탐라지(耽羅志)에 보면 "벵문내(屛門川)는 제주성 서쪽 성 밖에 있다. 하류는 '버렁개〔伐浪浦〕'이다"[346]라고 되어 있는데, 버렁개(벌랑포)는 삼도동과 용담동의 자연마을인 동한두기에 있었던 부러릿개를 두고 이른 말이다. 당시 벌랑(伐浪)이라는 마을의 이름을

〔그림 1〕 병문천
사진출처: 용담동지

---

345 변창구, 「산지천 복원에 따른 파급효과」, 『도시문제』 40권 443호, 대한지방행정공제회, 2005.
346 이원진, 김찬흡 외 역주, 『역주 탐라지』, 푸른역사, 2002, 43쪽.

취한 포구의 이름이다. 현재는 복개하여 도로와 주차장을 조성하여 옛 포구의 모습은 찾아볼 수 없다.[347]

용담동지에 의하면 병문천은 1914년경에 교량이 건설된 후 여러 차례 중수(衆水)[348]되다가 1995년에 복개 공사가 이루어졌다고 쓰여 있다.[349] 병문천은 한라산의 1,500m 고지에서 발원, 제주 시가지의 서쪽 지역을 흐르는 하천으로, 삼도1동과 용담1동의 경계를 이루면서 바다와 만나는 건천이다. 한라산 800m 지경에 형성된 구린굴 일부가 병문천 본류의 약 80m 구간을 형성하며, 용담동 해안으로 흐른다. 현재 병문천 하류에서 서광로 오라교에 이르는 2,058m 구간에 복개가 이루어져 하천의 원형을 잃어버린 모습이다. 장마철이면 하천의 구실을 하나 그 외에는 물이 없는 실정이다.[350]

1) 병문천 복개 전

병문천(屛門川)은 하천 양쪽 절벽이 마치 병풍처럼 둘러쳐져 있다는데서 그 이름이 유래한 것으로 전해지는데, 실제 병문천 하구에 해당하는 병문하수펌프장 서쪽 일대는 지금처럼 복개되기 전만 해도 병풍을 연상할 정도로 비교적 깊은 계곡을 이루었다고 한다. 조선 말엽 조련군의 집합장소였다는 데서 '병문내'라는 것이 차차 와전돼 '뱅문내'라 했다고도

---

347 고광민, 『제주도 포구연구』, 제주대학교 탐라문화연구소, 2003.
348 많은 물의 흐름.
349 용담동지편찬위원회, 『용담동지』, 제주: 용담동지편찬위원회. 2001.
350 강시영, 같은 책, 51-53쪽.

한다.[351]

제주특별자치도에서 소장하고 있는 '제주 100년 사진' 자료 중 〔그림 2〕를 보면 병문천 하류 빨래터에서 빨래하는 여인들의 모습을 볼 수 있다. 정확한 연도를 확인할 수는 없지만 병문천은 지역 주민들이 모여 일상을 나누는 공간이자 삶을 꾸리는 장소였다. 병문천은 마을 사람들에게 공동자원이었던 것이다. 사진에 대하여 "병문내 하류의 빨래터에서 아낙네들이 세담이 한창이다. 하얀 옷의 아낙네들이 바닥의 검은 바위들로 하여 더욱 도드라져 보인다. 빨래감은 구덕에 담아 내왔다"라고 설명하고

〔그림 2〕 병문내 하류의 빨래터
사진출처: 제주역사 제주100년 사진_제주특별자치도 홈페이지

〔그림 3〕 병문천 하류에서의 멸치잡이
사진출처: 제주역사 제주100년 사진_제주특별자치도 홈페이지

---
351 강시영, 같은 책, 51쪽.

있다.³⁵² [그림 3]은 병문천 하류에서 멸치잡이를 하는 모습이다. 병문천의 하류는 아낙네들만을 위한 공간은 아니었으며, 지역의 어른들과 아이들에게도 삶을 꾸려가는 생활의 공간이자 놀이의 공간이었다. 사진에 대하여 "여름날 병문천 하류에서 젊은이들이 그물로 밀려온 멸치 떼를 잡고 있다. 재 깊숙이까지 멸치 떼가 밀려오는 일은 과거에는 흔했었다. 그 하류에는 멱 감는 아이들이 떼 지어 있다"라고 설명하고 있다.³⁵³ 비록 정확한 연도를 알 수 없어 단정할 수는 없지만, 두 장의 사진을 통해 병문천이 지역 주민들에게 어떤 역할을 담당하였었는지 짐작할 수 있다. 그러나 상하수도의 보급은 집 주변의 하천에 갈 필요를 없애버렸으며, 마을 사람들과 하천의 괴리는 시작되었다. 이후 하천은 오용에 문제에 직면하게 되었고, 하수도의 기능을 맡게 된 것이다. 용수 기능도 없고, 냄새나는 하천은 복개를 통해 결국 도로와 주차장의 기능을 갖게 된다.

그렇다면 지역 주민들에게 병문천은 어떤 존재였는가? 1970년 이전에 병문천 인근에 정착했던 고모 씨(77세)에 의하면 병문천은 당시 다리도 없어 하천으로 내려가려면 언덕을 이용해 오르내렸으며, 지금같이 마르지 않아 빨래를 했다고 한다. 아이들은 헤엄치고 놀았지만 이후 물이 없어졌으며, 큰 비가 내린 이후에는 물이 쏟아져 병문천 일대를 깨끗이 쓸어갔다고 한다.³⁵⁴ 고모 씨의 증언은 [그림 2]와 [그림 3]의 사진 자료를 입증할 수 있는 증언이기도하다. 강시영에 의하면 당시 병문천

---

352 제주100년 사진, 제주특별자치도 홈페이지, http://www.jeju.go.kr/culture/history/history/jejuHistory/jejuHistory02.htm?page=3&act=view&seq=900982
353 제주100년 사진, 제주특별자치도 홈페이지, http://www.jeju.go.kr/culture/history/history/jejuHistory/jejuHistory02.htm?act=view&seq=900993
354 제주시 삼도1동 고 모 씨 인터뷰, 2018년 8월 16일, 삼도1동.

은 오염된 물이 흐르고 악취가 심해 지역주민들의 민원이 많았다고 한다.[355]

2) 병문천 복개의 발단

제주시에서 소장한 1970년대 사진〔그림 4〕를 보면 병문천 정화 활동에 나선 학생들의 모습을 볼 수 있다. 당시 병문천은 건천으로 온갖 쓰레기가 버려지는 곳이었고, 악취가 나 학생들의 정화 활동이 행해졌던 것으로 보인다. 병문천을 복개하던 1990년대 초 당시 주민자치위원장을 역임한 용담1동의 이모 씨(75세)에 의하면 병문천은 원래 비올 때는 흐르고, 비 안 올 때는 물이 없는 마른 하천으로 비가 오면 한라산과 상류에서 내려온 쓰레기와 잡초들이 많아 지역의 여러 자생단체가 구역을 정해 정화 활동을 벌였다고 한다.[356]

이에 쓰레기와 악취로 민원이 많았던 병문천을 덮어 버리고, 복개한 부분을 도로와 주차장으로 활용하면 교통문제를 해결하고 시

〔그림 4〕 병문천 정화 활동_1970년대
사진출처: 제주시 공보실 제공

---

355 강시영,『한라산의 하천』, 제주도・한라산생태문화연구소, 2006.
356 제주시 용담1동 이 모 씨 인터뷰, 2018년 8월 13일, 용담1동 노인회관.

의 수입도 늘릴 수 있다는 것이 병문천 복개의 표면상의 이유가 된다고 볼 수 있다.[357] 이 모 씨는 "병문천 인근 삼도소방파출소[358]로 해서 퍼시픽호텔, 탑동까지는 냇가에 옆으로 좁은 골목, 도로도 아주 열악"했다고 증언하였다.[359] 병문천의 정화활동은 1970년대에서 1980년대를 지나 1990년대까지 진행되었으며, 제주시가 소장한 사진 자료를 통해 확인할 수 있다.

3) 병문천 복개과정(1990.5~1999.1)

병문천의 복개공사는 제주도와 제주시, 범양건영 3자간의 전격 합의를 통해 탑동 문제에 대하여 일방적인 종결을 시사했다. 당시의 기록을 찾아보면 "지난 11월 2일 이군보 지사와 전창수 제주시장, 박희택 범양건영 대표는 지사실에서 가진 회동에서 탑동 개발 이익 환원 대신 탑동에서 제주종합경기장에 이르는 1만 7천 5백 평 전 구역을 복개하는 데 드는 비용 2백억을 범양건영이 부담하기로 하고, 내년 7~8월에 복개공사에 착수키로 했다"는 내용의 기사를 볼 수 있다.[360] 탑동 불법 매립으로 발생한 개발 이익의 환원이라는 차원에서 범도민회에서 요구한 토지로의 보상은 이루어지지 않았다. 이에 따라 탑동문제대책위원회는

---

357 강시영, 『한라산의 하천』, 제주도 · 한라산생태문화연구소, 2006, 52-53쪽.
358 현 삼도119센터.
359 제주시 용담1동 이 모 씨 인터뷰, 2018년 8월 13일, 용담1동 노인회관.
360 제주민족민주운동협의회, 「병문천 복개공사 합의, 도민반발 극심: 탑대위, 11월 8일 '합의무효화선언 범도민 대회' 개최」, 『제주의 소리』 통권21호 1989년 11월호, (1989.11.10.), 6쪽.

3자간의 합의 무효를 선언하고 집회를 결의함으로써 전면적인 싸움으로 돌입했다. 당시 탑동문제해결 범도민회의 사무국장 김학준은 '제주의 소리'와의 인터뷰에서 "병문천 복개로 마무리 지으려는 관계당국과 업자측은 더 이상의 도민분열책을 즉각 중지해

[그림 5] 병문천 복개 공사 착공식_1993년
사진출처: 제주시 공보실 제공

야 할 것"이라면서 탑동 매립지로의 환수는 더 이상 거론할 여지조차 없는 도민의 여망임을 주장했다.[361]

탑동문제해결 범도민회는 「탑동소식」 제1호(89.12.30)에서 병문천복개추진위원회에 탑동투쟁 이익을 둘러싼 도민들 간의 불협화음 쪽으로 인식되게끔 하는 저의를 묻고, 자신들의 사소한 이해타산에서 벗어나 탑동 불법 매립지 환수와 관련자 처벌을 위한 시민운동에 동참할 것을 촉구한 바 있다.[362] 1990년 5월에는 제주시 탑동해안매립 시공업체인 범양건영이 제주시와 개발 이익의 지역사회 환원에 따른 협약을 맺고 2개월이 지나도록 세부 집행 협약 체결을 기피하였으며,[363] 병문천 복개

---

361 제주민족민주운동협의회,「탑동문제, 난항 불구 매듭 풀리려나: 관계당국·업자측 분열책동과 발뺌 여전」,『제주의 소리』통권22호 1990년 신년호(1990.01.20.), 9쪽.
362 제주민족민주운동협의회,「탑동문제, 난항 불구 매듭 풀리려나: 관계당국·업자측 분열책동과 발뺌 여전」,『제주의 소리』통권22호 1990년 신년호(1990.01.20.), 9쪽.
363 연합뉴스, "범양건영, 개발이익 환원협약 미뤄",『연합뉴스』1990.05.09.

[그림 6] 병문천 복개 공사_1995년
사진출처: 제주시 공보실 제공

공사비의 10%만을 이행보증금으로 내놓겠다고 밝혔다.[364] 1991년 7월, 제주시는 병문천 복개공사 시행에 앞서 6억 원을 들여 실시설계용역을 의뢰했다.[365] 이어 8월에는 제주시가 두 차례에 걸쳐 병문천 복개공사에 따른 실시 설계 용역 입찰을 실시했으나 용역 업체들이 나서지 않아 모두 유찰되었다.[366] 그 후 1992년 12월에 들어서서야 사업 시행 여부로 논란을 불러일으켰던 제주시 병문천 복개 문제가 타결되었다. 제주시장은 병문천 사업 시행의 주체를 범양건영으로 정하고 공사를 착공토록 하겠다고 밝혔으며, 병문천 복개 공사가 착공 후 2년 6개월 내에 완공하도록 되었다는 점을 감안하여 1995년 6월말까지를 담보기간으로 잡았다.[367]

그러나 이후 병문천 복개 공사 시행은 지속적으로 미뤄지다 1993년 6월 말에 이르러서야 착공되었다. 범양건영은 1단계로 1993년 말까지 30억 원을 들여 삼도2동 소방파출소에서 서문다리 북쪽까지 330m를 복개한 뒤 1994년에 1,056m, 1995년에 914m를 각각 복개, 공사를 마무리 지을 계획이며, 모두 200억 원이 투자되며 6만 8천m²는 주차장,

---

364 연합뉴스, "병문천 복개공사비 10%만 이행보증", 『연합뉴스』 1990.05.29.
365 연합뉴스, "병문천 복개공사 용역의뢰", 『연합뉴스』 1991.07.26.
366 연합뉴스, "병문천 복개공사 용역 잇따라 유찰", 『연합뉴스』 1991.08.14.
367 연합뉴스, "병문천 복개문제 타결", 『연합뉴스』 1992.12.02.

나머지는 도로로 활용된다고 밝혔다.[368] 그러나 행정기관과 공사 시행업체인 범양건영의 사전 준비 부족으로 병문천 복개 공사는 차질을 빚었다. 범양건영은 하천 복개에 앞서 바닥을 고르기 위한 굴착 공사를 벌였으나 공사장에서 나오는 1만 5천여 톤에 이르는 돌과 흙 등을 버릴 마땅한 장소를 마련하지 않아 하천바닥에 그대로 둘 수밖에 없었다. 이에 집중호우 때 하천 범람과 연안 오염 등의 우려를 나왔다.[369]

1993년 10월에는 병문천 복개 공사가 3개월 가까이 중단돼 완공이 크게 늦어지게 되었다. 이는 7월 중순부터 공사가 중단되고 공동어장을 갖고 있는 삼도2동 해녀들이 공사 시행으로 인한 피해보상 요구까지 겹쳐 공사에 차질을 빚었고, 1995년 6월에는 사업 시행자인 범양건영의 재원 부족으로 일정이 늦어지게 된 것이다.[370] 이는 삼도2동 해녀들의 피해 보상 등을 해결하지 못하여 1993년 6월에야 착공된 데다 범양건영이 탑동 매립지 매각 부진으로 사업비를 확보하지 못한 것이 주요 이유로, 완공이 1995년 말로 연기되었다.[371] 지지부진하던 병문천 복개 사업은 준공 기한을 3년 이상 넘긴 채 공사가 중단이 된 상태로, 완공 예정이었던 1995년을 한참 넘겼으며, 1997년 7월부터는 범양건영의 재정난으로 다시 공사가 중단되었다. 범양건영은 복개 사업을 1999년 안에 마무리 짓겠다고 밝혔다. 병문천 복개의 공기 연장은 복개 지역을 도로로 활용하여 구도심권 교통량을 분산하려던 제주시의 교통난 해소 정책에 차질을 주었으며, 공사가 지연되고 있는 적십자회관 인근 주민들

---

368 연합뉴스, "병문천 복개공사 드디어 착공", 『연합뉴스』 1993.06.30.
369 연합뉴스, "사전준비 부족, 병문천 복개공사 차질", 『연합뉴스』 1993.08.05.
370 연합뉴스, "병문천 복개공사 완공 늦어질 듯", 『연합뉴스』 1993.10.26.
371 연합뉴스, "제주시 병문천 복개공사 차질", 『연합뉴스』 1995.06.24.

의 불편이 계속되었다.[372] 결국 범양건영은 최초 약속했던 복개구간 중 208m에 해당하는 구간을 복개하지 못한 채 공사를 마무리하였다.[373]

〔그림 7〕의 지도를 보면 당초 병문천 복개 구간은 '삼도 119안전센터'부터 '제2오라교'에 해당하는 약 2.3km의 구간이었다. 그러나 실제 복개된 구간은 '삼도119안전센터'부터 '서문사거리'를 지나 '제주퍼시픽호텔', '삼도1동 경로당'과 '삼남주유소'를 거쳐 '제주중앙초등학교'에 이르는 약 2km의 구간이다. '제주중앙초등학교'에서 '제2오라교' 구간 208m는 미복개 구간으로 남아 있다.

〔그림 7〕 제주시 병문천 복개 구간(삼도119센터부터 제주중앙초등학교)과 미복개 구간(제주중앙초등학교에서 제2오라교)

4) 병문천 복개 후

강시영은 병문천이 복개 된 이후의 변화에 대해 하천 일대 교통 소통의 흐름을 원활하게 하고 도심 주차난을 해소시키는 데는 어느 정도 기

---

372 연합뉴스, "제주시, 병문천 복개사업 연내 마무리", 『연합뉴스』 1992.12.02.
373 강정효, "범양건영, 제주시 병문천 복개 거부의사", 『뉴시스』 2004.09.15.

여했다고 볼 수 있으나 하천의 원형을 잃어버림으로써 생태계를 파괴했다고 하였다. 수천·수만 년에 걸쳐 형성된 병문천 하류의 멋스러움과 바위들은 사라졌으며 그 위를 콘크리

〔그림 8〕 병문천 미복개 구간: 제2오라교-제주중앙초교(2018년 10월 25일 촬영)

트가 덮어버린 것이다. 자연 상태의 병문천이 복개된 이후 더 이상 새들이 찾아와 지저귀지 않으며, 하천 바위 틈새로 피어나던 풀꽃과 비가 오면 개울을 이루던 모습도 더 이상 볼 수 없게 되었다고 지적하고 있다.[374]

 범양건영은 2004년 9월, 병문천을 복개한 후 제주시에 기부 채납하겠다고 한 약속에 대해 미복개 208m는 공사를 거부한다는 의사를 밝혔다. 범양건영은 "탑동 공유수면 매립사업으로 발생한 이익을 전제로 한 병문천 복개사업은 이미 이행 완료됐다"는 입장을 밝혔으며, 나아가 병문천 복개와 장학금 20억 원 출연 약속이 늦어짐에 따라 시가 근저당 설정한 20억 원 상당의 토지에 대해서도 근저당 설정 해제를 요구했다. 당시 범양건영은 제주시에 보낸 공문을 통해 "기탁 약속은 회사의 자발적 의사이기보다는 반강제적으로 체결된 것"이라는 다소 황당한 주장을

---

374 강시영, 같은 책, 53쪽.

했다.[375]

2007년 9월에는 제11호 태풍 '나리'가 제주를 관통하였다. 태풍 '나리'는 제주 동쪽 해안을 스치고 지나갔으며, 동반된 폭우로 산지천과 병문천, 한천 등 제주 시내 대부분의 하천이 범람하여, 인근 주민들이 막대한 피해를 입었다. 태풍 '나리'가 휩쓸고 간 제주시 피해 지역이 대부분 복개 하천 주변으로 나타나, 복개 구조물로 인해 피해가 더 커졌다는 지적을 받았다. 하천 하류는 대부분 복개 공사를 한 뒤 주차장과 도로로 활용되었다. 짧은 시간 동안 540m가 넘는 기록적인 비가 쏟아진 데다 마침 만조가 겹치면서 하천이 역류한 탓에, 복개지 주차장에 세워 놓았던 수백 대의 차량들이 넘친 물에 휩쓸려 큰 피해를 입었다. 하천 주변에 거주하는 주민들은 "복개지 때문에 물이 넘쳐나 평소 안전지대였던 상류까지 침수 피해를 당했다"고 주장했으며, 한천의 복개지를 받치고 있는 상판에 균열이 생겼는가 하면 병문천 복개지 주차장 바닥에도 금이 가는 등 복개 구조물에 대한 안전 진단이 시급한 실정이었다.[376] 제주경제정의실천시민연합은 성명을 통해 "제11호 태풍 나리의 위력이 큰 탓도 있지만 제주시 지역의 피해는 무분별한 하천 복개 때문에 커졌으며 이는 행정당국이 책임져야 한다"고 주장했다.[377] 제주환경운동 연합 김동주 팀장도 "하천 복개에 대한 집중적인 검사가 필요하지만 복개공사를 하천범람의 원인으로 볼 수 있다"며 복개 공사에 대한 문제를 조심스럽게 지적했다. 태풍 '나리'로 가장 큰 피해가 발생한 제주시 산지천

---

375 강정효 기자, "범양건영, 제주시 병문천 복개 거부의사", 『뉴시스』 2004.09.15.
376 김재하, "제주시 하천 복개가 더 큰 피해 불러", 『뉴시스』 2007. 9. 17.
377 김재하, "제주경실련, 태풍피해 하천복개가 부른 '인재' 주장", 『뉴시스』 2007. 9. 18.

과 병문천, 한천교 일대 주민들도 하천 복개를 피해 확산의 원인으로 지목하면서 철저한 조사를 요구하였다.[378]

제주도에 의하면 도내 하천은 143개소에 829㎞에 이르나, 평소에는 물이 흐르지 않은 건천이어서 하천정비기본계획의 대부분이 설계 강우빈도가 50~80년으로 작성되어 있다. 그러한 이유로 최근 이상기후에 적절히 대응하지 못하였다. 태풍 나리로 인한 피해는 제주 시내 도심지에 위치한 하천을 복개한 것이 주원인 가운데 하나인 것으로 잠정 결론이 났다. 태풍 나리의 내습 시 제주시의 경우 1일 강수량은 420㎜로서 1,000년 이상의 빈도를 나타냈으며, 제주시내 도심지를 가로지르는 산지천, 병문천, 한천, 독사천 등 4개 하천의 5.8㎞를 복개해 도로와 주차장으로 사용함으로써 집중호우 시 유수 소통에 지장을 초래했다는 것이다.[379]

제주도는 이와 같은 자연재해에 대한 해결 방안으로 저류지 조성을 들고 나왔다. 서울대 한무영 교수는 제주일보 신문과의 인터뷰를

[그림 9] 제주시-범양건영 협약체결식_2009년 9월 25일
사진출처: 제주시 공보실 제공

378 김대휘, "물폭탄 맞은 제주, 원인은 태풍만이 아니었다", 『노컷뉴스』 2007. 9. 18.
379 김종배, "제주도, "하천복개가 태풍피해 키웠다" 잠정결론", 『뉴시스』 2007. 10. 01.

통해 재해 예방을 위해서는 하천변을 따라 소규모 빗물 저류조를 설치할 필요가 있다고 말했다. "제주 시내를 관통하는 병문천은 집중 호우 때 하류에 치명적인 영향을 줄 수 있기 때문에 저류 및 침투시설을 반드시 설치"해야 한다고 밝혔다.[380] 제주시는 병문천 상류에 저류지를 설치하는 공사를 진행하였으며, 병문천 제3저류지 대체사업을 위한 기금 마련을 위해 2009년 9월 25일 탑동 매립의 주체이자 병문천 복개 공사를 추진한 범양건영과의 협약을 진행하였다. 이는 범양건영이 병문천을 미복개한 208m에 해당하는 공사비 16억 원의 재원을 포함하여 저류지 사업을 추진하기 위한 협약체결이었다. 이는 범양건영이 탑동 개발 이익 환수 차원에서 부담키로 한 것으로 병문천 상류 제3 저류지 대체사업에 쓰였다[381]는 것인데 제주시는 왜 병문천 제3 저류지 공사를 범양건영과 협약을 통해 조성하려고 하였는지 합리적 의문이 든다. 병문천 상류에 조성되는 7만 6천 톤 규모 저류지 사업에 들어가는 총 62억 원 중 지방비 부담액 25억 원의 일부인 16억 원을 범양건영이 내는 협약이었다. 62억이라는 큰 규모의 공사를 제주시와는 악연이라 할 수 있는 범양건영에 수의계약의 형태로 내준 셈이다. 제주시는 범양건영이 공사담보를 위해 설정한 근저당권설정 등기말소 청구 소송을 제기해 마찰을 빚어왔으며, 2005년에는 제주시가 복개 공사를 하지 않은 부분에 대한 사업비와 장학금 20억 원을 지급하라는 소송을 제기했고 법원은 2007년 9월 범양건영에 장학금은 그대로 지급하되 이윤 감소 등의 이유로 공사비

---

[380] 제주일보, "병문천 등 제주시내 주요하천, 폭우 내릴 때마다 범람 위험", 『제주일보』 2007.09.19.

[381] 김봉현, "제주시-범양, 탑동매립 20년 '매듭' 이제 풀리나?", 『제주의소리』 2009.09.25.

에 지연손해금 및 물가 상승분을 합한 금액에 40%인 16억을 지급하라고 강제 조정했다.[382] 이 협약에서 주목할 것은 태풍 '나리'로 인해 제주시는 병문천 미복개 구간을 복개하는 것이 불합리하다는 판단을 내렸고, 대체 사업으로 저류지 조성을 추진했다는 점이다.[383]

제주특별자치도는 2007년 병문천과 한천 복개지에 바람통로

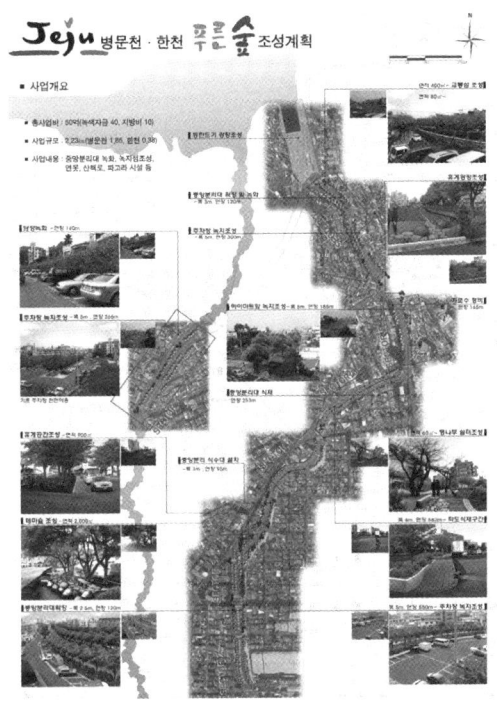

[그림 10] 병문천 한천 푸른숲 조성계획
사진출처: 제주특별자치도 홈페이지

와 생태통로의 역할을 할 수 있는 푸른숲 2.23km를 조성키로 하고, 이를 위해 총 50억 원 투자 규모의 기본계획을 수립·발표하였다. 푸른숲 조성 계획은 산림청 도시숲 조성 사업에 응모(2007년 1월)한 결과, 녹색자금 사업비 10억 원 지원이 결정(2007년 3월)되어 추진된 사업이다. 제주도에 따르면 복개 전에도 하천변에 녹지가 없이 주거지가 하천변까지 잠식되어 이미 하천 환경이 악화되었고 수목이 자랄 공간이 부족하였으

---

382 연합뉴스, "제주시-범양건영 병문천 저류지 조성 협약", 『연합뉴스』 2009. 9. 25.
383 김호천, "제주시 병문천 제3저류지 공사 착공", 『연합뉴스』 2010. 1. 8.

〔그림 11〕 병문천 푸른숲: 제주시 용담1동 제주중앙초교 인근(2018년 7월 25일 촬영)

며, 인구밀집과 토지수요의 폭발적 증가로 주차장 등이 부족하고 하천 범람의 문제점 등의 해소를 위하여 하천을 정비·복개하였으나 도시온도가 상승하고 생태계축이 단절되는 부작용이 있어 이를 해소하고 도시미관을 증진시킴으로서 보행자에게 쾌적함을 제공하고, 주민들에게 녹음을 즐길 수 있는 휴식공간을 제공하기 위한 계획이라고 밝혔다. 중앙초등학교 옆 복개 구간을 시작으로 서문다리방면으로 녹화를 해나갈 계획이며, 하천변에 자라던 식생으로 숲을 조성할 계획이라고 밝혔다.[384] 다만, 이와 같은 병문천 푸른숲을 조성한다는 자체가 병문천 복개가 가져온 자연 파괴와 부당함을 제주도 스스로가 인정하는 것으로 볼 수 있다.

5) 병문천의 오늘

2016년 7월, 제주시는 총사업비 230억원을 투입해 병문천 하류 복개 구조물을 174m를 철거하고, 폭 8.7m의 하천을 개방하기로 하였다. 제

---

[384] 제주특별자치도 도정뉴스, "병문천·한천 푸른숲 조성한다", 2007년 3월 9일, 제주특별자치도 홈페이지, http://www.jeju.go.kr/news/news/news.htm?act=view&seq=734521.

주시는 병문천 하류 하천재해예방 사업과 관련한 행정 절차를 완료하였다. 해당 복개물은 탑동 매립 이익 환수 사업으로 전면 복개되어 주차장과 도로로 사용되어 왔으나 염분 등에

〔그림 12〕 병문천 복개 도로: 병문천 하류 공사현장, 삼도 119센터 인근(2018년 10월 25일 촬영)

의해 시설물이 부식돼 기둥이 뜨거나 철근이 노출되었다. 이미 2012년 정밀안전진단 결과 재건축을 해야 하는 D등급 판정을 받았다. 국고 지원 하천 재해예방사업으로 지정됐지만 주민들은 108면의 주차 공간이 사라진다는 이유로 그동안 복개구조물 철거 사업을 반대해 왔다.[385] 2009년 하천기본계획 수립 시 복개구조물 전 구간을 철거하고 복원하는 쪽으로 방향이 잡혔으나 주민 반대에 부딪혀 사업이 지지부진하였다. 주민들은 부족한 주차장 문제로 인해 반대를 하였으나 제주시와의 타협으로 하천 278m에서 공사를 진행하고 있으며 2019년에 준공될 예정이다.[386] 현재 제주시가 추진하는 '병문천 하류 하천 재해 예방 사업'은 2017년 9월 복개구조물을 철거했고 기존의 도로와 인도가 사라지자 횡단보도를 설치, 도로를 우회해 건너는 보행자 통로를 설치했다. 이 지역은 공사현장 일대 도로의 보행자 출입이 금지되어 있으나 제대로 지켜

---

385 좌동철, "병문천 반복개로 하천 살린다", 『제주신보』 2016.07.13.
386 허성찬, "'위험' 병문천 하류 복개지, 20년만에 정비", 『제주도민일보』 2016. 7. 9.

지지 않고 있어 운전자와 보행자 모두가 교통사고 위험에 노출된 상태로 지속적인 민원이 발생하고 있다.[387]

병문천을 비롯한 제주 도심 지역 4대 하천의 복개는 제주 도심의 인프라를 재난에 취약한 구조로 바꿔놓았다. 제주도는 태풍 나리의 피해가 도심 4대 하천의 복개로 인한 재난이라는 점을 인정했다. 자연재해에 대한 제주도의 대응은 저류지의 조성이었고 병문천, 한천, 독사천, 산지천 등 도심을 관통하는 4개 하천에 총 11개의 저류지를 조성하였다. 태풍 나리 이후인 2008년 10월 기준, 총 75만5천톤 용량의 6개의 저류지를 조성하였다.[388] 2010년 5월 기준으로 총 811억 원을 투자하여 11개소의 저류지 설치사업을 진행하였으며 1,214천톤을 저류할 수 있는 용량이다.[389] 저류지 조성 이후에도 추가적인 저류지 조성에 예산이 투입되었으며, 2015년에서 2016년 태풍에 의해 피해를 입은 저류지의 보수 공사에도 예산이 투입되었다. 그러나 여전히 재난에 취약한 구조는 바뀌지 않고 있다. 재해 예방을 위해 조성한 저류지 조차 공사 과정의 부실로 인해 제대로 된 역할을 하지 못하는 실정이다.

병문천 제3저류지는 2015년 제9호 태풍 '찬홈'이 지나간 뒤 상류 첫번째 저류지의 남쪽 절개지에 쌓은 15m 높이의 석축이 폭 8~10m가량으로 무너져 내렸다. 당시에는 붕괴 사고의 원인을 태풍 '찬홈'의 영향

---

387 손정경, "병문천 복개구조물 정비 '위험천만' 진입금지 표지판 설치·신호수 배치 '무용지물'. 우회 보행통로 만든지 1년… 도로 보행 여전", 『한라일보』 2018. 9. 20.
388 제주특별자치도 제주시 보도자료, 2008년 10월 2일, 재난안전관리과 하천관리 담당.
389 제주특별자치도 제주시 보도자료, 2010년 12월 10일, 재난안전관리과 하천관리 담당.

으로 한라산에 내린 1,400mm가 넘는 폭우 때문으로 추정하였다.[390] 그러나 2016년 여름, 제18호 태풍 '차바'에 의해 또다시 제주시 병문천 제3저류지 석축 일부가 붕괴된

〔그림 13〕 병문천 제3저류지 전경: 제주시 오등동 산113번지 (2018년 10월 27일 촬영)

이후 실시된 제주도감사위원회 감사 결과 공사가 부실하게 이뤄진 사실이 드러났다. 병문천 제3저류지는 제주시와 범양건영의 협약을 통해 조성된 것으로, 병문천 미복개 구역의 공사비 미환원금을 투입하여 2011년 5월 24일에 준공됐다. 감사 결과, 뒷채움 잡석은 저류지 제방의 투수성 유지를 위해 최대 치수 100mm 이내 재료를 사용해야 하는데 실제 공사에서는 100~500mm의 재료를 사용한 것으로 밝혀졌으며, 제주시는 이와 같은 사실을 알지 못한 채 준공 처리를 한 것으로 지적되었다.[391] 제3저류지는 범양건양이 제주시와 수의계약을 통해 공사를 하였다.[392]

---

390 박지호, "폭우로 제주 병문천 제3저류지 석축 붕괴", 『연합뉴스』 2015. 7. 21.
391 김경필, "부실 공사로 병문천 저류지 석축 붕괴", 『제민일보』 2017.01.25.
392 김호천, "제주시 병문천 제3저류지 공사 착공", 『연합뉴스』 2010. 1. 8.

4. 나가는 글

　병문천의 복개와 복원의 역사를 살펴보는 일은 제주 개발의 폐단과 마주하는 일이다. 탑동의 공유수면을 파괴한 불법 매립에 대한 이익 환수가 또 다른 공유수면이자 공동자원인 병문천을 복개하는 방법으로 진행되었으며, 이는 자연을 침범한 무리한 개발이었다. 병문천 등 제주 도심 하천의 복개는 해당 지역의 인프라를 재난에 취약한 구조로 바꿨으며, 2007년 태풍 나리 이후 수많은 태풍과 홍수로 인한 피해를 야기했다.

　병문천의 복개는 제주시 구도심에 많은 변화를 가져왔다. 국토지리정보원 국토정보플랫폼의 제주 구도심 위성사진인 [그림 14]과 [그림 15]은 각각 1969년과 2013년에 촬영된 것이다.[393] 1969년 사진에서는 제주 북쪽 바다에서 도심으로 가로지르는 하천의 줄기가 지도를 가로지르며 사진 하단까지 선명하게 나타난다. 북쪽 해안인 동한두기에서 제주중앙초등학교에 이르는 구간의 본연의 병문천을 확인할 수 있다. 그에 반해 2013년 위성사진에서는 복개 도로와 2009년 이후 병문천 푸른숲으로 조성된 제주중앙초등학교 인근 도로 주위의 나무들 정도만 확인할 수 있다.

　탑동 개발 이익의 환원 차원에서 병문천 복개라는 결정이 내려진 이후 30여 년의 세월이 흘렀다. 그렇다면 당시의 병문천 복개 결정을 통해 누가 이득을 보았으며, 또 누가 피해를 입었는지 살펴볼 필요가 있

---

[393] 국토지리정보원 홈페이지, http://map.ngii.go.kr/ms/map/NlipMap.do#, 검색일: 2018.10.11.

〔그림 14〕 제주시 병문천 복개 전 위성 사진 (1969년)
출처: 국토지리정보원 국토정보플랫폼

〔그림 15〕 제주시 병문천 복개 후 위성 사진(2013년)
출처: 국토지리정보원 국토정보플랫폼

다. 지속적인 공사비의 투입으로 건설업체들이 이익을 보았는지, 도로와 주차장이 생기면서 지역 주민들은 혜택을 입었는지, 지가는 상승하였는지, 병문천 복개 이후 민원은 사라졌는지 등 많은 부분에 의문을 품게 된다. 병문천 복개를 통해 지역에 도로와 주차장이 생겼음에도 여전히 지역민들은 도로의 협소함으로 불편함을 호소하며, 여전히 주차난으로 갈등하고 있다. 뿐만 아니라 병문천 복개 일부 구간의 복원과 보수 공사로 인한 주차 문제와 통행권 문제, 쓰레기 문제 등 민원은 이어지고 있다. 신문기사와 제주도의 보도 자료를 통해 확인할 수 있는 것은 병문천 복개 지구와 관련된 지속적인 토건사업이 진행되고 있다는 점이다. 태풍 나리 이후 도심 하천 재해 예방을 목적으로 조성된 저류지는 도심 복개 지역의 재해 예방에 얼마나 큰 도움을 주고 있는지 의문을 품게 만든 채 제주의 중산간 넓은 토지를 잠식하고 있다. 여전히 복개구간에 대한 보수공사와 복원에 대한 논의는 진행 중이며, 재해예방사업으로 진행된 저류지 건설도 부실 공사의 여파로 지속적인 예산 투입이 이루어지고 있다.

  탑동 불법 매립의 여파는 30여 년이 지난 지금까지도 제주시의 곳곳에서 확인할 수 있다. 이익 환수 차원이었음에도 도지사와 개발 업체가 일방적으로 합의하고 결정한 병문천 복개 과정은 시작 전부터 도민들 간의 분열을 유발시켰고, 시작 단계에서도 잡음이 일었다. 설계 용역은 두 차례의 유찰을 통해 납득하기 어려운 방식으로 결정되었고, 시행의 주체는 결국 탑동 매립을 담당한 범양건영에서 맡았다. 범양건영은 사전 준비 부족으로 계속 공사 진행을 미뤘고, 처음 약속했던 공기를 훌쩍 넘겼다. 또한, 공사 과정에서 하천 범람과 연안 오염 등의 우려를 낳기도 했다. 이후 재원 부족으로 다시 일정이 늦어졌으며 준공기한을 넘겼으며, 마지막 구간의 공사는 마무리 하지 못한 채 중단되었다. 범양건영은 미복개 구간에 대한 공사 거부와 장학금 지급을 거부하여 제주시와 법정 다툼을 벌였고, 2008년이 되어서야 법원의 판결에 따라 장학금을 제주시에 기탁하였다. 병문천 복개의 과정은 첫 의사 결정에서부터 마지막 의사결정까지 합리적이지 않은 선택이 반복적으로 이루어졌다. 병문천의 복개 공사를 단순히 과거의 일이라고 치부하기에는 수많은 문제를 끊임없이 제주 사회에 재생산해 내고 있다.

이와 같은 개발의 문제를 한 토건 회사의 잘못으로 치부할 수 있는가? 토건 국가 대한민국의 부속 섬인 제주도는 여전히 개발의 문제에서 자유롭지 못하다. 환경수도를 표방하지만 오히려 환경을 지키고 화산섬 제주의 자연을 지키는 일보다는 거대 개발업체를 불러들여 제주의 자연을 속속들이 파괴하고 있다. 제주민군복합형관광미항이라는 미명 아래 아름다웠던 마을을 산산조각 낸 해군기지 건설도, 제주 제2공항 문제로 신음하는 성산읍 주민들도 개발로 인한 환경 파괴의 피해에서 자유롭지 못하다. 성산읍 주민들은 입지 선정 타당성 조사를 통해 문제가 해결되기를 바라고 있다. 이 또한 지역 주민들을 이해시키지 못한다면 제2의 강정 마을이 될 것이다. 그리고 총 사업비 5조2000억 원을 투입해 대규모 복합리조트를 건설하는 제주시 오라 관광단지 개발 사업은 아름다운 제주의 중산간을 헤쳐 제주다움을 잃어버릴지 모른다는 두려움 속에 사업이 진행되고 있으며, 제주국제자유도시개발센터(JDC)가 추진한 제주신화역사공원은 서귀포시 안덕면 넙게오름이 있는 서광1리의 마을 목장 부지 121만평에 대규모로 세워졌다. 사업이 진행되는 과정에서도 신화와 역사는 사라지고 리조트와 놀이공원만 남았다는 조소 섞인 비판을 받았던 신화역사공원은 최근 오수 역류로 제주도민들의 눈살을 찌푸리게 만들고 있다. 제주시 노형동에 건설 중인 드림타워는 이미 한도에 찬 제주 신시가지 지역의 교통 문제와 쓰레기 문제를 가중시킬 것이 자명해 보인다.

　미래를 내다보지 않고 진행되는 수많은 거대 개발들을 감내해야 하고, 이겨내야 하는 것은 이 땅에 뿌리내리고 살아가고 있는 제주도민들이다. 모든 개발업체들이 그러하듯이 이들 또한 제주 지역에서 개발 이익을 챙긴 채 제주를 떠날 것이다. 결국 그들이 만들어 낸 문제로 시름

해야 하는 것은 남은 이들의 몫이다. 이는 탑동 매립 반대 주민운동 30주년에 이르러 우리가 지난날의 이야기를 반복해야 하는 이유이다. 우리는 지금으로부터 30년 후에 또 다른 후회와 한탄을 해야 할지 모른다. 오히려 더 큰 문제 앞에 직면할 수도 있다. 과거의 시간들이 미래를 준비하고 더 나은 선택을 위한 타산지석이 되어야 한다. 이를 위해서라도 우리는 지난날의 아픈 현실을 목도하고 병문천 복개 지역의 변화 과정을 지켜봐야 할 것이다. 그리고 병문천 복원에 대해 관심을 가져야 한다. 그러한 과정을 통해 과거 병문천과 지역 주민들과의 관계성을 어떻게 회복할 수 있는가에 관심을 기울여야 한다. 공유수면이자 공동자원이었던 병문천의 가치를 상실한 마을의 하천과 마을 주민들의 관계를 어떻게 회복해야 이 난제를 해결할 수 있을지에 대한 지혜를 모아야 할 때다.

제/주/사/회/의/변/동/과/공/동/자/원

V

국책사업

09

제주 제2공항과 민주주의 그리고 '다른' 제주
: 공동자원의 시각[394]

장훈교 · 서영표

1. 머리말

국토교통부는 2015년 11월 10일 제주 성산읍 온평리 · 신산리 · 난산리 · 수산리 · 고성리 일원에 신공항을 짓겠다고 발표했다. 부지면적 약 150만평에 연간 2,500만 명의 항공 수요를 처리하기 위한 3,200m 활

---

[394] 이 글은 『기억과 전망』 39호에 두 저자가 함께 기고한 "제주 제2공항과 민주주의 그리고 기반시설 공동관리자원의 가능성"에 기초를 두고 있다. 하지만 분량 문제로 논문에 싣지 못했던 내용들과 추후 조사 정리한 내용을 병합하여 원고를 다시 구성하였다. 추가된 원고 분량이 기존 논문보다 포괄적인 내용을 다루기에 원고의 제목도 변경하였다. 무엇보다 논문으로 발표한 글은 2018년 9월까지의 상황에 기초하고 있었다. 하지만 추가 작업을 하고 있는 현재는 2019년 4월이다. 기간 변화를 최대한 담보하고자 하였으나, 기존 글의 구조가 이 모든 것을 담기에는 근본적인 한계가 있었다. 문제의식이 다른 글이었기 때문이다. 이 부분 독자들의 양해를 바란다.

주로, 국내여객터미널과 국외여객터미널 등이 조성되는 비용만 4조 8천억 원이 넘는 해방이후 제주도 최대 건설사업의 발표였다. 국토교통부는 제주국제공항이 곧 포화상태에 직면하기 때문에, 제주의 발전을 위해서는 공항 기반시설 확장이 불가피하다는 입장이다. 그러나 그 '발전'이 무엇인지는 불명확한 동시에 논쟁적이었다. 국토교통부는 제2공항이 2조 1천억의 경제효과를 발생시킨다고 분석했지만, 2018년 7월 12일 한국은행 제주본부는 제주지역 관광객의 지역경제 파급효과에 대해 조금 다른 분석 결과를 발표했다. 이에 따르면 제주 관광산업은 "관광수입이 큰 폭 증가하는 등 외형적으로 높은 성장세를 지속"하고 있지만, 관광 부가가치의 측면에서 본다면 "관광객이 지역경제 성장에 미치는 여향이 줄어드는 상황"이었다.[395] 국토교통부의 발표는 한국항공대학교 산학협력단이 2014년 9월에 제출한 『제주 항공수요조사 연구 최종보고서』에 기초하고 있었다. 여객만 본다면 그 보고서는 제주 항공 수요를 2020년 3,211만명, 2030년 4,424만명, 2035년 4,549만명, 2040년엔 4,557만명으로 예측했다.[396] 2018년부터는 현재 제주국제공항 활주로가 혼잡해진다고 예상했다.[397] 국토교통부는 장래 항공수요와 비용 대비 편익을 고려할 때, 기존 공항을 그대로 운영하면서 새로운 제2의 공항을 신설하는 것이 "가장 합리적인 방안"[398]이라고 발표했다.

---

395 한국은행 제주본부, 「제주지역 관광객의 지역경제 파급효과 분석」, 『제주경제브리프』 No.2018-6, 2018년 7월 12일, 1쪽.

396 한국항공대학교 산학협력단, 『제주 항공수요조사 연구 최종보고서』, 국토교통부, 2014, 173쪽.

397 김규원, "국토부 '제주공항 2018년 포화…확장 신설 검토", 『한겨레』 2014.09.12.

398 국토교통부, "제주 서귀포 신산에 제2공항 건설 추진: 제주 공항확충 사전타당성

하지만 제주도민사회는 제2공항 건설이 제주도 환경수용능력 평가를 포함하는 종합적인 판단에 따라 이뤄지지 않았다고 비판했다.[399] 실제로 제주관광공사가 의뢰하여 제주대 연구진이 수행한 『제주의 관광객 수용 능력에 대한 연구』에 따르면 현재 제주 교통편의 전체 수용 가능 규모는 1,686만 명에서 1,701만명 수준으로, 2019년경 그 한계에 도달할 것으로 전망되었다.[400] 이 보고서에 따르면 사실상 2018년 현재도 포화상태다. 관광객 2,000만 명 수준은 경제적 관점에서도 비효율성이 나타나는 중요한 변곡점이 될 수 있다는 내용도 포함했다.[401] 제주관광공사는 이 연구가 제시한 "1686만 명의 수용 가능 규모는 제2공항 확충 등을 고려하지 않은 상황에서 현재의 교통 인프라가 수용할 수 있는 인원 규모"라며, 이 보고서의 의미를 제주사회의 현주소 진단에 두었다.[402] 보고서는 논쟁의 중심이 됐다. 도민사회와 제주도의회 일부는 이 보고서를 제주 관광 수용 능력의 한계로 인용했다. 수용 능력의 한계가 나왔으니 적정한 수준의 관광객만 받아들여야 한다는 것이다. 그러나 제주도정은 이 결과를 다른 방식으로 받아들였다. 현재 인프라로 미래 관광수요를 충족할 수 없으니, 2030년 예상 수요에 맞춰 인프라를 확장해야만 한다는 것이다.[403]

검토 용역결과 발표", 국토교통부 2015년 11월 10일 보도자료, 1쪽.
399   김정호, "제주공항 40년전도 신공항 논란, 제2공항 환경수용능력 시끌", 『제주의 소리』 2018.03.08.
400   제주대학교, 『제주관광 수용력 연구』, 제주관광공사, 2017, v쪽.
401   같은 책, ix쪽.
402   허호준, "제주 관광객 수용 능력 한계에 이르렀나", 『한겨레』 2018.02.16.
403   이상민, "2030년 관광객 수용능력 연구 도마 위", 『한라일보』 2017.11.22.

이와 같은 두 입장은 단지 제주 제2공항 건설 추진을 둘러싼 갈등이 아니라, 현행 제주발전체제의 미래를 바라보는 다른 두 관점의 경합 속에 위치한다. 국제자유도시와 관광개발을 제주발전의 미래 동력으로 바라보는 이들에게 제2공항은 불가피한 선택일 뿐만 아니라, 미래를 위한 회피할 수 없는 전략적 선택이다. 그러나 이미 제주가 그 한계를 넘어 지속가능성의 위기에 직면했다고 보는 이들에게, 제2공항은 파국으로 향하는 관문이자 제주의 '다른 미래'를 박탈하는 선택이다. 만약 두 입장 모두가 어떤 근거를 지닌다면, 제주는 지금 어떤 입장을 선택하는가에 따라 다른 미래가 열리는 분기점에 직면했는지도 모른다. 그러나 제2공항 추진이 이와 같이 도민의 일상생활뿐만 아니라 제주의 미래에 직접적이고 결정적인 영향을 미치는 문제임에도 제주도민은 이 문제를 국토교통부의 공표(公表) 이후에나 알게 되었다. 공표 이전 제2공항 추진 결정 과정 안에 제주도민의 민주적 참여는 부동산 투기 우려와 제주도민의 '숙원' 실현이란 명분하에 처음부터 고려되지 않았다. 또한 일단 제2공항 추진이 결정되자, 제주도정은 해당 갈등과 자신을 분리하고 모든 책임을 중앙정부에 떠넘기는 전략을 택했다. 중앙정부는 공표된 내용의 민주적 토론과 결정의 범위를 확장하는 방식으로 관련 갈등에 개입하기보다는, 이미 결정된 중앙정부의 입장을 방어하는 데 보다 주력하고 있다.

이런 태도는 국책사업 추진을 군사작전과 동일시하면서 형성된 권위주의 정부의 '방법으로서의 군사주의'[404]에 그 연원(淵源)이 있다. 물론

---

[404] 장훈교, 『밀양전쟁: 공통자원 기반 급진 민주주의 프로젝트』, 나름북스, 2016, 51쪽.

단순한 반복은 아니었다. 경제적 합리성을 척도로 모든 국가 운영을 평가하는 신자유주의 패러다임이 '방법으로서의 군사주의'를 변형하여 호출하였다. 모든 절차가 '경제적 합리성'의 추구라는 목적 아래 이를 가장 효율적으로 실행하는 방법을 선택하는 방식으로 구조화되었고, 일단 목표와 수단이 정해지면 도전을 허용하지 않았다. 이를 통해 도민은 자신의 미래를 결정하는 근본 문제에 대한 결정 권한을 박탈당했다. 제주도민에게 남은 것은 제2공항 추진에 동의할 것인가 말 것인가라는 매우 협소한 선택뿐이었고, 이는 갈등을 더욱 증폭시켰다. 근본 문제에 대한 민주적 개입과 결정 능력이 보장되지 않을 경우, 민주주의는 단지 해당 결정을 정당화하는 이데올로기 수단으로 작동한다.[405] 본 글은 제주 제2공항 추진 방식에 내재된 도민의 근본 문제에 대한 결정 권리를 박탈되는 과정을 중앙정부와 제주도정의 민주적 무책임성의 체계화란 관점에서 비판하며, 그 대안의 가능성을 기반시설 공동관리자원(infrastructure as common pool resources)으로 공항을 바라보는 시각을 통해 탐구한다. 또한 이 대안이 현실화되기 위해 필요한 대항헤게모니적인 개입의 방안을 모색한다. 기반시설 공동관리자원은 민주정치의 범위를 확장시키지만, 그 결과는 경합공간에 대한 효과적이고 능동적인 개입을 통해 산출되는 것이다. 따라서 다른 제주를 위한 구상과 기반시설 공동관리자원이 만나지 않을 경우, 공동관리자원은 자신을 산출한 해당 장소를 파괴하는 동력으로 작동할 수도 있다.

---

[405] 에르네스토 라클라우·샹탈 무페, 『헤게모니와 사회주의 전략』, 이승원 옮김, 후마니타스, 2012, 298쪽.

2. 연구의 시각

제주 제2공항을 직접 다룬 연구는 드물다. 이윤정[406]은 제2공항 추진을 둘러싼 갈등 구도를 면밀히 추적하면서 기록했다. 이지현과 고영철[407]은 제주언론의 속성의제 구성방식을 추적해 일부 제주언론이 공항건설에 방해가 되는 속성들에 대해 무관심했거나 최소한 방관했다는 의미 있는 연구결과를 발표했다. 두 연구는 상이한 대상을 분석한 것이지만, 제주 제2공항이 왜 현재와 같은 갈등 구조로 형성되었는가를 이해하는 보완적인 관점을 제공한다. 그러나 갈등의 발생원인 그 자체에 대한 분석은 상대적으로 약할 수밖에 없는데, 이는 연구의 초점이 아니었기 때문이다. 이미 상당 수준으로 축적되어 있는 대형 국책사업 관련 연구들[408]은 제주 제2공항을 직접 다루는 것은 아니지만, 이 부분을 보완할 수 있는 정보와 통찰을 제공했다. 기존연구의 대부분은 그 비판 강도의 차이는 있지만, 해당 갈등의 배후에 중앙정부의 밀어붙이기식 국책사업 전략과 지방정부의 개발주의가 존재한다고 결론 내리고 있다. 우린 이

---

406 이윤정, 「제주 제2공항 건설을 둘러싼 갈등 사례 분석」, 『공존협력연구』 2(2), 2016, 75-105쪽.

407 이지현·고영철, 「대규모 지역개발사업 갈등이슈에 대한 뉴스속성의제 구성방식에 관한 연구: 제주 제2공항 건설과 오라 관광단지 조성사업을 중심으로」, 『한국언론정보학보』 90, 2018, 99-125쪽.

408 고경민, 「국책사업 갈등에서 지방정부의 역할: 제주해군기지 갈등 사례」, 『분쟁해결연구』 10권 1호, 2012, 5-36쪽; 임정빈, 「국책사업 갈등관리에 관한 연구: 제주해군기지 건설사업 사례를 중심으로」, 『한국정책연구』 12(4), 2012, 519-543쪽; 조병구, 「토지수용이 야기하는 사회적 비용: 우리 토지수용법제의 구조적 문제와 개선방안의 모색을 중심으로」, 『법경제학연구』 11(2), 2014, 137-170쪽; 최승범, 「평택미군기지를 둘러싼 지역사회 갈등의 전개과정과 이의 해소를 위한 도시 거버넌스의 발전방향: 토지수용 전단계를 중심으로」, 『한국정책연구』 제9권 제1호, 2009, 63-86쪽.

연구결과를 존중하면서도, 조금 다른 각도에서 이를 재해석했다. 중앙정부와 지방정부는 국책사업 추진 과정에서 자신들이 수행한 전략과 정책 수행 및 그 결과에 대해 책임을 부정할 뿐만 아니라, 이를 넘어 책임을 지지 않는 무책임을 하나의 전략으로 체계화하는 양상을 반복적으로 보여 왔다.

1) 민주적 무책임성

'민주적 무책임성'은 이런 재해석을 실험하기 위해 기존 민주적 '책임성' 개념을 역설적으로 차용한 것이다. 원래 민주적 책임성이란 선거를 통해 구성된 정부가 위임된 권력을 행사할 때 그 주권자인 시민에게 책임을 져야 한다는 대의민주주의의 원리를 말한다.[409] 이는 권력을 민주적으로 운영하는 방법과 관련되며, 선거와 선거 사이에도 선출된 대표가 어떻게 동료시민[410]에게 지속적으로 책임을 질 것인가를 다룬다. 최장집은 만약, "선거 때만 민주주의가 있고 평상시에 없다면, 그것은 왕을 선출하는 것이나 다름없다"고 민주적 책임성의 중요성을 강조한 바

---

[409] 한국에서 민주적 책임성은 주로 위임민주주의(delegative democracy)의 한계를 비판하는 데서 제기되었지만, 국가 관료제(김두래, 「정부관료제의 민주적 책임성: 한국의 제도적 조건에 대한 공간이론적 분석」, 『정부학연구』 제19권 제3호, 2013, 215-244쪽; 엄석진, 「행정의 책임성: 행정이론간 충돌과 논쟁」, 『한국행정학보』 제43권 제4호, 2009, 19-45쪽)나 공공부문처럼 시민에 대한 공적 책임을 위임받은 집단(한상일, 「한국 공공기관의 민주적 책임성과 지배구조」, 『한국조직학회보』 7(1), 2010, 65-90쪽; 한상일, 「한국 공공부문의 다양화와 새로운 책임성 개념의 모색」, 『한국조직학회보』 10(2), 2013, 123-151쪽)의 운영구조를 분석하기 위한 개념으로 폭넓게 쓰이고 있다.

[410] 동료시민 개념이 익숙하지 않은 이들에겐 다음 칼럼을 권한다. 박상훈, "국민보다 '동료 시민'", 『경향신문』 2014.01.12.

있다.[411] 민주적 무책임성은 이와 달리 정부가 어떻게 시민에게 책임을 지지 않는 방식으로 민주주의를 활용하는가를 파악하기 위한 표현으로, 제2공항 추진 과정 일반에 내재된 탈민주화(De-democratization)를 비판하기 위해 의도적으로 고안되었다. 찰스 틸리(C. Tilly)는 '탈민주화'를 정부와 시민사이의 정치적 관계가 "더 협소하고, 더 불평등하고, 덜 보호되며 구속력 있는 상호협의가 덜 이루어지는 방향으로 나아가는 움직임"[412]이라고 정의한 바 있다. 이런 탈민주화 과정에서는 조직적이고 체계적인 시민사회에 대한 무책임성이 발견된다. 정부는 시민사회의 구속으로부터 벗어나 독립적인 결정과 수행능력을 확보하기 위해 탈민주화 전략을 실행하지만, 그 결과에 대해선 책임을 지지 않고 이를 부정한다. 더 나아가 그 책임으로부터 자신을 면제하기 위해 더욱 체계화된 탈민주화 전략을 추진한다. 이를 단지 민주적 책임성의 '부재'나 '결핍'이라는 부정의 언어로 표현하지 않은 이유는, 정부가 무책임의 체계화를 통해 민주적 책임을 우회하여 자신의 권력을 행사하는 적극적 전략을 선택하고 있기 때문이다. 역설(逆說)은 모순 속에 중요한 진리를 함축하는 논증이다. '민주주의'와 '무책임성'은 모순 관계처럼 보이지만, 이 결합이 한국 국책사업 추진 구조에 내재된 탈민주화의 동학을 보여준다면 역설 관계로 인정받을 수 있을지도 모른다.

---

411 최장집, "책임정치를 위하여", 『경향신문』 2012.08.07.
412 찰스 틸리, 『위기의 민주주의』, 이승협·이주영 옮김, 전략과문화, 2010, 24쪽.

2) 기반시설 공동자원체계

　제2공항 추진 과정에서 탈민주화와 민주적 무책임성이 발생하는 근본 이유는 현재 한국에서 제2공항과 같은 기반시설(infrastructure) 일체가 동료시민의 민주적 개입과 분리되어 정부가 배타적 책임을 지는 공공재(公共財, Public goods)로 규정되어 왔기 때문이다. 현실 속 공공재는 다양한 유형이 혼합되어 있지만, 공급자와 이용자의 분리를 전제하는 공공재의 기본 구조[413]는 그 모든 유형을 관통하는 공통성이다. 공공재는 국가전략 차원에서 관리되며, 정부는 그 재화 공급 관리의 유일한 정책 결정자이다. 시민은 대의민주주의와 영향력의 정치를 통해 공급 관리에 간접 개입할 수 있지만, 공공재의 공급과 운영에서 분리된 이용자로서의 위치를 통해서뿐이다. 이 분리의 강도는 국가의 역사 및 계급 관계를 포함한 전체사회의 역학 관계 그리고 민주주의의 발전 정도에 따라 다양한 차이를 지니지만, 공공재 내에서 이 분리 자체를 소거할 수는 없다. 한국이란 국가의 역사는 이 분리를 시민에 대한 무책임으로 발전시키는 역사였다. 기간 연구들은 이 분리를 활용한 중앙정부의 국책사업 추진 방식과 지방정부의 개발주의 전략 문제에 초점을 맞추어 왔다. 하지만 비판을 넘어 대안 모색 단계로 나아가기 위해선, 기반시설을 공공재로 규정해온 기간 국가전략에 내재된 분리 자체를 넘어서는 근본적 관점의 고찰이 우리에겐 필요하다.

　공동관리자원(Common pool resources)의 시각은 이런 분리를 넘어 기반

---

[413] Quilligan, James B. "Why distinguish common goods from public goods?", The Wealth of the Commons, 2012. URL: http://wealthofthecommons.org/essay/why-distinguish-common-goods-public-goods, 검색일: 2018년 9월 5일.

시설에 동료시민의 민주적 개입을 강화하기 위해 우리가 잠정적으로 선택한 대안 시각이다. 엘리너 오스트롬(Elinor Ostrom)은 공동관리자원을 "천연자원이든 인공자원이든 그 규모가 충분히 크기 때문에 잠재적 수혜자들을 자원 활용에 의한 편익에서 배제시키는 것이 불가능하지는 않지만, 그것에 상당한 비용을 지불해야 하는 자원"[414]으로 규정한 바 있다.[415] 오스트롬 이후의 연구들은 대부분 이 공동관리자원의 조직화 및 운영 과정을 이해하기 위한 연구였다. 공동관리자원 연구가 주로 천연자원에 대해 이루어졌지만, 이 개념은 오스트롬이 밝힌 바와 같이 다양한 유형의 인공자원에 적용될 수 있다. 관개수로, 교량, 컴퓨터 시스템 등은 오스트롬이 주로 인용하는 예였다. 흥미로운 점은 오스트롬이 직접 그런 표현을 사용한 것은 아니지만 관개수로, 교량, 컴퓨터 시스템이 모두 시민들의 사회 경제 활동의 기반을 형성하는 기초적인 시설 곧 기반시설로 이해될 수 있다는 점이다. 바꾸어서 말한다면, 오스트롬의 공동관리자원 접근 안에는 이미 기반시설을 공동관리자원으로 바라보는 시각이 잠재되어 있다.

현대 일군의 학자들이 이런 가능성에 기초해 기반시설을 공동관리자

---

[414] 엘리너 오스트롬, 『공유의 비극을 넘어: 공유자원관리를 위한 제도의 진화』, 윤홍근·안도경 옮김, 랜덤하우스, 2010, 70-71쪽.

[415] 공동관리자원에 대한 개괄과 엘리너 오스트롬 논의가 한국에서 어떻게 발전되어 나가는가에 대해서는 최현(「공동자원 개념과 제주의 공동목장: 공동자원으로서의 특징」, 『경제와 사회』 통권 제98호, 2013, 12-39쪽; 「공동자원이란 무엇인가?」, 『공동자원의 섬 제주1:땅, 물, 바람』, 최현·따이싱성·정영신 외 지음, 진인진, 2016; 「한국 공동자원 연구의 현황과 과제」, 『공동자원론, 오늘의 한국사회를 묻다』, 최현·정영신·윤여일 편저, 진인진, 2017)과 정영신(「엘리너 오스트롬의 공동자원론을 넘어서: 자원관리 패러다임에서 커먼즈에 대한 정치생태학 접근으로」, 『공동자원의 섬 제주1: 땅, 물, 바람』, 최현, 따이싱성, 정영신 외 지음, 진인진, 2016)을 추천한다.

원으로 바라보는 연구 결과를 발표하고 있다.[416] 전통적으로 공공재로 취급되어온 기반시설을 공동관리자원으로 규정할 때 발생하는 우선적인 장점은 기반시설의 특성에 대한 보다 명료하고 분명한 이해에 우리가 도달할 수 있다는 점이다. 오스트롬의 개념화에 의하면, 공공재는 공동관리자원과 동일하게 잠재적 수혜자를 배제하는 데 높은 비용이 드는 문제가 발생하지만, 공동관리자원과 달리 이용감소성(substractability)이 발생하지 않는다. 곧 "어느 한 사람이 그 재화를 소비하는 것은 다른 사람들이 소비할 수 있는 그 재화의 양을 줄이지 않는다"[417]고 전제된다. 하지만 이런 규정이 적용되는 '순수한' 공공재는 현실에 거의 존재하지 않으며, 대부분의 공공재는 그 물리적 한계나 다양한 유형의 정치사회적 조건과 한계로 인해 일상적으로 '혼잡'이나 '남용'과 같은 공동관리자원에서 발견되는 동일한 문제에 직면한다. 이 때문에 공동관리자원을 통해 기반시설에 접근할 때, 공공재의 개념 하에선 보이지 않는 기반시설 자원체계의 문제가 보다 분명하게 드러나게 된다. 이는 제주 제2공항에도 바로 적용된다. 왜냐하면 제2공항 추진의 일차적인 이유가 바로 공항 혼잡도의 증가이기 때문이다.

또한 일단 기반시설이 공동관리자원으로 규정되면, 기반시설을 둘러

---

416   Künneke, Rolf and Matthias Finger, 2009, "The governance of infrastructure as common pool resources", Paper presented on the fourth Workshop on the Workshop (WOW4), June 2-7, 2009, in Bloomington URL: http://www.indiana.edu/~wow4/papers/kunneke_finger_wow4.pdf 검색일: 2018년 11월 2일; Glover, Leigh. "Public transport as a common pool resources", Australasian Transport Research Forum 2011 Proceedings, 28-30 September 2011, Adelaide, Australia, Publication website: http://www.patrec.org/atrf.aspx.

417   엘리너 오스트롬, 『공유의 비극을 넘어: 공유자원관리를 위한 제도의 진화』, 윤홍근 · 안도경 옮김, 랜덤하우스, 2010, 74쪽.

싼 문제와 갈등을 해결하는 새로운 가능성을 탐구할 수 있다. 전통적인 국가와 시장의 이분법을 넘어 동료시민의 협력을 통해 기반시설의 제공(provision)과 생산(production) 그리고 이용을 관리하는 제3의 방법을 우리가 모색할 수 있는 가능성이 발생하기 때문이다. 기반시설은 모든 동료시민들의 보편적 필요를 충족하는 자원체계이므로, 시민들은 모두 이 자원체계에 의존한다. 이에 따라 자신의 이용 행위는 다른 시민의 이용 행위에 영향을 주며, 시민들은 자신의 의사와 무관하게 기반시설과 관련해 물리적인 상호의존 상황에 구속된다. 이런 물리적인 상호의존 상황이 그 자원에 내재된 딜레마를 동료시민간의 상호조정을 통해 해결하는 대안제도의 출현 가능성을 만든다. 물론 재화의 유형을 공동관리자원으로 규정한다고 하여, 자동적으로 그 규정을 통해 대안제도가 출현하는 것은 아니다. 공동관리자원은 단지 자원일 뿐이다. 대안제도의 출현은 시민들의 정치사회적 개입뿐만 아니라 상호연대와 협력의 결과로만 나타난다. 공동관리자원이란 규정은, 대안 선택의 인접 가능성(adjacent possible)을 확장한다. 기반시설 공동관리자원이란 규정은 기반시설에 대한 동료시민의 공동관리라는 이전 우리가 질문하지 않았던 영역을 질문하도록 만든다.

공동관리엔 기여의 투입과 운영에 대한 책임이 필요하다. 민주적 '무책임성'의 개념은 민주적 '책임성'의 실현을 그 대안으로 촉구한다. 대의민주주의 조건 하에서 정부의 민주적 책임성은 민주주의의 발전을 위한 일차적인 요청이다. 기반시설 공급과 운영에 대한 정부의 민주적 책임 강화는 제주 제2공항뿐만 아니라 유사 문제를 반복적으로 경험하고 있는 우리 현실에서 거듭 강조해도 지나치지 않다. 하지만 공동관리자원의 가능성은 민주적 책임성을 단지 대표에게만 한정하지 않는다. 기존 민주적 책임성 개념은 대표와 시민의 분리를 전제하며, 대표의 권력 사용에 대한 책임을 묻는다. 공동관리자원에 기반을 둔 공동관리제도는 이 구조를 허용하지 않는다. 시민들이 근본적 정책결정에 대한 권리를 지닌다면, 그들 또한 그 결정에 따른 민주적 책임성의 구속을 받아야 한다. 이는 민주적 책임성의 범위가 대표를 포함하되 대표로 환원되지 않고, 그 권리를 부여받은 다른 동료시민 일반도 포함하는 방향에서 재정의되어야 한다는 것을 의미한다. 공동관리자원은 기간 공공재 공급 과정에 구조적으로 연계되어 있지만, 그 책임으로부터 자신을 면제해왔던 다수의 동료시민에게 보다 직접적으로 정치적 책임을 묻고 그 책임의 실현을 요구한다.

3) 섬의 논리와 민주주의의 접합: 열림과 닫힘의 관계

공항이 기반시설 공동자원체계로 작동하기 위해서는 제주의 사회생태체계와 정합적 관계를 유지해야만 한다. 따라서 공항 자체만의 동학 곧 공항의 내부가 아닌 외부와의 관계 속에서 공항 문제를 고찰해야만 한다. 공항은 무엇보다 섬으로서의 제주의 열림과 닫힘의 문제를 다루는 경계이다. 공항과 외부와의 관계는 공항의 이런 기능을 통해 우선적으로 고찰되어야 한다. 섬의 논리와 공항의 논리가 어떻게 조우하는 지가 중요한 이유다. 국가와 자본은 제주의 지리적 조건을 테스트베드(test bed)로서 활용해 왔다. 자율주행으로 대표되는 미래자동차의 '테스트베드'로 제주도를 바라보는 시각은 그 대표적 예이다.[418] 섬은 한 지역을 마

---

418 정필재, "[단독] 장병규 4차산업혁명위원장 '제주도 자율주행車 최적지'", 『세계

치 하나의 실험실로 접근할 가능성을 열어준다. 문제는 이 실험이 제주에서 이루어지지만, 제주를 위한 실험이 아닌 언제나 국가와 자본을 위한 실험이란 점이다. 바다가 가두기도 하고 열어주기도 하는 섬의 지역성을 자본의 논리가 전유하는 이런 방식은 제주 제2공항 문제에도 그대로 투사되어 있다.

그러나 바로 동일한 이유로 제주도를 구성한 섬의 논리는 체제전환을 위한 대안실험과 민주주의의 강화를 위한 동력으로 전환될 수도 있다. 권력으로 작동하는 외부적 시선이 강력한 힘을 발휘하더라도 특정한 장소가 가지는 문화의 두께를 완전히 부수어 평면으로 만들 수는 없다. 밖으로부터 강요된 지배적 코드가 만들어내는 매끈한 공간과 선형적인 시간과는 달리 '닫힘'과 '열림'의 변증법에 의해 만들어진, 흐르지만 상대적으로 고정되어 있는 섬의 문화는 겹쳐지고 주름이 있다. 역사적으로 매끄러운 공간과 선형적인 시간의 이데올로기는 구체적인 일상 속의 제주인들의 삶의 실천과 마찰을 일으킬 수밖에 없었다. 그 마찰이 공간을 더욱 겹쳐지고 주름지게 한다. 그리고 서로 다른 시간성이 '지금-여기'서 접합되게 한다. 이러한 마찰과 주름이 제주를 구성해온 섬의 논리가 민주주의와 만날 수 있는 접점이 된다.

3. 제주도정과 민주적 무책임성의 전략

제2공항 건설예정부지에 살고 있는 제주도민들은 수백 년 동안 거주

일보』 2018.06.05.

해온 삶의 터전을 상실할 위험에 직면하자, 제2공항성산읍반대대책위원회를 조직했다. 건설예정부지의 70%이상을 차지하는 온평리 도민들은 아예 독자적인 대책위인 제2공항반대온평리비상대책위원회를 꾸렸다. 온평리는 고·양·부 삼신인과 벽랑국 삼공주의 결혼 이야기를 간직한 신화 속 마을이기도 하다. 제주 도민사회 일부도 제주 제2공항반대도민행동으로 집결했다. 예정 부지 지역 주민과 도민사회의 강력한 저항이 표출되자, 제주도정은 일단 제2공항 추진이 결정된 이상, 그것은 제주도의 관할을 넘어선 중앙정부 관할의 국책사업이란 입장을 반복적으로 밝혔다. 강력한 중앙정부에 구조적으로 종속되어 있는 지방정부의 현실을 인정한다고 하더라도, 이는 그 구조 안에 허용된 민주적 대의의 '가능성' 자체를 의도적으로 무시하는 입장이었다. 역설적이지만 가능성이 존재한다는 사실은 제2공항을 유치하기 위해 그간 제주도정이 진행해왔던 노력을 통해 확인된다. 제주도정은 제2공항 추진 과정에서 중립자로 존재한 것이 아니었다.

1) 숙원: 제주 근대 프로젝트

제주도정은 제주 통치엘리트들의 합의와 도민사회 일부의 지지를 기반으로 제2공항을 제주의 '숙원(宿願)' 사업으로 규정하고,[419] 지속적으로 추진해왔다. 공항은 1960년대부터 제주 근대화 프로젝트의 중심 기반시설이었다. 군부권위주의 정권 하에서 이루어진 제주개발은 '제주

---

[419] 한국개발연구원 공공투자관리센터, 「2016년도 예비탕당성 조사: 제주공항 인프라 확장사업」, 한국개발연구원, 2017, 43쪽.

근대화'라는 이름으로 포장되었는데, 그 핵심엔 외국인 관광객 유치를 통한 지역주민의 소득 증대가 있었다. 보다 많은 외국인 관광객을 유치하기 위해서는 공항이나 항만 개발이 필수적이었다. 1964년 7월 18일 경향신문은 "제주가 어떠한 성격을 띠고 국제무대에 진출하든지 간에 가장 긴급한 과제는 길"이라고 썼다. 섬이라는 지정학적 위치 때문에 제주를 외부와 연결하는 '길'이 개발의 첫 출발이라고 본 것이다. 1965년부터 본격화된 제주국제관광개발 프로젝트는 이에 따라 곧 '길'의 문제였고, 항만시설 확장과 함께 제주공항의 국제공항 승격, 그리고 끊임없는 확장으로 현실화됐다. 이런 역사는 2002년 등장한 국제자유도시 프로젝트로까지 이어진다. 국제자유도시는 "사람·상품·자본의 국제적 이동과 기업활동의 편의가 최대한 보장되도록 규제의 완화 및 국제적 기준이 적용되는 지역적 단위"(《제주특별자치도 설치 및 국제자유도시 조성을 위한 특별법》 제2조)라는 점에서, 그 자체로 이동과 '길'의 문제였다. 제2공항은 제주가 국제자유도시로 발전하기 위한 기본 토대였다. 삼성경제연구소와 제주발전연구원이 2011년 수행한 『제주국제자유도시 종합계획 수립 용역 보고서』는 이를 뒷받침했다.[420]

국제자유도시가 사실상 자본의 자유로운 이동을 위한 국가주권으로부터의 예외 지역 단위라는 점을 기억할 때,[421] 민주주의는 그 예외성의 보장을 위한 교섭권력(bargaining power)의 작동 근거인 동시에, 이 예외성의 실현을 보다 돌진적인 방식으로 실현할 수 있는 근거가 되었다.

420　김성진, "제주 신공항 민간이 지으면 2020년 연수익 480억원?", 『제주의 소리』 2011.03.23.
421　이승욱·조성찬·박배균, 「국제자유도시, 신자유주의 예외공간 그리고 개발자치도」, 『특구: 국가의 영토성과 동아시아의 예외 공간』, 알트, 2017.

한국 근대화의 주변부로서 개발 과정에서 소외되어온 제주 역사는 개발에 대한 보다 강렬한 열망으로 되돌아왔고, 민주주의는 그 열망의 압축적 충족[422]을 위한 제주예외주의의 도구가 되었다. 제2공항에는 바로 이 제주 압축성장의 열망과 전략이 응축되어 있다. 2010년을 전후로 제2공항 유치활동은 더 큰 힘을 얻기 시작한다. 1995년 지방자치제도의 부활 이후 발생한 지방선출직의 대규모 국책 개발사업 유치 경쟁을 전제로 한다면, 여기엔 두 가지 추가 이유가 있었다. 하나는 2006년 국토연구원과 제주발전연구원이 『제주광역도시계획 수립연구보고서』에서 2020년 이후 제2공항 건설이 필요하다는 의견을 개진했다. 다른 하나는 2007년 대선 과정에서 당시 이명박 후보가 제2공항 건설을 공약으로 제시한 데 있었다.[423] 현재 제2공항 논란의 직접적인 출발점은 바로 이 공약에 있다. 그 영향 중 하나로 2008년 4월 16일 '제주신공항건설범도민추진협의회'가 출범했다. 그 구성원은 제주 출신 국회의원들과 제주지역 대학총장, 교육감, 도의회 의장, 재외도민회장, 제주지역 건설협회, 관광협회, 여성단체 협의회장 등이었다. 범도민추진협의회는 제2제주국제공항 건설을 약속했던 이명박 대통령이 이에 '유보' 입장을 밝히자, 제2공항 건설에 범도민 역량을 총결집시키겠다는 목표로 만들어진 단체였다.[424]

범도민추진협의회는 제2공항을 지역 통치엘리트들의 개발 열망을 제주 전체의 '숙원'으로 구성해냈다. 아래로부터의 개발 열망이 이 안에

---

422 서영표, 「몸과 기억의 반란: 자본의 도시화에 저항하기」, 『창작과 비평』 2016, 44(3), 122-141쪽; 서영표, 『불만의 도시와 쾌락하는 몸』, 진인진, 2017.
423 허호준, "대선공약 제주 제2공항 타당성조사", 『한겨레』 2008.01.03.
424 이재홍, "제주 신공항건설 범도민추진협의회 출범", 『제주의소리』 2008.04.16.

통합된 것은 부정할 수 없다. 제주도정은 이 기반 위에서 적극적인 활동을 전개했다. 우근민 전 도지사는 2010년 국토해양부의 제4차 공항개발 중장기 계획안에 제주 신공항을 포함시키려고 노력했다. 김태환 전 도지사도 2008년 당시 한나라당에 "도민의 염원인 제주 신공항 건설이 국책사업으로 전환될 수 있도록 지원 바란다"고 요구했다.[425] 도의회도 마찬가지였다. 2012년 제주도의회는 신공항 건설을 정부의 최우선 국책사업으로 추진하고 공항건설 용역 시기를 앞당겨 달라는 대정부 건의안을 채택하기까지 했다.[426] 현 원희룡 도지사는 제2공항 후보지 발표 직후, 도의장과 함께 "제주를 미래로 이끌 제2의 전환점"이라고 환영하는 공동담화문을 발표했다. 또한 청와대를 방문해 당시 박근혜 대통령에게 대통령의 '의지'로 뒷받침해달라고 요청하기도 했다.[427] 이명박에 이어 선출된 박근혜 대통령도 대선 공약으로 제주 공항인프라 확충을 채택했었다. 이 공약은 이미 2007년 대선 예비후보시절부터 주장한 것이었다.[428]

2) 민주적 무책임의 전략

따라서 제주도정은 단지 중앙정부에 구조적으로 종속되어 있지만은 않았다. 최소한 민주화 이후 민주주의 국면에서 제2공항의 추진 과정은

425　양두석, "김태환, 신공항 건설 지원 바란다", 『제주투데이』 2008.09.18.
426　허호준, "제주도의회 '신공항 조기착공' 대정부 건의안", 『한겨레』 2012.06.21.
427　허호준, "'원희룡 달걀 폭행'과 제주 2공항 건설, 사실은요…", 『한겨레』 2018.05.20.
428　이승록, "박근혜 '특별자치도 성공위해 제2공항 건설할 것', 『제주의 소리』 2007.07.11.

지방정부와 중앙정부의 교섭 결과에 노출되어 있었다. 그런데 반대운동이 발생하자 제주도정은 모든 교섭 가능성을 부정하고, 반대운동과 중앙정부를 매개하는 최소한의 중립적인 조정자 역할조차 포기했다. 국책사업으로 결정된 제2공항과 관련된 모든 결정과 책임 문제는 중앙정부에게 돌리고, 자신들은 해당 절차의 마지막 결과를 따른다는 방관자 역할을 자임했다. 갈등을 불러들였지만, 그 갈등 결과에 대해선 책임을 지지 않기 위해서였다. 이는 대의민주주의의 구조를 활용한 하나의 전략이었다. 일단 제2공항이 추진 절차에 진입했기 때문에, 제주도정이 정치적 반대를 무릅쓰고 이를 추진하는 책임을 떠안을 이유가 없었다. 그것은 강력한 정치적 반대집단을 형성하는 과정이기 때문이다. 정치적 반대를 넘어서는 것은 국가의 책임으로 남기고, 자신들은 절차를 방관하는 모호성을 유지했다.

제주도정의 이와 같은 민주적 무책임성 전략엔 두 가지 프레임이 동원되었다. 첫째는 '무지(無知)'의 프레임이었다. 제2공항과 관련해 제주도정은 구체적인 지식과 정보를 갖고 있지 않다는 것이었다. 아는 것이 없기 때문에 책임질 것이 없다고 했다. '무지'의 프레임은 민주적 책임성의 추궁을 무력화한다. 국토부의 발표가 있기 전에 이미 제주도정은 제2공항 건설을 전제로 해 2016년도 예산안을 편성했었다. 이에 제주도의회 예산결산특별위원회 김용범 의원은 국토부의 제2공항 건설계획을 미리 알고 예산을 책정한 것이 아니냐는 의혹을 제기했다. 제주도 공항확충추진단장은, 사전에 알고 있었다는 의혹이 제기되자, "제2공항 건설 확정은 용역 결과 발표 당일에야 알았다"고 둘러댔다.[429] 원희룡 도

---

[429] 김명현, "제주도, 제2공항 용역결과 이미 알고 있었다?", 『뉴스제주』 2015.12.04.

지사도 반복해서 자신조차 발표를 보고 알았다고 주장했다. '알지 못했음'을 강조하는 것은 제2공항 추진 결정이 오직 국가의 의지에 따라 이루어졌다는 것을 보여주려는 의도였다. 이를 통해 제주도정은 제주도민을 한편에 놓고 국가를 다른 한편에 놓는 분리의 선을 그을 수 있었다. 제주도정은 이때 국가 앞에서 도민과 같은 위치에 선다. 이는 책임으로부터 자신을 면제시키는 '자기면제'의 프레임이다.

다른 하나는 '모호'의 프레임이었다. 이 프레임은 무책임성을 제도적 절차 속에 은폐한다. 모호의 프레임은 두 형태로 나타났다. 하나는 제2공항은 아직 추진 중인, 확정되지 않은 계획일 뿐이라고 대응하는 것이었다. 원희룡 도지사는 제2공항 전면 재검토와 관련 모든 추진 절차의 중단을 요구하며 단식농성 중인 반대주민을 만난 자리에서, 절차 그 자체의 중단은 협의 사항이 아니라고 말했다.[430] 제2공항 추진절차가 진행되고는 있으나 그 결과는 확정되지 않았기 때문에 절차를 중단할 이유가 없다는 것이다. 절차와 결과 사이의 모호성을 활용해 주민의 요구를 우회한 것이었다. 또 다른 모호의 프레임은 중앙정부와 지방정부의 권한과 책임의 차이를 활용한다. 제2공항과 같은 국가인프라 추진 사업에서 지방정부가 개입할 수 있는 여지는 거의 없으며, 따라서 모든 책임은 국가에 있다고 말한다. 이는 현재의 관행 안에서 부정하기 어려운 사실이다. 국책사업의 주체는 중앙정부이기 때문이다. 그러나 지방정부는 "해당 사업의 관리와 집행을 책임져야 할 뿐만 아니라, 다른 한편으로는 사업의 추진 여부와 방향 등에 관해 지역을 대표하는 협상의 당사자"[431]

---

430 홍창빈, "제2공항 반대 단식 김경배씨 만난 원희룡 지사 '중단 불가'", 『헤드라인제주』 2017.10.23.
431 고경민, 「국책사업 갈등에서 지방정부의 역할: 제주해군기지 갈등 사례」, 『분쟁

로서 중앙정부와 협상할 가능성은 남아 있었다. 행정절차법이 요구하는 절차적 정당성이 충족되지 않은 것을 문제 삼아 중앙정부를 비판하고 지역주민이 합리적으로 납득할 수 있는 절차를 요구할 수도 있었다. 혹은 대통령령인「공공기관의 갈등예방과 해결에 관한 규정」을 매개로 보다 적극적인 갈등관리를 위해 지역주민의 민주적 참여와 결정을 촉구할 수도 있었다.[432] 하지만 제주도정은 제2공항 추진의 정치적 책임을 분담해야 하는 중앙정부의 대리인 역할은 비공식화하고, 도민의 대표 역할은 공식적으로 포기했다. 2018년 5월 14일, 지방선거 제주도지사 후보 토론회에서 제2공항 반대 주민이 원희룡 도시사 후보에게 달걀을 던진 사건은 제주도정의 무책임성을 고려하지 않고는 이해할 수 없는 것이었다.

절차의 모호성에 의존하는 민주적 무책임 전략은 해당 절차가 끝나는 순간 제2공항에 대한 분명한 추진 전략으로 나타났다. 원희룡 도지사는 2018년 12월 한 방송국과의 신년대담에서 제2공항이 "근본적 결함이 없어 착공을 늦출 수 없다"고 발언했다. 이 발언은 검토위원회의 결론이 나오기 전에 한 발언이었다. 제주도정은 검토위의 활동 종료와 함께 국토부가 사실상 결론을 내렸다는 판단 하에, 그 조속한 추진을 요구하는 방향에서 움직이기 시작했다. 이런 입장은 2019년 2월 20일 원희룡 도지사의 기자회견에서 분명하게 나타났다. 미래 항공수요에 탄력적으로 대응하기 위해 건설이 시급하며, 2019년 6월에 수립되는 정부 기본계획에 지역주민과 제주도의 입장을 반영시키는 것이 제일 중요한 과

해결연구』, 10권 1호, 2012, 7쪽.
432   같은 글, 29쪽.

제라는 내용이었다.[433] 이런 제주도정의 추진 방식에 공항반대운동 연합이 강력하게 반대하자, 제주도정은 다시 모든 결정을 국토부의 책임으로 미루었다.

3) 민주적 무책임성과 지속가능성의 수사화

제주도정의 이런 민주적 무책임성의 전략은 단지 제2공항에 관한 정치적 책임을 자기면제하기 위한 전략만은 아니었다. 이는 제주의 미래를 자연과 인간의 공존이란 원칙 하에 "지속가능한 개발(sustainable development)"을 추진하겠다는 제주도정의 동료시민에 대한 약속으로부터 자신을 면제하기 위한 전략이기도 했다. 지속가능성(sustainability)의 원리 하에 개발을 통제하겠다는 제주도정의 약속은 일부 개발 현안을 둘러싸고, 관련 이해관계 당사자들에게 새로운 규칙으로 부과된 측면이 존재하는 것이 사실이다. 하지만 지속가능성과 경제개발의 논리가 모순적으로 충돌할 때, 제주도정은 제2공항과 같이 경제개발의 입장에서 지속가능성의 원리에 대해 책임을지지 않는 태도를 반복적으로 보여주었다. 이로 인해 제주도정의 "지속가능한 개발"은 현실과 분리된 정책담론으로만 존재하고, 현실을 규제하는 강력한 척도로는 작동하지 않고 있다. 중소규모의 다른 이해관계자들의 행위를 구속하는 약한 정책담론으로 지속가능성을 활용하면서도, 자신의 정책 구상과 미래 전략에 대해선 이를 면제하는 이와 같은 태도는 제주도정이 개발을 근거로, 개발에 관한 시민사회의 구속 외부에 존재한다는 점을 보여준다.

---

433 "원희룡 '제주 제2공항 계획대로 추진'", 『한겨레』 2019.02.20.

그 결과 지속가능한 개발은 모순적 구호로만 남는 동시에 그 자체로 갈등을 강화하는 계기로 작동한다. 제2공항 추진과 제주의 탄소 없는 섬 2030 미래전략과의 관계는 논쟁적이다. 기후변화에 대응하기 위한 탄소 없는 섬 2030 전략은 세계 최초의 탄소 없는 섬으로 제주를 전환하겠다는 담대한 구상을 담고 있지만, 동시에 교통기관 중 기후변화에 가장 악영향을 미치는 항공산업과 이를 뒷받침하는 공항 확장과 신공항 건설 문제에 대해선 침묵했다. 탄소 없는 섬 2030과 제2공항 추진의 관계에 대해 동료시민들에게 제공된 어떤 설명도 없다. 그 결과 두 계획 모두를 관통하는 전략은 경제성장을 위한 개발만이 남을 뿐이다. 이런 조건에서 지속가능한 개발의 실질적 방어자는 도민사회가 된다. 제주도정은 담론을 채택하지만, 그 담론에 대해 책임지지 않기 때문이다. 도민사회는 관련 현안이 지속가능성의 원리와 어떤 관계를 맺고 있는가에 대해 제주도정에 질문하고, 그 질문에 대해 응답할 것을 제주도정에 요구한다. 하지만, 자신이 추진하는 개발사업에 대해 시민사회의 구속을 인정하지 않는 제주도정은 이 질문에 대해 책임 있는 응답을 하지 않는다.

4) 도민사회의 또 '다른 수단에 의한 민주주의'

제주도정의 '민주적 무책임성' 전략으로 제2공항 문제는 도민사회의 문제로 남았다. 제2공항으로 응축된 제주 압축성장의 열망이 전체 도민사회의 압도적 동의를 확보할 것처럼 보였지만, 실제 현실은 달랐다. 1990년대를 경유해 제주도민사회와 함께 성장해온 반(反)개발주의동맹이 이미 존재할 뿐만 아니라, 더욱 중요하게는 제주개발에 대한 도민의 피로감이 증대하면서 다른 방식의 번영 혹은 발전을 바라는 인식이 확산되어 있었다. 제2공항 공표 이후, 도민사회는 찬성과 반대 진영으로 양분화됐고, 문제를 발생시킨 당사자인 제주도정은 방관자로 남고자 했다. 그 결과 중 하나로 반대 지역주민과 도민들이 직접 국가와 대면해야 하는 상황으로 내몰린 것이다. 2017년 12월 제2공항 건설에 반대하는 도민들이 서울 상경투쟁에 돌입했다. 그들은 이미 제주도청 앞에서 50여 일 동안의 천막농성을 진행하고 있던 상태였다. 농성 당시 김경배 성산읍대책위 부위원장은 42일 동안 단식 투쟁을 벌이기도 했다. 또 다른 결과는 양분된 도민사회가 여론조사를 통한 '다른 수단에 의한 정치'[434]에 의존하게 되었다는 점이다. 제주의 숙원사업이란 전제와 제주도정의 민주적 무책임성이 중첩되면서 제2공항 문제는 대의민주주의의 공식적인 의사결정체계 안에서 논의되지 못했다. 공식적인 정치통로가 협소화되자, 양분된 도민사회는 반대편을 압도하기 위해 여론조사기관과 언론매체를 활용하는 영향력의 정치경쟁을 벌이기 시작했다. 여론조사는 민주주의를 대체할 수 없다. 여론조사는 동료시민들의 판단을 돕는 보조자료일 수는 있지만, 여론조사가 동료시민들의 결정을 대체할 수는 없는 것이다. 하지만 여론조사가 어느 순간 제주의 입장이 무엇인지를 판가름하는 척도로 도민사회 내부에서 부상하기 시작했고, 그에 따라 찬성과 반대 측은 경쟁적으로 자신에게 유리한 여론조사 결과를 발표하기 시작했다. 그 결과 이런 정치경쟁은 갈등적 '합의'를 창출하기 보다는 갈등을 더욱 증폭시키는 결과를 초래했다.

이런 구도 속에 제시된 것이 신고리 원전 5·6호기 건설 재개를 쟁점

---

434 최장집, 『민주화 이후 민주주의』 개정판, 후마니타스, 2005, 274쪽.

으로 운영되었던 공론화위원회 모델을 제2공항에 도입하자는 주장이었다. 숙의민주주의론을 발전시킨 하버마스가 주장한 바처럼 일상의 민주적 토의 과정은 권력에 의해 심각하게 왜곡되어 있다. 정보·지식·자원이 불평등하게 분배되어 있기 때문에 오직 민주적 토론과 설득의 원리만이 허용되는 정치의 장은 이념적으로만 주어질 수 있다. 따라서 특정한 주제에 대해서 시민들의 정보·지식·자원의 양을 끌어 올려 왜곡된 담화상황을 시정한 후 민주적인 토론을 진행한다는 것이 숙의민주주의의 핵심이다. 숙의민주주의는 지식패러다임의 전환과 민주주의의 확장이라는 면에서 중요한 실천과 학습의 수단 또는 장일 수 있다. 그러나 체계 전체를 변화시키겠다는 의지와 전망이 없는 숙의민주주의는 기존 시스템을 땜질하거나 결정적인 정치적 판단을 회피하는 수단으로 전락할 수 있다. 이러한 약점은 숙의민주주의를 모순과 적대라는 정치의 내용을 덮어버리고 오직 절차만으로 환원할 때 더욱 뚜렷해진다.

숙의민주주의가 요청되는 이유 자체가 정보·지식·자원의 불평등 때문이다. 즉 합리적 토의 과정이 권력에 의해 심각하게 왜곡되어 있기 때문이라는 것이다. 그런데 이러한 왜곡을 시정하기 위한 수단으로서의 숙의민주주의가 중립을 앞세우고 절차적인 공정성에만 치우치면 원래의 목적을 잃어버린 채 권력에 의해 좌우되는 결정을 민주주의의 외피로 가려주는 역할을 하게 된다.[435] 숙의민주주의를 절차의 문제로 좁혀 보아도 문제는 있다. 한 편으로는 지금까지와는 다른 민주주의적 절차가 요구되는 사회적 갈등들이 산적해 있지만 이 중 숙의민주주의를 통해 해결할 수 있는 것은 생각처럼 많지 않다. 때로는 시민의 항시적인

---

[435] Chantal Mouffe, *For A Left Populism*, Verso, 2018을 보라.

감시를 전제로 한 정치적 대표들의 결단만이 문제를 해결하는 가장 빠른 길일 수도 있다. 때로는 지금보다 훨씬 강화된 권력의 분산과 자치가 갈등을 해결하는 방편일 수도 있다. 시장의 원리가 일상에 깊숙이 개입되어 있는 것이 갈등의 원인인 경우 국가의 공적 힘이 시장의 힘을 제한하는 역할을 해 줄 때에만 문제가 해결되는 경우도 있을 수 있다. 모든 경우의 수와 경로를 일일이 헤아릴 수 없을 정도의 다양한 상황들이 있을 수 있는 것이다. 따라서 숙의민주주의는 여러 개의 선택지 중 하나에 불과하다. 만병통치약이 아닌 것이다. 이 공론화 전략은 전문가의 정치로 귀결되어버린 현 국면에 대한 대안으로 제시된 차원도 존재하는 것이 사실이다. 결론적으로 공론화위원회가 도입된다면 그것은 제주도정의 책임회피를 정당화하는 또 다른 기제로 작동할 가능성이 높다고 할 수 있다. 갈등을 우회하려는 제주도정의 민주적 무책임성과 공론화를 통한 시민의 합의 도출은 이런 점에서 거울이미지(mirror image)일지도 모른다. 하지만 이런 공론화에 대해서도 2019년 4월 원희룡 도지사는 제2공항을 요구한 제주도가 국토부에게 다시 공론절차를 밟는 것은 일관성 차원에서도 맞지 않다며, 이를 거부했다.[436]

해결되지 않는 갈등은 여론이나 공론과는 또 다른 도민사회의 대응을 불러 일으켰다. 2018년 제2공항 전면검토를 요구하며 제주도청 앞에서 42일간 단식농성을 전개했던 성산읍 주민 김경배 씨가 1년여만에 다시 무기한 단식투쟁을 선언하며, 2018년 12월 19일 도청 앞에 농성장 천막을 세웠다. 그 이후 제주 녹색당은 김경배 씨 천막 옆에 또 다른 천막

---

[436] "원희룡, '제2공항 공론화' 거부…'국토부 하수인인가?'", 『헤드라인제주』 2019.04.09.

을 세우고, 점거농성투쟁을 함께 했다. 그러나 2019년 1월 7일 제주도청은 제2공항 건설 반대 농성장을 강제 철거하는 행정대집행을 강행했다. 하지만 행정대집행의 강행은 다른 동료시민들의 점거농성투쟁 합류로 이어졌다. 그 결과 제주도청 앞에는 '천막촌'이라고 불리는 점거농성연합이 형성되었다. '단식(斷食)'은 점거농성연합의 주요 저항수단이었다. 하지만 천막촌이 지속되면서, 천막촌은 단식을 벗어났다. 범도민행동과 제주 제2공항 성산읍반대대책위도 '촛불집회'를 이어나갔다.

4. 국책사업의 조직화된 민주적 무책임성

제주도정의 민주적 무책임성은 권위주의 정부의 중앙집중적인 국책사업 추진 역사의 결과이기도 하다. 배상근은 경부고속도로의 '성공신화'로 인해 국가의 국책사업 기본전략이 DAD(Decision-Announcement-Defense) 곧 [결정→공표→방어]의 절차로 정착되었다고 비판했다. 문제는 이러한 "국책사업을 결정(Decision)해서 공표(Announcement)한 후 어떠한 반대에 부딪히더라도 정부는 공익을 위해 국책사업을 선의로 방어(Defense)하면서 강력하게 추진해 가는 방식"[437]이 민주화 이후에도 여전히 지속되었다는 점이다. 또한 이에 반하는 지역운동의 도전뿐만 아니라 지방정부의 도전조차도 허용되지 않았다. 제주도정은 직접 그것을 경험했다. 제주도는 제주특별자치도특별법에 따라 2011년 9월 국토부

---

437 배상근, 「국책사업 표류와 정책혼선」, 『Issue Paper』 25, 한국경제연구원, 2006, 15쪽.

로부터 공유수면 관리 및 매립에 관한 사무를 이양 받았다. 제주도는 이를 근거로 2012년 3월 강정 해군기지 공유수면 매립공사 중지 명령을 검토했다. 해군이 관련 법규를 위반했기 때문이었다. 당시 우근민 도지사는 공사정지를 검토하고 있으니 공사를 중단해달라는 공문을 해군에 제출 했다.[438] 그런데 중앙정부는 국책사업인 해군기지 건설사업에 제주도가 공사 중지 명령을 내리는 것은 부당하며, 만약 제주도가 공사 중지를 요청하는 행정명령을 내리면 국토부와 협조해 이를 취소하겠다고 위협했다.[439] 지방자치법은 그 법적 근거였다.

1) 방법으로서의 신자유주의적 군사주의

DAD 기본전략은 민주화 이후 해체되기 보다는 신자유주의 국가운영의 경제적 합리성 패러다임과 조우해 현재와 같은 형태로 변형 제도화되었다. 국책사업은 일반적으로 [사업구상단계→예비타당성 조사 단계→타당성 조사 및 기본계획 수립 단계→기본설계 단계→실시설계 단계→발주 및 계약 단계→시공 단계]의 절차로 진행된다. 문제는 이런 절차가 국책사업에 대한 민주적인 통제를 강화하기 위한 목적이 아니라, "국고 또는 기금으로 시행하는 시설공사의 총 사업비를 사업추진 단계별로 합리적으로 조정·관리함으로써 재정지출의 생산성을 향상"시

---

[438] 장태욱, "우근민 제주지사, 해군참모총장에 공사중단 요청", 『오마이뉴스』 2012.03.07.

[439] 홍정표, "제주해군기지 '공유수면매립 정지 청문' 쟁점은", 『연합뉴스』 2012.03.19.

키는 데 있다는 점이다.[440] 경제적 이성에만 의존하는 합리성이 국가 운영의 핵심으로 자리 잡게 되면 국가의 정책결정과정과 민주주의 사이의 골이 더 깊어지게 된다. 국가운영이 합리화되면 될수록 민주주의는 협소해지고 민주주의의 원리는 주변부로 밀려난다. 신자유주의와 과거 권위주의정권의 국책사업 기본 전략이 조우하는 지점이 바로 여기다. 이런 원리에 의해 지배되는 절차는 경제적 합리성의 원칙하에 구상부터 조사, 계획수립, 시행 등의 전 과정에 필요한 고도의 체계화된 지식을 요구하고, 이는 그 지식을 보유한 국가관료와 전문가집단의 권한을 강화한다. 예비타당성 조사 단계에서 사업이 보류될 수도 있으나, 만약 승인되면 곧바로 국가예산이 배정되고 세부 시행계획이 수립되어 국책사업으로 집행된다. 시민들이 국책사업의 추진 절차에 개입할 수 있는 것은 결정이 난 이후인 예비타당성 조사 발표 순간부터이다. 민주주의는 근본적인 정책결정이 이루어지고 난 뒤, 사실상 보상 협상 과정으로 등장한다.

국책사업 발표는 군사작전처럼 신속하게 이루어진다. 제주 제2공항 발표도 다르지 않았다. 온평리를 포함한 성산읍 지역 해당 주민들은 발표 당일 TV를 보고서야 자신의 마을이 제2공항 예정지라는 사실을 알았다. 표면적인 이유는 부동산 투기를 우려해서라는 것이었다. 발표 지역은 밭과 감귤원이 많아 주민들의 생계와 직접적으로 연관되어 있었지만, 주민들은 어떤 구체적인 정보도 제공받지 못했다. 당연히 입지 선정 과정에서 정보를 공유하고 서로의 주장을 경청하고 자신의 주장을 개진

---

440 전북발전연구원, 「2009 대형국책사업 발굴 및 유치에 관한 연구」, 전북발전연구원, 2007, iv쪽.

할 기회는 처음부터 주어지지 않았다. 남은 것은 이미 주어진 결과에 대해 찬성하거나 반대하는 것뿐이었다. 또한 정부의 책임은 도민을 설득하는 문제나 국책 사업 수용을 전제로 피해 보상과 이주 대책을 세우는 것으로 축소되었다. 피해 보상액이 5천억 원 규모가 될 것이란 보도가 나왔다. 제주도는 2019년 제2공항 착공과 더불어 이주대책 마련을 위한 택지기반을 조성하고, 건설되는 주택은 2022년부터 분양한다는 계획도 발표했다.[441] 그러나 공항예정부지 마을 주민들은 이를 믿지 않았다. 주민들은 오히려 150만평에 대한 대체 부지를 어디다, 어떻게 마련할 수 있겠냐고 되물었다.[442] 목숨 걸고 마을을 지키겠다는 주민들도 있지만 절차는 계속 진행되었다. 절차가 진행될수록 마을은 분열된다. 분열의 상처는 크지만, 정부는 그 책임을 지지 않는다. 절차 중지를 요구하기도 했지만 제주도는 확정된 것은 없다며 관련 절차를 계속 추진 중이다.

국토건설부는 국책사업 입지를 마지막 단계에서야 공개하는 이유로 부동산 투기의 위험을 들었지만, 도민들은 그 배경에 중앙정부가 공공의 목적을 명분으로 토지를 강제 수용할 수 있기 때문이라고 생각했다. 그 과정은 「공익사업을 위한 토지 취득 및 보상에 관한 법률」에 적시되어 있다. 공항과 같은 기반시설은 시민의 동의를 요구하지만, 동의 확보에 실패할 경우 최후의 순간에는 토지를 강제 수용할 수 있다. 문제는 이 과정에서 토지가 시민보다 우선적인 고려 대상이 된다는 점이다. 중앙정부의 유일한 관심은 이때 국책 사업 추진에 필요한 자원으로 한정

---

441 강승남, "제주 제2공항 지역주민 이주대책 제시", 『제민일보』 2016.06.05.
442 최병근, "온평리 뺏기고 눈을 어찌 감겠어", 『제주도민일보』 2015.12.31.

되며, 그 자원을 보유하고 있는 시민은 국책사업의 잠재적인 반대자로 규정된다. 시민의 동의는 형식적 절차일 뿐, 동의는 국책사업을 하지 말라는 의미와 같다는 인식이 관료제 안에 확산되어 있다. 또한 시민과 토지의 분리 과정에서 발생할 수 있는 고통과 상처 그리고 희생은 부차적인 고려 대상이다. 당연 이는 보상에도 반영되지 않는다. 공시지가 원칙과 개발이익 배제 원칙에 따라 보상금이 산정되어 저가보상이 이루어질 뿐만 아니라, 토지에 대하여 각 개인이 향유하는 주관적 애착 혹은 주관적 가치의 손실은 전혀 보상이 이루어지지 않는다. 조병구의 지적처럼, 토지수용의 "강제성, 비자발성으로 인하여 발생하는 주관적 손실은 그게 얼마이든 피수용자가 감내해야 할 비용으로 보는 것"[443]이다. 2016년 12월 1일 제주 제2공항 건설 사업이 예비타당성 조사를 통과해 사업추진이 최종 확정되는 순간, 갈등이 더욱 깊어진 이유를 이해하기는 어렵지 않다. 자신의 존재를 규정해온 장소와의 분리를 요구하는 결정에 대해 중앙정부는 어떤 개입 절차도 제공하지 않았다. 그러나 저항과 반대의 가능성도 제한적이었다. 중앙정부는 그 모든 반대를 무력화시킬 법을 보유하고 있었다.

2) 연구용역과 전문가의 민주주의 대체

정부는 사전 타당성 연구 용역 이후 곧바로 제2공항 건설 사업에 대한 예비타당성 조사를 진행했다. 제주 2공항 사업은 예비타당성 조사

---

[443] 조병구, 「토지수용이 야기하는 사회적 비용: 우리 토지수용법제의 구조적 문제와 개선방안의 모색을 중심으로」, 『법경제학연구』 11(2), 2014, 140쪽.

에서 비용대비 편익비율(B/C)이 1.23으로 기준치(1)를 넘겼고, 경제성과 정책적·지역균형발전적 분석을 종합평가(AHP)한 값도 0.664로 사업 추진을 결정하는 기준(0.5)을 넘겼다.[444] 하지만 곧바로 한국개발연구원이 수행한 예비타당성 조사의 신뢰성 문제가 제기되었다. 사전타당성 조사에선 'B/C'가 10.58이었다.[445] 사전타당성 조사와 예비타당성 조사의 비용편익분석 사이엔 약 8배의 차이가 있었다. 도민들은 해명을 요구했다. 오름 절취도 문제였다. 도민들은 예비타당성 조사보고서에 오름 10개의 절취가 필요하다고 기술됐다고 주장했다.[446] 실제 예비타당성 보고서에는 관련 오름 12개 중 10개의 부분 절취가 필요하다고 되어 있다.[447] 동굴 문제도 발생했다. 공사 중 성산읍 수산1리에서 동굴이 발견됐다. 동굴은 비행장의 안전에 큰 위협이기도 하지만, 그 자체로 가치를 지닌 자연유산이다.[448] 철새 도래지 문제도 있었다. 국토부 보고서에서는 제2공항 예정지와 8.7km로 떨어진 곳에 제주도 최대의 하도리 철새도래지가 있다고 기술하고 있다.[449] 김명완 곶자왈사람들 환경보전간사는 "지도에서 거리를 재보면 하도리 철새도래지와 제2공항은 7.5km

---

444 한국개발연구원 공공투자관리센터, 「2016년도 예비탕당성 조사: 제주공항 인프라 확장사업」, 한국개발연구원, 2017, 2쪽.

445 "제주 제2공항 타당성 용역 부실…용역진 형사고발", 『연합뉴스』 2016.12.16.

446 부미현, "국토부, 국회 국토위에 제2공항 추진 지역과 소통", 『한라일보』 2018.08.22.

447 한국개발연구원 공공투자관리센터, 「2016년도 예비탕당성 조사: 제주공항 인프라 확장사업」, 한국개발연구원, 2017, 10쪽.

448 이동건, "제주 제2공항 예정부지서 또 동굴… 부실용역 논란 재점화", 『제주의 소리』 2017.10.31.

449 한국개발연구원 공공투자관리센터, 「2016년도 예비탕당성 조사: 제주공항 인프라 확장사업」, 한국개발연구원, 2017, 12쪽.

이내에 있다. 즉, 국토부가 자료를 왜곡한 것"이라고 비판했다.[450]

당연히 건설예정부지 도민들의 반대는 더욱 거세졌고, 그 결과 국토교통부는 반대 도민들의 요구를 수용하여 2017년 12월 입지선정 사전타당성 재조사 연구와 기본계획 수립 연구를 동시에 시행한다고 밝혔다.[451] 절차대로라면 경제적 타당성을 확보한 제2공항은 기본계획 수립 절차를 진행했어야 했지만, 입지선정 사전타당성을 재조사하면서 동시에 기본계획도 함께 수립하겠다는 발표였다. 반대 도민들은 기본계획 수립 용역을 동시에 발주하는 것에 반대했지만 수용되지 않았다. 정부는 입지 선정에 대한 타당성 재조사 결과에 따라 기본계획 수립 절차를 진행하게 되므로 문제가 되지 않는다고 했다. 갈등은 수그러들지 않았고, 2018년 6월에 실시된 지방자치선거의 주요 쟁점 중 하나가 되었다. 국토교통부는 2018년 7월 2일 제주 제2공항 입지 선정 타당성 재조사 및 기본계획 용역 업체로 포스코건설 컨소시엄을 최종 선정했고, 용역 중 타당성 재조사는 아주대 산학협력단이 맡는다고 발표했다. 그 결과는 2018년 11월 발표될 예정이었는데, 이 때문에 일부 제주 언론에선 "운명의 4개월"이란 표현을 사용하기도 했다. 7기 지자체장이 된 원희룡 도지사는 사전 타당성 재조사 결과에 "하자가 없다면 정상적으로 공항 건설 계획을 수립해 나갈 것"이라고 밝혔다.[452]

입지선정 사전타당성 조사부터 기본계획 설계까지의 전 과정을 국가

---

450   김명완. "성산읍 지역이 제2공항 최적지 될 수 없는 이유", 『헤드라인제주』 2018.05.28.
451   김문관. "국토부 '3개월 간 제주 제2공항 사업타당성 재조사… 반대 주민 요구 반영하겠다'", 『조선비즈』 2017.12.05.
452   오재용. "제주 제2공항 개발이익 지역 위해 쓰겠다", 『조선일보』 2018.07.12.

관료집단과 외부전문가 집단이 주도했다. 제2공항 추진 과정은 연구용역의 연속이라고 해도 과장이 아니다. 제주발전연구원과 국토연구원이 2006년 제주도에 제출한 제주광역시도시계획 수립연구보고서에서 관광객 증가 등으로 2020년 이후 제2공항 건설이 필요하다는 의견을 낸 후부터 지금 현재 진행되고 있는 입지선정 사전타당성 재조사 용역까지, 연구용역은 갈등의 원인이자 동시에 갈등의 해결책이었다. 연구용역은 단지 전문가들의 전문 조언을 얻는 절차가 아니다. 국가 권력이 가지는 힘과 전문가집단의 지적 권위를 매개로 도출된 연구결과에 전체사회의 승복을 요구했다. 제주도지사 자신이 이런 권력을 확인해 주었다. 2017년 11월 15일 입지 선정 사전타당성 재조사가 결정된 직후 원희룡 도지사는 "제2공항 입주선정 용역 검증결과에 대해 모두가 승복하는 상생의 길을 찾을 수 있도록 최선을 다하겠다"고 말한 것이다. 연구보고서는 '객관적 외부'의 위치에서 추진 사업의 타당성을 검토한 합리적 의견으로 전제되고, 이로부터 시민사회 안의 다양한 이견을 종결시키는 특권적 위치를 부여받았다. 연구용역이 민주적 결정을 대체하고 있는 것이다.

제2공항 사전타당성 재조사 검토위원회와 같이 일부 국책사업 추진과정에서 시민들의 참여를 보장하기 위한 절차가 고안되기도 했다. 하지만 그것은 실질적 수준의 민주적 결정능력을 보장하기 위한 것이 아니다. 사업 추진과정에서 직면한 다양한 갈등을 효율적으로 관리하여 이에 투입되는 비용을 최소화하기 위한 것이었을 뿐이었다. 원론적으로 국책 사업 추진과 갈등 관리는 분리된 절차였다. 갈등 관리에 실패하더라도 국책 사업은 추진되었기 때문이다. 더구나 재조사 검토위원회 또한 전문가 위원회였다. 검토위는 국토부와 반대위가 각각 추천한 전문가 7명씩 총 14명으로 구성됐다. 갈등관리 전문가, 공항전문가, 환경전문가, 지역문제 전문가 및 반대위 추천인사 등이 위원으로 참여한다.[453] 전문가들의 결정이 중심에 위치할 때, 시민들은 갈등을 통해 경합하는 가치들을 조정하고, 성찰을 통해 직면한 문제에 보다 깊이 이해할 수 있는 능력을 얻을 수 있는 사회적 학습의 기회를 박탈당한다. 시민들은 자신들의 삶과 사회가 어떤 가치에 기초해야 하며, 또한 그런 가치들의 실현을 뒷받침할 전체사회의 기반구조가 어떤 방식으로 결정되고 운영되어야 하는가에 대해 숙고하고 이를 통해 역량을 키워나갈 계기를 제공받지 못했다. 제2공항 재조사 검토위원회는 2018년 12월 활동 종료를 앞 둔 마지막 회의에서 이견을 좁히지 못하고 파행을 맞았다. 제2공항 반대운동 쪽 검토위원들은 전원 사퇴입장을 밝혔고, 검토위 활동은 사실상 종료되었다. 사퇴 이유는 검토위에서 확인한 여러 문제들에 관해 국토부가 책임 있는 답변이나 자료 제출을 거부했기 때문이었다.[454]

3) 동료시민의 미래역량 박탈

일상생활 안에는 다른 미래의 가능성이 공존한다. 이는 보통 제주사람들의 일상화된 분열증에 존재한다. 자신의 기억과 추억이 살아 있는 공간들이 사라져 가는 것에 대한 슬픔과 개발에의 강렬한 욕구가 동시에 나타나는 이러한 분열증은 몸의 떨림과 무의식의 불안감을 불러오

---

[453] 전성필, "제주 제2공항 입지 타당성 재조사 검토위원회 구성 완료", 『조선비즈』 2018.09.17.
[454] "제주 제2공항 재조사검토위원회 '파행'", 『제주신문』 2018.12.16.

고,[455] 때론 일상에서 지속적으로 부정당하고 있는 연대와 유대, 구획되지 않은 공간, 직선이 아닌 시간성에 대한 갈망으로 나타나기도 한다.[456] 그러나 이런 갈망은 적합한 민주정치의 공간을 보장받지 못했다. 일상생활을 자신의 모든 세계로 간주하는 평범한 제주도민들이 스스로 미래를 선택할 수 있는 역량, 즉 '미래통찰(foresight)'의 능력을 갖기 위해서는 이들의 역량 형성을 지원할 수 있는 자원과 정보, 지식의 분배가 전제되어야 한다.[457] 미래통찰이란 현재 열려 있는 다양한 미래의 가능성을 인식하고, 최선의 미래를 위해 지금 무엇을 해야 할 것인가를 파악하는 능력을 발전시키는 과정[458]을 말한다.

그런데 현실은 그와는 정반대 방향으로 움직였다. 일반 시민들의 미래통찰 문제는 전문가들의 미래예측 문제로 전환되었다. 국가와 지방정부 그리고 도민사회 일각에선 과거와 현재의 데이터를 근거로 미래를 예측하면서, 공항의 추가 확장과 새로운 공항 건설이 불가피하다는 입장을 반복했다. 일면 이런 '미래'에 대한 예측은 그 자체로 과학적으로 보였다. 하지만 그것은 미래에 대한 하나의 특정한 입장이었을 뿐이다. 과거와 현재의 데이터에 입각해 통계의 경향대로 미래가 전개될 것이라고 예측하는 것은 민주적 토론에 자료로 활용될 수는 있지만 그 자체로

---

455 서영표, 「몸과 기억의 반란: 자본의 도시화에 저항하기」, 『창작과 비평』 44(3), 2016, 122-141쪽.

456 이 부분에 대해선 서영표의 미발간 논문인 "관광의 시선"과 "제2공항 비판"을 참조했다.

457 서영표, 「우리에게 급진 민주주의란 무엇인가?」, 『민주주의의 급진화』, 데모스 엮음, 데모스, 2011.

458 Horton, A. 1999. "A simple guide to successful foresight". Foresight, Vol. 1, No. 1, pp. 15-37.

유일하게 타당성을 가진 견해일 수 없었다. 실제로 우리가 사는 세상은 불연속성과 복잡성, 불확실성과 비선형성으로 가득하다. 통계는 지금까지의 경향에 대한 단편적 정보를 제공할 뿐 그 이상도 이하도 아닌 것이다. 제주도민은 전문가들이 독단적으로 만들어낸 통계와 수익성 모델에 따라 떠밀려 갈 수 없으며, 민주적인 논의 과정을 거쳐 도달하는 갈등적 합의에 의해 미래를 '선택'해야 한다. 근본문제에 대한 결정 권한 박탈은 이처럼 미래의 박탈로 연결된다.

이런 선택의 문제는 다시 한 번 사회적 학습의 문제를 제기한다. 왜냐하면 제주도민들이 과거와 현재를 성찰하는 속에서 어떤 제주의 미래를 선택할 것인가를 둘러싼 학습의 시간을 경유해야 하기 때문이다. 학습은 문제의 근원을 찾아내고 그것을 해결하는 길을 배우는 것이다. 하지만 시민들이 학습하고 있는 것은 국가가 추진 주체인 국책사업에 대한 어떤 도전도 용납되지 않으며, 결국 패배할 수밖에 없다는 수동적 태도였다. 이런 태도에 기초할 때 민주주의는 오직 국가에 대한 동의 수단으로 전락한다. 제주도의 경우 국가를 상대로 한 수동적이고 패배적인 태도는 생존의 선택이었을 수도 있다. 4·3의 기억과 그 후의 역사가 제주에 각인시킨 학습 효과는 많은 이들이 이미 지적한 바 있다. 가깝게는 강정의 경험이 제주도민의 의식세계에 끼친 영향이 매우 컸다. 국가의 폭력과 배제에 대한 인민의 반복적인 경험은 국가에 대한 공포에 그치지 않고 그것을 회피하기 위해 국가와 동일시하도록 압박을 가한다. 비록 이 동일시가 다양한 우발적 계기들에 의해 영향을 받는다고 하더라도 결국 국가 앞에 아무것도 아니라는, 그래서 국가의 편에 서야 한다는 강력한 압력에 노출된다.[459] 이는 매우 중대한 영향을 미친다. 우리시대가 요구하는 연대와 사회정의, 지속가능성의 원리들이 국가의 노선과 배치될 때 민주주의의 이름으로 그것에 맞서는 것은 매우 큰 용기를 필요로 하며 엄청난 비용을 치러야 하는 선택이 되어 버린다. 국가의 힘은 학습을 통해 우리들의 의식에 스며들었고, 무의식에 가라앉아 있으며 몸에 각인되어 우리들 스스로의 수행(performance)에 의해 재생산된다. 이는 국가의 담론이 아니라 실제 국가의 수행 방식 자체가 동료시민들의 민주주의 학습에서 결정적인 역할을 한다는 점을 또한 보여준다.

5. 공항: 기반시설 공동관리자원을 통한 민주적 책임성의 확장

갈등을 잉태한 자원에 대한 이해를 새롭게 하는 것은 민주적 무책임성의 교정을 위한 대안 모색의 출발점이 될 수 있다. 자원의 속성은 사회적 행위를 결정하지는 않지만, 사회적 행위의 가능성과 제약의 조건이 된다. 그러나 그 자원의 속성은 우리의 해석 결과에 의존한다는 점에서, 자원에 대한 새로운 이해는 새로운 사회적 실천의 가능성을 열어줄 수도 있다. 공항은 전통적으로 공공재(public goods)의 하나로 분류되어 왔고, 국가는 이 전체사회의 기반시설이 되는 공공재의 유일하지는 않지만 여전히 주요한 공급자로서 배타적인 결정 권한을 보유하고 있

---

459 이 문제가 중요한 이유는 제2공항을 다루는 방식이 제주 도민에게 또 다른 사회적 학습의 계기가 될 것이기 때문이다. 강정이 제2공항 문제의 선행 학습이었듯이, 제2공항은 강정과 함께 제주도민의 선택과 결정 과정에서 중요한 역사적 전제이자 역사적 학습 효과를 발휘한다.

다. 단지 공급자만이 아니라 국가는 기반시설을 직접 운영하거나, 그 운영 규칙을 부과하는 핵심 운영자이기도 하다. 동료시민은 이에 반해 이용자로 할당된다. 이 분리의 구조로 인해 대표자의 정치나 영향력의 정치를 통해 공공재에 개입하는 간접통제가 가능하다. 하지만 동시에 정부 활동의 독립성 공간을 열어준다. 기반시설 추진 과정에 내재된 정치적 무책임성은 이를 강화한다.

공공재에 내재된 이 분리 구조가 정부와 시민사회의 분리만을 초래하는 것은 아니다. 국책사업의 절차는 동료시민 사이의 우정과 연대를 내파(內破)한다. 공항예정부지로 선정된 성산읍 지역주민들은 공공성 실현을 위한 '소수'로 규정되고, 그 소수는 자신의 삶에 결정적인 영향을 미치는 문제의 결정 구조로부터 배제된다. 만약 이런 배제에 저항하면 갈등을 일으켜 전체 사회의 발전을 가로막는 비합리적 행위자로 규정되며, 국가를 상대로 더 많은 보상을 얻으려 하는 이기적 집단으로 낙인찍힌다. 다수가 이 과정의 문제를 인지한다고 하더라도 공항 확충의 불가피성 앞에서 그 소수의 문제는 어쩔 수 없는 희생으로 인식된다. 그 배제된 소수의 희생 위에 공익을 향유한다고 전제된 다수의 동료시민은 그 소수의 '얼굴'을 대면하지 않는다. 국가가 제시한 절차가 모든 것을 대신하기 때문이다. 그래서 다수는 타인의 삶에 중대한 영향을 미칠 뿐만 아니라 때론 그 삶을 파괴하기까지 하는 중대한 결정에 대한 책임으로부터 자신을 면제할 수 있게 된다. 만약 책임이 있다면 그것은 국가의 책임이며, 갈등은 국가와 희생당하는 소수와의 관계일 뿐이다. 다수는 제도적 절차를 통해 이 갈등의 외부에 존재하는 객관적 방관자이자 이용자로만 남는다. 국책사업의 절차는 이처럼 소수의 희생과 다수의 객관적 방관자로 유지되는 '희생의 시스템'을 산출한다. 만약 이런 절차가 없다면 국책 사업은 존속하기 힘들었을 것이다. 따라서 우리가 현재와 같이 국책사업절차에 내재된 민주적 무책임성을 넘어서기 위해서는 정부와 시민사회의 분리뿐만 아니라, 동료시민 사이의 이런 분리 자체를 근본적으로 비판하면서, 정부뿐만 아니라 다수 동료시민에게 민주적 책임성을 부과하는 대안 제도의 모색이 필요하다.

공항을 공공재로 규정하는 시각은 경제학에 토대를 둔 공공재이론을 차용한 것이다. 공공재 이론에서 공공재란 비경합성과 비배제성을 지니는 재화다. 비배제성이란 자원에 접근하는 것을 배제하는 것이 불가능하거나 혹은 바람직하지 않다는 의미이고, 비경합성이란 이용자가 추가된다고 하더라도 그 자원으로부터의 수익이 감소하지 않거나 이용량이 감소하지 않는다는 의미이다. 그렇기 때문에 많은 이들이 동시에 이용할 수 있다. 전통적인 공공재이론에서 본다면 공공재는 시장에 의해 공급되기 어렵다. 이는 일차적으로 재화의 속성에 따른 것으로 설명되었다. 비배제성과 비경합성을 가진 재화는 가격을 통해 자발적으로 교환이 이루어지기 어렵고, 이에 따라 시장의 실패(Market's failure)가 발생한다는 것이다. 정부는 이런 시장의 실패를 보완하는 역할을 하며, 공공재의 이용자인 시민의 세금을 통해 해당 공공재를 공급하고 운영한다. 하지만 단지 시장의 실패 때문에 공공재와 정부가 연결된 것은 아니었다. 공공재의 공급과 운영에는 '강제력'의 동원이 필요했다. 왜냐하면 대규모 기반시설과 같은 공공재의 경우 무임승차(free rider) 문제를 동료시민들의 상호감시나 조정을 통해 해결하기 힘들기에, 법과 질서 그리고 세금을 부과할 수 있는 강제력을 지닌 정부가 해당 재화의 가장 적정한 공급자로 나설 필요가 있었던 것이다.[460] 역사적으론 모든 시민들에게 보장되어야 하는 자원이지만 동시에 높은 초기 투자비, 장기간의 자본회수기간, 수익성 확보의 어려움 등으로 인해 정부가 직접 '공급'하고 '생산'해야만 하는 정부의 자연독점(natural monopoly, 自然獨占) 현상이 나타난 영역이기도 했다.[461]

하지만 1970년대 중후반부터 공공선택이론(Public choice theory)이론이 부상하면서 이런 공공재의 분야에도 시장선택에 기반을 둔 경제적 합리성 모형을 도입하여 전통적인 공공재와 시장재화 사이의 이분법을 넘어 이를 융합하려는 시도들이 부상되었다.[462] 빈센트 오스트롬과 엘리너 오스트롬 또한 공공재에 내재된 조직 문제와 공공서비스의 질 그리고 동료시민의 선택 문제를 이유로, 공공부문에 경쟁 압력을 동원하는 공공선택이론의 제안을 수용하여 정부뿐만 아니라 민간기업들도 공공서비스를 공급하는 공공서비스산업(public service industry)을 옹호했다.[463] 이 논리가 다양한 유형의 공공부문 민영화 모델로 신자유주의 확산 과정에서 현실화되기도 했다. 요금재(toll goods)의 확산은 이와 매우 밀접

---

[460] Ostrom, Vicent and Elinor Ostrom, "Public Goods and Public Choices", *Polycentricity and Local Public Economies: Readings from the Workshop in Poltical Theory and Policy Analysis*, Edited by Michael D. McGinnis, The university of Michigan Press, 1999, p.81.

[461] Glover, Leigh. "Public transport as a common pool resources", Australasian Transport Research Forum 2011 Proceedings, 28-30 September 2011, Adelaide, Australia, Publication, pp.5-7.

[462] Ostrom, Vicent and Elinor Ostrom, "Public Goods and Public Choices", *Polycentricity and Local Public Economies: Readings from the Workshop in Poltical Theory and Policy Analysis*, Edited by Michael D. McGinnis, The university of Michigan Press, 1999.

[463] 같은 글.

한 연관이 있다. 정부는 이때 공항과 같은 대규모 기반시설의 공급자이자 운영자로 존재하기도 하고, 공급만 하고 운영은 민간기업에게 넘기기도 한다. 혹은 공급 과정에서부터 민간자본이 투입되어, 민간자본이 공급과 운영를 맡기도 한다. 이로 인해 공공부문이 제공하는 재화와 서비스 중 순수한 공공재는 일부분에 불과하게 되었고, 실제로는 그 안에 혼합재화(mixed goods)가 더 많아졌다.[464]

  혼합재화란 비배제성과 비경합성이라는 공공재의 2가지 특성을 완전하게 충족시키지 못하는 재화나, 다기능으로 분할되어 하나의 유형에 포함되지 않는 재화를 가리킨다. 예를 들어 공원은 일반적으로 공공재로 규정되지만 혼잡한 공원의 경우 비경합적이지 않다. 또한 공원 서비스의 일부는 상업서비스를 제공하는 민간기업들을 통해 제공되기도 한다. 혼합재는 이와 같이 이질적인 다원적 재화들의 복합체로 존재하는 현실의 공공경제(public economy)나 공공부문을 보다 더 잘 설명한다. 이는 배제성과 경합성이란 두 독립적인 척도의 교차를 통해 유형화되는 재화의 이론적 분류표와 달리, 현실의 재화는 두 척도와 각기 다른 정도로 교차하는 동시에 다른 재화들과의 결합으로 작동하는 복합체이기 때문에 발생하는 현상이다. 이런 혼합재화의 시각은 공공재나 요금재와 같이 단일한 범주로 기반시설을 포착하는 시각에 달리, 기반시설의 공급과 이용 문제를 다른 방향에서 접근할 가능성을 열어준다. 왜냐하면 '순수한' 공공재나 요금재에서는 전제되지 않거나 필요하지 않던 동료시민의 상호조정을 통한 기반시설의 공급과 이용 문제의 조정 가능성이 제기될 수 있는 공동관리자원 유형이 그 안에 포함될 수 있기 때문이다.

---

464 배득종, 「공유재 이론의 적용 대상 확대」, 『한국행정학보』 38(4), 2004, 147쪽.

기반시설에서 이 가능성은 더 크다. 왜냐하면 공공재가 기본적으로 공동이용(use in commons)의 필요성에 기초하고 있기 때문에, 공동이용의 조직 문제를 둘러싼 동료시민의 물질적인 상호의존 상황이 발생하기 때문이다. 하지만 오스트롬이 이미 1990년에 이런 가능성을 제시했음에도,[465] 기반시설 안에 내재된 공동관리자원의 가능성은 전통적인 국가와 시장의 이분법 안에 갇혀 있었다.

호프모클[466]은 인터넷의 혼합재 특징을 보여주기 위해 인터넷 구성 층위를 물리적 층위(physical layer), 논리적 층위(logical layer), 내용 층위(contents layer)로 구분하고, 인터넷이 각 층위를 구성하는 이질적인 재화들의 복합체로 존재한다는 점을 보여준 바 있다. 그의 방법론을 차용하면 공항 또한 '물리적 기반시설층위'와 내용 층위로서의 '이동성층위(mobility system)', 그리고 이 두 가지 층위를 규제하는 법과 공식 규범, 프로토콜 및 시민들의 관습과 문화에 내재한 비공식 규범체계 층위(논리적 층위)로 구분할 수 있다. 각 층위가 구현되기 위해선 이질적인 재화들의 복합이 요구된다. 이중 공항의 내용 층위를 구성하는 이동성체계는 그 자체로 공동관리자원의 속성을 지닌 자원체계라고 할 수 있다. 공항 이동성체계는 물리적 층위 없이 존재할 수 없기에, 그 한계 내에서 공급되고 운영되어야 한다. 물리적 한계를 지닌 모든 자원체계는 그 한계로 인해 이용자의 증가에 따라 이용감소성이 나타날 수밖에 없다. 그러나

---

465 Glover, Leigh, "Public transport as a common pool resources", Australasian Transport Research Forum 2011 Proceedings, 28-30 September 2011, Adelaide, Australia, Publication, p.7.

466 Hofmokl, J., 2009, "Towards an eclectic theory of the internet commons", International Journal of the Commons, 4(1), pp.226-250. DOI: http://doi.org/10.18352/ijc.111

'이동'은 모든 시민의 보편적 시민권으로 보장되어야 하는 자유민주주의의 핵심 구성 요소이기 때문에, 이를 제한하기 어렵다. 이 때문에 공항 이동성체계 또한 공공교통(Public transport)의 일부로 통합되어, 공공기관이나 정부의 관리를 받는 기업이 공급과 운영에 참여한다. 공항 이동성체계의 발전으로부터 나오는 혜택으로부터 시민을 배제하기 어렵다. 공항 이동성체계의 실질적 구현은 장소와 장소를 연결하는 이동의 구현에 있기 때문에, 그 구현 과정에는 공공재, 요금재, 사적재화 등 다양한 재화들이 연결되어 있다. 하지만 공항 이동성체계 그 자체는 이용 감소성과 잠재적 수혜로부터의 배제 정도가 낮은 공동관리자원의 속성을 지닌 자원체계라고 볼 수 있다.

따라서 공항이동성체계는 이용자가 특정 규모를 넘어서면 '혼잡(congestion)'이 발생한다. 공항이동성체계의 혼잡 증가는 제2공항 추진의 가장 강력한 근거로 제시되어 왔다. 제주공항이 국제공항으로 승격이 이루어진 것은 1968년 4월 26일이었다. 승격 이후 제주국제공항의 역사는 끊임없는 확장 공사의 역사였다. 1968년 활주로 연장 공사와 공항청사가 신축되었고, 1972년에는 대형여객기 이착륙을 위한 교차 활주로 공사가 진행되었다. 1979년부터 1983년까지 다시 공항을 확장하였고, 1991년부터 1992년까진 국내선 여객 터미널을 증축하였고, 1995년부터 2000년까진 화물 터미널 등을 신축하였다. 2006년 8월에는 국내선 여객 터미널이 다시 증축되었다. 그 주된 이유는 늘어나는 항공수요로 인해 혼잡 발생이 예상된다는 것이었다. 단지 기존 공항 확장만이 아니었다. 이미 1975년부터 제2공항 건설 주장이 나타난다. 당시에도 활주로를 확장해도 대형기 취항이 어렵고, 늘어나는 이용객을 수용할 수 없다는 판단이 근거였다. 1989년에도 제2공항이 검토되었다.

그러나 제2공항보단 기존 공항의 활주로 확장이 선택되었다. 이런 경향이 2014년 제주공항인프라 확충 사전타당성 검토 연구용역에서 역전된 것이다. 혼잡 그 자체는 사실이다. 관광객 급증으로 인해 현 제주국제공항은 언제나 혼잡 상태다. 이런 혼잡은 공항 이용의 경합성을 증가시켰다. 혼잡이 반드시 경합성 증대로 연결될 필요는 없으나, 이용자인 시민들 사이는 분리되어 있어, 공항 이용을 사전 조정할 가능성은 없었다. 공항 확장이나 제2공항 건설 추진은 이런 경합성을 공항의 물리적 확장을 통해 해결하려는 방식이었다. 물리적 기반시설체계가 부여하는 공항 이동성체계의 한계를 공항이동성체계의 조정이 아닌 물리적 한계를 지워버리는 방식으로 대응한 것이다.

문제는 공항 이동성체계를 확장하려는 시도가 제주의 지속가능성 한계를 넘어 위기를 발생시킬 수도 있다는 점이다. 오스트롬이 말했던 것처럼, "인간이 이용하는 모든 자원은 복잡한, 사회생태 시스템 안에 내재해 있다".[467] 따라서 공항 이동성체계의 확장 또한 제주의 사회생태시스템의 지속가능성 한계를 고려해 추진되어야 한다. 제주 환경단체들이 제2공항 문제에 직면하여, 제주의 환경수용능력 평가가 우선되어야 한다고 주장하는 이유가 바로 여기에 있다.[468] 공항 이동성체계를 제주 지속가능성의 한계 내로 제한하고자 하는 이들은 공항의 물리적 기반시설체계를 확장하는 대신에, 공항 이동성체계의 혼잡 자체를 조정하자는 제안을 내놓고 있다. 오버투어리즘(over tourism) 혹은 과잉관광으로 인

---

467 Elinor Ostrom, "A General Framework for Analyzing Sustainability of Social-Ecological Systems", Science, VOL 325 24 JULY 2009, p.419.
468 김정호, "제주공항 40년도 신공항 논란…제2공항 환경수용능력 시끌", 『제주의소리』 2018.03.08.

한 제주의 지속가능성 파괴를 비판하면서 관광객의 총량을 일정 한계 내로 제한해야 한다는 제주관광(객) 총량적 접근이 그것이다.[469] 공항 이동성체계의 혼잡은 단지 공항 이용의 불편이나 안전문제로만 나타나는 것이 아니다. 제주의 기반시설 한계를 넘는 인구 유입으로 인해 교통난과 하수와 쓰레기 처리난이 발생하고, 유입된 인구의 자유로운 관광을 위한 도로 구축과 연안 개발 압력이 강화되고 있다. 관광객의 총량을 일정 한계 내로 제한하자는 구체적 이유다. 관광 총량적 접근이 중요한 이유는 이 접근이 공항 이동성체계의 한계를 그 자원체계가 위치한 해당 장소 공동체의 정치사회적 결정에 따라 부과하는 방식이기 때문이다. 공항 이동성체계가 공동관리자원의 속성을 지니는 자원체계라는 인식만으로 동료시민의 상호조정을 통한 공동관리자원의 관리가 현실화되는 것은 아니다. 엘리너 오스트롬과 샬럿 헤스가 타당하게 지적했던 것처럼, "공동관리자원 자체에 힘이 있는 것이 아니라 공동관리자원을 둘러싸고 취하는 인간의 행동이 힘을 내포하고"[470] 있는 것이다. 공항 이동성체계에 한계를 부여하려는 노력은 공동관리자원이 열어주는 새로운 집합행동의 가능성의 맹아로 평가될 수 있으며, 이후 나타날 집합행동에 따라 공항 이동성체계를 관리하는 새로운 유형의 시민자원관리체계로 발전할 가능성도 존재한다. 물론 이런 전개를 위해선 단지 공항 이동성체계의 이용 가능성과 한계에 대한 규정만이 아니라 이에 필요한 적절한 조건을 지속적으로 충족시켜나가야만 한다. 애나 쿠트(Anna Coote)

---

469 이런 모색은 2016년경부터 많은 관심을 받기 시작한 것으로 보인다. 김태형, "제주, 제2의 몰디브 우려… 관광객 총량적 접근 시급", 『제주일보』 2016.09.25.
470 샬럿 헤스 · 엘리너 오스트롬, 「공유자원으로서의 지식」, 『지식의 공유』, 엘리너 오스트롬 · 샬럿 헤스 편, 김민주 송희령 옮김, 타임북스, 2010, 46쪽.

는 공동자원이 시민간의 민주적 토론을 통해 구성되어야 하며, 이때 시민들이 자료, 그리고 전문가와 선출된 대표들이 제공하는 정보를 토대로 자신들의 일상적인 지혜를 결정과정에 반영할 수 있어야 한다고 주장한다.[471] 쿠트의 조언을 따른다면 공동관리자원으로서의 공항 이동성체계에서 시민은 단지 이용자가 아니라 해당 공항의 이동성체계를 관리하는 집합적 주체가 되어야 한다. 여기엔 공항 이동성체계의 이용과 관리에 대한 규칙 마련, 발생하는 갈등을 해결하는 장치 구축, 동료시민 사이의 상호조정을 위한 장치 및 그 제도화를 위한 협력의 하부구조 축적 문제 등 다양한 문제들이 존재한다.

공동관리자원에 대해 기간 진행되고 축적된 연구 특히 디자인 원리(Design principle)는 공동관리자원으로 공항 이동성체계를 관리하고 운영하는 문제들을 해결하는 데 일정한 기여를 할 수 있다. 오스트롬 이후의 공동관리자원 연구는 이런 상황 하에서 공동관리자원의 공급, 생산, 이용을 둘러싼 동료시민 간의 상호조정 행위와 제도가 발생하고, 안정적으로 지속되는 경로가 가능함을 보여준다. 이때 오스트롬 등이 그 가능성을 발견한 사례들이 비교적 소규모의 공동체 사례라는 점에서, 이는 공항과 같은 규모가 충분히 큰 자원체계에 곧바로 적용하기 힘들다는 비판은 충분히 타당하다. 그러나 규모의 차이가 중대한 문제이기는 하지만, 다룰 수 없는 불가능한 문제는 아니다. 공항과 같은 대규모 자원체계의 경우 소규모 공동관리자원 공동체 연구에서 얻은 교훈과 다중심성(polycentricity)과 같은 새로운 원리와의 결합을 통해 기반시설 공동

---

471 Anna Coote, "Building a new social commons", *New economics Foundation*, 2017, p. 4.; URL: https://neweconomics.org/2017/05/building-new-social-commons, 검색일: 2019년 4월 22일.

관리자원의 공급, 생산, 이용을 둘러싼 상호조정의 경로를 발견할 가능성은 아직 열려 있기 때문이다. 오스트롬 본인이 로스앤젤레스 메트로폴리탄 인근에 위치하고 있는 지하수 분지 관리 제도를 고찰하는 과정에서 그 가능성을 제시하였고, 현재 공동관리자원 연구진영이 전지구적 공동관리자원의 개념을 통해 대기나 기후 등의 문제를 다루기 위해 고군분투 하고 있다는 점을 통해 간접적으로 확인할 수 있다.

그러나 기반시설 공동관리자원엔 다른 공동관리자원과 구별되는 그 자체의 고유한 문제들이 존재한다. 기간 공동관리자원의 연구와 이 문제의 접합은 기반시설 공동관리자원의 시각을 발전시키는 데 중요한 과제가 된다. 롤프 쿠네케와 마티아스 핑거[472]는 이 문제를 다룰 수 있는 기본적인 분석틀을 제안했다. ① 시스템 관리(System management) ② 수용력 관리(Capacity management) ③ 상호연결(interconnection) ④ 정보처리 상호운용 가능성(interoperability)이 그것이다. 이와 같은 문제들이 발생하는 기본 이유는 현대 기반시설에 요구하는 기능적 필요를 충족해야할 뿐만 아니라, 그 필요 충족 과정이 매우 거대하고 복잡한 사회-기술체계(socio-technical system)를 통해 이루어져야하기 때문이다.

특히 규모의 문제는 중요하다. 국책사업이 민주주의를 우회하는 이유 중 하나는 거대한 규모다. 대규모 건설 프로젝트는 정치인들에게는 자신의 치적을 역사에 새겨 넣는 것일 수 있다. 그들의 심성구조는 거대한 건설계획을 지향할 수밖에 없는 것이다. 그런데 국책사업의 규모는 인민들에게도 중요한 영향을 미친다. 『지속가능한 사회』란 책을 쓴 레스

---

472 Rolf Künneke and Matthias Finger 2009, "The governance of infrastructures as common pool resources", Paper presented on the fourth workshop on the workshop, june2-7, 2009, in Bloomington, p. 9.

[표 1] 기반시설의 기능적 문제들

문제	내용
시스템 관리 (system management)	다양한 노드와 링크로 연결된 전체 기반시설을 어떻게 관리될 수 있으며, 그 서비스의 질을 어떻게 보호할 것인가의 문제
수용력 관리 (capacity management)	기반시설의 수용력에는 한계가 존재한다. 그 제한된 수용력을 어떻게 이용자들에게 할당하고 관리할 것인가의 문제
상호연결 (interconnection)	기반시설은 다양하고 이질적인 재화와 서비스들의 상호 연결된 네트워크로 존재하기 때문에, 혼잡과 과잉이용의 문제를 해결하기 위해서는 그 상호연결의 문제가 중요하다.
정보처리 상호운용 가능성 (interoperability)	기반시설을 이용하는데 필요한 정보처리시스템과 그 시스템과 이용자 사이의 정보가 상호조정되는 규칙체계의 확립 문제

출처: Rolf Künneke and Matthias Finger 2009, "The governance of infrastructures as common pool resources", Paper presented on the fourth workshop on the workshop, june 2-7, 2009, in Bloomington 재정리.

터 밀브레스(Lester W. Milbrath)에 따르면 "거대한 빌딩이나 프로젝트들은 사람들에게 위축감을 주며, 그들의 거대함 때문에 그들의 운명조차 통제할 수 없다".[473] 밀브레스가 일깨우고 있는 것은 '규모'가 그 자체로 인민을 통제하는 효과를 가진다는 것이다. 규모가 크기 때문에 그것을 감당할 능력을 가지지 못한다고 간주된 '대중'은 사업의 대상일 뿐이고 모든 통제권은 전문가들의 손으로 넘어간다. 최종적으로 규모의 문제는 이를 다룰 수 있는 특정 유형의 사회-기술체제를 동반한다. 만약 이웃이나 공동체의 수준에서 관여할 수 있는 규모라면 사람들의 개입의 여지가 클 것이다. 그러나 규모가 인민을 압도하게 되면 처음부터 그런 정도의 규모를 감당할 수 없다고 전제된 인민들은 배제된다. 이로 인해 기반

---

[473] 레스터 밀브래스, 『지속가능한 사회』, 이태건 옮김, 인간사랑, 2001, 439쪽.

시설은 구조 그 자체가 동료시민의 민주적 개입을 허용하지 않는 특성을 보이는데, 민주주의가 기반시설 앞에서 무력해지는 근본 이유이다. 따라서 기반시설 공동관리자원이 동료시민들의 상호조정 메커니즘 안에서 작동할 수 있기 위해서는 이 네 문제에 대한 기능적 해답을 발견해야만 하는 중대한 도전에 직면한다.

다중심성(polycentricity)의 원리는 이와 같은 기반시설 공동자원의 문제에 접근할 가능성을 지닌 원리 중 하나이다. 엘리너 오스트롬 또한 다중심성의 원리를 통해 중소규모 지역 공동자원의 문제를 넘어선 대규모 특히 기후변화와 같은 전지구적 공동자원의 문제까지 검토했다는 점은, 이 원리가 규모의 문제와 기반시설에 내재된 복잡한 사회-기술체제의 문제에 대응할 가능성을 보여준다. 다중심성의 원리란 서로 독립적인 의사결정단위들의 중첩으로 작동하는 자원체계의 상호 조정 원리를 말한다.[474] 공항과 같은 기반시설은 각 층위들이 모두 연결되어 있고, 동시에 각 층위가 이질적인 재화들로 연결되어 존재하는 복잡한 혼합재이기 때문에 그 안엔 이질적인 이해관계 집단들이 존재하고, 각 집단들의 결정은 물질적으로 상호구속되어 있지만 동시에 원자적으로 분화되어 있다. 다중심성의 원리는 이런 상황이 국가의 위로부터의 명령이나 시장의 가격 없이도 다원적인 집단들의 상호감독과 조정, 학습을 통해 공동관리자원이 운영될 수 있을 가능성을 제공한다. 공동관리자원이 공급, 생산, 이용 집단의 일치를 반드시 요청하는 것은 아니라는 점을 기억하는 일은 이때 도움이 된다. 공동관리자원의 제공이란 말 그대로 자

---

[474] 엘리너 오스트롬, 『공유의 비극을 넘어: 공유자원관리를 위한 제도의 진화』, 윤홍근·안도경 옮김, 랜덤하우스, 2010.

원체계를 이용자들에게 공급하는 행위를 말한다. 생산이란 공급된 자원체계의 장기적 보존이 이루어지도록 이를 수리하거나 변형 혹은 관리해 나가는 일체의 실천 행위를 말한다.[475] 이용은 해당 자원체계에서 나오는 단위 자원을 활용하는 것이다. 공항과 같은 기반시설의 경우 그 공급에 대한 일차적인 책임은 정부가 현재처럼 맡을 수 있지만, 이 공급은 기간 기반시설 추진 과정과 달리 다중심성의 원리를 통해 제약된 공급이다. 곧 국가에게 동료시민의 공동이용의 대상인 기반시설의 공공성을 방어하는 민주적 책임성을 요구하면서도, 그 책임의 실현 과정을 다중심적 상호 공동조정 안에 구속시키는 방식이 가능하다. 공급의 책임은 국가에게 있지만 운용과 이용은 비국가적이고 비시장적인 동료시민들의 상호조정 대안제도를 통해 구현될 수도 있다. 이 원리가 중요한 이유는 이와 같이 공급·생산·이용이 단일 집단에게 모두 부과되는 것이 아니라 상호연결된 다원적인 집단들의 상호조정을 통해 기능할 수 있기 때문에, 기반시설 공동관리자원이 직면하는 다양한 문제들을 전문가와 동료시민의 결합 속에서 관리할 가능성이 존재하기 때문이다. 다중심성의 원리는 모든 동료시민에게 전문가가 되는 것을 요구하지 않으면서, 전문 사회-기술체계 문제를 다루는 대안적인 방식을 제공할 수 있다.

이때 공동관리자원의 공급·생산·이용을 둘러싼 기여와 책임, 권리의 인정을 둘러싼 '해석의 정치'가 작동하는 민주적 공동조정 공간이 발생한다. 그 공동조정 과정은 정부와 시민사회의 결합뿐만 아니라 동료시민 내부의 결합도 요구한다. 그리고 바로 이 부분이 공항을 공공재로

---

475 엘리너 오스트롬, 『공유의 비극을 넘어: 공유자원관리를 위한 제도의 진화』, 윤홍근·안도경 옮김, 랜덤하우스, 2010, 70-73쪽.

만 간주할 때 나타나는 핵심적인 문제, 곧 기반시설의 공급과 이용의 분리 혹은 공항과 일반 시민의 민주적 통제의 분리라는 문제에 대한 대안이 출현할 수 있는 지점이다. 이런 공동관리자원의 시각을 통해 공공재의 확보과정에서 국가를 통해 일방적으로 강제되었던 일부 동료시민의 희생 메커니즘이 참여에 기반을 둔 공동조정의 과정으로 재설정될 수 있다. 만약 소수의 피해가 불가피하다면, 기반시설 공급의 주창자들은 다른 대안들이 불가능하다는 점을 먼저 입증해야만 한다. 그러한 입증 전까지 희생을 강요받는 소수는 공항이 그들만의 자원은 아니지만 그들의 자원이기도 하기에, 공동관리자원의 공급에 대한 우선적 거부권을 행사할 수도 있다. 이는 모두 동료시민들이 함께 만들어나가는 공동관리자원의 공급 규칙 안에서 조정될 수도 있고 창안될 수도 있다. 이런 점에서 공동관리자원은 정의(正義)의 원리에 대한 우리의 이해를 심화시킨다.

또한 공동관리자원의 시각은 공공재의 민영화(privatization)를 비판할 수 있는 근거가 될 수도 있다. 공공재는 전통적으로 정부에 의해 공급되어온 만큼 정부가 제공자의 역할을 맡아왔다. 그리고 그 공공재의 생산자 또한 정부였다. 공공재의 수리와 변형 및 관리는 정부의 중요한 역할 중 하나이기 때문이다. 공기업(公企業) 혹은 공사(公社)는 그 구체적인 수단이었다. 이에 반해 공기업의 민영화는 바로 이 국가의 역할에 내재된 비효율성과 누적적자로 인한 재정악화, 도덕적 해이 등을 이유로 기반시설을 민간기업에게 넘겨 국가의 역할을 축소하는 방법으로, 전지구적 신자유주의화의 물결과 함께 각국에서 다양한 형태로 실현된 바 있다. 민영화의 핵심 방법이 공공재 영역에 경쟁 원리를 도입하는 것이라고 볼 때, 이는 시장의 방법을 활용하는 것이라고 볼 수 있다. 공공재의 옹호자들은 이것이 국가의 책임을 방기한 후퇴 과정이라고 강력하게 비판한다. 공항이 공공자원으로만 규정되면 재정압박이나 운영상의 어려움 직면했을 때 민영화의 압력에 쉽게 노출된다. 이미 인천국제공항의 민영화를 둘러싼 소란을 경험한 바 있으며, 심지어는 아직 지어지지도 않은 제주 제2공항 추진 과정에서도 민영화 논란이 불거지기까지 했다. 한국공항공사는 인천국제공항을 뺀 14개 공항을 운영하는 공공기관으로, 김포·김해·제주 3개 공항의 수익으로 다른 공항의 적자를 보전하고 있다. 현대건설은 이와 같은 문제를 보완할 수 있는 민간투자 계획을 세우고, 특수목적법인을 만들어 공항을 운영할 계획을 추진했던 것으로 알려져 있다.[476] 민영화는 시민들의 민주적 참여와 관리 가능성을 봉쇄한다. 공동관리자원은 공공재의 민영화가 아닌 민주화의 과정을 그 대안으로 요구할 근거가 될 수 있다.

6. 대항헤게모니적 개입: 제주 공동관리의 새로운 원칙 정립

공동관리자원으로서의 공항은 공항 문제에 대한 동료시민의 민주적 개입 공간을 열어내면서, 공항과 제주의 관계를 민주정치의 문제로 부상시키는 계기가 될 수 있다. 하지만 이런 공동관리자원의 속성 그 자체가 제주의 미래를 보장하는 것은 아니다. 공동관리자원은 단지 그 미래를 둘러싼 경합공간을 제공할 뿐이다. 공동관리자원이 열어주는 가능

---

[476] "제주2공항 민영화 추진, 대기업 품에 넘기나", 『한겨레』 2016.09.27.

성을 능동적으로 활용하기 위해서는 바로 이 경합공간을 관통하고 있는 헤게모니를 대체할 대항헤게모니적 개입(counter hegemonic intervention)을 발전시켜야 한다. 현재 이 경합공간의 헤게모니는 제주근대화 프로젝트 전체를 관통하고 있는 관광을 통한 경제성장이라는 관광의 시선을 그 핵심 계기로 작동하고 있다. 따라서 대항헤게모니적 개입은 바로 이 관광의 시선 안에서 그에 대항하여 관광을 현재와는 다른 방식으로 접합하는 방향을 제시하고 그에 대한 동료시민의 동의를 획득해야 한다. 이 제안과 동의획득 과정은 필연적으로 제주근대화 프로젝트와는 다른 방향에서 제주의 발전을 규정하는 작업을 요청한다. 동료시민의 동의 획득 과정은 단지 규범적인 요청이 아니라 동료시민의 생활안전을 보장하는 물리적 차원과 그들이 참여하며 구성하고 있는 의미의 차원을 모두 포함해야만 한다. 섬이라는 지리적 위치가 부여하는 제주의 고유성은 이 두 차원 모두를 규정하는 근본 조건이 되어 왔다. 따라서 대항헤게모니적 개입은 관광, 제주의 발전에 관한 다른 상상을 바로 이 섬의 논리 안에서 제시할 필요가 있다. 섬은 모든 동료시민의 정체성을 관통하고 있기 때문이다.

1) 섬의 논리: 열림과 닫힘의 균형

제주도는 한반도에서 속한 섬들 중 가장 크다. 가장 큰 섬일 뿐만 아니라 육지로부터 멀리 떨어져 남태평양으로 나가는 길목에 위치하고 있다. 전근대시대 한반도의 정치·문화·경제가 중국을 중심으로 형성되었기 때문에 제주도가 가지는 전략적 가치는 크지 않았지만 오랜 시간 동안 문화가 교류하고 교차하는 결절점일 수 있었다. 이러한 위치는 제주도의 문화가 한반도의 그것보다는 남방문화와 더 많은 것을 공유하는 원인이었을 것이다. 남방의 해양문화의 흐름과 반대의 방향에서 온 육지 문화의 영향도 적지 않았다. 국가로 묶여진 영토의 가장 끝단에 위치하고 바다에 의해 격리되어 있기 때문에, 비록 변형된 형태이지만, 육지의 전통문화가 오랜 생명력을 가지고 잔존하고 있기도 하다. 제주도처럼 대양에 열려진 섬이 문화가 교차하고 전파하는 통로가 될 수 있는 것은 바다 때문이다. 바다는 '가두기도' 하지만 '열어주기도' 한다. 자연적 현상이나 사회적 현상 모두가 그렇지만 인간세상은 '흐름(flow)'이다. 흐름은 곧 이동(mobility)을 뜻하고 사람들에게 적용되면 이주(migration)가 된다. 사람의 이동에 따라 문화도 전파(diffusion) 된다. 하지만 이동과 이주는 정주(settlement)의 결절점들(nodal points)이 있을 때에만 의미를 가진다. 정주는 이동을 가능하게 하는 조건이 되고 이동은 정주를 통해 의미를 얻게 되기 때문이다.

　이런 맥락에서 바다는 '이동'을 촉진하는 매개이면서 상대적으로 안정적 문화 공동체를 유지하게 하는 지리적 경계를 형성한다. 하지만 바다가 가지는 이러한 이중적 의미는 고정되어 있지 않다. 역사적 발전에 따라 정주와 이동의 양상이 변화하기 때문이다. 그것은 정치적 체계와 경제적 동학의 변화뿐만 아니라 기술적 발전에 영향 받는다. 향해 기술의 발전, 항공교통의 대중화, 자동차 문화의 확산은 이동과 정주의 의미를 송두리째 바꾸어 버렸다. 바다가 가지는 '열림'이 기술발전에 의해 더욱 강화되고 '닫힘'은 무력화되고 있는 것이다. 하지만 수천 년에 걸쳐 켜켜이 쌓여온 문화의 두께와 역사적 흔적은 쉽게 사라지지 않는다. 즉 섬으로서 제주도가 가지고 있는 문화와 역사, 삶의 양식은 기술적인 '시·공간의 압축'으로 쉽게 지워질 수 없다. 제주도는 여전히 섬이며,

섬이기 때문에 사람들을 불러 모을 수 있다. 정주와 이동이 새로운 양상으로 변화하고 있지만 바다에 의해 격리되고 연결된 섬의 성격은 여전히 제주도의 정치·경제·문화를 결정하는 요소인 것이다.

전근대 시대 사람들에게 탐라는 궁벽하고 고립된 장소였을 것이다. 종종 도피처로 상상되었을 것이고 유배지라는 상징이 지배적이었을 것이다. 하지만 시간대가 더 길어지면 바다는 문명이 전파되고 문화가 교류되는 매개의 역할을 하고 제주는 그 '흐름'의 결절점이었다. 역사가 언제나 '현재'의 연속이라면, 제주인은 지속되는 '현재들' 속에서 서로 길이가 다른 시간성(temporality)을 체험함으로써 실존했을 것이다. 즉 분석적으로 구분이 가능한 서로 다른 시간성은 사람들의 삶 속에서 구현될 때는 그저 실존적으로 체험될 수 있었을 뿐이었다. 이동과 정주, 열림과 닫힘이 구체적인 장소에서 살아 숨 쉬는 사람들의 연속되는 세대를 통해 생산, 재생산, 전승되는 것이다. 이렇게 체험된 복합적 시간성은 여전히 개념적이다. 이동과 정주, 닫힘과 열림 속에서 살아가는 사람들은 '섬'의 사람들뿐만 아니라 이동과 열림을 타고 섬으로 들어오는 사람들의 공간감각·시간감각과 접합되고, 새로운 변종들을 만들어 내기 때문이다. 문제는 이렇게 '들어오는' 사람들의 시간-공간 감각이 '권력'으로 작동하는 경우다. 권력을 가진 '들어오는' 사람들은 제주인의 시간-공간 감각에는 관심이 없었다. 자신들의 시간-공간 감각을 제주에 투영하고 제주인들에게 강요하게 되는 것이다. 바다와 섬이 가지는 '열림'과 '닫힘' 사이의 균형은 외부로부터 강요된 권력의 시선에 의해 '닫힘'으로 기울게 된다. 문화와 사람의 '흐름' 속에서, 그리고 자연에 대한 경외와 그로부터 생겨난 신화에 의해 과잉 결정되어 출현한 문화의 두께와 독특한 삶의 방식은 외부적 시선(gaze)에 의해 통치되고 관리되어야 하는 '평면적 대상'이 되어 버린 것이다. 여전히 도도한 문화적 흐름이 지속되지만 길어야 100년을 넘지 못하는 사람들의 시간 지평 안에서 도드라지는 것은 폐쇄와 닫힘이었던 것이다.

권력으로 작동하는 외부적 시선이 강력한 힘을 발휘하더라도 문화의 두께를 완전히 부수어 평면으로 만들 수는 없다. 사람들의 시간-공간 감각은 항상 통치의 망을 흘러넘칠 수밖에 없다. 통치의 망이 촘촘하지 못했던 전근대 시대 권력은 일상의 세세한 부분까지 침투할 수 없었기 때문에 구체적인 삶은 양식은 제주인의 그것으로 남아 있을 수 있었다. 처음부터 '원형' 또는 '원본'을 찾는 것은 불가능하기 때문에 이미 권력의 외부적인 시선에 의해 변형되었을 지라도 권력의 논리와 삶의 논리 사이에는 틈새가 열려 있었다는 것이다. 그리고 바다에 의한 지리적 격리는 상대적으로 자율적인 생활세계를 가능하게 했다. 짧은 시간 지평 안에서 작동하고 있는 외부적 시선, 밖으로부터의 권력의 정치적 결과는 분명했다. 제주는 변방이었고 육지의 식민지였다. 몽고의 간섭기에도, 일제강점기에도 식민지 속의 식민지였다. 외부적 힘의 의해 고립되고 격리되어 '나가는 흐름'과 '들어오는 흐름'이 자연스럽게 어우러지고 균형을 찾지 못하고 지배의 시선에 의해 관리되고 통치되는 대상일 뿐이었다. 하지만 문화적으로 훨씬 역동적이었다. 문화의 시간지평은 정치의 시간지평보다 더 넓고 길기 때문이었다. 지배적 코드가 만들어내는 매끈한 공간과 선형적인 시간과는 달리 '닫힘'과 '열림'의 변증법에 의해 만들어진, 흐르지만 상대적으로 고정되어 있는 문화는 겹쳐지고 주름이 있기 때문이기도 했다. 매끄러운 공간과 선형적인 시간의 이데올로기는 구체적인 일상 속의 제주인들의 삶의 실천과 마찰을 일으킬 수밖에 없다. 그 마찰이 공간을 더욱 겹쳐지고 주름지게 한다. 그리고 서로 다른 시간성이 '지금-여기'서 접합되게 한다.

'지금-여기'의 마찰은 정치적 지배에 동반되는 경제적 착취를 견뎌내는 독특한 문화를 만들어 낸다. 제주인의 문화는 민중적일 수밖에 없는 이유가 여기에 있다. 활자로 인쇄된 것보다 평범한 사람들의 놀이와 이야기 속에 살아 구비전승 된다. 반란과 전복이 봉쇄당한 시기, 척박한 삶의 조건을 견뎌내는 방식은 육지의 지배, 관리와 통치의 빈틈에 제주인의 삶의 방식을 채워 넣는 것이었다. '들어온' 사람들의 강요된 문화를 일면수용하면서도 그것을 뒤틀어 제주 사람들만의 연대와 상호부조의 문화를 만들 수밖에 없었을 것이다. 제주사람은 결코 육지 사람과 동화될 수 없는 조건에 처해 있었다고도 할 수 있다.

교통과 통신의 발전에 의한 시·공간적 압축은 바다의 '닫힘'에 의해서 보전되었던 주름지고 겹쳐진 일상의 공간과 비선형적 시간이 지배적인 문화에 의해 평면화되고 획일화되도록 한다. 이제 지배적인 코드는 '자본의 논리'였다. 자본의 논리는 보다 강력하게, 그리고 보다 세련된 방식으로 공간을 평면으로 만들어 구획하고 절단해서 서로 교환 가능한 상품으로 만들었다. 시간은 세분화되어 몸과 몸의 이동을 관리하는 데이터를 제공했다. 이렇게 강력한 근대화의 논리는 매우 큰 마찰을 일으켰지만 한 번 자리를 잡게 되면 보이지 않는 권력의 시선으로 몸과 마음을 규율하게 된다. '강요'와 '자발'의 경계가 모호해지고 제주 사람들의 삶의 방식이 가지는 독특함은 점점 엷어진다. 하지만 공간의 주름과 겹쳐짐, 시간의 비선형적 성격이 완전히 사라지지는 않는다. 혼종(hybridity)성의 양상이 달라질 뿐이다. 그런데 새로운 혼종성의 양상은 지리적 격차에 의해 생겨나는 차이들에 여지를 주지 않는다. 겹쳐진 공간과 비선형적 시간의 틈새는 매우 좁아져 지리적 격차를 뛰어 넘어 지구화된 코드로 흘러 다니는 자본의 논리에 포위당한다. 자본의 논리에 어긋나는 것은 내면의 저 깊은 곳, 또는 무의식으로 밀려나 상처가 되고 울분이 되어 눌려 있게 되는 것이다.

이러한 혼종성의 양상은 '전근대성'과 '근대성', 그리고 '탈근대성'의 착종으로 나타난다. 한국 사회에 여전히 강력하게 작동하고 있고, 제주에서는 이보다 더 일상화되어 있는 권위주의와 연줄에 기대는 비반성적 연고주의라는 전근대성은 모든 것을 양적으로 환원하고 그것을 확장하는 것을 유일한 선으로 생각하는 성장주의라는 이름의 근대성과 결합된다. 그리고 권위주의-연고주의+맹목적 성장주의는 끊임없는 욕망과 그것을 채우는 소비를 미덕으로 삼는 탈근대적 소비주의로부터 생명력을 공급받는다. 바다에 의한 지리적 격리 따위는 쉽게 넘어설 수 있는 근대의 기술주의는 제주도 내부에서 자본의 논리를 충실하게 내면화하는 집단과 그렇지 않은 집단을 분리해 내고 자본과 상품의 흐름에 의해 이익을 얻는 집단과 착취 받는 집단을 갈라 친다. 이제 권위주의-연고주의+맹목적 성장주의+소비주의는 압축적이고 맹목적인 개발주의의 모습을 띠게 된다. 개발의 결정과 추진은 권위주의적으로 이루어지고 이것을 정당화는 것은 연줄망(괸당)에 기댄 비민주적 통로를 통해 이루어진다. 소수의 정치엘리트와 토지소유자, 개발업자들이 이익을 선취한다.

문화적 시간 지평 속에서, 지배적인 권력의 시선에도 불구하고 보존되어 왔던 독특함이 침식된다. 척박한 섬이라는 조건과 가혹한 기후 조건 속에서 자연과의 신진대사를 유지하면서 만들어 왔던 공존과 공진화의 방식은 철저하게 파괴된다. 역사적 지평 속에서 가꿔왔던 생존의 방식, 즉 연대와 협동의 삶의 방식도 무참히 깨진다. 화폐적 가치의 확장만을 바라보는 맹목성이 지배하게 되는 것이다. 이러한 개발의 이익은 소수가 거두어 간다. 하지만 맹목적 개발을 지속시키는 힘은 계속 팽창하는 소비행위다. 결국 많은 사람들은 빚에 올라 앉아 소비주의 문화의 달콤함에 중독된다. '전근대성'은 목적합리성만을 기준으로 추진되는 근대화의 암울한 결과를 치유할 덕성도 간직하고 있다. 공동체를 지탱하는 협동과 연대의 정신이 그것이다. 전근대의 권위주의로부터 풀려 나온 협동과 연대의 정신은 폭주하는 근대화 과정에서 잃어가고 있는 '우리'의 감정을 되살려 내는 토대가 될 수 있다. 근대성도 목적합리성만을 품고 있는 것은 아니다. 공론장에서의 토론과 합의를 추구하는 민주주의도 근대의 산물인 것이다. 연대와 협동의 정신이 낡은 공동체의 권위주의로부터 자유로워지는 것은 민주주의와 해우했을 때 가능해진다. 그리고 '탈근대성'은 욕망을 먹고 자라는 소비주의뿐만 아니라 목적합리성과 권위주의를 공격할 수 있는 다양성과 차이의 원리를 만들어 낸다. 이제 협동과 연대는 민주주의라는 절차적 합리성과 함께 구체적 삶의 체험에 기초한 다양한 주체들의 실천이 있을 때에만 권위주의와 성장주의를 넘어 새로운 삶의 양식을 실험할 수 있는 것이다.

협동-연대+민주주의+다양성과 차이의 접합은 지금 제주를 병들게 하고 있는 권위주의-연고주의-맹목적 성장주의+소비주의의 부정적 혼종성(negative hybridity)을 넘어설 수 있는 긍정적 혼종성(postive hybridity)이다. 문제는 이러한 긍정적 혼종성이 쉽게 성취될 수 없다는 것이다. 제주사회의 발전방향을 근본에서부터 바꾸는 것이기에 정치적 구조와 경제적 구조를 송두리째 전환해야만 성취 가능한 목표인 것이다. 하지만 이런 구조적 전환은 우리들의 몸에 새겨진 일상의 습관이 일으키는 마찰과 그 마찰로부터 생겨나는 미세한 떨림으로부터 시작해야 한다. 그리고 마찰과 떨림은 제주사람들의 마음 한 구석에 자리 잡은 집단적 기억, 연대와 협동의 기억을 불러낸다. 제주사람들의 집단적 기억은 한라산과 오름, 바다라는 공간을 매개로 만들어진 것이다. 매일매일 바다에 접하고 산다. 한라산을 바라보고 산다. 그리고 오름 사이사이에서 살아간다. 사람과 사람 사이에 만들어진 '살아 내기'의 방식으로서의 협동과 연대는 자연환경과의 공존을 통해 키워지고 지탱되어 왔다고 할 수 있다. 그런데 개발의 광풍은 자연환경을 급속도로 변화시킨다. 그러면서 사람들의 마음도 이기적인 심성으로 변화시킨다. 하지만 제주인의 삶은 여전히 바다 없이는 상상할 수 없고 한라산과 오름 없이는 유지될 수 없다. 구체적인 삶의 현장으로서의 생태적 환경을 파헤치고 절단하는 자본의 논리, 상품의 논리, 화폐의 논리가 부과하는 공간 감각과 시간 감각은 제주 사람들의 몸의 리듬, 템포와 심한 마찰을 일으키게 된다. 그리고 집단적 기억 속에 남아 있는 공존의 흔적과 엇나가게 된다. 마찰과 엇나감은 진동과 탈구를 발생시킨다. 진동과 탈구는 '지금-여기'를 불편해 하면서 '지금-여기'에 여전히 작동하고 있는 다를 수 있는 기회를 포착하게 한다. 자본의 논리가 가지는 압력에 의해 찌그러들었지만 틈새는 여전히 존재하는 것이다.

2) 개발 비판과 지속가능한 발전

제주도민이 제주도의 자연생태계와 역사에 대해 가지는 자부심은 매우 높다. 그것은 일면 육지에 비해 뒤쳐진 개발에 대한 보상심리일 수도 있지만 제주도가 가지고 있는 천혜의 자연환경과 아직도 남아 있는 문화적 자원은 자부심을 느끼기에 부족함이 없다. 하지만 사람들의 살림살이란 자부심만으로는 지탱될 수 없다. 먹고사는 문제가 해결되어야 하는 것이다. 그리고 우리가 사는 자본주의 시대 먹고사는 문제는 경제적인 성장 없이는 가능하지 않다. 그래서 제주도민은 개발을 원한다. 하지만 제주도민이 원하는 것은 '개발'이 아니라 '발전'이다. 경제적 성장은 사람들의 살림살이보다 앞선 가치일 수 없다. 경제는 사람들의 삶의 질과 행복에 봉사해야 하는 것이다. 20세기의 근대화는 지표상으로는 성장하지만 성장의 과실이 공평하게 분배되지 못하도록 했다. 그뿐 아니라 성장 그 자체가 많은 사람들의 삶의 터전을 파괴하기도 했다. 석유와 같은 자원은 축복보다는 저주였던 것이다. 그리고 근대화는 '합리성'의 이름으로 오랫동안 살림살이를 유지하는 기본토대였던 사회적 유대마저도 무너뜨려 버렸다.

제주도민이 원하는 개발은 '삶의 질'을 보장받고 '행복'과 '만족'을 가져다 줄 수 있는 수단일 뿐이다. 개발 말고는 길이 없다는 권력과 자본의 주장 외에는 '행복'과 '만족'을 향한 길을 알지 못하기 때문에, 찾지 못하고 있기 때문에 마지못해 동의하고 있을 뿐이다. 그래서 우리에게 필요한 것은 '지속 가능한' 제주 발전계획'이다. '지속 가능한 제주 발전계획'은 제주도민 전체의 의견이 반영되어 만들어져야 한다. 그것의 수립과정은 자원, 정보, 지식의 불평등이 해소되는 숙의 민주주의를 통해야 한다. 따라서 지금 당장 구체적인 내용을 말하기는 어렵다. 하지만 윤곽 또는 방향을 제시할 수는 있다. 무엇보다도 '지속 가능한 제주 발전계획'은 생태적으로 '지속 가능한' 문화관광을 핵심으로 해야 한다. 양적인 팽창을 추구하는 것이 아니라 관광의 질적인 수준을 높여야 한다. 문화적 내용과 역사적 깊이를 체험하고 자연 속에서 느림과 여유를 즐길 수 있는 관광으로 옮겨 가야 한다는 것이다. 제주는 독특한 신화와 역사의 두터운 문화를 가지고 있으며 평화와 인권을 관광과 결합시킬 수 있는 유리한 조건을 갖고 있다.

이러한 전환은 제주가 가지는 독특한 조건을 활용한 농업정책과 맞물려야 한다. 제주는 도농복합형 도시의 특성을 강하게 띠고 있다. 지금처럼 단조로운 택지를 확장하고 상품작물 재배에 초점을 맞추기보다는 '지역 순환 농업'을 고민해야 해야 한다. 이러한 지역 순환 농업은 '도시농업'과 결합되어 '농민시장', '친환경 급식 네트워크' 등의 시민사회조직을 통한 농산물의 지역 내 유통뿐만 아니라 음식물 쓰레기를 두엄으로 만들어 활용하는 쓰레기 순환까지 고려해야 한다.

생태적으로 지속가능한 문화관광과 지역순환 농업과 도시농업, 그리고 친환경 먹을거리 생산과 유통은 도시계획의 전환에 기초해야 한다. 획일적이고 단조로운 도시계획은 역사와 문화를 머금을 수 있도록, 그리고 도시 속의 농업과 녹지가 살아 숨 쉴 수 있도록 전환되어야 한다. 지금처럼 사람들의 움직임을 제한하고 능동적이고 창의적인 행위를 차단하는 도시계획은 더 이상 추진되어서 안 된다. 에너지를 많이 쓰고 에너지 효율이 떨어지는 주택을 개량해서 자연적인 공기의 흐름과 채광으로 유지될 수 있도록 해야 한다. 그리고 대중교통 체계를 획기적으로 바꾸어 차량대수를 줄이도록 하고 걷기 중심의 관광지 개발, 원도심 재생을 추구해야 한다. 도시의 역사와 문화를 관광자원으로 만드는 데 있어서 핵심은 자동차 대수를 획기적으로 줄이고 보행자 중심의 도시를 회복하는 것이다.

도시계획과 건축양식의 변화는 녹색에너지 체계로의 전환과 따로 떼어서 생각할 수 없다. 풍력, 태양력과 태양광 등 재생에너지를 적극 지원하고 활성화해야 한다. 더 중요한 것은 재생에너지가 가지는 분산성과 다양성을 극대화해야 하는 것이다. 이것은 작은 공동체 단위가 다양한 에너지원을 지속 가능한 방식으로 활용할 수 있게 하는 것이다. 당연히 이러한 다양성, 분산성, 지역성은 에너지 소비를 최소화하고 효율화하는 에너지체계 전환 운동의 일환이어야 한다. 이러한 큰 틀에서 지금은 사적인 부로 간주되고 있고 끊임없이 사유화되고 있는 공동자원을 공적으로 관리하는 길이 모색되어야 한다. 물, 바람, 토지는 개인이 소유할 수 없는 공동자원으로 투기의 대상이 되어 사적인 재산 축적의 수단으로 전락해서는 안 된다는 것이다. 지금 제주도에서 유지되고 있는 '공수'의 원칙, 그리고 논의되고 있는 '공풍화'가 토지의 관리까지 확대되어야 한다.

현재 제주도정은 일관된 발전계획을 가지고 있지 못하다. 전혀 어울리지 않는 녹색의 수사와 노골적인 개발주의가 공존하고 있기 때문이다. 그런데 일관되지 못한 것은 제주도정의 개발주의에 반대하는 시민사회도 마찬가지다. 앞에서 윤곽을 제시한 '지속 가능한 제주 발전 계획'이 없기에 자본과 권력이 시도하는 개별 개발 사업에 대한 반대 이상으로 나가지 못한다. 이런 식의 대응은 결코 제주도민의 열망을 정치적으로 모아 낼 수 없다. 쌓이고 있는 불만이 개별적인 불만, 좌절, 원한으로 해소되어 버리고 정치적인 힘으로 조직화되지 못하고 있는 것이다. 이런 이유 때문에 '지속 가능한 제주 발전계획'은 정치적 위기를 극복할 수 있는 민주주의의 급진화와 연관될 수밖에 없다. 형식적으로 주어지는 껍데기뿐인 민주주의가 아니라 숙의를 가능하게 할 자원, 정보, 지식의 급진적 재분배를 전제로 하는 실질적인 민주주의 말이다. 이것은 지역정치를 복원하고, 풀뿌리 민주주의를 활성화시키며, 그 과정에서 도민의 정치적 의식을 높여내야 과정이기도 하다. 그리고 이러한 민주주의의 급진화는 사람들 마음속에 쌓여 있는 좌절과 불만이 공론의 장에서 논의되고 정책 수립과정에 반영될 수 있게 한다는 점에서 사회의 위기를 극복하는 길이다.

급진화 된 민주주의에 기초해서 평범한 사람들의 필요와 욕구를 반영한 지속 가능한 발전계획은 사회의 지속 가능성뿐만 아니라 생태계의 지속 가능성을 핵심으로 한다는 점에서 그 자체로 기후위기 극복방안이기도 하다. 무성한 '위기' 담론과 '성장' 담론이 분리되어 사고되면서 발생시키는 이율배반은 이렇게 극복될 수 있다. 위기는 그것을 발생시키는 구조적 조건 아래서는 해결될 수 없다. 기후위기를 말하면서 토건과 자동차문명에 기초한 양적 성장을 추구하는 것은 자기모순인 것이다. '천혜의 섬' 제주를 상품으로 내다 팔면서 수용능력(carrying capacity)을 훨씬 넘는 경제적 팽창만을 추구하는 것은 자기 파괴적이다. 그래서 '해양르네상스'라는 이름으로 바다에 콘크리트와 철근을 박아 넣고 제주의 조건은 고려하지 않은 채 숫자로만 인식되는 관광객을 받아들이기 위해 제2공항을 짓겠다고 하는 것은 지속 가능하지 않다.

기술적 발전에 의한 시·공간의 압축과 자본 논리에 의해 무력화된 바다의 '닫힘' 효과를 복원하기 위해서는 거대한 개방의 흐름, 압도적인 '열림'의 효과에 맞설 수 있는 '제주다움'의 가치가 필요하다고 했다. 그것은 낡은 옛것에 낭만적 호소가 아니다. 이미 '제주다움'은 새로운 변종으로 변화하고 있기 때문이다. 이제 그 맞섬의 근거는 민주주의와 다양성에 토대를 둔 연대와 협동이지만, 이것에 멈추지 않는 보편적 가치를 추구해야 한다. 억압과 착취의 대상이었고 폭력의 희생자였던 제주로부터 인권과 평화를 기본가치로 세우고 다층적인(multi-scalar) 지리적 효과가 동시에 나타날 수 있는 제주의 지리적 위치로부터 인권, 평화, 민주주의에 토대를 둔 아시아적 가치를 표방해야 하는 것이다. 근대적

세계체계 속의 동아시아가 대립과 갈등, 군사적 충돌의 장이었고 여전히 그렇다면 동아시아의 문화적 교차지로서의 제주는 그것을 넘어설 수 있는 가치를 제시해야 하는 것이다.

3) 관광의 민주적 변형과 대안관광의 구성

산업으로서의 관광(tourism)이 등장하기 이전의 전통시대에 여행(travel)은 소수의 특권이었다. 여행은 많은 위험을 동반하는 것이었지만 동시에 지식을 넓힐 수 있는 학습의 기회였다. 그래서 모험이자 학습이었던 여행은 지배계급의 전유물이었다. 교통수단의 탓도 있었지만 느리고 한 곳에 오래 머물며 관찰하고 연구하며 그 결과를 기록으로 남기는 식의 여행이었다. 때때로 사람들은 치료목적으로 여행에 나섰다. 전근대 시대 지배층은 치료를 목적으로 온천을 찾곤 했다. 근대화는 여행의 유형을 변화시킨다. 근대화의 양상은 모든 것을 상품화시키면서 사람들이 좁은 공간에 높은 밀도로 거주하게 한다. 주거와 일터가 분리되고 노동에 대한 시간적 관리가 체계화된다. 이러한 시간의 관리와 주거 형태의 변화는 놀이와 노동이 쉽게 분리되어 있지 않던 전근대 시대의 문화와는 다른 노동의 세계를 만들었다. 노동자들은 일터와 집을 떠난 휴가를 원하게 된다. 이제 여행은 소수 지배층의 전유물이 아니게 된다. 교통의 발전(유럽의 경우 철도)과 노동자들의 여가에 대한 욕구가 발전함에 따라 대규모 유원지가 조성된다. 여행은 '민주화'되었으며 관광이라는 새로운 이름을 얻는다. 이국적인 목적지가 아니라 여가와 놀이를 즐기는 것이 주목적이 된다. 여행객은 관광객이라는 새로운 이름을 얻는다. 대중관광(mass tourism)의 시대가 도래 한 것이다.

대중관광의 시대의 도래는 상층계급의 특권이었던 여행의 지위재(positional goods)로서의 의미를 퇴색시켰다. 피에르 부르디외의 '구별 짓기(distinction)'에 따르면 중간계급은 대중관광의 특징인 집합적 관광의 시선과는 다른 시선을 추구해야 했다. 노동계급의 그것과는 다른 특징을 찾아야 했던 것이다. 그것은 홀로 자연 속에서 자연대상을 감상하고 감성적인 체험을 하는 그런 여행이었다. 따라서 낭만적 관광의 시선은 엘리트적일 수밖에 없었다. 기차와 버스로 동일한 목적지에서 이미 순서가 정해지고 방법이 고정된 놀이와 유희가 아닌 사람들과 분리되어 자기만의 시간과 공간을 가지려는 엘리트주의적 시선이었다. 전근대 시대 여행의 특권이 포드주의적 대량생산-대량소비 시대 대중관광 시대에 낭만적 시선으로 변형되어 유지되었다고 할 수 있다.

포스트 포드주의 시대, 그리고 포스터모던 시대 관광의 양상은 또 한 번 급격한 변화를 겪게 된다. 포스트모던 시대 관광의 중요한 특징은 다음과 같다. 첫째, 관광의 목적지가 지구화 된다. 세계 곳곳의 장소들이 관광객을 유치하기 위한 경쟁에 나서고 그에 따라 항공교통이 급속하게 팽창한다. 둘째, 관광은 더 이상 이국적 자연환경에 국한되지 않는다. 역사적 유산, 도시경관이 관광의 자원이 된다. 박물관은 주요한 관광 목적지가 된다. 건축물과 역사적 사건의 장소도 관광 상품으로 포장되어 사람들을 유인한다. 소위 다크투어리즘(dark tourism)이라는 이름으로 학살과 재난의 현장까지 관광객을 끌어들인다. 셋째, 다양한 테마파크와 유원지는 실제보다 더 실제처럼 모조품을 만들어 낸다. 다양한 유희거리를 한 곳에 모아 넣으면서 세계 곳곳에 흩어져 있는 관광의 상징을 재현해 놓는 장소들이 생겨난다. 넷째, 관광객은 이전보다 훨씬 많은 정보를 갖게 된다. 인터넷과 SNS는 수많은 관광객들이 찍은 특정한 장소에 대한 사진과 평가로 가득하다. 그래서 사람들은 쉽게 비교하고 선택하게 된다. 그만큼 장소들 간의 경쟁은 더욱 격화된다. 다섯째, 이러한 급격한 변화에 따라 관광객이 욕망하는 것도 다양해진다. 낭만주의적인 시선과 집합적 시선으로 나눌 수 없는 다양한 관광의 시선의 출현한다. 거대 산업화된 관광은 마약과 섹스처럼 즉흥적인 쾌락부터 이국적인 사회의 사람들의 삶의 모습을 들여다보는 인류학적 시선까지 다양화 된다. 모든 대상은 관광 상품이 되고, 일상을 사는 해당 장소의 사람들과 관광객의 시선은 공존하면서 교차한다. 여섯째, 산업화된 관광은 올림픽, 월드컵 같은 국제 스포츠행사와 국제회의 유치를 매개로 한 거대한 개발사업과 연결된다. 자본은 거대한 이익을 거두어 가지만 해당 장소에 거주하는 사람들은 삶의 터전이 급속하게 파괴되는 것을 목격하게 된다. 일곱째, 역설적이지만 이러한 장소들 간의 강화된 경쟁은 각각의 장소가 가지고 있는 독특함을 마모시킨다. 비슷한 유원지, 대동소이한 호텔과 위락시설이 들어선다. 거리는 어디에서나 볼 수 있는 맥도날드와 스타벅스 같은 초국적 체인의 연속이다. 특정한 장소가 가지는 독특함은 초국적 체인에 둘러싸인 광장과 동상에서만 느낄 수 있을 뿐이다. 공항은 쉴 새 없이 뜨고 내리는 비행기 소음으로 시끄럽고 거리는 자동차로 가득 하다. 관광은 쇼핑과 동의어가 되고 패키지여행은 면세점과 쇼핑센터를 중심으로 만들어진다.

전근대 시대의 여행과 달리 근대적 대중관광과 탈근대적으로 다양화된 관광 모두에 결여 되어 있는 것은 관광목적지 주민의 시선이다. 전근대 시대 여행은 정확하게 계산되지 않은 시간과 이동 경로를 특징으로 했고 여행객보다는 여행객을 손님으로 맞이하는 사람들의 시선이 우위에 있었다. 낯선 사람은 환대받았지만 손님을 맞이하는 사람들의 삶의 리듬과 템포는 방해받지 않았다. 그런데 산업화된 관광의 시선에는 지역주민들이 빠져 있다. 그들의 삶은 박제화 된 구경거리로 전락하거나 안전을 이유로 관광객으로부터 격리되어야 할 위험으로 간주된다. 하지만 다른 한편 관광이 자연경관뿐만 아니라 역사경관, 도시경관, 문화경관으로까지 확장되면서 나타나는 현상은 관광객과 지역주민들 사이의 마주침과 어우러짐을 강화시킨다. 높은 담벼락과 안전시설로 격리된 고급휴양지도 생겨나고 있지만 사람들은 점점 더 시장, 오래된 골목, 역사적 유적지, 건축물을 감상하면서 걷고 이야기하고 공감하는 것을 원하고 있다. 즉흥적이고 가벼운 포스트모던 문화의 특징을 살리면서도 경관 속에서 마주치는 사람들 사이의 마주침이 장소가 가지는 경관적 아름다움, 역사적 의미, 문화적 해석에 대한 다양한 이야기들과 공존하고 소통할 가능성이 생겼다.

  문화적 흐름이 교차하는 장소이자 개발의 논리가 집중되고 있는 제주에는 낭만적 관광의 시선과 대중적 관광의 시선과 탈근대적 관광의 시선이 공존한다. 서로 조화로운 상태로 공존하는 것도, 그렇다고 대립하면서 존재하는 것도 아니다. 관광객이 제주도에 오는 것은 한라산과 바다, 그리고 오름이라는 자연경관을 감상하기 위한 것이다. 기본적으로 낭만적 관광의 시선이 반영되어 있다. 하지만 낭만적 관광을 목적으로 하는 사람들이 그것에 도달할 수 있는 수단은 그 목적에 부합하지 못한다. 성판악 등산로 입구 주변 대로에 불법 주차된 렌트카가 상징하는 것은 집합적 시선이 아닌 개별화된 관광의 시선이 우세한 징표라고 해석할 수도 있다. 기차와 버스가 아닌 개별화된 이동수단이 지배적이기 때문이다. 하지만 즐비하게 늘어선 자동차는 전혀 낭만적이지 못하다. 자연을 '맨발로 걸으면서' 촉감을 느끼고 냄새를 맡는 자연과의 교감은 늘어선 자동차만큼이나 꼬리에 꼬리를 물고 움직이는 관광객들의 무리 속에서는 체험될 수 없다.

오래된 도심과 새롭게 조성된 도심 모두 오랜 시간 동안 사람들의 집합적 노동으로 만들어져 온 '작품'으로서의 특성을 상실하고 렌트카로 보호받는 관광객이 가로질러 관통하는 공간으로 전락한다. 제주시의 상징인 관덕정 주변마저도 중국인 단체관광객들을 태운 대형 버스가 주차되는 공간일 뿐이다. 그들은 관덕정과 제주목관아가 가지는 역사적 의미에 대해서 무관심하다. 목적지는 면세점과 넓은 자리를 제공하는 식당일뿐이다. 대중관광은 함께 동일한 목적지를 공유하는 사람들에게는 그래도 가족과 친구관계를 함께 나누는 의미를 가지고 있었지만 관광지에서 관광지로, 면세점에서 쇼핑센터로 날라지는 사람들은 물건을 사는 행위에 의해 지배된다. 제주가 가지는 낭만적 이미지는 산업화된 관광이 제공하는 지극히 근대적인 이동과 숙박 시설에 의해 퇴색되면서 소비의 팽창이라는 탈근대성의 부정적 측면에 의해 위태롭게 유지된다. 여기서 여전히 제주사람들은 존재하지 않는다. 자본유치, 집값과 땅값 상승, 개발 사업에 따른 제주도 전체의 경제성장을 다룰 때 전제되는 평균으로서의 제주사람은 존재하지만 제주라는 장소를 체험하고 살아가는 사람들은 존재하지 않는다.

관광의 자원이라고 이야기되는 제주의 모습은 제주사람들이 살아 왔던 흔적이고 현재를 사는 모습이다. 그냥 있는 그대로였다. 제주사람들이 원했던 것은 있는 그대로의 삶을 방해받지 않으면서도 보다 높은 삶의 질을 성취하는 것이었다. 관광산업과 급속한 개발은 그것을 얻기 위한 수단으로 선택된 것이었다. 그런데 지금 본말이 전도되어 버렸다. 제주사람들의 삶은 관광과 개발에 종속되어 버렸다. 그렇다고 관광과 개발이 높은 삶의 질을 가져다주는 것도 아니다. 관광객 증가와 자본유치, 대규모 개발사업, 집값과 지가의 상승은 소수의 관료, 정치엘리트, 개발업자, 토지소유자들에게는 즐거운 소식이겠지만 대부분의 제주사람들의 삶은 더욱 팍팍해 졌다. 더군다나 이 과정은 제주인의 삶의 방식, 제주인의 전통, 제주인의 문화, 제주인이 자연과 어우러져 살던 모습을 철저하게 파괴하고 있다. 이런 식의 개발은 제주의 관광자원 자체를 마모시키는 결과를 초래한다. 관광산업과 대규모 개발이 제주사람들에게 가져다 준 일자리는 고작해야 불안정한 허드렛일에 불과하다는 것도 기억해야 한다.

민주주의에 기초한 연대와 협동의 삶, 그러면서도 다양성과 차이를 인정하는 그런 새로운 '제주다움'에 부합하는 관광은 어떤 것일까? 지향점은 비교적 명확하다. 자본의 논리에 맞설 수 있는 '제주다움'이 갖는 긍정적 혼종성은 제주의 관광에도 적용될 수 있다. 제주는 교통이 불편한 시절 가지고 있었던 '이국적'인 매력을 여전히 가지고 있다. 그리고 대중관광을 끌어 들일 수 있는 도시경관, 역사적 흔적, 문화 자원을 가지고 있다. 그리고 제주의 생태계는 자연과의 개별적인 교감을 추구하는 낭만적 관광의 욕구를 충족시킬 수 있는 환경을 가지고 있다. 제주는 이 각각의 시선이 균형 있게 공존할 수 있는 새로운 관광 패러다임을 찾아야 한다. 그리고 이렇게 다양한 관광의 욕구가 공존하는 것은 전근대와 근대가 섞여서 서로 다른 시선이 교차하고 서로 다른 실천들이 상호작용하는, 그럼으로써 끝없이 새로운 변이들을 만들어 내는 탈근대성의 실현이라고 할 수 있다.

새로운 관광 패러다임의 요소들을 찾아보자. 첫째, 제주의 미래 관광은 '지속 가능한 발전계획'의 전제 아래 기획되어야 한다. 그것은 생태적 수용능력과 사회적 수용능력 모두를 고려한 관광산업이어야 한다. 관광을 위한 개발이 제주의 자연을 훼손하고 감당할 수 없는 정도의 하수와 폐기물을 만들어내는 관광은 결코 지속 가능하지 않다. 그리고 제주도와 제주인을 객체화하는 관광산업은 제주의 사회적 관계를 무너뜨린다는 점에서 지속 가능하지 않다.

둘째, 대중관광, 낭만적 관광, 탈근대 관광은 서로 영향을 주면서 '제주 관광'의 모델로 재정립되어야 한다. 대중관광이 가지는 획일성과 단순성은 탈근대 관광의 다양성에 의해 변화되어야 하지만 그것이 가지는 집합적 성격은 상실하지 말아야 한다. 그리고 낭만적 관광의 시선이 원하는 자연과의 교감과 정서적 감동은 엘리트계급의 구별 짓기를 탈피해서 생태적 교육으로 대중화되어야 한다. 개인으로서 자연과 교감하지만 그것이 대중관광을 낮게 평가하는 중간계급의 이데올로기이기를 멈추어야 한다는 것이다. 따라서 '제주 관광' 모델은 '지속 가능한 개발 계획'의 토대 위에 접근성이 고려된 편의시설, 마주침과 혼자 있음을 모두를 가능하게 하는 도시계획과 관광 개발계획을 추진해야 한다.

셋째, 따라서 '제주 관광' 모델은 자연 경관 관광지를 도로와 자동차로부터 격리시키고 보호하는 것을 목표로 해야 한다. 지금처럼 자연경관 바로 앞까지 대로를 뚫고 콘크리트를 발라 대형 주차장을 만드는 것은 '제주 관광' 모델에 역행하는 것이다. 한라산, 오름, 올레길의 주변은 도로와 자동차로부터 보호받아야 하고 그럼으로써 걷는 여행을 관광의 중심으로 끌어 들여야 한다. 현대의 도시인들의 원하는 자연속의 '의도된 고독'의 기회를 주어야 하는 것이다.

넷째, 도심의 문화적 가치가 회복되어야 한다. 백화점과 대형 마트와 멀티플랙스에 의해 왜곡된 '작품으로서의 도시'가 가지는 상징성이 회복되어야 한다. 이러한 문화적 중심성과 상징성은 사람들이 모이고 조우하고 대화할 때에만 가능하다. 도시는 원래 그렇게 만나고 상호작용하는 곳이다. 자동차와 도로는 자연을 훼손하는 만큼 도시의 중심성과 상징성을 해친다. 그래서 버려진 원도심의 재생은 보행자 중심의 도시를 만드는 것이어야 한다. 그 안에서 여행자와 제주사람들은 서로 마주치고, 말 건네고, 어우러져 융합되어 장소성을 지속적으로 갱신하고 창조하는 것이다. 역사적 건축과 새로 지어진 건물, 그 사이 사이에 남아있는 역사적 이야기들이 걷고 대화하는 사람들에 의해 소환되어 새로운 의미를 부여받게 되는 것이다. 자동차를 타고 스쳐지나가는 사람들에 의해서는 불가능한 의미의 창조인 것이다. 담장으로 둘러싸여, CCTV로 감시되는 카지노에서는 상상할 수 없는 것이기도 하다. 도시는 이렇게 만들어져 왔고 앞으로도 이렇게 만들어져야 한다.

다섯째, 이미 도심의 중심성과 상징성의 회복에서 암시된 것처럼 '제주 관광' 모델은 규격화된 관광 상품을 탈피해야 한다. 산업의 시선에서 찍어내진 상품은 소비자에게 해석의 여지를 주지 않는다. 기능적인 고려에 의해서 상품의 목적과 사용방법까지 정해져 있는 것이다. '제주 관광' 모델은 이런 획일화를 탈피해야 한다. 자연, 건축, 역사적 내러티브, 문화적 자원은 느슨하게만 포장되어 그것을 마주하는 사람들의 실천과 개입, 그리고 해석에 의해 재해석 되고 갱신되어야 한다. 이러한 재해석과 갱신은 섬으로서 제주가 가진 열림과 닫힘이 새로운 균형을 찾아가는 하나의 방법이기도 하다.

여섯째, 자연이 건조 환경(built environment)으로부터 보호받고 도시가 상징성과 중심성을 회복하게 되면 제주사람들은 더 이상 관광의 시선이 바라보는 객체에 머물지 않는다. 흐름과 이동의 경로에 위치한 하나의 주체로 앞에서 언급한 재해석과 갱신에 참여하게 되는 것이다. 자본의 힘에 맞설 수 있는 '제주다움'을 창조하면서 그것을 통해 흐름과 이동의 교차지로서의 제주를 가꾸어가는 공동의 작업에 참여할 수 있게 되는 것이다.

일곱째, 지금까지 이야기한 '제주 관광' 모델은 자연의 산물인 제주의 자연환경과 오랜 집합적 노동의 산물인 도시경관을 사유화하는 것을 저지하게 될 것이다. 사유화할 수 없는 공통의 자원을 절단해서 사적 이익을 추구하게 허용하는 것 자체가 '제주다움'에 역행하는 것이다. 이러한 경관의 사유화는 맹목적이고 돌진적인 개발과 물질적 이익추구가 제어장치 없이 폭주하도록 하는 주범이다.

7. 맺음말

공항이동성체계에서 발생하는 혼잡을 공항의 물리적 기반시설 확장을 통해 해결하려는 현 제주 제2공항 프로젝트와 달리 그에 한계를 부여하고 관리하는 방식으로 문제를 해결하려는 대안적인 흐름이 제주에 존재한다. 이 대안 운동에는 공항으로부터 제주의 지속가능성을 방어하려는 노력뿐만 아니라, 동료시민의 장소 박탈 과정에 내재된 폭력과 분리를 넘어서려는 시민적 우정과 연대의 운동 또한 포함되어 있다. 기반시설을 통해 공동이용의 필요를 충족하려는 시도가 공공성의 방어란 이름하에 동료시민의 장소 박탈과 삶의 부정으로 반복적으로 연결되어온 한국 국책사업 추진의 역사에서, 이와 같은 대안운동의 출현은 고무적이다. 기반시설 공동관리자원의 시각은 제주에서 발생하고 있는 이와 같은 지역주도의 공항 통제 대안을 지원하는 동시에 이를 보다 발전시키는 데 필요한 이론 자원의 모색 과정에서 형성되었다. 공동관리자원 그 자체가 민주주의를 보장하지는 않는다. 그러나 공동관리자원은 그 자원과 분리될 수 없는 인간의 문제를 민주주의를 강화하는 방향에서 검토할 것을 요구할 수 있다.

기반시설 공동관리자원(infrastructure as common pool resources)의 시각은 현재 추진되고 있는 기반시설 건설을 둘러싼 국책사업 구조나 지방정부의 개발주의에 맞서 동료시민의 민주적 개입 공간을 열어주고, 그 민주적 개입이 지속적으로 유지될 수 있는 대안제도를 우리가 탐색하도록 안내하는 역할을 할 수 있다. 또한 만약 그 경로를 우리가 발견할 수 있다면, 이를 통해 우리는 공공재의 공동자원화(commoniification of public goods)라는 국가 민주화의 새로운 전략을 구체화할 수 있을지도 모른다. 공공재의 공동자원화란 공공재가 요구받는 공공성을 상실하지 않으면서도 단일한 중심을 지닌 중앙규율체계 없이 제공자, 생산자, 이용자들의 상호조정을 통해 자원체계를 자치적으로 운영하는 방향으로 공공재를 민주화하는 과정을 지칭한다. 이는 기간 국가의 민주화라는 이름으로 진행되거나 혹은 요구되어 왔던 한국 민주주의의 심화 발전 전략에 보다 분명하고 구체적인 대안 프로그램을 제공하는 역할을 할 수 있다. 다수 동료시민의 일상생활에 기초를 제공하는 기반시설을 민주적으로 통제하는 대안이 되기 때문이다.

물론 이 시도는 그 안에 불일치와 간극, 때론 모순을 포함한 불안정한 시도이며, 점점 더 복잡해지고 거대해져가는 기반시설의 현재와 어떻게 만나야하는가에 어떤 구체적인 답변도 포함하고 있지 못한 전형적인 대안 없는 대안 제시의 시도이다. 공공재에 내재된 근본 분리를 넘어선다는 사고가 그 근본 문제 해결에 대한 열정으로 인해, 능동적이고 구체적인 현실 개입 능력을 상실한 수인의 언어로 남을 가능성이 크다는 점도 인정한다. 하지만 아직 현실화되기 어려운 사고실험일 뿐이라고 하더라도, 이를 포기하기보다는 발전시킬 방향을 모색해야 하는 이유는 있다. 제주 제2공항 추진 과정에서 확인되는 것처럼 동료시민의 고통과 희생을 전체의 이름으로 정당화하는 국책사업 구조가 지금 여기에서 오늘도 작동하고 있기 때문이다.

　기반시설 공동자원체계의 이러한 구상은 제주의 공동관리를 위한 대안 논리와 저항 그리고 이를 위한 대항헤게모니적인 실천과 연결될 때, 현실화될 수 있다. 기반시설 공동자원체계는 바다가 주는 열림과 닫힘의 균형, 즉 섬이 주는 틈새 속에서 '다른 세상'을 추구하며 다르게 살 수 있는 권리와 연결되어 있다. 이는 현실과 분리된 가상의 유토피아로 존재하는 것이 아니라, '지금-여기' 제주 시민들의 집합적 기억과 몸의 리듬과 템포 안에 이미 있는 것들이기도 하다. 지배적인 논리와 마찰을 일으킬 수밖에 없는 기억과 몸으로부터 '다른 제주'가 시작될 수 있다. 우리가 체험하는 세상이 수많은 주름과 겹쳐짐으로 가득하기 때문에 '다른 제주'를 찾는 거대한 전환도 서로 다른 장소, 서로 다른 실천들에 의해 실험되고 상호 학습되어야 하는 것이다. 그래서 '다른 제주'를 찾는 사회적 실천은 자본의 논리에 의해 압도되어, 자본이 허용하는 것만이 '가능한 것'으로 인정되는 현재의 담론적 질서를 깨고 나가는 것이기도 하다. 익숙한 것을 낯설게 하는 정치적 실천, 그리고 불가능한 것을 가능하게 하는 헤게모니적 실천이 필요한 것이다.

10

커머너로서의 강정 지킴이[477]

윤여일

1. 커먼즈 패러다임의 부상과 한국사회

한국사회는 비약적인 속도로 산업화를 진전시켰지만, 권위주의적 압축성장과 급속한 시장화는 자연환경을 훼손하고 자연자원에 의존하며 살아가던 지역의 마을 공동체를 위기로 내몰고 있다. 성장과 개발이 압축적이었던 만큼 파괴와 위기도 압축적으로 진행되고 있다. 이처럼 국가권력과 시장권력의 양축으로 짜인 현재 사회체계가 초래하는 마을 공동체의 위기에 대처하는 데서 커먼즈론의 문제의식은 커다란 시사점을

---

[477] 이 글은 『Development and Society』 47호에 실린 「Gangjeong Village 'Jikimis' as Commoners-For a commons paradigm-based social movement theory」와 『ECO』 21권 1호에 실린 「강정, 마을에 대한 세 가지 시선-커먼즈에서 커머닝으로」를 토대로 작성한 것이다.

제공한다. 근대화 이래 자연자원은 주로 정부(公)와 시장(私)의 결정과 개입으로 관리되고 사용되어 왔다. 이러한 이항적 구도에 맞서 '제3의 길'로써 지역 주민의 자치에 기반한 자원관리의 가능성을 명시한 것이 커먼즈론이다. 시장의 지배(사유)도 국가의 지배(국유)도 아닌 커먼즈의 운영 원리가 지속가능한 삶을 가능케 할 수 있다는 새로운 관점을 제시한 것이다.

한국의 학술계에서도 2010년대에 들어 커먼즈론이 주목을 모으고 있다.[478] 국제적 학술계에서 커먼즈론의 초석을 놓은 것은 1970년대부터 진행되어온 전통적 유형의 커먼즈, 즉 자연자원 커먼즈에 대한 엘리너 오스트롬의 연구이다. 그 연구의 핵심은 토지, 물, 숲, 어장 등에 관해 사적(私的)이지도 않고(자본주의적 기업에 의존하지 않음) 공적(公的)이지도 않은(국가에 의존하지 않음) 집단적 관리가 가능하다는 사실을 경험적 조사를 통해 입증한 것이었다.[479] 그리고 현재 커먼즈론의 지평은 전통적인 자연 공동관리자원(CPRs, Common-pool resource)의 영역을 넘어 인민의 생활을 구성하는 다양한 자원들과 관계의 영역으로 확장되고 있다. 이는 커먼즈라는 개념이 경제적·사회적·윤리적 관심사들을 보다 큰 그림 속에서 정렬시키는 대안적 모델을 제공한다는 사실에 기인하고 있다.

아울러 학술계에서 이론적 논의가 전개되고 있을 뿐 아니라 커먼즈 운동도 활성화되고 있다. 볼리어는 커먼즈를 공유하는 무언가이자, 공유의 활동·실천·삶이자, 공유의 경제적·사회적 질서·패러다임·논

---

[478] 최현, 「한국 공동자원 연구의 현황과 전망」, 『동아시아의 공동자원』, 진인진, 2017.
[479] 엘리너 오스트롬, 『공유의 비극을 넘어』, 윤홍근 옮김, 알에이치코리아, 2010.

리라고 말하는데,[480] 그렇다면 커먼즈 운동이란 근대체계를 지배해온 국가와 시장에 대한 대안으로서 인민이 만들어낸 집합적 가치를 인민에게 되돌리려는 운동이자, 자급과 자치의 공동체를 재구축하는 것을 지향하는 모든 의식적 노력이라 말할 수 있을 것이다.[481] 실제로 해외에서는 다양한 활동가와 실무자들이 커먼즈라는 개념을 사용하여 사라지는 물질적 커먼즈를 보호하고, 지역 공동체·연대성·대안적 주관성을 구축하는 방향으로 비물질적 커먼즈를 확대하고 있다.[482] 이처럼 커먼즈 패러다임은 사회문제에 관한 진단과 처방에서 적용되고 있으며, 앞으로 그 중요성은 더욱 커질 것이다.

　이 글은 이러한 커먼즈 패러다임에 근거해 한국의 사회운동, 그 중에서도 강정 마을 지킴이의 실천이 지니는 의의를 규명하려는 시도이다. 강정 마을은 제주도 남쪽에 있는 해안가 마을이다. 이곳에서는 국책사업에 의해 2016년 해군기지가 건설되었다. 강정 마을이 해군기지 건설 부지로 결정된 것은 2007년의 일인데, 그 이후 십년 간 해군기지 건설을 저지하기 위한 투쟁이 이어졌지만, 결국 막아내지 못하고 해군기지는 건설되었다. 그런데 반대운동의 과정 중에 '지킴이'라고 불리는 활동가와 시민들이 주민들의 반대운동에 연대하기 위해 강정 마을에 들어왔으며, 그들 중의 일부는 해군기지가 건설된 이후에도 강정 마을에서 살아가며 활동을 이어가고 있다. 이 글은 그들을 커머너(commoners)로서 포착하고, 그들 실천의 의의를 커머닝(commoning)이라는 각도에서 분석

480　David Bollier, 2016, *State Power and Commoning*, http://www.bollier.org/
481　장훈교, 『밀양전쟁』, 나름북스, 2016.
482　Peuter, Greig and Dyer-Witheford, Nick. 2010. Commons and Cooperatives. *Communication Studies Faculty Publications*. 15.

하고자 한다. 아울러 운동의 패배 이후 그들의 운동은 커먼즈론에 어떤 모색의 과제를 제공하는지도 고찰하고자 한다.

2. 한국의 국책사업과 지킴이

1) 한국의 국책사업과 강정 마을

한국사회에서는 중앙정부의 결정으로 국책사업이 시행되어 지방에서 문제가 발생하는 일이 이어지고 있다. 2000년대 이후만 훑어봐도 전북 새만금의 간척지 개발(1998년~), 부안 핵폐기장 건립(2003년~), 경기도 평택 미군기지 확장(2003년~), 경남 밀양 송전탑 설치(2008년~), 경기도 두물머리 4대강사업(2012년~), 경북 성주 사드 배치(2016년~)가 있었다. 지방에서 진행되는 이러한 국책사업은 대규모 개발 사업이거나 기지, 전력 시설의 조성 사업인 경우가 많다. 그런데 국책사업이 결정되고 추진되는 과정에서 해당 지역민의 민주적인 의사수렴 과정을 거치지 않고, 관료와 자본의 동맹으로 밀어붙이는 경우가 많기에 국책 사업은 해당 지역과 마을 공동체에 커다란 문제를 안긴다.

고병권은 '주변화(marginalization)'라는 개념을 통해 한국사회에서 벌어지는 국책사업과 대중에 대한 추방 현상의 문제점을 포착한 적이 있다. 그는 마진(margin)이라는 말이 갖는 다양한 함의에 착목한다. 마진은 주변(boundary), 한계(limit), 이익(profit) 등의 사전적 의미를 갖는다. 그는 마진이라는 말을 이렇게 읽어 들인다. 마진의 첫 번째 의미인 '주변'

은 권력과 부의 영역에서 부차화된 대중의 위치를 나타낸다. 마진의 두 번째 의미인 '한계'는 대중의 삶이 처한 상황을 나타낸다. 마진의 세 번째 의미인 '이익'은 국가권력과 자본이 대중을 주변화시켜 노리는 것이 무엇인지를 말해준다.[483]

그의 발상은 강정 마을의 현 상황을 해석하기에 유용하다. 아울러 강정 마을의 현 상황을 해석하는 일이 한국사회에서 갖는 보편적 의의가 무엇인지를 밝히는 데도 유용하다. 강정 마을은 한국의 주변인 제주도에서도 남쪽 끝에 있는 마을이다. 그리고 주변이라서 군사기지가 들어선 마을이다. 다시 말해 주변화된 마을이다. 강정 마을이라는 주변은 국민으로서의 권리를 보호받지 못하는 사각지대이자 국가의 폭력과 자본의 논리가 노골적으로 드러나는 한계 지대다. 그곳에서는 불안정과 위기가 삶의 기본 조건이 된다.

하지만 그렇기에 강정 마을에서 벌어지는 사태와 거기에 대응해 생겨나는 활동은 한국사회에서 중요한 의미를 갖는다. 강정 마을은 상이한 논리와 가치들이 충돌하는 현장이다. 발전주의와 생태주의, 중앙집권과 지역주의, 착취와 보존, 경쟁과 협동, 획일성과 다양성이라는 가치가 그곳에서 맞붙는다. 따라서 강정 마을의 투쟁에 대해 조망하는 것은 한마을을 알아보는 것 이상의 의미를 갖는다.

십년에 걸친 강정 마을의 투쟁 과정을 개괄하면 이러하다. 2007년 4월, 인구 1900명 중 단지 87명이 모인 마을 임시총회에서 비밀리에 해군기지 유치를 신청하기로 결정한다. 곧바로 제주도정은 해군기지 건설 신청을 수용한다. 이에 2007년 5월, '강정 마을 제주해군기지 반대대책

---

[483] 고병권, 『추방과 탈주』, 그린비, 2009.

위'가 결성된다. 2007년 8월, 725명이 참가한 주민투표에서 94%의 주민이 해군기지 유치에 반대의사를 표명한다. 이 자리에서 해군기지 유치를 주도했던 전 마을회장을 해임하고 새로운 마을회장을 선출한다. 그리고 2007년 11월 '강정생명평화마을 선언서'를 발표한다. 그러나 제주도정은 해군기지 건설을 강행 추진한다. 이에 2008년 10월, 제주 시민단체들이 해군기지 반대 릴레이 단식농성에 돌입한다. 2009년 8월, 강정 마을 주민과 제주지역 30여개 시민단체로 구성된 '김태환 제주지사 주민소환운동본부'가 제주지사 주민소환투표를 실시했으나 투표율 미달로 부결된다. 그리고 이 무렵에 국방부는 2009년 1월, 국방 군사시설 실시 계획을 승인하고, 문화재청은 2009년 9월 문화재 현상 변경을 허가하며, 2010년 3월 부산해양항만청은 공유수면매립 면허를 승인한다. 그리고 제주도정은 2009년 12월 환경영향평가협의를 해주고 절대보전지역을 해제시켰다. 그 사이에 '강정 마을 제주해군기지 반대대책위'는 행정적, 법적 절차를 문제 삼는 다양한 활동을 벌였으나 2010년 11월 제주도정은 제주해군기지를 공식 수용한다. 그리고 2011년 3월, 제주해군기지 반대운동이 고조되며 전국의 평화 및 종교 단체와 활동가들이 강정 마을을 찾으면서 제주해군기지가 전국적 관심사로 떠오른다. 2011년 9월, 강정 마을에 공권력이 투입된다. 2012년 3월, 강정 마을의 '구럼비'라는 바위의 발파작업이 시작되며, 이를 계기로 일반 시민을 포함해 전국에서 많은 사람들이 강정 마을을 찾는다. 2013년 2월, 해군기지만이 아니라 크루즈항도 함께 건설하기로 기획되어 제주해군기지의 명칭이 '민군복합형 관광미항'으로 변경된다. 그리고 2016년 2월, 제주해군기지가 완공된다. 이후 제주해군기지가 미군의 군사시설로 이용되지는 않는다는 당초의 약속과 달리 2017년 3월, 미 해군 이지스구축함

스테뎀함이 입항하고, 2017년 11월에는 미 버지니아급 공격형 핵잠수함 미시시피(SSN-782)가 입항한다.[484]

해군기지가 완공되었고 이어서 크루즈항의 완공을 앞두고 있는 강정 마을은 그 풍경이 크게 바뀌고 있다. 해안가까지 공사판이고 건물은 고층화되고 있다. 마을의 어디서나 볼 수 있었던 바다는 시야에서 점점 사라지고 한라산의 모습마저 잘려나가고 있다. 거리에는 서비스 업종의 가게가 늘어난다. 골목길은 확장 공사를 거치더니 자동차 도로로 바뀌고 있다. 마을의 토지는 외지인과 해군 측이 차츰 사들여 용도 변경되고 있다. 이미 해군기지와 크루즈항으로 해안의 절반과 땅의 4분의 1이 잠식되었다. 거기서 그치지 않고 유류 저장탱크들을 만들기 위해, 무기고를 만들기 위해, 헬기 계류장을 만들기 위해 토지는 조금씩 수용되어 기지 관련 시설들이 차지할 것이다. 거기에 크루즈항이 완공되면 강정 마을은 기지촌이자 관광지로 끌려갈 것이다.

2) 장기투쟁과 지킴이

2011년 3월, 제주해군기지 반대운동이 전국적 이슈가 되면서 강정 마을에는 '개척자들', '평화와 통일을 여는 사람들', '생명평화결사 순례단'을 비롯한 여러 단체 그리고 많은 개인이 강정 마을로 왔다. 그렇게 강정으로 찾아온, 다른 사회적 배경과 삶의 내력의 사람들은 마을에서 '지킴이'라는 공동의 이름을 갖게 되었다. 지킴이는 '지키다'라는 동사

---

484 강정 마을회 제주해군기지 및 생명평화운동 자료집 발간추진위원회, 『제주해군기지 반대 및 생명평화운동 중간 자료집1』, 강정 마을회, 2018.

에서 파생된 '지키는 사람'이라는 뜻의 명사이다.

'지킴이'라는 용어는 2000년대부터 한국사회의 사회운동 현장에서 사용되어 왔다. 지킴이의 존재감이 처음 부각된 것은 2003년 시작된 '평택 미군기지 확장반대투쟁'이었다. '지킴이'의 등장은 운동의 전개 과정에서 중요한 전환의 계기가 되었다. 지방에서 국책사업에 대한 반대운동이 일어날 때, 초기 국면에는 대체로 그곳의 주민들이 결집해 운동이 전개된다. 국책사업의 예정지는 주민들의 생활과 노동의 터전이고 주민들의 기억이 누적된 곳이다. 주민들은 거주의 인접성, 생활의 공동성에 근거한 유대의식을 가지고 있으며 이들이 맺고 있는 사회적 연결망이 자연스럽게 동원(mobilization)의 강력한 자원이 된다.[485] 하지만 운동이 장기화되는 경우에는 내적 동원만으로는 운동을 이어나가기가 힘들어진다. 또한 주민들 내부에서도 균열이 발생한다. 이러한 상황에서 마을을 함께 지키기 위해 활동가와 시민들이 찾아오는 경우가 있었으며, 그들 중 일부는 마을에서 함께 거주했다. 그들은 이미 발생한 사건이지만 아직 그 의미가 결정되지 않은 사건 속으로 들어와서 사건의 의미를 생산하고 공유하며 새로운 커뮤니티의 성원으로 살아간다.

이러한 '지킴이'의 활동에서 특징적인 것은 이들이 마을에서 거주한다는 지점이다. 여느 외부 연대운동 조직처럼 간헐적으로 주민들의 반대운동에 결합하는 것이 아니라 마을로 들어와서 주민들과 함께 생활한다. 평택에서는 투쟁이 장기화되면서 투쟁을 그만두고 마을을 떠나는 주민들이 많았는데, 지킴이들은 그 빈집으로 입주했다. 그리고 마을에

---

[485] 정영신, 「국가와 군사기지에 대항하는 공동체의 투쟁」, 『창작과비평』 176호, 2017.

정착하여 주민들과 함께 농사를 짓고 일상을 나눴다. '지킴이'가 마을에서 생활하자 주민들은 심리적 고립감에서 벗어날 수 있었고, '지킴이'가 외부와 연대 활동을 벌이면서 운동의 참가자들이 확장될 수 있었다. 평택의 지킴이는 '황새울 지킴이'라고 불렀다. 황새울은 확장될 예정의 미군기지의 부지에 속해 있던 들판의 이름이었다. 그리고 '평택 미군기지 확장반대운동'의 주요한 구호는 "올해도 농사짓자"였다. 그 모습 그대로 그곳에서 계속 살아가겠다는 것이 최대의 투쟁 목표였다.

'지킴이'가 이처럼 그곳에서 주민들과 함께 살아가게 된 배경에는 투쟁의 장기화가 있다. 국책사업이 강행 추진되고 주민들은 반발하는 상황에서 해당 문제를 중재하거나 해결할 수 있는 기구가 부재하면 투쟁은 장기화된다. 앞서 열거한 국책사업들로 발생한 지역 사회의 문제들은 짧게는 1, 2년에서 길게는 10년이 넘게 이어졌다. 투쟁이 짧게 끝난다면 '투쟁의 지속'이 '일상의 중단'을 의미하지만, 장기 투쟁에서는 '일상의 삶'과 '투쟁'의 경계선이 분명하지 않다. 즉 살아가는 방식으로 싸울 수밖에 없고, 싸우는 식으로 살아갈 수밖에 없다. 그렇기에 '지킴이'의 등장은 마을에서 커뮤니티의 (일시적) 재구성을 초래하게 된다. 장기 투쟁의 상황에서 마을의 커뮤니티는 경계가 유동적인 투쟁공동체로 바뀌어간다.

하지만 투쟁이 끝나고 나면 투쟁공동체는 다시 일상의 거주공동체로 돌아온다. 한국의 국책사업에 대한 반대운동 가운데 그 사업을 저지해내는 경우는 무척 드물다. 반대운동은 실패하거나 주민이나 토지 소유권자가 일정 액수의 보상금을 받고 마무리되는 경우가 많다. 그리되면 '지킴이'도 운동의 소멸과 함께 마을에서 사라진다. '지킴이'는 그 마을의 주민이 되는 것 자체가 목적이 아니라 주민과 함께 운동을 하는 것이 목적이었기 때문이다.

그런데 강정 마을의 경우는 달랐다. 강정 마을에서도 지킴이들이 '새로운 당사자'가 되어 그곳에서 주민들과 함께 지내며 생활의 장을 운동의 무대로 삼았다. 그리고 운동의 패배를 주민들과 함께했다. 하지만 일부 지킴이들은 운동의 패배 이후에도 주소지를 강정 마을로 옮겨 새로운 주민이 되어 마을에 눌러 산 것이다. 이는 운동 과정에서 마을에 애착이 생기고 주민과의 유대감이 강화된 이유도 있겠지만, 강정 마을의 생활공간에 해군기지가 인접해 있어 끊임없이 발생하는 문제들로 인해 평화활동을 중단할 수 없기 때문이기도 하다. 한 지킴이의 말을 들어보자. "해군기지 준공 후 '이미 해군기지가 다 지어졌는데 왜 아직 싸우느냐, 여기 있느냐'는 질문을 받는다. 그런데 생각해보자. 해군기지를 반대했던 이유는, 해군기지 건설 과정상의 절차는 물론 완공 후에 일어날 어떤 문제들을 염려했기 때문이다. 그렇다면 군사기지가 완공된 이후 지금이야말로 더욱 운동이 필요한 시기라 할 수 있다. 강정의 해군기지 반대운동은 군사기지 건설 저지 운동에서 시작해 군사주의에 저항하고 생명과 인권을 지키는 평화운동으로 확대되었다".[486] 그들은 실제로 기지 감시 활동을 꾸준히 이어가고 있다. 그런데 지킴이들은 이곳에서 새로운 주민으로 살아가기 위해 평화운동만을 하는 것이 아니다. 그들은 어떠한 '운동 이후의 운동'을 하고 있는가. 그리고 그들의 활동과 커먼즈 운동의 접합지점은 무엇이고, 그들의 활동이 커먼즈론에 시사하는 바는 무엇인가.

---

[486] 엄문희, 「강정 해군기지 반대 운동을 통한 제주 비핵 운동 제안」, 『핵 잠수함 들어온 제주, 우리는 무엇을 할 것인가?』, 제주4·3 항쟁 70주년, 평화의 섬 실현을 위한 토론회 자료집(2018.03.24.), 2018.

3. 강정의 마을 공동체와 커머너

1) 커뮤니티와 커먼즈

이 대목에서 투쟁 기간 동안 '운동의 당사자'가 되기 위해 마을에 들어왔다가 '마을의 거주자'가 된 '지킴이'의 존재 양식을 투쟁에 따른 커뮤니티의 변동과 재구성이라는 각도에서 탐색할 필요가 있다. 투쟁 기간 동안 투쟁공동체의 일원이 되었던 그들은, 투쟁이 일단락되어 투쟁공동체가 일상의 거주공동체로 돌아가면 마을에서 어떤 구성원의 지위를 갖게 되는가.

그런데 강정 마을의 경우는 그들을 품어내야 할 기존의 마을공동체가 크게 훼손되었다. 한국사회에서 국책사업이 진행되는 과정에서 개발과 보존을 두고 마을공동체가 분열되는 것은 자주 있는 일이지만, 강정 마을의 경우는 그 정도가 무척 심했다. 사업 자체가 일부 주민이 비밀리에 임시총회를 개최해 해군기지 유치를 졸속적으로 결정하면서 시작되었다는 후유증이 컸다. 이 자리에는 마을회장과 어촌계를 중심으로 한 87명만이 참여했을 뿐이며 그들은 보상금을 목적으로 삼았다. 여기서 마을 주민들이 소유하는 토지가 아닌, 마을 주민들이 공동으로 사용하는 연안에 관한 처분의 결정 권한은 누구에게 있는지가 한 가지 문제로 부상한다. 직후 725명이 참가한 주민투표에서 94%의 주민이 해군기지 유치에 반대의사를 표명했으나 행정적 효력을 인정받지 못했다. 이후의 반대운동은 공권력과의 물리적 충돌을 동반하며 심화되었는데, 마을공동체는 찬성 측과 반대 측으로 분단선이 그어졌다. 그 결과 십년의 투쟁

과정 동안 마을공동체는 심각하게 해체되었다.[487]

2016년 해군기지가 완공된 이후 2017년 6월 22일에는 '공동체회복사업 주민 설명회'가 있었으며 제주도정은 '공동체회복사업'이라는 이름의 지원 계획안을 내놓았다. 총 21개 사업으로 구성되어 있으며, 사업계획서 상으로는 3,000억을 상회하는 규모다. 사실 사업비의 상당 액수는 해상풍력발전기를 만들거나 관광지로 정비하기 위한 항만부대사업 그리고 도로의 개발과 확장 공사에 할애되어 있다.[488] 또한 '생태하천 탐방길', '습지생태공원 조성', '휴양·생태체험장 및 생태탐방센터 조성', '생태축제', '자전거투어 운영' 등의 세부사업에서 확인할 수 있듯이 이 사업은 기지촌이 된 강정 마을을 또다시 관광지로 조성한다는 구상이다. 마을 주민들 가운데는 공동으로 소유하고 관리할 수 있는 밭 등을 마련해달라는 목소리도 나왔지만, 이는 토지를 공용수용을 해야 하는데 절차가 복잡하거나 강정 마을의 토지가가 높다는 이유 등으로 거절되었다. 총 21개 사업 가운데 '커뮤니티 센터 건립', '보건지소 건립', '농업용수 공급시설 정비', '귤 비가림 시설 지원' 등 사업비가 낮게 책정된 일부 사업만이 강정 마을의 주민과 농민들에게 직접적인 혜택을 안길 전망이다.

그런데 여기서 이 사업계획의 명칭을 주목해보자. 이때 '공동체 회복'이란 커다란 재원을 동원하고 몇 가지 시설을 제공해 해군기지 건설에 따른 마을 주민들의 불만을 가라앉힌다는 의미이다. 그리고 마을의 경제적 가치를 끌어올리는 것이 그 방향이다. 실제로 '공동체회복사업'과

---

487 『한겨레21』(2017.06.26)에 따르면 2007년 5월 기준으로 존재했던 마을 내 모임은 총 221개였으나 10년이 지나서는 150개밖에 남지 않았다.
488 강정 마을회 & 제주특별자치도, 「강정 마을 공동체회복 사업계획(안)」, 2017.

크루즈항 건설 등에 대한 기대로 강정 마을의 토지가는 크게 올라갔다.

하지만 과연 '공동체회복사업'이 강정 마을의 경제적 가치는 끌어올릴 수 있겠지만 마을 공동체를 회복시킬 수 있을까. 여기서 커먼즈론에 근거하여 마을 공동체란 무엇인지를 사고해보자. 독일어로 공동체를 뜻하는 게마인쉐프트(Gemeinschaft)는 '공통의'라는 의미를 갖는 gemein이라는 형용사에서 파생된 것이다. 즉 공동체는 '공유하는 관계'인 것이다.[489] 그 공유하는 것(Geteiltes)에서 핵심적인 것이 커먼즈다. 특히 지방의 농촌, 어촌의 공동체는 하나의 경제 단위였다. 경제 단위로서의 마을 공동체는 커먼즈에서 비롯되는 유대관계를 지니게 된다. 커먼즈는 유형의 자연자원만을 일컫는 것이 아니다. 데이비드 볼리어는 공동의 자원(common resources)을 지속적으로 사용하기 관리하기 위한 고유의 규칙·전통·가치들, 그리고 이러한 규칙·전통·가치들을 생활의 질서로 삼는 공동체까지를 아우르는 개념으로 커먼즈를 설정했다.[490] 그 규칙, 전통, 가치가 공동체의 문화적 바탕을 형성한다. 그렇다면 커먼즈론의 각도에서 공동체란 자연자원과 이를 둘러싼 제도들로 이뤄진 '커먼즈 생태계(commons eco-system)'에 바탕을 두고 존재하는 집단이라 말할 수 있을 것이다. 공동체는, 특히 농촌과 어촌의 마을공동체는 단순히 일정 지역에 거주하는 인구학적 집합을 뜻하는 게 아닌 것이다. 강정의 마을공동체가 해체되었다는 것은 한편으로는 오랫동안 활용해오던 자연

---

489 Lars Gertenbach, Henning Laux, Hartmut Rosa Theorien. 2010. *Gemeinschaft zur Einführung Taschenbuch*. JUNIUS./(국역본) 르트무트 로자·라스 게르텐바흐·헤닝 라욱스·다비트 슈트레커,『공동체의 이론들』, 곽노완·한상원 옮김, 라움, 2017.

490 David Bollier. 2016a. Commoning as a Transformative Social Paradigm, http://thenextsystem.org/commoning-as-a-transformative-social-paradigm/

자원을 박탈당했으며, 다른 한편으로는 그로써 마을 고유의 사회적 관계와 규칙들이 깨졌다는 것을 의미한다. '공동체회복사업' 계획을 보면 마을 사람들 간의 교류를 활성화하기 위해 50억 짜리 커뮤니티 센터를 건설할 예정이다. 하지만 주민들이 상실한 커먼즈는 이러한 공적 공간과는 다른 것이다. 단순히 경제적 지원만을 통해 커뮤니티를 회복시킬 수는 없는 것이다. 커뮤니티를 회복하기 위해 필요한 것은 공적 시설이라기보다 커머닝이다.

2) 커먼즈로서의 구럼비

여기서 강정 마을에서의 커먼즈와 커뮤니티의 관계를 이해하기 위해 반대운동의 상징이 된 구럼비를 커먼즈론의 각도에서 재조명할 필요가 있겠다. 해군기지 건설 반대운동의 중요한 슬로건은 '구럼비를 지키자'였다. 구럼비는 길이 1.2Km, 너비 250m에 이르는 거대한 용암바위다. 현재 해군기지의 부지는 29만㎡에 이르는 해안과 바다 20만㎡를 매립해 만든 총 49만㎡의 규모인데, 구럼비가 있던 곳에 세워졌다. '구럼비를 지키자'라는 구호는 곧 '해군기지 건설을 저지하자'는 의미일 수 있었던 것이다. 2012년 3월, 해군기지의 착공을 위해 구럼비가 발파되자 '구럼비 살리기 평화행동'이라는 이름으로 반대운동이 전국에서 크게 고조되었다.[491] 구럼비는 분명히 반대운동의 상징이었다.

그런데 구럼비의 중요한 까닭은 단지 해군기지의 예정 부지였기 때

---

[491] 제주해군기지 반대운동과 관련된 열권의 단행본 가운데 책의 절반에서는 구럼비가 책제목에 등장한다.

문만이 아니다. 구럼비가 반대운동의 상징이 된 것은 생태적 가치와 결부되어 있다. 구럼비와 주위 해안은 원래 경관적 가치가 매우 뛰어나 제주도특별법상 절대보전지역으로 지정되어 있었다. 절대보전지역에서는 토지의 현상변경은 물론이고 공유수면 점·사용 및 매립을 금하고 있으며, 군사기지는 입지가 불가능하다. 또한 그곳은 환경부 지정 멸종위기 야생동식물이 서식·분포했으며, 구럼비 해안의 물웅덩이는 민물습지여서 양서류를 포함한 습지 동물의 번식이 이루어지는데, 해안 암반에서 관찰되는 이러한 생태환경은 제주도 해안에서 유일한 것이었다. 그리고 구럼비가 있는 강정 바다의 동쪽 일부는 유네스코 생물권보전지역, 해양수산부 생태계보전지역, 환경부 천연보호구역, 도립해양공원 등 다중의 보호구역에 속하며, 강정 바다 전 지역이 연산호 군락지이며, 주변은 절대보전연안지역이다. 강정 바다는 한국에서 최초로 바다 속 생물군락지로는 천연기념물로 지정되었다. 그처럼 빼어난 해안 생태계를 아우르는 고유명이 구럼비였던 것이다.[492]

또한 구럼비는 마을 사람들에게 생태적 상징성만을 갖는 것이 아니었다. 구럼비는 바위로서 독특한 커먼즈였으며, 생태적 상징성 역시 구럼비가 커먼즈였다는 사실에 기인하고 있다. 구럼비의 발파가 시작된 2012년 3월 7일 직후인 3월 11일에 황평우 한국문화유산정책연구소장은 기자회견을 열어 "문화재청과 해군은 구럼비 바위가 문화재로서 가치가 있는지에 대해 전면 재조사를 해야 한다"고 주장했다. 이에 문화재청은 바로 다음날 '제주 구럼비 바위 문화재 지정 가치에 대해 밝힘

---

[492] 반대운동도 생태마을을 주된 기치로 삼았다. 2008년에는 강정 마을회는 강정자연생태마을운영위원회를 구성했으며, 2016년 제주해군기지가 완공되는 날 강정 마을회는 강정 마을을 '생명평화문화마을'로 선포했다.

니다'라는 제목의 해명자료를 통해 "구럼비 바위에서 국가지정문화재로 지정할 만한 특별한 비교 우위를 찾기 어려워 문화재 지정 절차를 진행하지 않았다. … 2010년 10월 5일 천연기념물분과위원장과 지질 전공 문화재위원이 현지조사를 한 결과 '구럼비 해안은 현무암질 용암류가 노출돼 있는 제주도 다른 해안과 비슷해 국가지정문화재로 지정할 만한 가치가 없다'는 검토 의견이 나왔다"고 입장을 밝혔다.[493]

구럼비는 지질상 제주 일원에서 흔히 발견되는 용암바위라서 문화재로서의 가치를 인정할 수 없다는 것이다. 하지만 문화적 가치는 지질학적 분석으로 가려낼 수 없다. 그리고 이때의 문화적 가치란 주민들의 증언을 들어보면, 구럼비가 지니고 있던 커먼즈적 속성임을 알 수 있다. 구럼비 바위는 주민들에게 장구한 세월 동안 마을의 마당으로서, 놀이터로서, 쉼터로서, 성소로서, 그렇게 문화를 빚어낸 공간이었다. 구럼비에는 아홉 채의 암자가 있었다는 전설이 있는데, 구럼비(九庵比)라는 이름도 그 전설에서 유래했다. 그리고 마을에서 의례를 할 때 정화수로 삼는 할망물(할머니의 물이라는 뜻이다)이 구럼비의 바위틈 사이로 나왔다. 아이들은 이곳에서 모여 놀고, 어른들은 이곳에서 모여 담소를 나눴다. 무엇보다 구럼비는 먹을거리를 마련할 수 있는 천혜의 채취장이었다. 구럼비와 주위의 해안습지에서는 다양한 해산물을 채취할 수 있었다. 그것은 아이들도 쉽게 할 수 있는 일이었다. 주민들은 소금도 구럼비에서 얻었다. 그처럼 구럼비의 문화적 가치, 즉 커먼즈로서의 속성은 강정 마을의 사회·경제적 조건에 뿌리내리고 있었다.

이처럼 강정은 구럼비, 해안습지, 앞바다의 자연자원에 의해 형성되

---

[493] "'구럼비' 바위에 대해서 미처 몰랐던 것들", 『아시아경제』 2012. 03. 13.

고 지속되어온 마을이다. 따라서 해군기지가 건설되자 마을의 일부 공간에 대한 접근권을 상실할 뿐 아니라 마을 자체가 변질되었다. 마을에서의 사회적 관계, 생계 활동, 여가 활동 등이 크게 변동했기 때문이다. 여기서 재차 강조할 것은 커먼즈는 자연자원만을 지시하는 게 아니라 활동이 중요 요소라는 점이다. 피터 라인보우는 이렇게 말한다. "커먼즈를 자연자원인 것처럼 말하는 것은 최선의 경우 오해이고 최악의 경우엔 위험하다. 커먼즈는 하나의 활동이다. 무엇보다 자연과의 연관성으로부터 분리될 수 없는 사회 내 관계를 표현한다. 커먼즈를 명사, 실체로 보기보다 동사로, 하나의 활동으로 보는 편이 나을 것이다".[494] 즉 문화재청이 구럼비는 다른 해안에서도 볼 수 있는 바위라는 이유로 그 문화적 가치에 관한 주장을 기각했을 때 함께 부정당한 것은 역사적으로 이어온 강정 마을 주민들의 활동이었던 것이다.

이처럼 커먼즈론의 각도에서 바라보자면 공동체란 커먼즈를 이용하고 관리하는 사회적 활동의 관계망이라고 말할 수 있다. 그리고 커먼즈는 커뮤니티 전체의 소유, 즉 공동 소유(common ownership)를 근거로 해야 한다. 아울러 커먼즈에 대한 접근과 활용은 구성원 전체의 민주적 결정을 통해 규정되어야 한다. 커먼즈는 우리가 서로를 돌보고 무언가가 우리 모두에게 속하며 지속가능하고 평등한 방식으로 사용되어야 한다는 공동의 이해에서 비롯된 사회적 관계의 네트워크에 기반한다. 그것이 명시화된 규약이 아니더라도 공동 감각(common sense)으로서 존재하며 생활세계(commonfare)의 근간을 형성한다. 그런데 강정 마을에서는

---

494 Linebaugh, Peter. 2009. *The Magna Carta Manifesto: Liberties and Commons for All*. University of California Press. p.279.

구럼비(그리고 강정 바다)라는 커먼즈를 일부 주민이 자신들만의 이익을 위해 비민주적으로 팔아치웠던 것이다. 그로써 강정 마을은 중요한 공동의 자연자원을 상실했으며, 구럼비(와 앞 바다)라는 자연과의 관계가 절연되자 인간 사이의 관계가 변질되고 있다.

3) 커머너로서의 지킴이

이렇듯 강정 마을공동체가 직면한 위기 상황을 커먼즈론의 각도에서 해명한 위에서, 이제 강정 마을의 지킴이를 커머너로 조명할 수 있는 시각을 마련하고자 한다. 볼리어는 커머닝을 "공유하는 자원을 관리하기 위한 시스템을 만드는 데서 필요한 상보, 갈등, 조정, 소통의 행위"라고 풀이하는데 커머너란 이러한 커머닝을 수행하는 주체라고 상정할 수 있을 것이다.[495] 다만 강정의 지킴이들을 커머너로서 간주할 때의 특이점은 커먼즈가 파괴되는 와중에, 혹은 파괴되었다는 조건에서 새롭게 공동의 것(the common)을 만들어내고 있다는 점이다.

그렇다면 이제 지킴이들이 '공동의 것'을 만들어낸 활동을 시기별로 나누어 살펴보자. 강정의 해군기지 반대운동은 세 시기로 구분할 수 있을 것이다. 첫째 시기는 2007년부터 2011년까지로 해군기지 건설 계획을 주민들이 철회시키려고 노력한 시기다. 둘째 시기는 2011년부터 2016년까지로 반대운동이 전국적으로 확산되고 해군기지의 건설이 시작되어 투쟁이 격화되었던 시기다. 셋째 시기는 해군기지가 완공된

---

[495] David Bollier. 2014. *Think Like a Commoner: A Short Introduction to the Life of the Commons*. New Society Publishers. p.15.

2016년 이후의 시기다. 지킴이는 둘째 시기에 주로 강정 마을에 들어왔다. 반대운동은 장기화되어 투쟁의 영역과 생활의 영역이 중첩되게 되었는데, 이러한 상황에서 지킴이들은 주민들과 함께 생활과 운동의 양면에서 '공동의 것'을 생산해냈다.

〔표 1〕 둘째 시기에서의 지킴이 활동

시간 (일상적 운동 활동)	• 7시 생명평화백배: 생명과 평화를 기원하며 절을 한다. 원래는 구럼비에서 했는데, 구럼비가 파괴된 이후 해군기지 정문 앞에서 진행한다. • 11시 생명평화미사: 길거리에 있는 미사 천막에서 카톨릭 식으로 미사를 진행한다. • 12시 인간띠잇기: 비폭력 저항운동으로서 기지 앞에서 노래, 시 낭독, 춤 등 다양한 퍼포먼스를 한다.
공간 (지속가능한 운동의 공간적 기반)	• 평화센터: 반대운동의 거점으로서 미팅, 토론 등이 이루어지며 운동의 내력이 기록되어 있다. • 평화책방: 기증받은 책이 진열되어 있으며 토론회 등의 다양한 이벤트를 한다. • 게스트하우스: 지킴이들이나 반대운동에 참여하러 온 외지인이 이용한다. • 할망물 식당: 반대운동에 참가하는 누구나 무료로 이용할 수 있는 마을의 식당이다. • 마가지협동조합: 지킴이들이 거주할 수 있는 컨테이너하우스를 만든다. 마가지는 '작은 오두막'이라는 뜻의 제주어다.
연대 (국내 및 국제의 연대활동)	• 강정친구들: 강정의 평화운동을 지원하는 비영리단체이다. • 평화의 바다를 위한 섬들의 연대: 오키나와, 타이완 등 동아시아의 섬들에서 평화를 위해 싸우는 활동가들과의 연대를 형성하기 위한 단체다. • 강정 마을 국제팀: 국제 활동가들과의 소통과 교류의 창구 역할을 맡고 있는 모임이다.
보도와 기록	• 강정이야기: 강정 마을의 일상과 운동의 활동을 알리는 신문이다. 강정 마을 바깥의 평화활동에 대해서도 보도한다.

출처: 강정평화기행단, 『안녕, 강정』, 2017에서 재구성.

이를 보면 투쟁의 시기에 강정 마을에서는 독특한 일상-시간·공간·활동이 생겨났다는 것을 알 수 있다. 힘의 열세로 반대운동을 힘겹게 이어가면서도 공동의 삶을 가꾸는 집단적 실천을 통해 공동체 자체를 재구성하고자 했던 것이다.

그럼에도 반대운동은 자신의 목표를 달성하지 못했다. 해군기지는 결국 건설되었다. 하지만 반대운동은 평화활동으로서 이어지고 있다. 해군기지가 들어서면서 강정 마을은 빠른 속도로 기지촌으로 변모하고 있다. 강정 마을의 해안에 무기를 탑재한 군함과 잠수함이 정박해 있고 미국의 핵잠수함이 입항하는 상황 말고도 주민들은 일상적으로 폭력적인 상황을 마주해야 한다. 군용차량과 군인들이 마을 안길을 다닌다. 군용차량은 화약류나 폭발물을 싣기도 하며, 총을 든 군인들이 강정초등학교 앞에서 군사훈련을 한 적도 있다. 해군기지가 완공된 이후에도 일부 지킴이들은 기지촌이 되어가는 강정 마을에서 남아 새로운 '공동의 활동'을 만들어내고 있다.

[표 2] 셋째 시기에서의 지킴이 활동

강정평화학교	국가폭력에 저항하고 군사기지화에 맞서기 위해 평화 감수성을 개발하는 교육을 한다. 아울러 제주도의 폭력의 역사에 관해 배우고 제주도의 자연을 체험할 수 있도록 돕는다.
강정평화기행단	제주도와 강정 마을의 평화를 이야기하는 역사 여행을 기획하고 실행한다. 지역 주민들의 삶을 이해하기 위해 노력하며 환경파괴나 오염을 최소화하려는 생명생태살림의 가치를 여행을 통해 구현한다.
강정 마을미술관 '살롱 드 문'	기억 투쟁의 공간으로 기능하며 함께 보고, 서로 배우는 활동을 만들어간다. 생명, 평화, 강정, 마을과 관련된 주제의 기록과 창작 작품을 전시하고 생명평화와 관련된 배움과 나눔의 공간을 제공한다.
강정평화상단 협동조합	강정 마을의 평화활동을 지지하는 사람들이 귤, 생선 등의 물건을 사면 그 수익금을 생명평화 마을만들기에 사용한다.

출처: 강정평화기행단, 『안녕, 강정』, 2017에서 재구성.

이러한 '공동의 활동'은 커먼즈의 재형성 활동으로서 어떠한 의의를 갖는가. 여기서 하나의 참조로서 일본의 전통적 커먼즈의 한 가지 유형인 이리아이(入り会い)의 기능에 대해 미츠마타 가쿠가 정리한 내용을 활용해보자.[496] 그는 이리아이의 주요한 기능으로서 다음의 다섯 가지를 꼽고 있다. 첫째 자급적 의의, 둘째 지역 재원적 의의, 셋째 지역 고유의 문화 형성과 그 유지, 넷째 약자 구제 기능, 다섯째 환경보전적 의의이다.

 이 가운데 첫 번째 '자급적 의의'는 미츠마타 가쿠 스스로가 지적하듯 전통적 마을에서도 크게 쇠퇴하고 있다. 전통적 마을 공동체도 자급에 기반하기보다는 시장이 매개해 외부의 상품이 유통되는 경제 영역이 크게 확장되고 있는 것이다. 하지만 지킴이들의 활동에서는 나머지 네 가지 기능을 확인할 수 있다. 가령 강정평화상단협동조합은 '지역 재원적 의의', '약자 구제 기능'을 일정하게 달성하고 있다. 지역에서 나오는 농산물과 해산물을 판매하여 수익금을 '생명평화 마을만들기'라는 지역의 공익 증진을 위해 활용한다. 아울러 주목할 것은 강정평화상단협동조합이 지킴이들의 평화활동을 지속하기 위해 출범했다는 것이다. 지킴이들은 자신의 삶의 기반을 옮겼기 때문에 강정 마을에서 계속 살아가고 활동하기 위해서는 이곳에서 생업을 마련해야 한다. 그런 의미에서 자신의 토지나 가게가 없는 지킴이들을 위한 '약자 구제 기능'도 맡고 있다고 말할 수 있다. 지킴이들과 마을의 주민은 상단에서 판매할 농작물

---

[496] Mitsumata, G., 2008. "Evolution of the Japanese Commons in Response to Challenges: Contemporary Contributions to Community Well-being", a paper presented at 12thBiennial Conference of the International Association for the Study of Commons (IASC), 18th of July, 2008.

을 기르기 위해 함께 밭을 마련해서 농사를 짓기도 한다. 생계의 커먼즈(subsistence commons)를 만들어야 지속가능한 운동(sustainable movement)도 가능한 것이다.

또한 '지역 고유의 문화 형성과 유지'와 관련해서는 강정 마을미술관 '살롱 드 문'의 활동을 주목할 필요가 있다. 커먼즈의 재창출은 사회적 유대와 공통의 기억에 의존한다. 이곳에서는 투쟁의 기억, 생활의 기억을 공동의 것으로 만들고자 한다. 아울러 강정평화학교는 제주도의 역사와 자연에 관한 교육을 하며, 강정평화기행단은 소비적 관광이 아니라 지역 주민의 삶을 이해하기 위한 대안적 여행 프로그램을 기획한다.

'환경보전적 의의'와 관련해서는 이러한 활동들의 주된 키워드인 '평화'가 생태주의와 긴밀하게 결부되어 있다는 대목을 주목할 필요가 있다. 이러한 활동들 모두가 자연환경을 대상으로 보는 것이 아니라 삶의 기반으로 여기고 보전하려는 취지를 갖고 있다. 커먼즈와 공동체에 대한 우리의 사고방식에 인간 이외의 존재를 포함시키고자 하는 것이다. 이러한 활동들 이외에도 지킴이들은 연산호 모니터링 등 해군기지가 바다생태에 미치는 영향을 조사하고 있다. 그리고 이를 위해 생태지(ecological knowledge)를 축적하며, 이를 평화학교, 평화기행단을 통해 공동의 지식(common knowledge)을 확산시킨다. 그런 점에서 지킴이들은 생물의 다양성과 적응능력을 높여 전체 사회-생태계의 지속성을 확보하는 '사회-생태계 지킴(social-ecological stewardship)' 역할을 해내고 있다고 말할 수 있다.[497]

---

497 Armitage, Derek, 2005, Adaptive Capacity and Community-Based Natural Resource Management, *Environmental Management* 35(6).

이처럼 지킴이들은 자연 커먼즈를 상실한 상황에서 커머닝을 통해 새롭게 물질적·비물질적 커먼즈를 생산하고 있다. 강정 마을에 온 그들은 '구럼비 지킴이'라고 불렸다. 그들은 구럼비를 지켜내지는 못했다. 하지만 해군기지에 구럼비를 강탈당한 이후에 커먼즈로서의 구럼비의 기능들을 커머닝으로써 복원해내고 있다. 물론 그들의 실천으로는 소금을 생산하지 못하며, 성수였던 할망물을 만들어낼 수도 없다. 하지만 그들의 실천은 커먼즈에서 핵심적인 사회적 관계망과 활동을 다시 일궈내고 있다.

마을 공동체는 근거리에 거주하는 사람들의 인구학적 집합을 의미하지 않는다. 특히 지역에서 마을 공동체는 함께 공유하고 향유하는 공동의 자산을 만들어 자신의 체계를 유지하고 생활·복지·교육 등의 기능을 맡아왔다. 하지만 개별화된 도시화 추세 속에서 마을 공동체는 그 기능을 잃고 낡은 것으로 치부되고 있다. 혹은 마을 공동체가 이익집단이 되어 마을 공동체의 기반이 되는 커먼즈를 스스로 국책사업에 내주거나 사적 기업에 넘기기도 한다. 그런 맥락에서 지킴이들의 실천은 공동 노동·상호 돌봄·교육 활동을 통해 마을 공동체의 본래적 의미를 회복시키려는 것이라고도 말할 수 있다. 강정의 경험에서 알 수 있듯 커먼즈는 우리가 필요로 하는 것을 생산할 뿐 아니라 우리의 가치관, 관습, 관계, 약속, 정체성 등 '우리됨'도 형성한다.

4. 사회운동의 운동으로서의 커머닝

강정 마을은 현재 기지촌이자 관광지가 되어가고 있다. 한 측에 국가의 권력이 군림하고, 한 측에 시장의 침투가 기다리고 있다. 강정 마을에서 전개된 활동을 해군기지 건설 반대운동으로 본다면, 이미 운동은 패배했다. 그럼에도 운동은 지속되고 있다. '운동 이후의 운동'이 이어지고 있다. 운동 이후에도 운동이 지속되려면 '운동의 운동'이 필요하다. 즉 운동 자체가 자기갱신되어야 한다. 무언가를 지켜내야 할 뿐 아니라 지켜내야 할 것을 스스로 생산해내야 하며, 생활의 기반이 파괴당한 이후에 그것을 재구성해내야 한다. 강정 지킴이의 일차적 투쟁이 커먼즈를 지키기 위한 투쟁이었다고 한다면, 이차적 투쟁은 커머닝을 해내는 것이다. 일차적 투쟁에서는 패배했다. 커먼즈를 상실하자 인민은 생계유지, 경제 안보 및 사회적 연결에 대한 기본 필요를 충족시킬 수 있는 자치권을 빼앗겼다. 일차적 투쟁에서 패배한 결과 마을 공동체는 와해되고 마을의 사람들이 일상생활을 통제할 수 있는 집합적 능력이 저하되었다. 이런 상황에서 커머너로서의 지킴이들은 운동의 지속가능성을 위해 일생생활을 '공동의 것'으로 전환시키고 새로운 커먼즈를 생산해내며 집합적인 능력을 키우고 있다. 나아가 그들은 지속가능한 운동과 생활의 방향을 모색할 때 자연의 복원력을 중심적으로 고려하고 있다.

하지만 이 글은 강정 지킴이의 실천을 성공사례로서 제시하려는 것이 아니다. 그것은 커먼즈 패러다임에 기반한 사회운동론이 앞으로 적극적으로 탐구해야 할 사고대상이다. 강정 지킴이 실천의 한계는 명백하다. 그들의 실천이 마을 내에서 일으킬 수 있는 변화량은 무척 제한적이다.

현재 그들은 20여 명 정도로 마을 전체 인구의 2%에 못 미친다. 그리고 새로운 커먼즈를 만들어내는 그들의 생활세계(commonfare)는 안정화되어 있지 않다. 올라가는 지가에 일부 지킴이들은 강정 마을을 떠나 살아야 하며, 대안적 공간도 운영하기가 어려워지고 있다. 지킴이들이 만든 커머닝의 규칙은 주로 그들 내에서만 통용된다. 해군기지가 완공되고 수천 억 규모의 개발사업이 예정되어 빠르게 변화하는 마을 내에서 이들의 목소리는 당위적이고 추상적으로 들릴 공산이 크다. 마을에서는 이들이 평화활동가들로서 마을 안에서 분란을 일으킨다고 경계하는 사람들도 있다. 더욱이 지킴이들은 마을의 새롭게 들어온 자들로서 거주지를 이곳으로 옮겼지만 '부분적 성원권'을 가지고 있었을 뿐이다. 거주한 기간이 짧기 때문에 마을의 온전한 성원으로 인정받지 못해 마을의 중요한 결정사항에 참여하기가 어려웠다. 더욱이 2019년 1월 30일 강정마을회는 향약을 개정해 강정자연마을(악근천, 동해물, 선반길) 내에 최초 본적 및 주소를 두고 거주 기간이 십년 이상인 자와 그 배우자 및 자녀만을 강정마을의 주민으로 정하기로 했다. 공동체회복사업 등에 따른 개발과 예상되는 경제적 수익을 앞두고 주민 자격을 제한한 것이다.[498] 그로써 지킴이들은 주민 자격마저 박탈당했다.

   그런데 이러한 지킴이들의 실천의 한계는 다시 커먼즈론에 기반한 마을 공동체의 재구성이라는 관점에서 사고할 필요가 있다. 이들이 마을 안에서 안정적으로 거주하고 활동하기 위해서는 마을 공동체의 수용 능력이 커져야 한다. 강정 마을 공동체는 커먼즈가 파괴된 이후 '공동의

---

498 "강정마을 10년 미만 거주자 주민 자격 상실...향약개정하며 이전 주민 소급적용", 『제주투데이』 2019.01.31.

영역'을 스스로 구성하는 능력을 상실하고 있다. 지킴이가 마을 공동체의 중요한 일부가 되고 이들의 실천 원리와 마을의 운영 원리가 결합되기 위해서는 마을 공동체가 형평성, 지속가능성, 상호의존성을 키워나갈 수 있는지가 관건인 것이다. 아울러 마을만들기 활동에서 이해관계자 간의 관계 형성은 열려 있고 확대되어야 한다.

강정 지킴이의 사례는 결코 성공적인 사례가 아니다. 하지만 그것은 예시적(豫示的) 사례라고 말할 수 있다. 첫째, 이들은 자신이 원하는 삶의 형태로 자신의 투쟁의 형태를 만들어내고자 하기 때문이다. 그들의 활동은 투쟁 속에서 자신들이 원하는 삶을 시도하고 또한 표현한다. 둘째, 강정의 상황은 한국사회의 다른 지방에서의 사회운동이 직면하게 될 상황을 미리 보여주기 때문이다. 현재 제주 제2국제공항이 지어질 예정인 성산은 '제2의 강정'이라고 불리고 있다. 해상풍력발전기 건설이 예정된 한림, 대정 등의 지역에서도 '제2의 강정'이라는 표현을 접한다. 강정 마을은 국책사업으로 위기에 내몰린 마을의 대명사가 되었으며, 그 점에서 강정 마을의 상황은 한 마을의 사례를 넘어서서 주목할 가치를 지니며, 강정 지킴이의 실천은 다른 현장에서도 시사점을 제공한다.

또한 강정 지킴이 활동은 커먼즈론을 향해 중요한 문제를 제기하고 있다. 피터 라인보는 "커머닝 없이는 커먼즈도 없다"며 커먼즈에서 공유된 자원만이 아니라 그것을 관리하는 사회적 관행들과 가치들이 중요하다는 점을 강조했다. 그런데 강정 지킴이의 활동은 '커먼즈를 상실한 이후의 커머닝'에 대해서도 사고해야 함을 촉구하고 있다. 오스트롬의 연구처럼 공동관리자원(CPRs)을 잘 보존한 사례에 주목해 그 원리를 밝혀내는 것도 중요하지만, 한국사회를 비롯해 여러 발전국가에서 국책사업 등으로 많은 마을에서 공동의 자연자원이 파괴되고 있는 현재, 기존 커먼즈의 해체 이후의 커머닝에 대해 주목하는 것은 중요한 학술적·실천적 의미를 지닐 것이다. 이때 커머닝은 보완적일 뿐 아니라 전환적이라는 의의를 지닐 것이다. 따라서 앞으로의 커먼즈론은 강정 마을의 지킴이 활동과 같은 커먼즈 운동에 발언력을 부여하고 그 가시성을 끌어올리는 역할을 맡아야 할 것이다.